LAW AND ETHICS Vol.7

法律与伦理

第 七 辑

侯欣一／主　编

夏纪森／执行主编

社会科学文献出版社
SOCIAL SCIENCES ACADEMIC PRESS (CHINA)

目　录

法律职业伦理专题

论我国监察官职业伦理规制

刘志强　周圆圆*

摘　要：监察官职业伦理是指监察官在履行监察职责的过程中所应遵守的职务范围内和外的伦理规范和道德准则。从内涵来说，主要体现在政治伦理、准司法伦理、政务伦理和监督伦理四个方面。从特征来说，具有政治性、道德性、法律性与规范性特点。监察官职业伦理存在的问题，表现为规范不足、法律水平不一与伦理意识淡薄，其主要原因在于角色定位不准，监察制度不完善与教育、培训力度不够。构建监察官职业伦理制度的必要性在于约束权力、保障人权，反腐倡廉、助力法治进程与提高监察公信力，维护监察公正的要求。为尽快发挥监察官的监察作用，应从不断完善监察立法、优化监察官外部制度、强化监察官的自我监督、建立职业伦理考核制度和加强职业伦理教育五方面入手进行规训。

关键词：监察委；监察官；职业伦理；监察权

2018 年 3 月 20 日，《中华人民共和国监察法》获表决通过，这部法律的通过具有中国法治化里程碑的重要意义。国家监察委员会（以下简称监察委）的诞生，将我国"一府两院"的国家机关模式变成"一府两院一委"的结构形式。监察委是具有中国特色的反腐机构，对我国所有党员及公职人员的违法犯罪、违纪、滥用职权等行为进行调查、查处与监督（见图 1）。

监察官是监察委的工作人员，从事公务，执掌监察委权力。监察官与这个新生的机构，在我国法治化进程中，如何依法依规有效运用手中的权力，促进法治中国进程，维护社会和谐稳定，影响和牵动着全国人民的心。"徒善不足以为政，徒法不足以自行。"① 要想充分发挥监察委的监督职能，使其运行不偏离社会法治轨道，不仅要有完善的监察体制和监察法

---

* 刘志强，广州大学特聘教授，广州大学人权研究院法学教授。周圆圆，江西省吉安市中级人民法院助理法官。

① 《孟子·离娄上》。

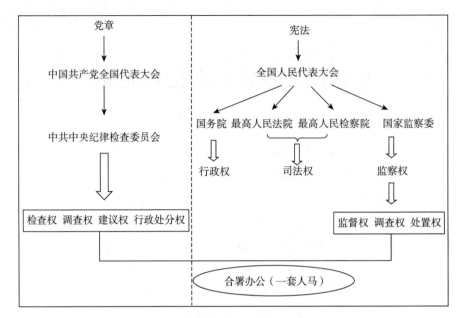

图1 党纪、国法关于监督权的配置

律及各项规定，而且对于"人"这一因素，要有绝对的认知与重视。人是法治实施的核心，是执行监察法律规定的主体，而人又自带软弱性与功利性，在进行监察活动时很容易受内心的盲目同情心理的影响、外界的金钱和权力的诱惑以及强权的压制而作出有违自己职责的违法犯罪行为。所以，要想从根源上解决问题，建构政治清明的"美丽中国"、实现"美丽中国梦"，还需要从人性论的角度透视权力腐败的本质。监察官的职业伦理在一定程度上发挥着不可替代的作用。

监察官职业伦理，是指监察官在履行监察职责的过程中所应遵守的职务范围内和职务范围外的伦理规范和道德准则。监察委是实现依法治国、反腐倡廉、维护社会和谐稳定的法治保障，监察权能否科学、合理、公正、有效地实施，直接关系到国家监察职能价值能否实现。由于监察官的特殊性，他首先是公务员，其次接替了检察院拥有对贪污犯罪和职务犯罪的调查权，再次拥有对违法的公职人员作出政务处分的行政权，最后对我国的所有党员和公职人员实施狭义的监察权。这是一个融合政治权、司法权、行政权、监察权为一体的新型机构，监察官作为这些权力的行使者，其职业素养的高低，直接关系到监察权能否高效运行。因此，为了塑造监察官的职业精神，促使监察官依法独立履行职权，应加强对他们的职业伦理和道德教育，让他们从心理上认识到法律赋予他们权力，是为了保障法治的实施，从伦理道德的制高点抑制他们的私力，从而良心监察。

一 我国监察官职业伦理的内涵与特征

（一）监察官职业伦理的内涵

所谓伦理，就是指人与人、人与社会、人与自然在相处的过程中所应遵守的行为准则和规范。[①] 职业伦理是指从事某一种行业的人员在长期的实践和环境中，通过市场调节和行业的自律，通过社会舆论、习俗、习惯和内心的信念形成的一系列稳定的行为规范和道德要求。各行各业都有自身独特的伦理规范，职业伦理主要是调节某一行业内外部的行为关系，从而保障从业人员依据职业伦理的要求认真履行本职工作，维护本行业的整体职业荣誉感和使命感。职业伦理的行业特点主要表现为差别性和稳定性。差别性是指职业伦理是某一特定行业在长期的实践中所形成的符合本行业发展目的的伦理规范，一定的职业伦理只适用于特定的行业。稳定性是指伦理具有传承性，在历史的发展过程中具有相似的内容。监察官的职业伦理规范是指监察官在履行监察职能的过程中所应具有的道德观念和所应遵守的行为规范的总称，包含政治伦理、准司法伦理、政务伦理和监督伦理。

1. 政治伦理。一是忠于党的领导。中国共产党领导是中国特色社会主义最本质的特征，是中国特色社会主义制度的最大优势。忠于党是监察官首先应该遵守的职业伦理。监察委员会是开展反腐工作的政治机关，由本级人大选举产生，对其负责，受其监督，监察官的主要职责就是进行全国范围内的反腐工作。监察官必须正人先正己，始终坚持党的领导，紧跟党的步伐，坚持自己的职业使命，不断增强社会主义的制度优势。二是人民的利益至上，坚持以人民为中心。我国宪法第 1 条明确规定我国的国体为人民民主专政也即人民当家作主，党的初心和使命是为中国人民谋幸福、为中华民族谋复兴，党的宗旨就是全心全意为人民服务，监察官也应忠于人民，人民利益至上，牢记自己的初心和使命。人民群众的利益是监察官履行职责的指向标，要时刻想着为人民谋福利，而不是用权力为自己行方便。

2. 准司法伦理。一是法律至上。我国是社会主义法治国家，任何人都要遵守法律，没有人能够凌驾于法律之上，违反法律的行为都要受到法

[①] 朱贻庭：《伦理学大辞典》，上海辞书出版社，2002，第 188 页。

律的制裁。因此，监察官在履行职责的过程中，必须严于律己，任何公权力都不能超越法律。在调查公职人员贪污、贿赂犯罪的过程中必须以事实和证据说话，不能在毫无证据和法律依据的情况下，随意作出决定。二是独立职权。现代法治国家越来越重视对公民自由和人权的保障，监察官被赋予对公职人员贪污腐败犯罪的调查权，享受特殊的地位和社会信任。依据《监察法》第 4 条规定，① 监察官在履行职责的过程中应当保持独立，只有在独立的情况下才能保证公正。三是公平正义。公平正义是社会主义法治的价值追求，在监察官职业伦理道德中，公平正义是第一位的，监察官只有坚持公平正义，才能守住内心的道德与良知。四是程序正当。监察官在对公职人员的犯罪行为进行调查的过程中依然要坚守程序公正，程序公正是公正合理地行使监察权的重要手段，为确保调查不至于损害被调查人的合法权益，监察官依然要明确自己的职责所要达到的目的，合法、合理、公正调查。

3. 政务伦理。一是忠于职守。对于公职人员在履行职责的过程中出现的违法失职行为进行监督问责和作出政务处分，这就要求监察官在对违法失职的官员进行日常监督的过程中做到不走关系路线、不畏强权、忠于职守，不辜负党和人民的期盼，一切以事实和证据说话。二是行为高效。行为高效要求监察官积极履行职责，不拖延，不推卸，时刻谨记自己的职责，增强自身的职业荣誉感和使命感。

4. 监督伦理。一是刚正不阿、清正廉洁。刚正不阿、决不知法犯法，是监察人员所应秉承的理念。监察委行使着狭义的监察权，依据《监察法》第 11 条第 1 款的规定，② 监察官对全国范围内的公职人员的履职行为进行监督。这与检察院的专门监督有所区别。由于监察的对象都是公职人员，中国是一个人情社会，相互之间的关系网复杂、宽泛，在这种环境中必须做到不畏面子、不畏人情、不畏压迫。二是秉公执法。秉公执法要求监察官铁面无私，敢于和熟人红红脸，两袖清风。监察机关是党实施全面依法治国的主体，而监察官是该机关的执行权力主体，承担着维护国家清正风气和和谐稳定、维护宪法和法律权威、保障法律在全国范围内有效实施、促进社会公平正义的重担。

---

① 《监察法》第 4 条规定：监察委员会依照法律规定独立行使监察权，不受行政机关、社会团体和个人的干涉。

② 《监察法》第 11 条第 1 款规定：对公职人员开展廉政教育，对其依法履职、秉公用权、廉洁从政从业以及道德操守情况进行监督监察。

(二) 监察官职业伦理的特征

1. 政治性。监察委是具有中国特色的国家机关，主要通过对公职人员的监督和对违法犯罪的公职人员的调查，维护公平正义，是国家机器的重要组成部分，是由人大设立，共产党领导的反腐政治机构，具有政治属性。从本质上讲，监察权具有政治性、社会性、民主性、公正性和人民性等多种属性。监察官作为反腐专员，要把握政治定位，明确政治责任，维护国家政治安全，确保正确的政治方向。因而监察官职业伦理当然也具有很强的政治性，其本质是党统一领导下的反腐败工作机构。法律随着社会发展而不断发展，监察官依据法律赋予的权力依法履行监察权、调查权和处置权，体现了统治阶级的意志。依据相关法律，监察官要忠于党忠于人民，保证国家的反腐工作顺利推进和法治社会稳定发展。

2. 道德性。监察官行使对公职人员和公权力机关的监察权、对违法失职人员的处置权、对违法犯罪人员的调查权等。监察官可谓承担着党和人民赋予的重任，不仅要接受社会监督、舆论监督，还要保持自我监督，这对于监察官遵守职业伦理的自律性要求更高。在关于监察官履行职责的规章制度还未历经实践的检验，还可能不完善的前提下，监察官要更加坚定自己遵守职业伦理的信念，做到不为五斗米折腰，加强自我监督。监察官是具有中国特色社会主义性质的反腐工作人员，不管是其外在行为规范还是内在的道德良知都必须与中国特色社会主义保持高度的一致性。如果监察官作为反腐工作人员却出现贪污腐败、滥用职权等违法行为，不仅会面临伦理道德的谴责，还会将我国的反腐事业带偏离轨道，产生适得其反的效果。因此，监察官职业伦理要求监察官恪尽职守、两袖清风，否则将会受到法律严厉的制裁。

3. 法律性。监察官职业伦理有特定的对象，相较于一般的社会职业伦理，对监察官有较高的要求。要想成为一名监察官，首先就必须具备一定的法律知识，具有一颗忠于党忠于人民的心和不畏强权、作风优良的基本素养。无论监察官是在履行职责或者日常生活中，都必须严格规范自己的一言一行，树立监察人员在公职人员以及所有公民面前的良好形象。监察官这个名词并不陌生，历代对御史都要求德才兼备、知识渊博，要具备行使御史权力的能力。今天，我国虽然没有明确规定监察人员的准入制度，但监察主体应该自觉提升自己的业务水准，随时更新法律知识，为更好地履行职权竭尽全力、积极进取。监察官的行为就是监察官职业伦理的特定对象。监察官职业伦理的对象是监察官的职业活动和日常的生活活动，其行为受监察官职业伦理的约束，以维护监察官的良好形象。立法职业伦理的对象是立法机关的立法行为，司法职业伦理的对象是法官的审判行为和检察官的逮捕、提起公诉的行为，行政机关也即各级人民政府的职业伦理的对象是行政单位的执法行为，而监察机关职业伦理包括监督行为、调查行为、问责和政务处分行为，在一定程度上表现出准司法属性和行政属性。因此，监察人员在履职过程中或在职务外的活动中都应严格依照监察职业伦理规范自身的行为。

4. 规范性。监察官职业伦理主要是指通过运用相关法律，对违背监察官职业伦理的行为进行惩戒，规范监察官自身的行为，提升监察官职业伦理的权威性，实现激励约束的功能。激励机制就是指通过对表现良好的监察人员实施奖励机制，比如授予"道德模范""优秀先进个人""优秀干部"等光荣称号，激发其为国效力、不辱使命的强大精神动力。职业伦理是一种行业标准，监察官职业伦理具有评价监察人员履职行为规范与否、是否符合设立标准、是否符合广大人民群众的内心期待等功能。此外，监察官职业伦理在一定程度上指引着监察人员的行为与思想，使监察人员按照职业伦理的要求克己复礼，坚决与违法违纪行为相斗争，与违法犯罪行为相抗衡。2004 年我国将"国家尊重和保障人权"写入宪法，注重监察官职业伦理道德的提升是保障人权的关键。保障人权是指保障人作为人所具有的基本权利，也即在监察官履行职责的过程中，被监察人所享有的申诉、人格尊严不受侵犯的权利。尊重和保障人权，在法治的框架下行使监察权是创造以法治文明为核心的政治文明的要求，是维护社会公平正义、保护人民利益和促进社会和谐稳定发展的重中之重。

二　我国监察官的职业伦理难点及其渊源

（一）我国监察官的职业伦理难点

1. 监察官职业伦理对自我规范难点。一方面，监察官职业伦理存在德行伦理和底层伦理界限不明确的问题。[1] 在我国，监察官职业伦理可以分为德行伦理、中层伦理和底层伦理。德行伦理是监察官职业伦理的最高

---

① 王永：《我国检察官职业伦理规范研究》，博士学位论文，山东大学，2012，第99页。

层次，是监察官职业素养的追求和价值取向，遵守会得到褒奖，不遵守也不会受到非难。中层伦理是指不遵守该层次的伦理会受到相应的批判和处分，目前我国《监察法》所表现出来的伦理主要在这一层面。底层伦理是监察官应该遵守的最基本的伦理，不遵守该层次的伦理将会受到相应制裁，但执行起来具有一定的难度。现阶段，我国监察官伦理还存在对这三个层面的认识混淆的问题，很多伦理内容都仅停留在口号阶段，没有进行具体的实施，缺乏理解和区分伦理层次的认识。另一方面，监察官职业伦理面临重内部规范而轻外部规范的情况。众所周知，我国监察官职业伦理的内部规范主要表现为自我监督，虽然也有《公务员法》和《中国共产党纪律检查机关案件检查工作条例》等外部规范，但是缺少相应的机制，比如《监察法》规定忠于职守、秉公执法、保守秘密，但是该规定比较抽象，难以把握，如缺少相应的机制予以协调，就难以发挥制约监察官的作用，其内部规范也就形同虚设，不能真正做到公平正义。

2. 监察官的能力、法律水平不一难点。我国监察委合并了检察院的反贪、反渎局，和纪委合署，原来的检察院要求司法人员需通过司法考试，通过司法考试是从事法律工作的一个门槛资格，也是对法律工作人员最基本的法律知识的要求，但是《监察法》对于该制度并未作出相应规定。由《国家统一法律职业资格考试实施办法》（以下简称《实施办法》）总则第2条的规定①可知，其并没有将监察官纳入需要通过法律职业资格考试的范畴，而监察官又承担着对贪污渎职人员的调查权，而职务犯罪调查不仅仅是简单的调查，有时候需要技术侦查等专业手段和严谨的法律逻辑思维，这对监察官的业务水平有很高的要求，对监察官的法律知识储备和法律思维能力都有较高的要求。而《实施办法》却没有将监察官纳入，必然会导致没有专业、系统法律知识的人进入监察系统，影响监察官行使调查权的质量和效率。监察官法律知识水平限制了其对职业伦理的理解与接受，对全面开展反腐工作产生一定的制约。

3. 监察官职业伦理意识淡薄难点。职业伦理是我国传统伦理道德的重要组成部分，在这个时代，伦理问题层出不穷，部分官员中官本位思想横行，拜金主义、享乐主义滋生了一小撮腐败干部，他们缺少基本的职业

---

① 第2条：国家统一法律职业资格考试是国家组织的选拔合格法律职业人才的国家考试。初任法官、初任检察官，申请律师执业、公证员执业和初次担任法律类仲裁员，以及行政机关中初次从事行政处罚决定审核、行政复议、行政裁决、法律顾问的公务员，应当通过国家统一法律职业资格考试，取得法律职业资格。

伦理道德操守，缺乏基本的职业伦理意识。监察官作为我国新生主体，为反腐而生，以权制权，如果监察官自身都不能做到不为五斗米折腰，不努力提升自身的职业伦理意识，那么，腐败从源头开始蔓延，我国反腐将陷入新一轮的困境。

（二）我国监察官职业伦理难点的渊源

1. 角色定位不准。监察官正确辨识党务、立法、司法、行政的不同运作规律，对监察官有效进行监察具有至关重要的作用。在反腐形势非常严峻的情况下，我国监察制度改革有条不紊地进行，将行政监察上升到了国家监察的高度，国家监察委的改革是宪制变迁，主要是为了对国家的权力进行合理的构造，具有重大宪法意义。秦前红教授认为：推行国家体制改革，国家的权力区分为立法、司法、行政、监察四个类型，而监察权或许是一种混合性权力，包括了民主制度下的监督权，拥有一定的行政调查权和一定的司法性权力，因此导致监察委多权集中的现象。大多数监察官都具有党员、公务员和监察官三重身份或是公务员、监察官二重身份。[①]从根本上说就是党领导下的公务员身份。基于监察官的多权集中现象，监察官职业伦理包括公务员职业伦理、政务伦理、准司法职业伦理和御史职业伦理等多个属性，监察官拥有监察权、处分问责权、调查权等多项职能，监察委是集党纪反腐、刑事反腐、政务反腐、预防反腐等于一身的党政机关。由于身兼数职，监察官自身角色定位难免出现错位。比如，检察机关的反贪职能部门并入监察委之后，虽然也行使调查权，但该权力确不同于检察机关原侦查权，依据的是《监察法》而非诉讼法，从而导致角色定位出现困难，监察官职业伦理的遵守面临困境。对于权力划分的模式，各个国家的权力配置有所不同，而我国监察委就是在立法、行政、司法的基础上，为了完善这三种权力而新设的，是兼具这三种权力中某些要素的国家机构。监察官在履职的过程中充分认清职能权限有利于职业伦理的遵守，有效实施监察权。

2. 监察制度不完善。我国监察制度不完善，首先主要表现为《监察法》与《刑事诉讼法》之间不兼容、关系不协调。监察官行使调查权的过程中涉及剥夺公民的财产权利和自由，而这些行为都只受到内部的审批

---

① 秦前红：《国家监察体制改革宪法设计中的若干问题思考》，《探索》2017年第6期，第31～39页。

程序制约，确没有外部的制约，容易导致监察官滥用职权、人人自危的局面。其次是监察机关的调查权排斥律师的介入，容易导致《监察法》设立的留置制度缺少相应的监督和制约而产生职权滥用的现象。律师是为监察对象收集证据、进行辩护并维护其合法权益的可靠力量，而《监察法》却在施行的过程中限制律师准入，这在一定程度上加大了监察官的职权垄断，剥夺了被监察者寻求救济的权利，也容易滋生监察官违背职业伦理规范从而刑讯逼供、滥用职权行为。再次是《监察法》设立的留置制度，虽然在期限和审批制度方面有所进步，但是《监察法》对于留置场所没有明确规定，留置场所随意设置，调查时间和地点都不受限制，在一定程度上侵犯了人权，也为监察官随意执法制造了条件。最后是监察委在调查过程中收集到的资料可以直接在诉讼过程中作为证据使用。而在刑事诉讼中，本单位在询问相关情况过程中的相关资料是不能作为证据使用的。并且监察官调查的证据也很难达到刑诉法的证明标准。同时，监察人员并非专职的侦查人员，缺乏相应的技能和法律知识储备，在律师被禁止介入、被监察人无法得到有效申辩、被调查人信息封锁的情况下，其获得的证据直接就能作为诉讼证据，这些证据的来源、收集途径以及可能存在的非法调查行为等情形都将不为人知，因而难免让人怀疑证据的可靠性，监察官的职业伦理也就不可能得到有效遵守，违法乱纪的现象也就得不到真正的制止，也必然会阻碍我国的法治进程。

3. 教育、培训力度不够。目前我国对专职人员的专业技能比较重视，但对于职业伦理的教育比较忽视。法律职业伦理教育主要是针对在读大学生的，而大学生在学习各种部门法律的同时，确实很少能接受到职业伦理教育。我国对于法律职业伦理教育也不是很重视，在众多的法律学子中很少有人知道法律职业伦理的基本内容。而培训主要针对在职人员，使其在从业过程中能够继续得到教育和对法律职业伦理进行深入学习。技能的高低决定职能能否得到较高质量的履行，而伦理道德从本质上提高责任人员的思想，从根源上杜绝腐败。因此，加大对监察官职业伦理的教育，提升监察人员的道德修养，在一定程度上可以促进监察委整体职业伦理水平的提高。我国对监察官的文化水平没有硬性要求，存在监察官之间素质参差不齐的现象。针对该现象最好的解决办法就是加强法律知识培训和教育。然而，我国依然面临培训不到位、法律知识再学习不足等问题。如果监察人员法律知识得不到很好的提升、伦理意识得不到合理的提高，那么将直接危及我国全面反腐工作的开展。

三 我国监察官职业伦理制度的意义与价值

根据我国的政体和国体，区别于我国古代监察制度和国外的监察制度，我们在吸收和借鉴的同时，必须立足于我们自己的政治体制和国情，考虑监察机构的设置和优化问题。我国当前设立监察委有其现实意义和重要性，因此完善监察官职业伦理，存在不容置疑的紧迫性与必要性。

（一）约束权力，保障人权

约束权力是保障人权的关键。孟德斯鸠认为："从事物的性质来说，要防止滥用权力，就必须以权力约束权力。"① 监察委设立的目的就是通过对全国范围内行使公权力的公职人员进行监督，以约束他们的权力。立法权、司法权、行政权是通过直接作用于社会而起作用的，而监察权并非直接作用于社会，而是通过对直接作用于社会的管理者进行管理，间接作用于社会的组织机构，公民不受其调整，但却可以通过监察官的所作所为感受到风清气正。我国是人民民主专政的社会主义国家，主权在民，因而当人民的利益遭受侵害时，人民有权对监察人员的违法行为进行监督和控告、批评、检举，以维护自身的合法权益。监察委的设立也要求监察官在履职过程中，从根本上维护公民的利益，切实保障人民主权。

（二）反腐倡廉，助力法治进程

监察委整合了党内监督，行政监督，检察机关的反贪、反渎监督以及纪检监督的力量，设立监察委是为更好实现依法治国、反腐倡廉的明智之举，也是党中央为把权力关进制度的笼子里，加强对权力运行约束监督的决心，对反腐零容忍的态度。个别有权力的人会运用手中的一点点权力为自己牟取不正当利益，出现这种现象的主要原因还是官员手中的权力未受到有效约束和监管，反腐制度不健全。因而，在历史的见证下，我国建立了适合我国国情的监察制度，把权力关进制度的笼子里，从源头上进行监督、调查，严惩违法犯罪，惩戒贪污腐败。完善监察官职业伦理，是实现从源头上反腐、以权力约束权力、推动反腐倡廉的必然选择。监察委作为全面依法治国的重要力量，监察官作为这股力量中的中流砥柱，必须适应时

---

① 〔法〕孟德斯鸠：《论法的精神》（上），商务印书馆，1961，第154页。

代的发展，切实服务党和国家依法治国、反腐倡廉的决心，努力提升自我依法监督的能力，做到内省自身，坚持以法律为依据，不徇私不枉法。不管是亲朋好友还是领导干部都必须依法监督，该怎么处理就怎么处理，而不是违背法律的愿景，官官相护或是维护亲友。为全面推进依法治国，实现中华民族伟大复兴的中国梦，完善监察官职业伦理是助力法治进程的客观要求。

（三）提高监察公信力，维护监察公正的要求

监察官公正执法是设立监察委的本质要求，努力让人民群众都能感受到监察执法的公平正义，营造社会廉洁风气，是监察官的重大使命。优秀的监察官队伍，是依法行使监察权的根本，为提升监察机关的整体荣誉感增添色彩。公民评价监察机关，主要以监察官平时的执法行为、行为作风为参考。监察官各方面的综合素质是检验监察委公信力的关键要素之一。因而，监察官必须时刻关注自己的言行，提高自身的业务素质、道德思想和职业伦理。只有提高了在公民心目中的公信力，维护了监察官作为反腐专门人员的正义形象，监察委的工作才能稳步前进，进而推动我国向前发展，使人民安居乐业。

四　我国监察官职业伦理的路径选择

监察官职业伦理的发展路径主要是学习和借鉴，学习我国古代监察御史制度的发展过程中职业伦理的变化，了解各个朝代的监察制度所产生的影响，从而更好地把握当代我国的监察制度。借鉴是指在符合我国本土特色的社会主要性质的基础上，学习国外的法律职业伦理制度。基于上述对监察官职业伦理的论述，监察官职业伦理的发展路径主要包括政治路径、道德路径两个方面。① 关于政治路径我国采取的是分权与自治的策略，我国目前采取的主要是权力集中制下的公务员结构，过度集权只会导致公务人员自身缺乏灵活性和创新性，所以，为了规范公务人员的伦理行为，就需要做到两个方面的改进：分权和自治。分权是为了分散权力，促进权力之间的相互监督和相互制约，自治是指允许公务人员在一定职权范围内依据道德规范和职业伦理规范行使职权，而不是僵硬地执行领导的命

① 殷宁：《我国公务员职业伦理构建的路径分析》，《浙江万里学院学报》2015 年第 1 期，第 3 页。

令，这为公务人员实现职业伦理提供了保障。道德路径是指监察人员首先要自我反思，监察人员在执业的过程中会遇到形形色色的问题，会接收到领导的建议和意见、被监察人员的反馈和民众的意见，针对这种种意见和建议，监察官应时刻保持自我认识与反省。反省自己在履职过程中是如何解决出现的问题的，反省自己在履职过程中有没有违法乱纪的行为、有没有徇私枉法的情形，然后吸收好的经验做法，改正不良的行为，这对于完善监察官职业伦理是非常重要的环节。其次是将遵守职业伦理作为一种职业习惯，这种职业习惯源自对职业操守的敬畏。监察委完善人员准入制、惩戒制、监督制等制度，从而提升监察官的整体综合素质和职业能力水平，维护监察官的良好形象，形成更加专业的监察队伍。只有队伍的整体能力上去了，监察官职业伦理才更有可能被当成一种职业习惯加以遵守，监察官职业伦理也就拥有了更强大的生命力。

（一）完善监察立法

《监察法》是监察官履职的行为导向，是形成一套完善的监察官职业伦理的法律基础。《监察法》的通过为我国重大的政治体制改革和已全面开展的监察实践提供了法律基础。我国监察改革是一项重大改革，是为适应我国法治国家的发展而展开的。因而，监察立法在初期不宜过于精细，太过细致的立法在实践中很容易出现社会发展新的现象，以及出现与监察立法相违背的情况，从而透支法律权威，束缚监察实践的手脚。但是过于粗糙或原则性的立法，又可能使监察立法存在太多的法律空白而对监察实践缺乏强有力的指导，为监察制度的不断运行和发展带来困扰。因而，在实践中不断完善监察立法对监察制度的实施至关重要，主要可以从以下几个方面着手，首先明确监察的对象。《监察法》明确规定监察对象为行使国家公权力的公职人员。而《监察法》第15条将其他人员与公职人员并列，[1]

---

[1] 第15条 监察机关对下列公职人员和有关人员进行监察：

（一）中国共产党机关、人民代表大会及其常务委员会机关、人民政府、监察委员会、人民法院、人民检察院、中国人民政治协商会议各级委员会机关、民主党派机关和工商业联合会机关的公务员，以及参照《中华人民共和国公务员法》管理的人员；

（二）法律、法规授权或者受国家机关依法委托管理公共事务的组织中从事公务的人员；

（三）国有企业管理人员；

（四）公办的教育、科研、文化、医疗卫生、体育等单位中从事管理的人员；

（五）基层群众性自治组织中从事管理的人员；

（六）其他依法履行公职的人员。

第 22 条对与公职人员共同犯罪的非公职人员也有采取留置措施的权力，[①]这都在一定程度上扩大了监察对象的范围。而对于共青团，法学会、律师协会等法律工作团体是否属于监察对象，《监察法》并未作出明确的规定。因此，为了强化监察官的职业伦理，监察制度在实践的过程中应逐渐明确具体的监察对象，否则容易造成监察失职的情况。其次，完善监察与刑事诉讼的衔接机制。对于监察官的调查权定位、调查与侦查的关系、调查与刑事诉讼公诉如何衔接等问题都必须作出明确规定，否则就难以构建监察法的衔接制度。[②] 合理构建监察与刑事诉讼的衔接机制，应当合理科学地界定监察委职务犯罪调查权的属性，也只有明确了监察委调查的属性才能构建合理的衔接机制，其属性主要表现在监督属性、行政属性、司法属性等方面，三种属性相互联系共同构成了监察衔接机制的属性。调查权本质上是司法职权的一部分，具有司法属性。因而，须不断完善调查权与刑事诉讼的必然衔接制度。再次对于监察人员在行使调查权的过程中收集到的证据，《监察法》没有规定监察人员获得的证据应该向司法机关移送，因而在监察实践中，对于监察人员收集到的证据不进行全面移送时，律师是否可以依法向监察机关申请调查证据等，都需要在实践中制定出相关的程序制度。不断完善监察立法，是监察人员遵守监察官职业伦理的制度依托，有利于反腐的有效进程。

另一方面，我国在制定《监察法》的时候，疏于职业伦理的条文规制，在建设监察官队伍同时，需要把监察官职业伦理纳入其中一并考察。合理界定监察官的范围需要注意以下问题。首先，推进监察官职业化建设，建立监察人员分类管理制度。监察官职业化建设不仅有助于提高监察官队伍的整体素质，还能为监察官依法履行职责、维护其职务权益提供更

---

① 第 22 条　被调查人涉嫌贪污贿赂、失职渎职等严重职务违法或者职务犯罪，监察机关已经掌握其部分违法犯罪事实及证据，仍有重要问题需要进一步调查，并有下列情形之一的，经监察机关依法审批，可以将其留置在特定场所：

（一）涉及案情重大、复杂的；

（二）可能逃跑、自杀的；

（三）可能串供或者伪造、隐匿、毁灭证据的；

（四）可能有其他妨碍调查行为的。

对涉嫌行贿犯罪或者共同职务犯罪的涉案人员，监察机关可以依照前款规定采取留置措施。

留置场所的设置、管理和监督依照国家有关规定执行。

② 参见龙宗智《监察与司法协调衔接的法规范分析》，《政治与法律》2018 年第 1 期，第 2 ~ 18 页。

有效的法治保障，这也是在现行《公务员法》外再制定作为专门法的监察官法的重要考量。应当注意到，《监察法》为监察官的职业化建设预留了空间，即《监察法》在表示监察机关工作人员时，分别使用了"监察官"和"监察人员"两种不同表述。为此，可以借鉴司法人员分类管理的成熟经验，将监察人员区分为监察官、监察行政人员和监察辅助人员等类别，建立监察人员分类管理的制度。监察官法就主要针对监察官，针对其他监察人员则可由国家监委另制定管理办法。① 其次，如何将派驻（出）监察机构人员纳入监察官的范围。为实现国家监察的全覆盖，实践中大量采取了监委派驻（出）监察机构的做法。这些派驻（出）监察机构通常被赋予了较为广泛的监察职权，基于"权责相统一"的原则，派驻（出）监察机构的人员原则上也应当纳入监察官的范围。然而，监委派驻（出）监察机构的人员往往涉及公务员、参公人员、事业单位人员、国有企业职工等群体，倘若将上述人员均纳入监察官范围，其身份性质是否改变，如何界定？一些大型国有企业派驻（出）监察机构人员还可能因监察官身份导致其薪酬待遇大幅降低，无疑会对他们的工作积极性甚至队伍稳定性产生较大影响，那么应当如何处理？这些都是确定监察官具体范围时无法绕过的问题。② 再次，如何处理纪检监察干部"一身二职"的问题。党的纪检机关和国家监察机关实行合署办公体制，统一行使党的纪律检查权和国家监察权。在这种体制下，纪检监察机关的工作人员通常是"一身两职"，既是党的纪检机关工作人员，也是国家监察机关工作人员。监察官法作为国家法律，规范对象是监察官。但监察官还具有党的纪检干部身份，对此，需要根据党内监督执纪和国家监察执法的具体情形，注意区分纪检干部和监察官的身份和职责，不宜以监察官名义和法定职责从事党内监督执纪工作。此外，考虑到监察官行使的监察职权属于国家权力，为巩固统一战线、加强民主监督，还应当考虑由一定比例的优秀党外人士担任监察官。此外，还应当健全和畅通监察官的"进入"和"退出"渠道，避免监察官成为一个相当封闭的公务员群体，以致不利于监察官个人的职业发展和整体的能力提升。③

---

① 秦前红：《制定〈监察官法〉应当注意的五个问题》，《行政改革内参》2019 年第 10 期。
② 秦前红：《制定〈监察官法〉应当注意的五个问题》，《行政改革内参》2019 年第 10 期。
③ 秦前红：《制定〈监察官法〉应当注意的五个问题》，《行政改革内参》2019 年第 10 期。

(二) 优化监察官外部制度

1. 健全监察官准入制度。要想形成良好的监察官职业伦理体系，就必须从源头出发，提高监察官准入的门槛，设定一些监察官入行时所必须达到的职业伦理标准，确保每个监察官都拥有高尚的职业伦理情操。而依据《实施办法》总则第 2 条的相关规定可知，监察官未被纳入国家统一法律职业资格考试的人员范围内，通过国家统一法律职业资格考试是从事法律工作的最低门槛，如果承担着反腐调查重任的监察人员都不被要求通过国家统一法律职业资格考试，那么，低法律知识水平的监察人员就难以承担起党和人民赋予监察官的重任。因而监察官准入制度对监察人员首先应规定入职人员的学历水平为本科及以上，其次专业为法律相关类专业，然后要求通过国家统一法律职业资格考试。通过国家统一法律职业资格考试后还要求进行专业培训，只有培训合格之后才有从事监察工作的资格。培训结束后，对相关人员进行第二次考核，此次考试主要考查考生法律信仰、法律素养和法律伦理道德等知识。最后，可以从全国各个地区优秀的法律工作者中选拔德才兼备、品德高尚和法律职业伦理意识强的人员进入监察行业。当然这些措施是《实施办法》所不能涵盖的，需要通过全国人大及其常务委员会通过制定监察官法或者监察委组织法等予以解决监察官的准入制问题，在此之前，全国人大常委会应通过相关决定加以规定。唯有如此才能提升我国监察队伍的整体素质，为我国的法治发展奠定人才基础。

2. 完善监察官的外部监督制度。我国《监察法》第 54 条规定①：监察官执法的外部监督主要包括民主监督、社会监督、舆论监督。监察官并非生活在真空当中，在这个物欲横流的当代社会，监察官受到来自方方面面的诱惑，而人又没有天生的免疫力，监察官虽是反腐人员，但是也受到被腐的考验。如何约束监察人员的言行、维护风清气正的良好社会氛围，对全面发展社会主义法治国家是一项艰巨的任务。第一，各级监察委员会可以从各个地区的退休干部、媒体记者、企业管理者、德才兼备的社会法律工作者中，聘请相对数量的人员担任本地区监察人员开展监察工作的特邀社会监督员，专门负责监督本地区的监察官的工作。特邀监督人员可以在平时通过各种途径掌握涉及监察官的违法乱纪行为，通过电话、邮件等形式向上级部门反映，然后上级单位予以及时处理。第二，设立举报信箱

---

① 第54条规定：监察机关应当依法公开监察工作信息，接受民主监督、社会监督、舆论监督。

或者网络举报平台，以此关注社会舆情。社会公众可以就监察官在执法过程中存在的作风问题，通过举报信箱或者网络举报平台向有关部门反映情况，及时指引监察人员紧跟法治社会步伐，为营造社会良好的舆论风气和进行有效的反腐工作奠定舆论基础。主要包括首先加强人民的监督。人民是国家的主人，享受自身合法权利不受侵犯的权利，对监察官的履职行为享有监督、批评的权利。其次加强检察院、法院的监督。《监察法》的宪法理念就是要重置权力，以权力制约权力，实现反腐倡廉法治国家，因而检察院和法院应当发挥其监督功能，形成相互监督、相互制约的局面。最后加强社会舆论监督。媒体的传播力量成为监督公权力的重要力量，一旦监察人员的行为出现偏差或损害党和人民的利益，社会舆论都可能将其推到舆论的风口浪尖。加强监察官的内外部监督是完善监察官职业伦理的有效手段，有利于监察委职能的有效实施。

另一方面，我国在制定监察官法时，要注重监察官如何产生、通过何种程序进行任免。根据我国的根本政治制度人民代表大会制度，以及国家监察机关的宪法法律地位，建议注意以下两个方面。首先，监察官的产生方式应当包括考试、考核、选举或任命。可以考虑规定初任监察官，采取专门考试、择优录取的方式产生；一定等级和级别以下的监察官和非领导成员的监察官，根据考核结果、选举或任免决定确定其相应的监察官等级。根据宪法和《监察法》规定，各级监察委员会主任由本级人大选举产生，副主任和委员由本级人大常委会根据监察委员会主任的提名任命，属于经同级人大选举或人大常委会任命产生的监察官。其次，除各级监察委员会主任、副主任和委员外，其他监察官的任免是否需要同级人大常委会决定是需要予以严肃考虑的问题。《法官法》和《检察官法》规定，审判员、检察员由院长、检察长提请本级人大常委会任免，这种任免程序可以有效提升法官、检察官的正当性，契合一切权力属于人民的宪法精神。然而，监察官的任免是否适宜采取这套程序却面临"两难"：根据宪法和《监察法》的规定，国家监察机关与同级"一府两院"一样，由全国人大产生，对其负责、受其监督，据此，监察官由同级人大常委会任免是符合人民代表大会制度和监察机关宪制地位的；相应地，目前各级人大代表、常委会组成人员已经被监察机关纳入监察对象范围，倘若监察官由同级人大常委会任免，那么是否会导致"权力对冲"，一些地方人大常委会组成人员是否可能借此牵制监察机关的履职活动？如果由监察机关自行负责任免，又会否因其封闭性而引发其他国家机关和公众舆论的质疑？对此，应当权衡各方面因素，作出合法合理的安排。①

（三） 强化监察官的自我监督

英国阿克顿说过：权力导致腐败，绝对权力导致绝对腐败。② 手握一点权力就容易滥用权力，特别是对于缺乏有效监督的权力，更是容易受到腐蚀。监察官承担党和人民赋予的重任，是集众多权力于一身的反腐工作者，如果监察权过于集中却缺乏有效的自我监督，容易且可能转化为腐败的源头。在历史上，还没有出现过像我国监察委这样集权的机构，即使是明代的监察机构，其权力之大广为人知，但也只是集中在京城地区。③ 我国当今面临如此一个权力集中的监察体系，特别要注重对监察官自我监督的强化。我国《监察法》采取的是自我监督模式，第七章规定了监察官自我监督的内容，主要包括：说情干预登记制度、违法接触监察相关人员登记制度、违法惩戒制度、离职后的从业限制制度。④ 因而，首先从思想道德上着手，监察官必须提高自己的思想觉悟，机构内部各个部门之间相互配合、相互监督制约，养成慎用权力意识之精神。其次，在层级较高的监察委内部设立常设机构，⑤ 加强对监察官行使职权的监督。内部机构对于内部人员的行为作风有更多的了解和接触，因而，为加强监察人员履职的公平公正、廉洁自律，在层级较高的监察委设立监察常设机构是制约监察官滥用职权的有效之举。再次，强化监察官的责任意识，不得就监察关联人员进行干预、利用职权为关联人员行方便，否则给予严厉的惩戒。监察委本就是一个监察机关，监察官行使监察权，在监督他人的时候如何做到对自己监督，这是不可避免的话题，由于人的功利性和情感易倾斜性，只有足够的自制和绝对的高尚以及对自身的严格监督制约，才是完善自我监督的有效途径。

（四） 建立职业伦理考核制度

对于监察官的职业伦理考核制度主要是围绕业务和思想道德展开的。

---

① 秦前红：《制定〈监察官法〉应当注意的五个问题》，《行政改革内参》2019 年第 10 期。
② 〔英〕阿克顿：《自由与权力》，侯健、范亚峰译，商务印书馆，2001，第 342 页。
③ 参见刘宇荣《明朝监察制度及其对当代中国监察制度的启示》，《兰州教育学院学报》2017 年第 9 期，第 46 页。
④ 《中华人民共和国监察法》第 53～61 条。
⑤ 童之伟：《对监察委员会自身的监督制约何以强化》，《法学评论》2017 年第 1 期，第 5 页。

合理、规范的职业伦理考核制度是完善监察官职业伦理规范体系的重要组成部分。对于业务的考核范围主要包括主题、范围、标准、程度和结果的使用几个方面。① 考核主体应构建多元化的模式，在党领导下人大主导的监督考核制度基础上，吸收来自高校、社会团体、民间组织等社会力量共同参与考评。考核的范围主要表现为改善原来仅针对监察人员工作业绩的考核，而忽视对职业伦理的考核现象，对监察官的政治伦理、政务伦理、准司法伦理和监督伦理展开全面的考核。考核的标准是根据监察官行使监察权的工作过程和职业伦理规范的要求设立的，是衡量监察人员职业行为是否合格的价值尺度，设计合理的考核指标体系，从而对监察官的职业伦理作出科学的考核，是激励监察官良心执法的有效措施。考核程序是指对监察人员进行阶段性的考核，在领导评价、同事评价和监察官自我评价的基础上，严格考核程序，保障考核结果的客观、公正。对于考核的结果可以在同行之间公布，列入个人档案，作为年终奖励的依据，从而刺激发挥榜样作用，带动整个监察体制朝良性发展。

（五）加强职业伦理教育

在黑格尔看来，教育的本质是"解放"，准确地说是伦理的解放。② 人的许多美好的道德思想和品质都是通过站在巨人的肩膀上不断学习、探索获得的。因而只有通过教育才能使人获得普遍的职业伦理理性。教育教会我们如何辨别善恶、真假，明白什么该做什么不该做，摒弃浮躁的心理、任性的作为和应该作为的不作为行为。加强对监察官职业伦理的教育，使监察官始终保持风清气正，有利于营造良好的监察官职业伦理氛围，为我国全面依法治国、反腐倡廉提供理论基础。国外大都将法律职业伦理作为一门必修课，使其与部门法处于同等重要的位置，而我国高校普遍没有将其列为必修课程，我们也应该借鉴国外经验，重视监察官职业伦理教育，从大学就让法学学子开始对法律职业伦理和道德的学习。当然，对职业伦理的学习不局限于大学校园，如社会上的律协、机关内部都可以开展监察官职业伦理教育，让职业伦理教育伴随法律工作者的一生，让良好的法律职业伦理教育为实现我国的美丽中国梦、反腐倡廉建设搭桥铺路。

---

① 王永：《我国检察官职业伦理规范研究》，博士学位论文，山东大学，2012，第142页。
② 参见〔德〕黑格尔《法哲学原理》，范扬、张企泰译，人民出版社，2006，第170页。

五 结语

综上，我国监察体制改革是宪制变迁，旨在重构国家权力结构，根据宪法修正案，监察委是兼具立法、司法、行政三者部分权力的监察机构。监察委是实现依法治国、反腐倡廉，维护社会和谐稳定的法治保障，监察权能否科学、合理、公正、有效地实施，直接关系到国家监察职能价值能否实现。监察官作为监察委中执掌权柄的人员，应加强监察官职业伦理规训。

监察官职业伦理是指监察官在履行监察职责的过程中所应遵守的职务范围内和外的伦理规范和道德准则。监察官职业伦理是一种行业自律、高度自治的规范。就监察官职业伦理内涵来说，主要体现在内在规定性与外在表征两个方面。前者包含政治伦理、准司法伦理、政务伦理和监督伦理四个方面；后者主要是监察官职业伦理，具有政治性、道德性与法律性等属性特点。就功能而言，监察官职业伦理具有激励约束、惩戒与提升权威性的功能。监察官职业伦理存在的问题，反映在规范不足、法律水平不一与伦理意识淡薄等方面，其主要原因在于角色定位不准，监察制度不完善与教育、培训力度不够。构建监察官职业伦理制度的必要性在于约束权力、保障人权，反腐倡廉、助力法治进程与提高监察公信力，维护监察公正的要求。我国监察官职业伦理的构想必须在以下几个方面有所建树：第一，完善监察立法；第二，优化监察官外部监督制度；第三，强化监察官的自我监督；第四，建立职业伦理考核制度；第五，加强职业伦理教育。这些规训，有助于维护宪法和法律得到实施，有助于提升监察官良好形象，从而有效达到监察制度应有的效果，推动全面法治建设，实现社会风清气正。

论法律职业伦理知识体系中的
几个共性问题[*]

论法律职业伦理知识体系中的
几个共性问题[*]

论法律职业伦理知识体系中的几个共性问题

刘坤轮[**]

摘　要： 法律职业伦理在理论层面应当如何展开？有没有共同的研究框架和研究工具，用以分析共同的问题？对于当前我国的法律职业伦理研究来说，这一问题非常重要。但当前我国的法律职业伦理知识体系，从知识体系的角度来看，只有少数的研究者实现了知识体系的构建；从研究领域来审视，目前只是粗线条地确定了研究领域的共识对象；从共同的研究基础来看，目前仍处于碎片化状态。要找到法律职业伦理知识体系所存在的共同理论基础和研究领域，最主要者就是寻求到能够串起整个法律职业伦理知识体系的核心问题，并由此建构起核心概念。对于当前法律职业伦理的知识体系，学界应树立法律职业的法律角色优先于社会角色，不同法律职业之间的共性优先于个性的指导思想。其中价值问题主要涉及道德性和非道德性、公共性和技术性、自治性和他治性之间的价值冲突，行为问题主要包括保密、禁止性帮助、利益冲突、竞争、诚信、忠诚和勤勉等方面。这些问题构成了法律职业伦理共同的理论基础和研究领域，而这对于一门法学二级学科则是至关重要的。

关键词： 法律职业伦理；法律角色；社会角色；知识体系

一　问题的提出

法律职业伦理在理论层面应当如何展开？有没有共同的研究框架和研究工具，用以分析共同的问题？

对于当前我国的法律职业伦理研究来说，这一问题非常重要。2018

[*] 基金项目：2019 年北京高等教育"本科教学改革创新项目""学训一体 实践前置：创新德法兼修法治人才培养机制"。

[**] 刘坤轮，中国政法大学法学教育研究与评估中心副教授，中国政法大学钱端升青年学者。

年 1 月 30 日，《法学类教学质量国家标准》正式发布，①法律职业伦理位列核心课程体系之中，成为全国各个法学院学生都必须修习的 10 门必修课之一。2018 年 10 月 13 日，教育部、中央政法委公布了关于实施卓越法治人才教育培养计划 2.0 的意见，其中在改革任务和重点措施部分，第 1 条就是："厚德育，铸就法治人才之魂……加大学生法律职业伦理培养力度，面向全体法学专业学生开设'法律职业伦理'必修课，实现法律职业伦理教育贯穿法治人才培养全过程。坚持'一课双责'，各门课程既要传授专业知识，又要注重价值引领，传递向上向善的正能量。"②在行业层面，2015 年 12 月 20 日，中共中央办公厅和国务院办公厅印发《关于完善国家统一法律职业资格制度的意见》（以下简称《意见》），《意见》第 6 条明确："……加大法律职业伦理的考查力度，使法律职业道德成为法律职业人员入职的重要条件……"③2017 年 9 月 1 日，中华人民共和国第十二届全国人民代表大会常务委员会第二十九次会议正式通过了《全国人民代表大会常务委员会关于修改〈中华人民共和国法官法〉等八部法律的决定》，自 2018 年 1 月 1 日起施行，正式使法官、检察官、律师、公证、法律类仲裁、行政复议等法治队伍和统一法律职业资格考试制度完成了衔接。④

一系列的改革标志着法律职业伦理教育和研究的重要性被提到了一个前所未有的高度，但是，法律职业伦理是否只是一门法学专业的必修课？如果成为二级学科，它与宪法、民法、刑法、行政与行政诉讼法等其他法学二级学科之间的关系又当如何呢？法律职业伦理是否具有学科所要求的基本要素，也就是共同理论基础或研究领域的相对一致性，进而在此基础上形成自己独立的知识体系呢？

这些问题目前是我国法律职业伦理理论研究的基础问题，但遗憾的是，我国的法律职业伦理研究基础相对薄弱，早期的研究者尽管对法律职业伦理进行了开拓性研究，初步建构了我国法律职业伦理的基础框架，但

① 《我国首个高等教育教学质量国家标准发布　涉及 56000 多个专业点》，http://edu. people. com. cn/n1/2018/0130/c367001-29795328. html，最后访问时间：2018 年 11 月 7 日。

② 《教育部中央政法委关于坚持德法兼修实施卓越法治人才教育培养计划 2.0 的意见》（教高字〔2018〕6 号），http://www. moe. gov. cn/srcsite/A08/moe_739/s6550/201810/t20181017_351892. html，最后访问时间：2018 年 11 月 7 日。

③ 《〈关于完善国家统一法律职业资格制度的意见〉印发》，http://politics. people. com. cn/n1/2015/1220/c1001-27952144. html，最后访问时间：2018 年 11 月 7 日。

④ 高琳、刘坤轮：《我国法律职业伦理教育现实性再审视》，《法学教育研究》2019 年第 2 期。

因为法律职业伦理的地位问题，很少有人专一地从事这一领域的研究，并且后继力量已经严重不足。当我们开始重视法律职业伦理的教育教学和理论研究时，诸如研究对象和研究方法等基础问题还没有得到系统的梳理。有鉴于此，本文将通过对当前法律职业伦理的研究成果进行初步整理，尝试梳理出法律职业伦理的若干共性问题，以为未来的研究奠定一个基础。

二　当代中国法律职业伦理研究的主要问题

我国的法律职业伦理研究起步较晚，但还是涌现出了一些具有代表性的研究者，例如李本森教授将法律服务、法律职业与法律行业规范统一起来，从经济、社会、价值层面进行了多元分析；王进喜教授专注于律师职业规范的研究，严格限定法律职业伦理为行业规范研究旨向，代表了中国法律职业伦理研究的技术性流派，[①] 说明了国际法律职业伦理研究的技术性走向；[②] 许身健带领法律职业伦理团队所进行的多维度研究，在"悦读"与"实证"之间，在"教学"和"执业"之间，挖掘与扩展着法律职业伦理学科专业内涵；[③] 李学尧教授在其后期的研究中，纳入了儒家思潮、国家与社会、政党政治等分析工具和框架，将法律职业伦理研究的内容推向另一个高度；[④] 刘思达教授的研究则从职业社会学角度大大提高了法律职业研究的严谨程度；[⑤] 袁钢副教授关注法律职业资格考试中法律职业伦理部分考核的科学性和应用性，论证"法律职业伦理"应当成为法学硕士必修课的必要性和可行性，[⑥] 并作为爱德华项目学者在哥伦比亚大学法学院专门从事法律职业伦理教学的课题研究工作。尽管有着这些研究成果，但与国际层面相关研究对比，则清晰地反映出国内相关研究的薄弱。虽然近些年来关于法律职业伦理的主要译介有一些，但比较研究、实证研究依然缺乏，理论体系有待进一步完善。从未来发展的角度来说，这些都

---

① 例见王进喜《中国律师职业道德：历史回顾与展望》，《中国司法》2005 年第 2 期。

② 例见王进喜《美国律师协会〈司法行为示范守则（1990）〉评介》，《中外法学》1999 年第 4 期。

③ 例见许身健《欧美律师职业伦理比较研究》，《国家检察官学院学报》2014 年第 1 期。

④ 例见李学尧《法律职业主义》，《法学研究》2005 年第 6 期；李学尧《非道德性：现代法律职业伦理的困境》，《中国法学》2010 年第 1 期。

⑤ 例见刘思达《分化的律师业与职业主义的建构》，《中外法学》2005 年第 4 期；刘思达《职业自主性与国家干预——西方职业社会学研究述评》，《社会学研究》2006 年第 1 期。

⑥ 例见袁钢、刘璇《高校法律职业伦理课程的调研与分析》，《中国法学教育研究》2012 年第 1 期。

是需要改进的方向。

这些研究当然是十分重要的，对于法律职业伦理在中国法学专业教育中的影响甚至具有里程碑意义。但是，在肯定这些研究成果的同时，我们不能停留于此，法律职业伦理要在法学专业教育中彰显其重要性，必须有独立的学科，而居其核心者就是知识体系。因此，我们在充分肯定这些研究成果的同时，必须从是否具有共同研究基础和研究领域，也就是学科的角度予以评判分析，当且仅当法律职业伦理建构起共同的理论基础和研究领域之后，它才能够在整个法学二级学科群中树立根基，真正成为法学专业教育的基础知识。因此，本文将首先对目前的研究进行一个初步评判。

第一，从知识体系的角度来看，只有少数的研究者实现了知识体系的构建。如前所述，早期的研究者，对于法律职业伦理的问题，是从不同的角度展开的，这本身也符合学科知识体系产生的逻辑。但是，一门学科的成长和成熟，需要专门的知识体系，而这个知识体系的相对完整的载体则是教材。专著更偏向于知识点的研究，一般指向的是学科知识体系中的某一个具体领域，或特定知识点，随着学科知识体系的发展，专著的研究会越来越细分。但通常情况下，并不具有覆盖某一学科知识体系所有基本环节的能力。与之相对，成熟的教材是被要求覆盖本学科的基本知识体系的，国家一般也会有相应的指导性方案，比如《全国高等学校法学专业核心课程教学基本要求》就是关于法学专业的 14 门核心课程所需要覆盖的知识点的指导性范本。[1] 由此也可以看到，在这一点上，法学其他二级学科，相对来说已经较为完善，其重要的表征就是教材种类繁多，知识体系相对完整，所覆盖知识点相对统一。目前来说，市面上可见的法律职业伦理教材并不多，著者或主编者主要包括王进喜[2]、李本森[3]、许身健[4]、巢荣华[5]、李旭东[6]、郭哲[7]和石先钰等[8]研究者。比较之下，在法律职业伦理知识体系的构建方面，还有很长的路要走。

第二，从研究领域来审视，目前只是粗线条地确定了研究领域的共识

---

[1] 中华人民共和国教育部高等教育司：《全国高等学校法学专业核心课程教学基本要求》，高等教育出版社，1998。

[2] 例见王进喜《法律职业行为法》，中国人民大学出版社，2014。

[3] 例见李本森《法律职业伦理》，北京大学出版社，2016。

[4] 例见许身健《法律职业伦理》，中国政法大学出版社，2019。

[5] 例见巢荣华主编《法律职业伦理学》，北京大学出版社，2019。

[6] 例见李旭东《法律职业伦理学》，华南理工大学出版社，2019。

[7] 例见郭哲《法律职业伦理教程》，高等教育出版社，2018。

[8] 例见石先钰、韩桂君、陈光斌主编《法律职业伦理学》，高等教育出版社，2019。

对象。从学科的研究领域来看，目前尽管存在相对的形式统一，比如都会涉及一般概念，都会涉及律师、法官、检察官等传统法律职业以及与这些职业相关的伦理规范。但差异还是大量存在的，比如有些教材将公证员、司法鉴定人员、仲裁员、人民警察、公司法务、法学家、立法者等职业也分别予以吸纳，形成了不同的覆盖范围。从这一外在表现形式来看，至少对于法律职业共同体的概念，当前的研究还不能说已经达成一致认识，尽管《关于完善国家统一法律职业资格制度的意见》中已经对需要通过法律职业资格考试的范围进行了界定，明确规定了"担任法官、检察官、律师、公证员、法律顾问、仲裁员（法律类）及政府部门中从事行政处罚决定审核、行政复议、行政裁决的人员，应当取得国家统一法律职业资格。国家鼓励从事法律法规起草的立法工作者、其他行政执法人员、法学教育研究工作者，参加国家统一法律职业资格考试，取得职业资格"①，这实际上将法律职业群体基本划分为两类，一为必须参加职业资格考试的，共有七类，二为鼓励参加职业资格考试的，共有三类。但在法律职业伦理的知识体系中，能够达成共识的一般只有法官、检察官和律师三类。仅从这一研究对象来看，目前的共识也只是初步达成，至于研究领域的其他方面，则更是需要进一步深挖。

第三，从共同的研究基础来看，目前仍处于碎片化状态。即便是在相对粗线条的研究对象达成一致的基础上，关于法律职业伦理的研究基础问题，也仍然处于较为碎片化的状态，其中一个重要的表现形式就是当前的教材体系基本上是按照职业进行知识阐述的，这和其他学科以主题展开知识体系具有较大区别。学科知识体系的形成一般应有共同的研究基础，这是由所研究问题的共性所决定的，也是学科之间相区别的主要标识。在外在表现上，对于研究基础来说，共同的研究对象和研究方法，以及相应的理论框架则是最为重要的几个方面。目前来说，在研究对象方面，尽管没有彻底达成一致，但粗线条的勾勒已经出来，只是缺乏统筹。研究方法上，也基本形成了价值研究和规范研究等方法，也可以进行系统的总结。但是，需要指出的是，无论是研究方法，还是研究对象，由于职业的分立，不同的法律职业所构建出的知识体系之间充满了差异，内在的体系逻辑难以形成，因而也就很难构建出统一的研究理论框架，而一旦缺乏这种

---

① 《中共中央办公厅、国务院办公厅关于完善国家统一法律职业资格制度的意见》（2015 年 12 月 20 日）第 3 条。

理论工具，职业伦理的问题就会被职业分割，形成碎片化的现实，难以形成体系性知识。我国目前的职业伦理研究，基本上还处于这一阶段，问题的研究只是冠以法律职业伦理之名，而实际上，不同的职业所对应的伦理知识体系则占据了主导地位，共性被忽略，个性被彰显，碎片化现象严重。

三　法律角色与社会角色：法律职业伦理的共性与个性

要找到法律职业伦理知识体系中所存在的共同研究基础和研究领域，最主要者就是寻求到能够串起整个法律职业伦理知识体系的核心问题，并由此建构起核心概念。也就是说，法律职业伦理作为一门法学二级学科，其知识体系之间，必须有共性，而不是只有或只强调个性，比如刑法的核心概念是犯罪和刑罚，一切知识体系可以围绕其展开，这一概念可以作为工具切入几乎全部的刑法学问题。民法的核心概念是民事法律关系，这一概念也可以作为分析工具，切入几乎所有民法学知识体系之中。目前来说，对于法律职业伦理的核心概念并没有共识，它究竟是规范，还是价值，还是二者的统一，目前仍有争论，这也就使得其知识体系不能被系统地建构起来。

因此，对于现行的法律职业伦理研究来说，明确最核心的问题，并由此牵引出分析工具和分析对象是当务之急。本文认为，法律职业伦理之所以存在且重要，核心价值在于法律职业共同体能够促进社会正义，而推进的主要方式，也就是法律职业追求接近正义的方式及原因就应当是当前法律职业伦理学的核心问题。从以上关于法律职业伦理的研究中，我们大体看到，当前法律职业伦理的研究取向分为价值取向和技术取向两种流派，应该说，它们彼此并不排斥或不严格否认对方所研究的对象属于法律职业伦理的研究范畴，那么，如果有一个问题将这两种研究取向链接起来，则法律职业伦理的核心问题也就浮出水面了。笔者认为，无论是价值研究，还是规范研究，法律职业伦理和其他学科最大的区别在于，它主要关注的是冲突问题，这种冲突要么表现在价值层面，外化为法律职业伦理的道德性（morality）、非道德性（amorality）以及不道德性（immorality）之间的纠缠关系，要么表现在规范层面，外化为忠诚义务、勤勉义务以及保密义务之间的复杂关系。而之所以产生这些冲突，乃是基于法律职业的特殊性，也就是其职业角色和社会角色之间的冲突，这种冲突决定了法律职业之间的共性和个性之间必然也存在紧张关系，这一点尤其表现在刑事诉讼庭审程序之中，法官、检察官、律师、当事人均在场，角色冲突一目了然。同时，需要指出的是，对于这两种不同的冲突，所做的判断也不同于其他学科，也就是说，对于价值冲突和规范冲突，法律职业伦理所要做的是正当性判断，一般并不涉及道德层面善的判断，并且这种价值层面的正当性应该渗透并覆盖到所有伦理规则层面，以此形成法律职业伦理规范层面的研究工具。这样，本文认为，法律职业伦理的核心问题也就有了一个初步的轮廓，也就是关于角色冲突及角色行为正当性的知识体系。其中，角色冲突关涉的是法律角色和社会角色之间的冲突关系，角色行为则主要关涉法律职业行为和社会一般行为之间的冲突关系。对这两种冲突进行区分选择，并给出正当性理由的知识体系，就是法律职业伦理的知识体系。

既然是冲突，那么，价值层面必然涉及正当性的位阶问题，规范层面必然涉及正当性的选择问题。做出选择的理由，实际上就是法律职业伦理得以成为一个学科知识体系的主要理由，这也恰好是一个冲突选择的问题，整个的法律职业伦理知识体系，都应当围绕这一对范畴展开。因此，对于当前法律职业伦理的知识体系，本文认为，学界首要分清法律职业的法律角色和社会角色，并在此基础上确定不同法律职业之间的共性和个性何者优先。本文认为，这两对范畴的关系具体如下。

法律角色优先于社会角色。法律职业工作者是经过特殊的法律技术和法律职业伦理训练的，因此他们不同于社会中的一般个人。作为法律角色的法律工作者，熟悉纷繁复杂，甚至常常相互冲突的法律法规，承担着祛除法律法规的神秘性的角色功能。因此，法律职业工作的法律角色常常一方面要求他们就当事人如何逃避或减轻法律义务提供咨询，另一方面则要求他们就如何最大化或细致执行法律向当事人提供咨询。这些功能的承担使法律工作者与外行人士相区分，因为作为法律角色，他们往往不会采取其作为社会角色所应当采取的行为，并且在职业群体内部这常常被认为是对的，比如一个为涉嫌偷税罪者辩护的律师，即便他的客户并不诚实，也会选择尽最大之勤勉帮助客户逃脱或减轻法律的处罚，而这种做法在法律职业群体中，可能并不存在争议。但这实际上使得法律角色的伦理和社会角色的一般伦理区分开来，法律角色优先于社会角色，因为一般的社会伦理基本上是普遍适用的，一般的伦理哲学要求平等地对待其他所有人，到了法律职业工作者这里，客户的在场就使得所有其他人之外，多了另外一个"其他人"，这个"其他人"的利益，在法律角色的选择中，要优先于其他所有人，而这一选择又是法律职业内部所普遍接受的。法律角色优先于社会角色这一特征标注了法律职业伦理的基本底色，在不同的社会中，这种优先程度可能有所差异，其他"所有人"的范围可能有所差异，但这种优先性确实始终存在，这也是法律职业伦理知识体系的基本特征。

共性优先于个性。与法律角色优先于社会角色这一命题相关联的一个命题则是法律职业伦理的共性和个性之间的关系。这个问题有三个层次，首先，法律职业共同体要有共同的价值追求，法律职业共同体有一个能够把所有法律工作者拧在一起的纽带，这个纽带就是共同的价值追求。所有的法律工作者都追求公平正义，从不同的角度，从不同的立场上去追求公平正义。价值追求的共同性和一元性是法律职业共同体的本质要件。其次，法律职业共同体要有共同的职业伦理规范。要保证价值追求的共同性，就必须有作为保障措施的相同职业伦理规范。不同的法律职业，如果具有不同的法律职业伦理规范，就会出现伦理下滑的问题。在同一个法庭上，如果允许职业伦理水准低的人进入，低水准者一定会把高水准者拉下来。最后，在不同的法律领域里面，允许出现不同的规则，这是职业伦理内部的原则问题，因为不同的法律职业其伦理责任的承担方式是不同的，这是允许也是需要进行区别的，比如检察官和律师的职业伦理责任就有所区别，因为检察官要站在国家立场上，要代表公众利益。这三个层次，有一个次序的排列，这种排序本身也就代表了共性和个性之间的关系，也就是说，对于法律职业伦理来说，共性是主要的，具有优先于个性的地位，没有这种优先性，法律职业共同体也就无从建立起来，这是处理法律职业伦理核心范畴问题的一个基本取向。

四　法律职业伦理几个核心问题

对中国当前的法律职业伦理知识体系所存在的主要问题进行梳理，并在此基础上，总结提炼出法律职业伦理的核心问题范畴以及价值取舍，那么，接下来，就需要对法律角色和伦理共性所牵涉的主要问题进行界定。如前所述，对这些问题的界定要本着串起法律职业伦理知识体系的目的，因此要足以覆盖当前主要法律职业所共同承担的法律角色和面临的共同伦理困境。按照之前价值冲突和行为冲突的区分，本文初步认为，无论是对于法官、检察官、律师、公证员、行政执法者，还是对于其他法律工作者来说，在价值层面和行为层面，都存在冲突问题，具体表现为如下。

（一）价值冲突问题

价值问题几乎是所有法学学科都要面对的问题，然而，价值冲突问题尽管不是法律职业伦理才有的问题，但在法律职业伦理领域，其普遍性是其他法学学科不可比拟的，冲突的强度也大不相同，比如民法学中的平等、公平、诚信等价值，尽管在一定情境下会存在冲突的问题，但大多数民事关系中，这些基本价值是可以共存的，甚至有学者对民法学的基本原则专门做出过体系性论述。① 尽管法律职业伦理也有共同的价值取向，比如公平价值、正义价值、平等价值等，但在具体的执业层面，更多的是伦理困境，而几乎所有的伦理困境，都涉及价值冲突与选择的问题，这也是由法律职业的基本特征，也就是所谓的自治性、公共性和技术性特征所决定的。由此，在价值层面，至少以下几个方面的价值问题应该是贯穿法律职业伦理全部内容的。

道德性和非道德性。向社会输送正义的法律职业，对于整个社会承担一定的道德义务，这种道德义务要求法律职业必须以追求社会整体的正义为其存在的基本价值，因此，法律职业行为应当符合社会所要求的一般价值取向。但作为当事人的代理人，法律职业群体又对当事人这个特殊的"他人"承担着特殊的义务，当事人的价值和社会主流价值发生冲突时，作为其代理人的法律职业群体，则需要保持一定的非道德性，甚至某些时候会出现不道德的职业行为。尽管这种冲突可以从社会整体正义的层面予以解释，但作为社会角色的法律人和作为法律角色的法律人，在具体的个案中，所面临的价值冲突往往是剧烈的。这个时候，如果没有法律职业伦理的引导，道德性和非道德性之间的平衡就很难实现，这一道德性和非道德性价值之间的紧张关系可以说贯穿法律职业伦理的全部内容。所谓律师职业伦理是"作为调整与律师业务相关的各种社会性期待的一种实在性规范而被妥当化的"②，正是在这个意义上而言的。

公共性和技术性。公共性和技术性是当代法律职业发展的两大趋势，也是法律职业伦理规范的两大导向，实际上，很多国家的法律职业伦理规范大体都包括这两块内容，并将其融合起来，比如美国的法律职业伦理规

---

① 侯佳儒：《民法基本原则解释：意思自治原理及其展开》，《环球法律评论》2013 年第 4 期。

② 〔日〕棚瀨孝雄：《现代日本的法和秩序》，中国政法大学出版社，2002，第 217 页。

范，序言和总则部分基本上属于公共性价值取向的内容，而具体的行为规范部分则属于技术性价值取向的内容。尽管形式上，各个国家都会对其做出统一的规范，但实际上仍然无法消解这两种价值之间的紧张关系。公共性价值要求法律职业群体对公众利益和社会正义负有责任，比如律师就应当扮演"正义的卫道士""公共利益的代表"等角色，进而要求律师在执业中要将大众利益和道德放在首位。技术性价值要求以法律的中立性和技术性作为法律职业群体的基本取向，并由此要求立法人具备"党派性忠诚"，但对公众道德伦理责任并无特殊的要求，导致出现"与公众作对""损害公共利益""帮助恶人"的法律职业行为。① 《迷失的律师》② 《法律人，你为什么不争气？》③ 中所探讨的核心问题，也基本上是这对价值冲突，以及由此导致的商业主义和公共利益之间的冲突。

自治性和他治性。法律职业共同体的建构理想需要法律职业保持自治性，也就是要对其他非法律职业的侵蚀保持抗拒的能力，这种能力主要通过内部的建构实现，实现的最重要的方式就是法律职业伦理的规范体系，这一体系使法律职业共同体的子系统完备起来，也就是按照法律职业价值共同体分别建构意义共同体、语言共同体、利益共同体、教育共同体、经历共同体和解释共同体。自治性是部分职业的基本特征，法律职业尤其如此。但是，自治性价值常常与法律职业所深嵌的国家文化和价值产生冲突，法律执业的管辖区域设定，常常决定了特定的法律职业必须回应，或至少部分回应执业区域的主流价值和管理需要，这就产生了法律职业的自治性和他治性之间的冲突。任何一个国家对任何一个职业都要负角色定位和管理的责任，完全放任发展几乎是不可能的，这就势必和具有高度自治性的法律职业共同体价值取向有所冲突。这一冲突也是贯穿所有法律职业伦理规范体系之中的，比如中国的律师管理规范，必然和欧美国家的律师管理规范有所差异，这些差异背后的原因，最主要者就是自治性和他治性之间的冲突。

（二）行为冲突问题

在当前的法律职业伦理规范体系的走向上，技术性规范占据越来越大的比重，这和法律职业行为的科学性追求直接相关。因此，技术性冲突就

① 李学尧：《非道德性：现代法律职业伦理的困境》，《中国法学》2010 年第 1 期。
② 〔美〕安索尼·克罗曼：《迷失的律师》，周战超、石新中译，法律出版社，2002。
③ 陈长文、罗智强：《法律人，你为什么不争气？》，法律出版社，2007。

构成了法律职业伦理规范冲突的主体,具体到个案中,也就是法律执业中的行为冲突。尽管法官、检察官和律师在不同个案中的行为冲突有所差异,造成这些冲突的问题却是共同的,事实上,上文的价值冲突也可以构成行为的冲突,只是关联并不那么直接而已,因此将其单独列出分类。这些共同的行为冲突问题建构起了法律执业伦理的共同理论基础和研究领域,笔者认为,未来的法律执业伦理学科知识体系的建设,应当也必须围绕这些问题展开,以这些问题切入所有的法律职业,形成基础性的分析框架和分析工具,串起所有的法律职业的具体伦理规范,而不是仅阐述不同法律职业各自的伦理规范。有鉴于此,笔者粗略地提出如下几个问题,以供学界批评。

1. 能力问题。能力问题涉及的是法律职业伦理究竟应如何规范,才能确保提供适格的职业行为。对不同的职业,能力的要求有所差异,但却是所有法律职业都要面对的问题。法官的审判类型,检察官的业务分工,律师的执业领域,实际所关涉的大多是这一问题。在一定意义上,法律执业要向社会输送正义,最重要的就是确保所有的个案,都选择出能力适格的法律人,对于最典型的刑事诉讼伦理冲突场景,能力问题也表现得最为突出,我们很难想象,能力差别巨大的法官、检察官和律师,能够确保一个刑事审判的公正结果。统一法律职业资格考试,在一定程度上所指向的就是能力的适格问题。

2. 保密问题。不同的法律职业通过具体的个案,以不同的方式和法律服务的对象链接起来,在这个联系的过程中,各个法律职业群体都会获取若干特定的信息,信息的类别不同,决定了对待这些信息的方式不同,这就会涉及不同的法律职业对不同信息的不同保密义务。那么,究竟何种信息应当被法律职业工作者视为秘密?应从哪里或哪些渠道获取这些信息?不同的法律职业之间的秘密信息有何同质性和差异性?在何种条件下,法律职业工作者应当以及可以向公众披露这些信息?这些问题都是不同的法律职业群体所需要面对的,只不过各自面对的方式和处理的方式有一定的差别,但问题本身是所有法律职业群体都必须面对的,因而也是应该贯穿整个法律职业伦理规范体系之中的。

3. 禁止性帮助问题。不同的法律职业工作者通过不同的方式向服务对象提供法律服务,法官以居中裁判,检察官以审判监督以及提起公诉,律师则以咨询和辩护等方式。但同为法律服务,哪些是应该以及可以向当事人提供的,哪些是禁止向服务对象提供的?不同的服务对象,禁止的范围和程度有哪些差异？这些都属于禁止性帮助问题，也是所有法律职业群体在职业生涯中都会面临的伦理冲突问题，因此也需要并可能在整个法律职业伦理的知识体系中做通盘探讨。

4. 利益冲突问题。法律职业伦理的利益冲突问题往往被局限在律师职业范围内进行探讨，也就是通常所说的同时性利益冲突和连续性利益冲突问题。通常情况下，指涉为委托人和律师之间或不同的委托人之间存在某种利益冲突时，律师被禁止进行的行为。但实际上，利益冲突问题应是一个范围更为广泛的问题，比如法官和检察官的回避问题，很大程度上，原因都在于利益冲突。其他法律职业工作者，也在不同程度上涉及这个问题。因此，利益冲突问题也应当作为法律职业伦理知识体系中的一个基础性问题，贯穿整个法律职业共同体之中进行伦理规范的探讨。

5. 竞争问题。竞争问题实际上关涉的是法律职业共同体的自治问题，细化到不同的法律职业，竞争问题的具体偏向重点有所差异。比如对于律师来说，如何避免来自非律师群体的法律服务竞争，如何进行同行竞争，如何面对各种不同的诱惑，这些都是律师在提供法律服务时所需要面对的竞争问题。同样的，法官、检察官也存在竞争问题，最典型者是立案管辖和审判管辖的问题，在何种情况下应该予以管辖，何种情况下被禁止管辖，这些可能并不仅仅是诉讼法学的问题，也是法律职业伦理需要考虑并予以规范的问题。

6. 诚信问题。诚信问题主要关涉法律职业工作者的真实义务和诚实义务。对于不同的法律文本、法律证据和法律事实，不同的法律职业工作者都负有诚信的义务。但是，在何种程度上保持诚信，又有所不同，比如一个律师在获知一些不利于自己当事人的法律规定和法律事实时，他对当事人和法官应承担何种诚信义务？法官和检察官在面对可能对案件结果造成影响的不同证据时，应该如何取舍？如果这种取舍会影响到职业发展或之前案件的结果呢？这些问题，实际上都是诚信问题，也是应该贯穿整个法律职业伦理规范知识体系之中的。

当然，此类问题应该还有很多，比如忠诚问题和勤勉问题，可能不仅仅是律师的执业伦理，其他所有法律执业者也都会涉及。本文要说的是，这些共同的问题，应当是法律职业伦理知识体系建构过程中予以优先考虑的，因为正是这些问题构成了法律职业伦理共同的理论基础和研究领域，而这对于一门法学二级学科则是至关重要的。当然，本文观点仅为一家之言，唯一之目的乃是希望法律职业伦理学科的知识体系能够以这些问题切入所有的法律职业，形成基础性的分析框架和分析工具，串起所有的法律职业的具体伦理规范。但论述过程之中，必然有各种缺漏，在此提出，仅为抛砖引玉，供学界批评指正。

法律职业伦理如何因应法官员额制改革

李冬楠　刘　浩[*]

摘　要：法官员额制改革在当前司法语境下不是一个陌生的命题，经过近二十年的调研与试点，2014 年终于走上了司法改革的前沿阵地。法官员额制改革对当下我国司法实践具有的重大意义不容置疑。但为了达到改革的预期效果，我们不仅要从本体论的角度探讨法官员额制本身的设计与问题应对，还要从全域支持的角度来构建法官员额制的整体框架，以期有利于其长效机制的发挥。从法律职业伦理建设角度，我们认为在内容改革、强化方式和限度分析三个方面必须做出回应。

关键词：法官员额制；司法改革；法律职业伦理

1999 年中华人民共和国最高人民法院发布《人民法院五年改革纲要（1999—2003）》，首次提出要"对各级人民法院法官的定编工作进行研究，在保证审判质量和效率的前提下，有计划有步骤地确定法官编制"，在总结试点经验与不断调研的基础之上，"2001 年最高人民法院向中央组织、人事部门提出法官编制的具体方案"，拉开了法官员额制改革的序幕。① 2014 年《人民法院第四个五年改革纲要（2014—2018）》正式明确提出"建立法官员额制"，历经十五年的反复讨论，法官员额制最终走到了改革的前沿阵地。从 2014 年上海首先开始员额制改革试点，到 2017 年员额制改革在 3500 家法院完成，持续三年的改革试点使得法官员额制无论是在广度、深度、难度方面，还是在系统性、整体性、协同性、有序性方面都是一场具有划时代意义的法官管理制度的巨大变革。然而法官员额制改革不仅仅是法院、法官的一场"自我革命"，不仅需要从法官员额制的本体论角度出发，还需要构建法官改革整体框架、全域配合着眼于长效机制的发挥，进一步优化系统工程，筑牢司法改革的整体框架，因此法律

　＊　李冬楠，曲阜师范大学法学院副教授。刘浩，曲阜师范大学法学院本科生。

①　《最高人民法院关于印发〈人民法院五年改革纲要〉的通知》，《中华人民共和国最高人民法院公报》1999 年第 6 期，第 188 页。

职业伦理也要做出相应调整因应法官员额制改革，本文将从法律职业伦理的内容修改、强化方式、限度分析方面来讨论法律职业伦理如何因应法官员额制改革。

一　法律职业伦理的内容修改

第一，一体化设计法律职业伦理相关制度规范。2017 年修正的《中华人民共和国律师法》第 5 条有一个非常重要的规定，即"实行国家统一法律职业资格考试前取得的国家统一司法考试合格证书、律师资格凭证，与国家统一法律职业资格证书具有同等效力"①。《律师法》的这个规定实质上赋予了从律师中选任法官行为的正当性与合法性。而且我们也看到，随着律师制度改革的推进，我们已经初步解决了律师队伍人员稀少的问题，而且大多数律师的专业能力较强，确实也能够为员额法官队伍提供人才后备资源。但我国法律职业群体之间的血缘关系意识仍旧淡薄，律师与法官之间的紧张关系并没有得到很好的缓和，法庭冲突时而出现，法律职业共同体理念还未被普遍采纳。社会学家科塞曾说过："冲突绝不仅是破坏社会稳定与整合，单纯引起变迁过程的因素，冲突对社会团结、一致、整合同样具有积极的力量。"② 因而我们要理性分析这种冲突可能带来的问题并进一步寻找出路。目前法庭上同时存在三种职业伦理，法官的行为规则、律师的行为规则、检察官的行为规则，这三种职业伦理应当一体化设计，以便在法庭上可以互相配合、互相补充，但现实情况是在法庭上三种职业伦理各自运行，对于律师的言语、行为等众多方面提出要求，但对于检察官与法官则要求相对较少，顶层设计的缺少是导致法律职业之间经常发生冲突的原因之一。在可以从律师中选任法官的新业态下，法律职业之间的流动性加大，因此我们更要从大局着手，一体化建构职业伦理相关规范，尽量减少法律职业之间的冲突，构建新型审判群体关系。完善顶层设计，一体化设计法律职业伦理规范，寻找法律职业之间的共生范式，实现司法功能最大化。

第二，制定新型职业要求适应新业态。管理学上的"头雁效应"告诉我们，全局的效能提高离不开局部的配合协调，审判管理要达到级能最

---

① 《中华人民共和国律师法》第 5 条第 2 款。
② 〔德〕科塞：《社会冲突的功能》，孙立平等译，华夏出版社，1989。

大、层级顺畅的"1+1＞2"的效果，就必须强调系统内部的统筹协调、分工配合。法官员额制改革也对法院内部法律职业群体提出了新的要求。法官员额制改革将原有法官群体分为员额法官、审判人员、审判辅助人员与司法行政人员，这些不同的职业要明确各自的职业要求与职业定位。法官员额制要求构建以员额法官为审判核心，以司法辅助人员为人才梯队，以行政辅助人员为必要补充的差序格局，这就要求针对不同工作性质设定更加完善精细的职业要求，同时在法官员额制改革新的业态下构建更加符合改革审判要求的职业伦理要求。改革本身就意味着突破，这些突破同样需要以法律形式得到确认。例如，在改革试点过程中一些人员配置问题逐渐显现。首先要将员额法官与审判行政人员区别开来。处于行政管理地位的院长、副院长等行政管理人员，较长时间未直接进行司法审判活动，办案能力无法得到保障，若这些人成为员额法官，只会侵占原有员额法官的名额，偏离"确保优秀法官留在审判一线"[①] 的原则。鉴于此，我们可以通过两条路径解决上述问题。一条是区分审判行政人员与员额法官。经过三年的试点，法官离职追求待遇更好、自由度更高、压力相对较小的其他法律职业的现象屡见不鲜，造成此结果的并非单单是薪酬少、晋升困难。经济学家詹姆斯曾就激发员工的动力问题进行市场调研，发现大多数公司将薪酬制度作为主要的激励制度，但詹姆斯通过一个优秀员工从一家公司跳槽到另外一家薪酬远不如原来的单位的案例，改变了固有的、传统的看法。薪酬固然可以作为激励员工的一个非常重要的因素，但是需要建立在平等、公平的基础之上，可以说公平是激励员工最主要的手段。在法官员额制改革的背景下，法院的矛盾、问题逐渐暴露，让法官感到十分困难，离职的主要原因往往不是经济待遇，而是领导者处事不公，无法做到"一碗水端平"。公正是对人格的尊重，可以让一个人最大限度地发挥自身潜力。员额法官在官僚主义中自然无法将精力完全投入案件的审判当中，也会产生工作情绪低迷、思想消极、斗志懈怠等现象。从此角度来说，需要将审判行政人员与员额法官分开管理，制定适应审判行政人员的职业伦理要求，减少领导人员对员额法官的影响，凸显法官独立地位，使其将精力集中于审判活动上。另一条是将审判辅助人员与员额法官区别开来，增加对审判辅助人员的职业伦理要求。在整个司法体系之中，任何一个细微的

---

① 参见最高人民法院司法改革领导小组办公室编写《〈最高人民法院关于全面深化人民法院改革的意见〉读本》，人民法院出版社，2015，第14页。

错误都有可能导致整个案件的颠覆发展。审判辅助人员在进行审判辅助工作的时候，也需要遵循一定的伦理道德规范，让他们适用律师、法官、检察官的伦理道德规范不妥，适用公务员的规范也可能会产生与律师、法官、检察官的伦理道德规范相冲突的情况，因此将审判辅助人员的职业伦理单独列举，达到明确义务、充分发挥作用的目的。

第三，更加严格的职业要求。在此之前我们应明确，法律职业伦理对法律职业群体的要求包括两个方面，一个是基本准入规则，也就是最低的职业道德要求，另一个是更高层次的职业道德要求。我们现在将法律职业资格考试作为进入法律职业群体的门槛，仅仅通过应试的方式就可以实现司法领域的准入，在没有对应考者专业进行限制的那些年，不少未经过法学专业培养训练的群体也进入了法律职业人群体，这些人的专业水平和伦理素养无法得到保证。更重要的是，法律资格考试对职业伦理知识的考核从几乎没有到占据很小的份额，既无法引起未来的法律人的重视，也无法发挥考试这个杠杆的作用。显然法官员额制改革的开展，对法官专业化要求提升的同时，对法官道德要求也上了一个阶梯。员额制改变了原有层层审批的审判模式，在理论上解决了"法官之上还有法官"的问题，办案法官获得独立审判权，彰显了法官的主体地位，因此强化法官的自我治理，严格落实法官责任成为提高司法公众性的必然要求。通过法官个体素养的提高促进整体司法效能的进步。员额制的核心在于组织和解构群体的内控机制，以此提高组织机构的效能与人力资源的利用率。而更加严格的职业要求势必会在一定程度上约束法官行为，提高法官道德素养。不仅是法官员额制的实施要求法官具有更高的道德素养，而且正如纪伯伦所言："把手指放在善恶交界之处，就可以触碰上帝的法袍。"① 作为最接近"神"的职业，法官也需要对法律、对正义有更高的追求。员额制在将法官从其他非审判事务中解脱出来的同时，也使得法院案多人少的情况更加突出，员额造成的人事封闭僵化问题突出，"围墙"效应凸显。且法官员额制改革的依专业素质与工作性质的不同要求对法院内部人员定岗定员，推行人员分类管理，使得法院群体之间的流动性减弱。如果我们真的要建立从律师当中选任法官这样一个制度，一个重要的前提就是律师具有高尚的道德品质，律师可以作为法官的选任人选，对律师的道德标准要求应该很高，达到最高律师职业道德标准的律师才能够进入法官队伍，只有这样才能最

---

① 〔黎巴嫩〕纪伯伦：《先知》，李家真译，外语教学与研究出版社，2015。

大程度地保证员额法官群体的纯粹性。如果我们从法官助理等司法审判辅助人员中选任法官，也需要对司法审判辅助人员的道德伦理提出一定的要求。法官员额制的实施要保证法官主体的纯粹性，这种纯粹性是员额制实施的人员基础。一是员额法官的主体纯粹性，我们要保证员额法官的任职资格公开透明，符合对员额法官的职业要求；二是群体思想纯粹性，提高自身的责任感与正义感，慎用经济手段的激励，让法律群体直面自身职业的塑造。

第四，平衡精确与模糊之间的关系。在广大群体最朴素的认识中，既希望法律条文是精确的，法官可以严格按照法律文本解读与审判案件，公平公正，同时又希望审理案件不完全固定于法律条文，对特殊案件要区别对待。这种矛盾自法律产生之时就存在。立法是各阶层利益与价值目标妥协的结果，立法主体的多元很容易导致价值冲突通过不同法规范之间的矛盾性规定显现出来，因此立法者通常会通过有意或是无意地模糊立法，对某些规定含糊其词，将具体的道德要求丢给法律职业，使得法律职业伦理总是与各种价值冲突和道德斗争，显现出略显混乱的状态。法律职业伦理涉及的一切问题都与道德相悖论有关，因此无法仅仅通过道德洞察对错，还要通过一系列的机制体制、权衡手段和具体程序予以保障，最大程度地降低模糊性。但同时精确性最大的问题就是排他性，排除掉了一切"可能的正确"。如果将某个行为严格归置为正确或者错误，就有可能导致机制僵化，法律职业的积极性也就会相应降低，而世间大多数行为不是非黑即白的，"可能的正确"与"可能的错误"才是最大多数的存在，因此在法律职业伦理中要平衡精确与模糊之间的关系，最大程度减少心态主观偏差，降低行为模糊程度，适当提高精确性，综合考虑法律职业行为所引起的主观与客观后果，培养更加优秀的法律职业人才。法官员额制的进一步落实，让法律职业伦理的重要作用得到再一次发挥。许多人一生只可能打一次官司，他们会将他们所遇到的法律职业群体与全部的法律职业群体画等号，因此法律职业伦理要求要平衡精确与模糊之间的关系，使得案件审判的每一个环节都闪耀着正义的光辉。

第五，全面落实法律职业伦理相关奖惩机制。2013年的北京"李某某案"是法律关系最为简单，但又意料之中会广受关注的案件，此案也让我们直面了法律职业群体的职业面目。在当下中国的司法实践中，产生了许多法律群体内部不协调的问题，这种不协调主要来自各种法律职业群体对法律职业伦理的不遵守，视法律职业伦理规范为无物，执业违法现象层出不穷。可以说，职业伦理并未被中国的大多数职业群体认真思考和认真对待。一些人在潜意识中认为道德规范就不必遵守，只是一种官方引导，我自有我的想法。因此，在当下员额制改革的阶段，我们要全面落实职业伦理规范的奖惩机制。对于法官员额制改革来讲，首先，我们对在法律职业伦理规范中的执业违规行为提出确定的惩罚机制，未严重到犯罪的、轻微的行为，可以通过法院的通报批评、将错误行为反映到年终审核中等方式约束员额法官。其次，我们要建立相应的奖励机制，对于遵循职业道德规范、无执业违规行为的员额法官，给予精神与物质上的奖励的制度日常化、固定化，通过报纸、互联网等媒介，号召员额法官进行学习。增强榜样的带头力量，通过内部激励达到预定目标。

二　法律职业伦理的强化方式

将中国建设成为社会主义法治国家是公共与历史的抉择，因此以培养"法律职业人"为宗旨的法学教育的重要性日益凸显，法官员额制改革的开展使得司法对法律职业人的道德要求更加严格，然而我国的法学教育的发展方向仍然存在偏差，具体表现为法学院校对法律职业伦理道德的培养缺乏期待。职业伦理本应是充分体现法律人才素质的重要构成方面，但直到近些年法律职业伦理课程才被部分法学院列为必修课程，开展时间过短使得我们没有理由相信大多数法学院对法律职业伦理课程的重要属性有着清楚的认识。这种认知缺位可能直接导致对法律职业伦理教育缺少实施的监督和执行的力度，在操作层面展开法律职业伦理教育的紧迫性日益凸显。美国在20世纪以前，也未大量开展法律职业伦理教育，美国的"水门事件"让法律职业伦理教育站在了历史的聚光灯下。尼克松总统的竞选团队在竞争对手身边安装窃听器，并且尼克松的竞选团队包括尼克松本人都是律师，这个事件发生之后，群众哗然，肩负着正义的法律职业群体竟然为了个人利益不择手段，美国就此事件要求各高校对法学院学生开展职业伦理教育，法科学生的基本的理论知识是为了当事人的利益，而法律职业伦理确是为自己学的。对职业身份的正视需要职业伦理教育潜移默化的影响，在正确的思想引导下完成法律职业群体自身的重塑。因此，我国也需要全面开展法律职业伦理教育，当下完善法律职业伦理教育需要认准以下几个着力点。

第一，国家政策与行业要求中要凸显对法律职业伦理的重视。国家将某种制度设计提高到国家意志层面就会使全国上下贯彻制度，也就是要举全国之力提高思想认识，同时强调贯彻落实。虽然部分政策条文中对法律职业伦理教育做出规定，例如《国家司法考试实施办法》，提到了部分法律职业伦理规范的要求，但教育主管部门没有在本科阶段明确法律职业伦理素质的培养目标，使得法律职业伦理教育很大程度上流于形式，这与法律职业伦理规范的缺失并无两样。在国家层面上尽快强化对法律职业伦理教育的要求，并在政策文本中予以落实。在现行的行业准入和行业要求方面法律职业伦理都未得到应有的重视。全国统一司法考试中法律职业伦理相关问题仅占 10 分左右，法律职业伦理成为一门可以放弃的学科，同时对律师行业组织行为有诸多限制使得律师行业组织对违反行业道德规范的行为无力展开足够力度的惩戒，这也使得行业的发展中掺杂大量商业主义。国家与行业对法律职业伦理规范的要求不高，单纯靠法律职业群体的自律，会导致司法实践产生大量无法预期的严重后果。因此提高国家与行业对法律职业伦理的期待成为加强法律职业伦理的着力点之一。

第二，法学院校应该达成大力开展职业伦理教育的共识。部分国家将法律职业伦理作为法学教育的重要内容，域外在这个方面已经开展部分实践。例如美国的大部分州要求法学院的学生在获得职业资格之前必须通过职业道德考试，这一点明确了对法学院学生职业道德的高要求与高期待。日本、韩国、加拿大等国也将法律职业伦理作为重要的法律职业准入要求。道德、观念上的引导在大多数群体的观念中、眼中从轻微的到可放弃的，但教育就是将所有的知识忘掉之后留下来的部分。思想的正确是所有正确的前提与基础。目前我国大学生统一适用马工程系列教材，在许多课程当中也增加了课程思政的内容，此举可以看出国家当前对价值观教育的重视。我们认为在法学专业教育中重视法律职业伦理教育，就是加强法律人的价值观教育，两者可以有所侧重，但更应该互相辅助和融合。

第三，在课程设置上尽量做到理论与实践相结合。当前中国的法学教育存在的主要问题是高校的法学教育水平跟不上法学高等教育大众化的发展，法官员额制也对法律职业业务素养提出了更高的要求。因此法律职业伦理课程在教会学生基本的理论知识时还要辅之以相应的实践学习。随着经济社会的发展，案件日益个性化、边缘化，绝大多数事情不是非黑即白的，这极大地考验了法律职业人的自身素质，需要培养极高的法治素养。目前法学学生实务能力匮乏，现行法学教育重理论教育，轻实践能力培养，这也是法律人才更新换代成本过高、时间过长的原因之一，如何将理论与实践结合起来是高校目前面对的迫切的问题。一个优秀的法律人是讲法、理、情的人。要能够协调好三者之间的关系，对案件的判决与应用既不可以拘泥于文本，也不可以有过大的自由裁量权，在法律硬性的规定下，社会舆论也要有相应的吸收空间，这对法学生来讲是十分困难的，在肯定书本上的知识是基础的情况下，形成观念、积累经验往往比知识更重要。因此实践与理论的结合对法学生来讲是必要的，高校不能以取得好成绩作为培养学生的唯一目标，应当将自身责任定位在为国家培养法律人才、促进我国法治发展上，因此要积极寻找相应的教学模式与教学方法，以期为社会输出更多满足社会需要的法学人才，减少法律人才更新换代的时间。

三　法律职业伦理的限度分析

哈耶克提出"限度是关系的基本内涵，是制度形成的起点，是制度变迁的自身推动力"。① 任何事物都有其自身的适用范围与功能限度。法律职业伦理规范也不例外。

在国家法治化、民主化的过程中，我们已经可以发现并认识到，一个法治国家只有法律制度是不可行的，法律要获得真正有效的实施，还需要有一大批高素质的、能够正确运用法律的法律职业群体，在法官员额制不断发展的当下，这一重要意义又得以凸显。法律与伦理这两个问题是永恒的探讨主题，可以说伦理中孕育着法律，法律从伦理中分离成为现在我们所说的保护国家统治的工具，法律是最低的伦理要求，一旦低于最低的标准，就产生了违法行为，需要国家运用强制力与违法行为进行对抗。两者相互依存，没有了法律，伦理就可能会被随意践踏，没有伦理的合理融入，法律也就变成了冷冰冰的审判机器。

中国古代的伦理学大多局限于家族、君臣之间，而现代意义上的伦理学研究已经扩展到人与人、人与社会之间全方位的关系方面。职业是具有相当公共意义的岗位，法律职业作为职业的一种，也需要有深厚的从业基础。法律职业在广义上包括与法律有关的各种职位，而狭义上的法律职业就是单指法官、检察官、律师等属于法律职业共同体核心层的群体。职业

---

① 转引自时和兴《关系、限度、制度：政治发展过程中的国家与社会》，北京大学出版社，1996，第 1 页。

的多种多样造就了职业伦理的多种多样，而本文所重点探讨的法律职业伦理在所有的职业伦理道德中具有更加重要的地位。法律职业伦理就是在从事法律职业过程中应当遵循的道德规范，是社会道德在法律职业领域中的体现。

可以将法律职业伦理分为三个等级。低级的法律职业伦理是法律职业群体必须遵守的，比如不得收受贿赂、侵害当事人权益，律师不得做假证。一旦违反这些要求会导致违法行为的出现，国家机关就要对违法的行为进行惩戒，这属于最低程度的法律职业伦理。中间等级的法律职业伦理是法律职业群体大多可以达到的，努力尽到自己的义务，恪尽职守，根据职业伦理规范的严格要求履行自身义务，大多法律职业群体都可以做到这个层级的要求。最高级别的伦理要求就是尽自己努力，最大程度地实现法律的正义，这是我们所期待的法律职业群体给出的面貌，但达到这样的层面又是十分困难的。比如法官在审理案件时，所下发的审判超过了案件本身的影响，对当事人权益的保护、我国法制的进步产生了积极的影响。这不仅需要法官具有渊博的知识、丰富的经验来作支撑，还需要法官敢于与一切抗衡的勇气与决心。

法律职业伦理并不是浮在表面的，一定要与相应的制度结合起来。包括两个制度层面，一是法律职业伦理的运行制度，一是违反法律职业伦理的追责制度。在法律职业伦理的运行层面，要将宏观的职业道德要求落实到具体程序中，只依赖法律人的自身素养会使法律职业伦理成为法律"花瓶"，也无法起到法律职业伦理促进司法公正的作用。在追责层面，要制定严格、全面、及时的追责制度。目前由于缺乏专门的法律职业伦理追责程序，部分法律职业人出现知法犯法、打擦边球的行为，相关部门"睁一只眼，闭一只眼"的行为也非少数，正是这些最基层、最细小的实践更能让群众看到司法的灰色领域，从而降低了群众对司法的期待，也践踏了司法与法律的尊严，因此追责制度的完善势在必行。制度层面完善才不会让法律职业伦理流于表面，也才能够发挥其最大价值，满足民众最大的期待。

可是法律职业伦理规范有其自身的限制，我们不可以将所有无法言状的过错都推到法律职业群体的道德水平不高上。法律职业伦理道德规范不仅发挥的作用有限，发挥作用的范围也十分有限。法律职业伦理一定要建立在法律职业群体知识深厚、能力过硬的基础上。例如一个极富有正义感的律师在法庭辩论中出现明显的辩论技巧的错误或者对案件的事实认识不清、举证不明导致的败诉，不可以归咎于法律职业伦理道德水平不高。有能力、有丰富的阅历是遵守职业伦理不可或缺的一部分，二者共生共存，才足以造就一个优秀的法律职业人才。在法官员额制改革的过程中，员额法官需要有较高的法律职业伦理素养，也需要其自身有极强的审判能力，审判辅助人员与审判行政人员也需要在遵守法律职业伦理道德规范的宏观要求下，以增强本领、提高能力为路径，以保护当事人利益、提高我国法治水平、彰显法治正义为总目标，以达到我国开展法官员额制改革的预期效果。

四 结语

法官员额制对法官在编制限额内实行员额管理，是对法官群体的"大换血"，目的在于"确保优秀法官留在审判一线"①。同时，法官群体内部的矛盾凸显，不公正的待遇、较低的薪资和其他一些因素导致法官离职，追求其他法律职业。这些问题的解决方法需要从员额制本体以外寻求。法官员额制改革不仅仅是法官群体的"自我革命"，要想实现预定目标，需要构建全域支撑。法律职业伦理作为最基础、最不可或缺的方面也需要做出回应。构建法律职业共同体意识，是法律职业群体内部流转的主要方式；在将法院人员分类管理的背景下，完善各群体法律职业伦理规范，提高职业伦理要求，完善相应的奖惩机制。国家、社会及高校都需要培养提高对法律职业伦理的认识，提高重视程度，共同为法官员额制改革提供全域支撑，培养法律职业后备人才资源。法官员额制改革功在当下，利在千秋，克服现有困难，促进社会主义法治，描画中国司法全新篇章。

---

① 参见最高人民法院司法改革领导小组办公室编写《〈最高人民法院关于全面深化人民法院改革的意见〉读本》，人民法院出版社，2015，第 14 页。

实证主义法律职业伦理的局限性：
简史、批判和基础回归

〔美〕布拉德利·温德尔*著

尹　超**译

　　政治共同体面临着公民之间以及公民与国家之间应该享有的权利和义务的问题。然而，现代性最常见的一个条件是多元化的合理信念，这些信念关乎什么是好的生活，以及什么是值得追求的目标；我们还必须处理对规范性争议的解决产生影响的事实其相互矛盾的证据和不确定性。① 鉴于这种分歧，大规模的现代共同体如何才能创造条件，使人们可以生活在一起，在互利的项目上合作，甚至繁荣发展？答案是，共同体可以依靠合法的程序来建立权限、规定义务和权利，而这些可以作为将关于人们应当做什么的社会判断与个人判断分离开来的一种方式，以整个社会的名义来宣称。② 正如斯科特·夏皮罗（Scott Shapiro）在《合法性》（*Legality*）一书中所论述的，法律的功能代表了它的道德目标。③ 同样的功能性解释蕴含着法律职业的道德目标。如果法律是复杂而深奥的，就像在现代工业化社会中一样，专家将扮演一个专门的社会角色，帮助其他人理解他们在社会法律下拥有什么权利和义务，以及谁组织交易，主张合法权益，并就如何遵守法律向公民提供建议。如果法律的道德目标是在不确定和存在分歧的

　布拉德利·温德尔，康奈尔大学法学院教授。

** 尹超，中国政法大学法律硕士学院副教授。

① 罗尔斯把这些条件称为判断负担。参见 John Rawls, *Political Liberalism*, Columbia University Press, 1993, pp. 54 – 58。杰里米·沃尔德伦把"某一群体成员对某一问题的共同框架、决定或行动方针感到需要，即使在对框架、决定或行动应该是什么存在分歧的情况下也是如此"作为政治环境。Jeremy Waldron, *Law and Disagreement*, Oxford University Press, 1999, p. 102.

② 参见 Jeremy Waldron, "Nornative (or Ethical) Positivism," in Jules Coleman, ed., *Harts Postscript: Essays on the Postscript to the Concept of Law*, Oxford University Press, 2001, p. 410。

③ Scott Shapiro, *Legality*, Harvard University Press, 2011, pp. 170 – 73.

情况下实现共存，那么法律职业的道德目标就是为个人保障实证法所确立的社会利益，与诸如正义或权利保护等一阶道德利益（first-order moral goods）形成对比。①

这是对法律职业伦理的概述，从对政治自由主义和民主合法性的考量开始，强调社会所确定的（即实证主义的）法律权利的道德价值。我们所称的实证主义法律职业伦理确立了自己作为一种替代方法的地位，这种替代方法以个人道德行为为出发点，并以极大的怀疑态度看待法律的权威主张。② 然而，最近，批评者对实证主义法律职业伦理项目的可行性表示怀疑。③ 也许令人惊讶的是，批评者的主要反对意见并不是法律有道德目标的主张。相反，反对意见是，律师在代理客户的过程中对法律的解释，必然是一个与道德推理不可分割的过程。法律有解决分歧的道德目的，但也可以说，结合处总会有一定的间隙。适用于客户的法律可能有几种合理的解释。更糟糕的是，适用于律师的法律试图限制他们代表客户所做的事情，该法律本身可能有不止一种合理的解释。因此，批评者认为，法律不能在律师的实际推理中取代道德，因为对法律创造性或积极的解释（适用于客户或律师）在特定情况下是否合理，这常常是一个有争议的问题。这种自由裁量权要求律师做出道德判断，因为法律的排除效力只适用于能够指导代理人实际推理的情形。如果法律判断必然隐含着道德判断，那么实证主义法律职业伦理就是不连贯的。

本文的目的是首先通过论述法律职业伦理中争论的简要历史，然后通过一些假设的案例，说明实证主义法律职业伦理可以免于不连贯或循环的指责。这样做需要将律师的职责和权限（包括那些对法律规范解释的规

---

① W. Bradley Wendel, *Lawyers and Fidelity to Law*, Princeton University Press, 2010; Tim Dare, *The Counsel of Rogues*?: *A Defence of the Standard Conception of the Lawyer's Role*, Ashgate, 2009; Daniel Markovits, *A Modern Legal Ethics*: *Adversary Advocacy in a Democratic Age*, Princeton University Press, 2008.

② 参见 William H. Simon, *The Practice of Justice*, Harvard University Press, 1998, pp. 77 - 108; David Luban, *Legal Ethics and Human Dignity*, Cambridge University Press, 2007, at ch. 7（"The Ethics of Wrongful Obedience"）.

③ Joshua P. Davis, "Legal Dualism, Legal Ethics, and Fidelity to Law," [2016] J. Professional Lawyer 1 [Davis, "Legal Dualism, Legal Ethics, and Fidelity to Law"]; Amy Salyzyn, "Positivist Legal Ethics Theory and the Law Governing Lawyers: A Few Puzzles Worth Solving," 42 *Hofstra L. Rev.*, 2014; Joshua P. Davis, "Legal, Morality, Duality," *Utah L. Rev.* 55, 2014 [Davis, "Legal, Morality, Duality"]; Benjamin C. Zipursky, "Legal Positivism and the Good Lawyer: A Commentary on W. Bradley Wendel's Lawyers and Fidelity to Law," 24 *Geo J. Leg. Ethics* 1165, 2011.

制）建立在与法治理想有关的考量之上。法律系统地声称要为行动创造某些类型的理由。① 它提供了为一个人的行为确立一种独特的辩护方式的可能性。说某件事在法律上是允许的，并不必然说它在道德上是允许的；这是法律实证主义的核心论题。② 然而，也就是说，一个社会的法律机构至少已经暂时解决了在特定情况下必须或可以做什么的问题。从"社会整体"或"政治共同体"等抽象实体的角度来看，现在允许或禁止做某事。被法治理想所吸引的人会提出两个规范性主张：第一，对于一个政治共同体来说，利用考虑不同意见的程序来解决分歧和冲突是一件好事，以整个共同体的名义解决这些分歧和冲突，并创造出一般、公共、可行的理由，这些可以作为影响其他公民行动的正当理由由共同体成员提供；第二个主张是，律师在代理客户时应避免破坏法治。就目前而言，这是相当抽象的，但本文旨在使法律职业伦理这一概念更加具体，并在一些反对意见的基础上加以巩固。

一

法律职业伦理的核心问题是，律师如何为一项行为辩护，而该行为如果是在职业角色之外进行的，就会招致道德谴责。查尔斯·弗里德（Charles Fried）在为律师的角色辩护时提出了一个著名的问题："一名好律师能成为一个好人吗？"③ 大卫·鲁班（David Luban）引用英国辉格党（English Whig）历史学家托马斯·巴宾顿·麦考莱（Thomas Babington Macaulay，他曾接受过律师培训）的话敏锐地观察到律师的意愿，"头上戴着假发，脖子上缠着一根带子，为了一个基尼币（guinea）去做如果没有这些附属物他会认为对一个帝国来说是邪恶和不光彩的事情"。④ 尽管表达方式不同，但这一探究始终归结为，每个人作为道德主体必须尊重的道德要求，与个人以其特有的目的和价值接受职业角色所产生的责任之间的关系。大约在 20 世纪 70 年代之前，很少有人尝试系统地回答这个问题，

---

① 参见 Jeremy Waldron, "The Concept of the Rule of Law," 43 *Ga. L. Rev.* 1, 2008；Stephen R. Perry, "Hart's Legal Methodological Positivism," 4 *Leg. Theory* 427, 1998。

② 参见 John Gardner, "Legal Positivism: 5 1/2 Myths," *Am J. Juris* 199, 2001。

③ Charles Fried, "The Lawyer as Friend: The Moral Foundations of the Lawyer-Client Relation," 85 *Yale L. J.* 10, 1976.

④ David Luban, *Lawyers and Justice: an Ethical Study*, Princeton University Press, 1988, at xxi.

至少在理查德·瓦瑟斯特罗姆（Richard Wasserstrom）的论文《作为专业人士的律师：一些道德问题》（Lawyers as Professionals：Some Moral Issues）发表之前是如此。① 该论文为未来30年的辩论设定了条件。瓦瑟斯特罗姆把区分角色的（role-differentiated）道德作为法律职业伦理的核心。他认为，职业角色创造了一种独立的道德世界，在此道德世界中，扮演该角色的人可能（或者必须）把那些在实际考虑中不是决定性的也会是相关的考量放在一边。② 角色以及不同角色的义务和权限是伦理的普遍特征。③ 例如，父母可能将自己孩子的利益放在更优先的位置，即使其他孩子有更迫切的需要。④ 问题不在于律师受到不同角色义务的约束，而在于这些义务与更一般的道德考量缺乏正确的联系。

在鲁班于1988年出版《律师与正义》（Lawyers and Justice）一书之后，他对这一问题的分析成为该领域的传统认知。他认为，任何以职业角色进行的行为都必须有一个道德证成（moral justification），这表明相关制度（比如法律制度）是正当的，其中的特定角色（律师）是正当的，需要采取行动的责任是正当的，行动本身也是正当的。⑤ 加入这四个步骤中的任何一个失败，都将使专业人员没有借口违反公正的道德要求。几十年来，学者们勇敢地试图提供一个理由，以满足鲁班的四重挑战。例如，查尔斯·弗里德强调人的自由和主体性是价值的源泉。⑥ 从这个角度来看，某些人——家庭成员和亲密朋友——成为一个人生活中的重要组成部分。从一个人的主观角度看世界，包括关心那些与我们有共同的故事和爱情、友谊关系的人。由此断定，为了那些与我们关系特别亲密的人的利益而不是整个人类的福祉，这可能是被允许的。从这段关于友谊重要性的叙述中，应该可以得出这样的结论，即专业的"朋友"（也就是律师）被允许偏爱其客户，胜过被称为"社会"或"共同善"（the common good）的松散利益聚

---

① Richard Wasserstrom, "Lawyers as Professionals：Some Moral Issues," 5：1 *Human Rights* 1, 1975.

② Ibid. , at 3 - 4.

③ 参见 Michael Hardimon, "Role Obligations," 91：7 *J. Philosophy* 333, 1994; Judith Andre, "Role Morality as a Complex Instance of Ordinary Morality," 28：1 *Am Philosophy Quarterly* 73, 1991; Mike W. Martin, "Rights and the Meta-Ethics of Professional Morality," 91：4 *Ethics* 619, 1981。

④ Wasserstrom, supra note 11, p. 5; Dare, supra note 4, pp. 31 - 32; Alan Goldman, *The Moral Foundations of Professional Ethics*, Rowman & Littlefield, 1980, p. 4.

⑤ Luban, supra note 10, pp. 130 - 33.

⑥ Fried, supra note 9.

合体，也胜过利益受到律师行为损害的任何特定第三方——被羞辱的证人，由于律师利用技术细节和漏洞而失去正当主张的对方当事人，等等。①

弊里德的论点的问题在于，友谊的普通道德观念不能达到弗里德所希望的效果。友谊关系中的责任和权限源于长期以来对彼此福祉的共同关心，而这种共同的历史大概不会出现在道德高尚的人和令人讨厌的人之间。当朋友之间有共同的历史时，双方都会把对方的利益当作自己的利益；事实上，友谊的这一特点是弗里德把朋友的利益与代理人自身的福祉联系起来的核心。如果律师和客户真的是朋友，律师就应该在道德上对客户的目的负责。② 此外，客户对律师不负任何责任，这使得这种关系成为一种奇怪的单向友谊。当然，弗里德可能会回应，律师与客户的关系是一种人为的关系，因此律师是客户"有特殊目的"的朋友。然而，如果这是一种回应，弗里德就很容易受到这种反对意见的攻击，即把花钱雇来的同伴或辩护律师比作妓女或雇佣兵会更好③——两者都是一种道德上有吸引力的关系，可以拿来类比。

这就是第一代哲学法律职业伦理中以普通道德为出发点的争论倾向。回应鲁班长期以来对道德证成的要求，律师需区分角色责任和权限的捍卫者寻找的一种与诸如忠诚、自主④或人类尊严⑤等普通道德价值相联系的原则，并试图说明这一原则如何在律师的职业角色内包含责任和权限。人们认为，职业角色对道德方面的分析必须是透明的。学者们倾向于接受亚瑟·阿普勒鲍姆（Arthur Applbaum）的结论：在职业伦理中，"角色不能滤除对行为和行为人合乎道德的前传统描述（preconventional descriptions）"。⑥ 由于律师的行为被描述为前传统的术语，例如骚扰、羞辱、说谎或欺骗，⑦ 辩

---

① Fried, supra note 9, at 1071 – 74.

② Susan Wolf, "Legal Ethics, and the Ethics of Law," in David Luban, ed., *The Good Lawyer*: *Lawyers "Roles and Lawyers" Ethics*, Rowman & Allanheld, 1983, 38 at 59, n 4.

③ William H. Simon, "The Ideology of Advocacy: Procedural Justice and Professional Ethics," 1 *Wis. L. Rev.* 29, 1978, p. 108.

④ Stephen L. Pepper, "The Lawyer's Amoral Ethical Role: A Defense, A Problem, and Some Possibilities," 11: 4 *Am Bar Foundation Research J.* 613, 1986.

⑤ Luban, supra note 5, at ch. 2 ("Lawyers as Upholders of Human Dignity When They Aren't Busy Assaulting It") （他对自己的挑战做出了回应，提出了一种道德价值，在职业道德的范围内证明了责任的合理性）。

⑥ Arthur Isak Applbaum, *Ethics for Adversaries*: *The Morality of Roles in Public and Professional Life*, Princeton University Press, 1999, p. 109.

⑦ 丹尼尔·马可维兹接受了这个问题的框架，并同意律师的职业规范要求他们去做那些在一般道德条件下会说谎和欺骗的事情。参见 Markovits, supra note 4, pp. 44 – 77。

护的负担是巨大的，而至少理论家的结论是，律师认为理所当然的许多职业道德义务在道德上是不合理的。这一结论并没有得到执业律师和一些法律学者的认同，他们认为，法律职业伦理的哲学批评抨击了对律师角色的讽刺描述。①

更理论地讲，回到阿普勒鲍姆的原则，一些人开始假设，角色实际上可以改变对行为人和行为合乎道德的描述。② 考虑一下在道尔盾（Dalkon Shield）宫内节育器产品责任诉讼中，由代表制造商的律师对原告进行粗暴质询，这是一个被广泛讨论的例子。③ 某些高危性行为是原告患盆腔炎的另一种因果解释，他们将其归因于避孕装置的设计缺陷。因此，辩护律师针对该妇女的证词提出了关于原告性史和性行为的非常令人尴尬的问题。对这种情况最好的描述——对伦理分析的最恰当的描述——是（1）在产品责任诉讼中取证，以便发现可以免除制造商责任的证据，还是（2）一个男人问一个女人关于其性行为的诡异的骚扰性问题？用阿普勒鲍姆的话说，（2）是对该行为的前传统描述，但许多与道德相关的行为特征最好由（1）来描述。如果没有民事诉讼规则规定的诉讼和证据开示机制，对话可能永远不会发生。正是由于发生了可依法认定的损害，并提出了法律上的补救要求，才有机会谈话提出令人尴尬的问题。人们一直把律师描述成会问骚扰性问题的诡异男人，但这种描述并不能最好地抓住这种情况在道德上的相关特征。

传统实践可以改变对事件最恰当的描述，这一洞见已为人熟知，④ 但它对哲学法律职业伦理有着更广泛的影响。在 20 世纪 90 年代末和 21 世纪初，该领域的第二代学者开始出现，对瓦瑟斯特罗姆、鲁班、阿普勒鲍姆等人的坚持提出了批评，他们坚持认为区分角色的道德要求用普通的道德术语进行辩护。⑤ 在所谓的法律职业伦理的"法理学转向"中，⑥ 学者

---

① 参见 Monroe H. Freedman & Abbe Smith, "Misunderstanding Lawyers' Ethics," [Book Review of Markovits, supra note 4] 108 *Mich. L. Rev.* 925, 2010; Ted Schneyer, "Moral Philosophy's Standard Misconception of Legal Ethics," *Wis. L. Rev.* 1529, 1984。

② W. Bradley Wendel, "Professional Roles and Moral Agency," [Book Review of Applbaum, supra note 22] 89 *Geo. L. J.* 667, 2001.

③ 参见 Deborah L. Rhode, *Ethics by the Pervasive Method*, Little, Brown, 1994, p. 669。

④ 参见 John R. Searle, *The Construction of Social Reality*, Free Press, 1995。

⑤ 参见 Ted Schneyer, "The Promise and Problematics of Legal Ethics from the Lawyer's Point of View," 16: 1 *Yale J. L. & Human* 45, 2004 （认识到这个新兴的学术主题）。

⑥ 参见 Katherine R. Kruse, "The Jurisprudential Turn in Legal Ethics," 53: 2 *Ariz. L. Rev.* 493, 2011, pp. 505 – 06。

们的探究并非基于普通的道德考量，而是基于律师在法律体系中所扮演的角色，以及法律体系在社会中所扮演的角色。法律职业伦理作为政治哲学的一个分支，其出发点不是个体的道德主体，而是政治共同体。正如下面部分简要叙述的那样，第二代法律职业伦理的发展与法理学的发展相一致，后者将法律的权威与其解决社会争议的能力联系起来，否则由于经验的不确定性和价值的多元性，这些社会争议将仍然难以解决。

二

人类是爱争论但善于交际的生物。[①] 我们寻求相对和谐地生活在一起，筹备各种事宜，并达到大规模规划和协调的目的。例如，社区可能希望关注其自然资源（例如清洁的空气和饮用水），并保护它们免受污染。然而，关于基本规范和经验问题的分歧的普遍性和棘手性表明，一个像保护环境这样基本的项目很可能从一开始就陷入冲突之中。鉴于某些排放物是能源生产的必要副产品，多少污染应该被允许？谁应该为减轻或清理污染买单？受环境污染危害的人是否有权向污染者寻求赔偿？我们假设的社会可能无法就这些问题的实质性答案达成一致，但有可能就解决这些问题的程序机制达成协议。社会中的每一位公民都可以合理地同意接受由一个具有代表性的立法机构制定的规则（即实证法），该立法机构是经过对社会上的紧迫问题自由、公开辩论后公平选举产生的。尽管这幅图景可能是理想化的，但在有关善、权利和正义的基本问题上存在严重分歧的背景下，它抓住了一种政治自由主义的道德诉求，强调中立程序是解决冲突和促进合作的一种手段。

斯科特·夏皮罗对法律的本质给出了这种功能性的解释，将法律比作一个大规模的规划。当一个社区的问题"如此众多而严重，且其解决方案又如此复杂、有争议或武断，以至于非法律形式的命令行为是指导、协调和监督行为的低劣方式时"，[②] 规划是必要的。就在夏皮罗在一般法理学

---

① J. B. Schneewind, *The Invention of Autonomy: A History of Modern Moral Philosophy*, Cambridge University Press, 1998, pp. 71 – 72（引用雨果·格劳秀斯对人性这一事实的认识作为道德哲学中独特的现代见解之一）。

② Shapiro, supra note 3, at 173. 人们不需要致力于规划类比，就可以把法律的道德目标看作解决社会冲突。菲尼斯的现代自然法首先观察到，人类之物是多元的、不可通约的，需要法律权威来解决由此而不可避免地产生的冲突。John Finnis, *Natural Law and Natural Rights*, Clarendon Press, 1980, pp. 231 – 32.

领域的研究取得显著成就的时候，一些法律职业伦理学者提出了一个类似的功能叙述来解释律师的伦理角色。① 律师的伦理义务是法律功能的衍生。如果法律的作用是确保团结、和平共处和有计划的协调行动等社会利益，那么法律职业的作用应该是帮助法律制度发挥其功能。首先，这意味着要让公民享有法律赋予的权利。一个消极的暗示是，律师不应该因为在道德上与客户的目标不一致，而拒绝帮助客户确定和行使他们的合法权益。由于法律的功能是至少制定一个规范性争议的临时解决方案，使公民之间的互利合作项目得以实现，因此，确定法律的内容就需要重新介入法律本来要解决的争议之中，这是不可能的。② 律师不应该是鲁班所说的"道德活动家"，并在其对客户的目的存在道德上的疑虑时拒绝提供完全积极的代理。③

正如关于多元主义、分歧和解决的叙述解释了法律的本质和功能一样，实证主义法律职业伦理的主张也解释了法律官员的角色义务，他们不仅包括立法者和法官，也包括代表客户的律师，无论是作为诉讼中的代讼人、交易的策划者或顾问。法律制度的功能描述包含了律师职业伦理的若干原则，与律师作为公民之间中间人的角色和法律制度的机构和程序赋予他们的斗争权利有关。首先，由于法律的许多内容很可能是技术性的，而且在没有专家协助的情况下难以获得，所以律师应该理解他们的角色是帮助其客户获得他们根据社会的法律权利和义务方案所享有的权利。④ 作为其客户的代理人，律师最基本的角色是充当客户维护其合法权益的工具——毫无贬义地充当客户的工具或喉舌。

其次，尽管存在多元主义和分歧，但由于法律是政治共同体在互利项目上进行合作的手段，因此，律师在代表客户的过程中，决不能让自己的对有争议问题的看法影响自己的行动。⑤ 律师可以像其他人一样，向客户提供法律之外的道德建议或其他建议，⑥ 但律师的核心职能是帮助人们获得那些被共同体的实证法实际认可的权利。律师真诚地相信所适用的法律

---

① Wendel, supra note 4; Dare, supra note 4; Markovits, supra note 4; Nornan W. Spaulding, "Reinterpreting Professional Identity," 74:1 *Colo. L. Rev.* 1, 2003.

② 夏皮罗称之为规划的一般逻辑（GLOP）。参见 Shapiro, supra note 3, at 309 - 11。

③ 参见 Luban, supra note 10。

④ 参见 Wendel, supra note 4, at 49 - 51; 也可参见 Stephen L. Pepper, supra note 20（认为"诉诸法律"对委托人的"一等公民"至关重要）。

⑤ 参见 Dare, supra note 4, at 74。

⑥ American Bar Association, *Model Rules of Professional Conduct*, ABA, 2016, Rule 2.1 [Model Rules].

是愚蠢的或不公正的，这与律师作为客户代理人的职责无关。拒绝帮助客户获得其合法权益，是对客户多元社会的公民身份的一种不尊重。

最后，只要客户的目的和律师实现这些目的的手段都是合法的，律师就不应该因为代表目标不公正的客户而受到道德上的批评。正义的原则本身也存在合理的分歧。[1] 因此，假设其他人可能对其目的的公正性有不同的看法，律师的角色是使公民在他们认为公正的项目上进行合作。根据律师的职业角色伦理，他们不应该干预自己对正义的看法，因为这些看法被认为是冲突的；由此可见，其他人不应以律师协助客户实现不公正的目的或使用不公正的手段来达到这些目的为由，对律师进行道德批评。

在扎贝拉诉帕克尔（*Zabella v. Pakel*）[2] 这一经典案例中，违约案件中的被告承认他欠原告一笔债务；然而，诉讼时效已经过去，这为被告提供了一个机会，以避免他所承认的道德上的偿还义务。而且，曾经一文不名的被告生意兴隆起来，而曾经生意兴隆的原告则陷入了困境。为了便于讨论，假设被告事实上在道德上有义务偿还他从原告那里借的钱。试图逃避履行对他人的义务在普通道德生活中被称为欺骗。[3] 如果拒绝为诉讼时效辩护，总的说来是出于其他适用的道德考量——例如，因为客户承认他欠了债，可以很容易偿还，而对方急需资金——那么，律师就承担起了维护职业伦理原则的重任，这就要求律师遵循客户的指示，主张诉讼时效辩护。然而，很难找到一名执业律师，会对以诉讼时效作为驳回原告追讨债务诉讼的理由感到丝毫道德上的不安。[4] 如果有的话，批评应该是针对程序规则的，而不是适用这些程序规则的律师（尽管大多数律师倾向于认为诉讼时效法规是个好东西，因为它们阻止了过期债权的诉讼）。

第二代法律职业伦理学家同样普遍认为，扎贝拉案是一个简单案件。[5]

---

① Waldron, supra note 2, at 151 – 53（对罗尔斯政治自由主义的批判忽略了合理的分歧，这种分歧也可以涉及社会的基本交往条件，即正义原则）。

② 42 F（2d）452（7th Cir. 1957）. Stephen Gillers, "Can a Good Lawyer Be a Bad Person," 84 *Mich. L. Rev.* 1011, 1986, at 1020（书评）（介绍扎贝拉的假想变量）。

③ 参见 Markovits, supra note 4, at 35 ［对于作弊给出了一个有点特殊的定义，即"宣扬一个人私下里（正确地）认为不值得的主张或理由"］。马可维兹认为，欺骗及其同类恶习——撒谎——在法律实践中是普遍存在的。

④ 蒂姆·戴尔观察到，虽然上诉法院的法官觉得有必要允许辩护，"但法院明确表示，他们认为派克是一个无赖，他处于某种富裕的地位，应该感到有义务向他的老朋友、雇员和乡下人偿还一笔实实在在的债务"。Dare, supra note 4, at 3（内部引用和变化省略）。

⑤ Wendel, supra note 4, at 126 – 28; Dare, supra note 4, at 2 – 3; Markovits, supra note 4, at 65.

从公共伦理（包括律师角色的伦理）的角度看，重要的是法律体系中建立了一个权利、义务和权限（可以统称为合法权益）① 体系，规定在什么情况下一个人可以强迫另一个人纠正错误。律师的角色不是道德顾问，也不是客户的真正朋友（不是弗里德认为的"有特殊目的"的朋友）。更确切地说，律师是客户的代理人，从法律意义上来说，是一个被授权代表客户采取客户自己无法采取的行动的人。由于缺乏法律技术手段方面的专门知识，被告如果没有专业的帮助，将无法获得社会对偿还债务的义务进行限定的好处。因此，律师的伦理角色是提供实在法所规定的权利，从而帮助法律实现其道德目的。就功能而言，法律的道德目的是在政治共同体中建立一个权利和义务的框架，人们可以用来处理彼此的关系，允许相对稳定、无摩擦的互动和长期关系，即使在有不确定性和冲突的情况下也是如此。它是通过站在理由的位置来实现的，否则这些理由对于其主体是决定性的。② 因此，一个可能对诉讼时效抗辩感到不安的律师应该认识到，对客户欺诈行为的评估背后的理由，已经被客户在一段时间后逃避债务的合法权益所取代。

三

最近，几位具有法理学思想的法律职业伦理学者，对这一整齐划一的说法提出了质疑。③ 他们质疑伦理律师（ethical lawyering）的概念能否与法律解决规范性争议的能力紧密联系在一起。他们的反对分为以下几个步骤。

1. 客户合法权益的内容，即律师向客户提供有关建议、在诉讼中进行辩护以及通过建议或交易计划来实施的伦理角色，是由实体法和程序法（包括比如诉讼时效）以及通过调查和发现了解的事实决定的。除了客户的恣意之外，律师本身也有合法的权利、义务和权限，它们构成了律师管理法。这些规则包括职业行为规则以及由侵权法、合同法、代理法和程序法确定的适用责任。因此，例如在扎贝拉案中，律师不仅有权限而且有义务主张诉讼时效抗辩。这一义务来源于客户的权利以及律师为客户提供忠

---

① Wendel, ibid., at 49 – 52.

② Joseph Raz, *Ethics in the Public Domain*, Clarendon Press, 1994, p. 231.

③ Davis, "Legal Dualism, Legal Ethics, and Fidelity to Law," supra note 6；Salyzyn, supra note 6；Davis, "Legal, Morality, Duality," supra note 6；Zipursky, supra note 6.

诚、称职的服务的职责。①

2. 实证主义法律职业伦理学家想说，律师的伦理角色仅仅是由律师在律师管理法下的权利所赋予的。从伦理上讲，律师应该做的不应该比角色的法律要求多，也不应该比角色的法律要求少。当然，律师职责的一部分内容是由客户的权利所赋予的（律师必须运用合理的能力和勤勉来维护和保护其客户的权利）。然而，在扎贝拉案中，如果客户有权主张诉讼时效抗辩，那么该权利加上律师管理法对律师应成为忠实代理人并遵守客户合法指示的要求，为律师的伦理义务提供了一个完整的说明。除此之外，伦理上也不需要更多的东西——当然不是作为"明智的顾问"或道德活动家，试图劝阻客户避免偿还债务。②

3. 然而，重要的是法律和事实不是一成不变的。它们的内容在某种程度上取决于律师或法官对它们的解释态度。实证主义法律职业伦理希望律师的伦理义务以法律本身为基础，但律师应该对构成客户和律师权利的法律和事实采取何种解释态度，没有非循环的方式来明确。也许律师管理法对律师在拓展客户合法权益的边界时可以走多远设定了一些限制。然而，这些规则本身需要解释，而如果希望将律师在解释方面的伦理义务植根于法律规则，就没有办法避免无限倒退（这实际上只是"规则不能决定它们自己的适用"这一哈特式老生常谈的一个适用③）。虽然扎贝拉案中诉讼时效的适用是直截了当的，不需要律师的解释性判断，但扎贝拉案在这方面是一个不好的例子。还有许多其他情况，律师必须进行判断来决定，如何解释确立当事人权利或其自身权利的法律。

4. 因此，必须存在一些法律职业伦理原则，而这些原则并非来源于当事人和律师的合法权益。这些原则最可信的来源是一阶道德，包括对正

---

① 这些都在《州职业行为规则》（State Rules of Professional Conduct）中给出了，该规则在很大程度上遵循了美国律师协会（American Bar Association）的职业行为示范规则。参见 Model Rules, supra note 37, Rules 1.1（competence），1.2（a）（following client instructions），1.3（diligence），and 3.1（not asserting meritless claims）。侵权法、合同法和代理法建立了类似的责任，尽管采取的补救措施不同——民事责任而不是职业纪律。

② 对职业主义概念的理解由来已久，即在共同的公共价值的基础上，为公共利益而实践个人技艺的义务。参见 Rebecca Roiphe, "The Decline of Professionalism," 29 *Geo. J. Leg. Ethics* 649, 2016, at 651（描述了迪尔凯姆和帕森斯的职业主义传统观念）。

③ H. L. A. Hart, *The Concept of Law*, 2nd ed., Oxford University Press, 1994；参见 Scott Hershovitz, "The End of Jurisprudence," 124 *Yale L. J.* 1160, 2015, at 1202.（"认为有一个现有的法律体系包含了一法律体系中所有有效的法律权利、义务、特权和权力，这种想法在法律实践中没有任何作用。律师不咨询法律以确定人们有什么法律义务。相反，他们阅读社区的法律历史、法规汇编、案例报告等，然后就人们因此承担的义务展开辩论。"）

义或其他道德原则的考量（矫正正义是否要求被告偿还原告?），比如不欺骗和保护人的尊严。如果律师在考虑对客户的义务时必须（或者甚至可能）提到这些考量因素，就不可能有实证主义法律职业伦理。以下三个假设，都基于实际案例，说明了实证主义法律职业伦理批评家所提出的问题。在每一个案例中，批评都是为了表明，除了基于社会来源的实证法之外，还需要一些东西来为律师提供规范性指导。在这些案件中，当事人和律师都有合法权益，虽然律师管理法可能在解释当事人权利方面提供一些指导，但在解释律师职责时不能避免恶性循环。

错误的信念。① 在抢劫商店的过程中，一名保安被杀害，另一名保安受重伤。幸存的保安确认两名男子洛根（Logan）和霍普（Hope）是凶手。一周后，一个名叫威尔逊（Wilson）的男子因一项与此无关的罪行被捕，他在同一城市杀害了两名警察。霍普在监狱里听到了有关威尔逊被捕的流言，他告诉其律师说，是他和威尔逊（而不是洛根）一起抢劫的。霍普的律师把这个消息告诉了威尔逊的律师，他们去监狱见了威尔逊。威尔逊向其律师承认，他与霍普实施了抢劫，而且事实上是他开枪打死了保安。威尔逊拒绝向警方发表声明，但其律师准备了一份证词，总结了他的声明，并将其保存在一个上锁的保险箱里。与此同时，在不知道威尔逊承认并对此事负责的情况下，检方对洛根和霍普提出了谋杀指控。根据幸存保安的证词，两人都被定罪并被判处长期监禁。威尔逊在另一场审判中被判谋杀两名警察，并被判处两项终身监禁，不得假释。律师都知道这个结果。

威尔逊的律师知道一个无辜者将会因为其当事人所犯的罪行而在监狱中度过他的余生，他们应该怎么做呢？适用于该司法管辖区的《律师职业行为规则》（Model Rules）之规则 1.6 规定如下：

> 律师不得透露与客户代理有关的信息，除非经当事人协商同意……律师可在其合理认为必要的范围内披露该等信息，(1) 以合理地防止确定的死亡或实质性人身伤害……②

根据这条规则，律师应该做什么？毫无疑问，从其客户那里得知的包

---

① 参见 the discussion of the Alton Logan case in W. Bradley Wendel, *Ethics and Law: An Introduction*, Cambridge University Press, 2014, at ch. 1。

② Model Rules, supra note 37, Rule 1.6.

含在证词中的信息是"与客户代理有关的信息"，受保密义务的保护而不被披露。尽管律师尽了最大努力来说服威尔逊同意披露他所作的关于抢劫和谋杀的证词，但他一直拒绝这样做。因此，律师们想知道上文（1）部分所述的在人身伤害例外情况下是否允许披露。

有人可能会说，洛根的持续监禁构成了"实质性人身伤害"，因为他的身体被困在监狱里，因此披露威尔逊的供词可以防止洛根的身体伤害。在任何地方，没有任何案例或伦理观点解释身体伤害为例外适用于非法监禁。① 另一方面，没有任何权威明确表示，例外情况不适用于这些情况。一个人对身体伤害例外的解释态度，决定了威尔逊的律师是否被允许披露其当事人的秘密，并把洛根从监狱里释放出来。

绅士不会阅读对方的邮件。② 一名律师正代表交易的一方当事人。他收到对方律师准备的一份协议草案，是一份通用格式的电子文件。由于比办公室的许多律师更精通计算机，他很快意识到该文件保留了所有的元数据，即隐藏日期，包括编辑评论和其他用户所制作文件的先前版本。在点击了几下之后，他发现文件中保留了一些批注框。其中一些是另一方写给其律师的，其中包含了该方在交易中仍在谈判的各个方面的底线立场。换句话说，对方已经向律师透露了其机密文件，这将在接下来的谈判中对客户非常有利。该律师必须通知对方律师他的错误吗？他是否可以与其客户分享新发现的机密信息？

关于元数据的使用，存在很多律师协会的伦理观点，而且它们到处都是。③ 有一个类似的法律体系，涉及因误使大量的取证文件中包含机密

---

① 参见 Colin B. Miller, "Ordeal by Innocence: Why There Should Be a Wrongful Incarceration/Execution Exception to Attorney-Client Confidentiality," 102 *Nw. U. L. Rev. Colloquy* 391, 2008; Inbal Hasbani, "When the Law Preserves Innocence: Issues Raised by a Wrongful Incarceration Exception to Attorney-Client Confidentiality," Comment, 100: 1 *J. Crim. L. & Criminology* 277, 2010。

② DC Bar, Ethics Opinion 341, "Review and Use of Metadata in Electronic Documents," 2007. Discussed by David Luban, a member of the DC Bar Committee that issued the opinion, in "Legal Ethics, Fiduciary Obligation, and Moral Activism," (Manuscript presented at International Legal Ethics Conference Ⅶ, Fordham Law School, 13 – 16 July 2016).

③ 参见 ABA, Formal Opinion 06 – 442, "Review and Use of Metadata," (5 August 2006); Alabama Bar, Ethics Opinion RO – 2007 – 02, "Disclosure and Mining of Metadata," (14 March 2007); Maryland State Bar Association, Ethics Opinion No. 2007 – 09, "Ethics of Viewing and/or Using Metadata," (19 October 2006); State Bar of Arizona, Ethics Opinion 07 – 03, "Confidentiality; Electronic Communications; Inadvertent Disclosure," (November 2007); Florida Bar, Ethics Opinion 06 – 2 (15 September 2006); NY State Bar, Ethics Opinion 782, (8 December 2004); NY City Bar, Formal Opinion 2003 – 04, (02 April 2003)。

文件而无意地放弃律师对客户的特权。尽管少数司法管辖区坚持维格莫尔（Wigmore）的"皇冠宝石"（Crown Jewels）方法，[1] 机密通信的披露本身就证明了披露方没有采取合理的谨慎措施来保护它们，但大多数司法管辖区遵循语境的、合理原则的分析，并根据文件的重要性考虑采取预防措施的范围。[2] 当然，放弃特权是一回事，使用机密信息是另一回事。事实上，在这种情况下，大多数权威机构并没有将接待律师的职责纳入特权放弃的分析中。《律师职业行为规则》指示接待律师"及时通知"无意中传输了包含元数据的文档的律师，但向"本规则范围以外的其他法律"提出了一个问题，即接待律师是否可以偷看元数据或用它来为其客户谋利。[3]

这位律师咨询了律所的其他律师，他们报告说，他们发现偷看无意中披露的机密信息是令人反感的。一位高级合伙人提醒这位律师，赫伯特·胡佛（Herbert Hoover）政府的国务卿亨利·斯廷森（Henry Stimson）曾说过"绅士不会阅读对方的邮件"。他问，当对方律师与其当事人在庭外走廊作证时，阅读元数据与翻找对方律师的公文包有什么不同（该律师怀疑，律师事务所的高级合伙人真的在想"我这么做是为了上帝的恩典"，因为在这个问题出现之前他们并不知道存在元数据这类东西）。然而，律师在司法管辖区能够找到的最多的指导意见是律师协会的意见，认为律师在决定是否使用无意中披露的元数据时应考虑各种因素，包括"律师的判断，适用于该情况的特定事实，［以及］律师对他对客户义务的看法"。最终，应该"通过敏感、道德的判断"，基于"常识、互惠和职业礼仪"做出决定。[4]

代书人的错误。这个例子是由大卫·鲁班介绍的，它又来自他的朋友，而他的朋友是纽约一家大型律师事务所的并购合伙人。我们称之为合伙人大卫吧。该合伙人正在完成一笔交易，对方律师起草其中一方的协议草案。那个律师搞错了：他准备的草案与双方口头同意的协议没有

---

① 参见 *Suburban Sew-N-Sweep v Swiss-Bernina*，91 FRD 254（ND Ill 1981）（在翻倒垃圾案中，由于对机密文件保护不当而被放弃的特权）。

② 参见 *Lois Sportswear USA v Levi-Strauss*，104 FRD 103（SDNY 1985）。联邦储备委员会第502 号文件（b）现已认识到前后关系的做法。该规则在洛伊斯运动装案和类似案件之后进行了修订，作为控制电子发现成本增长努力的一部分。参见 Advisory Committee Note（2007）。

③ Model Rules, supra note 37, Rule 4.4（b）commentary［2］．

④ 这是宾夕法尼亚律师协会的结论，Fonnal Opinion 2007–500，（2011）。

任何相似之处，这对合伙人大卫的客户极为有利，而对起草协议的律师的客户则极为不利。换句话说，这是一个致命的代书人的错误，有利于合伙人大卫的客户。①

为了给合伙人大卫提出伦理问题，我们假设另外两个事实。第一，根据交易所适用的法律，代书人的错误不会影响协议的可执行性；也就是说，律师犯错误的当事人一方，之后不能以事实错误或其他理由来宣告协议无效。第二，假定客户已充分了解，并考虑到因错误文件而对对方造成声誉影响。客户很清楚这可能会使商业关系复杂化，并使未来的交易更加困难，但他相信，由于这个错误而获得的好处值得冒这个风险。《律师职业行为规则》为律师提供的唯一真正的指导是在规则1.2（a）中，该规则赋予客户明确代理目标的权力，但推定有权与律师做出战术性的、基于方法的决定，只是声明律师"应就实现［客户目的］的方法与客户协商"。②但可以肯定的是，是否利用一个对客户"极为有利"的错误而做出的决定，取决于目的和手段之间的界限。这不是律师权力的核心，比如决定采取多少证词或在一项动议中提出什么论点。它更接近律师和客户权力范围之间的半影（penumbra）。

鲁班说，他的朋友"没有告诉客户就纠正了错误。事实上，他相信他认识的每一个纽约大律师事务所的正派律师都会这么做……在他看来，公平对待他人是律师角色自由裁量权的一部分"。③你对律师的决定怎么看？

四

这些案例对实证主义法律职业伦理提出的挑战，不是人们无法想象法律与律师的伦理义务有什么关系。相反，问题在于，在伦理的橡胶碰到路面的地方——当涉及具体规定律师应该对适用于其客户处境的法律（尤其是律师管理法）采取何种解释态度时，法律似乎就失效了。换言之，法律所允许的本身就是需要解决的伦理问题。律师的权利和义务可能会有所不同，这取决于律师对法律的解释是广义的还是狭义的，激进的还是整体的，形式主义的还是目的性的，霍姆斯式坏人还是遵守法律的好公民，接

---

① Lubal, supra note 53, at 6 – 7.
② Model Rules, supra note 37, Rule 1.2（a）.
③ Lubal, supra note 53, at 7.

近底线还是站在一边,① 等等。有一些明确的案例和清晰的界限——例如,贿赂证人是不被允许的——但是存在一个巨大的灰色地带,在此人们可以很容易想象到,不同的律师对现有法律和事实的解释态度会给客户带来不同的结果。管理律师的法律存在不确定性,这可能导致一种无限倒退,从而削弱诉诸法律解决有关公民应享有何种权利和义务的规范性分歧的做法。因此,对律师代理客户行为的约束的根源,必须定位于某种法律外的价值或目的,而不能仅仅根植于律师管理法的内容。

以元数据和代书人的错误为例。在看待这个问题的过程中,他们提出了一个关于我们在律师处理法律权利和义务时所假定的职业精神的问题。讲伦理的律师应该利用对手的错误吗?实证主义法律伦理的批评者在这个关头提出了一个简单但有力的论点:既然法律本身不能决定律师应该采取的解释性态度,那么就必须有别的东西来决定,而那个"别的东西"为什么不应该是道德呢?② 律师角色的伦理概念可以以规定的解释态度的形式在道德中建立,这种态度指导律师以符合其作为道德主体的义务的方式,填补和厘清法律中的漏洞和模糊之处。为什么正确的问题不是正派的人是否会偷看别人的机密信息?

实证主义法律职业伦理学家会回答说,法律是合适的,它解决了人们可以合理地反对的问题。③ 法律中可能存在含糊不清之处,也没有正确的答案,但这并不意味着不存在与该问题的解决有关的法律,至少排除了某些潜在的行动步骤。例如,或许有人会辩称,特权放弃案例和《联邦证据规则》(Federal Rules of Evidence)的明显趋势,是对无意披露的影响进行语境分析,这反映出法律承认,如果错误不会造成灾难性后果,从长远来看所有当事人和法院都会受益。这种灵活、平衡的方法旨在尽可能避免无

---

① 在关于布什政府对"9·11"袭击的法律回应中,特别是关于国家安全局未经授权的窃听计划的辩论中,国家情报总监迈克尔·海登(Michael Hayden)用足球比喻描述了一种激进的解释态度:"我们将生活在边缘……我的钉子上有粉笔……我们在法律范围内是非常积极的。作为一名专业人士,如果我没有行使法律允许的全部权力,我会感到困扰。"《华盛顿邮报》(2005年12月30日)A01的报道,引用了达纳·普里斯特(Dana Priest)的话:"中央情报局的秘密计划经受住了新的骚动。"政府机构监视美国人和外国人的基本权利的内容,在很大程度上取决于政府律师所采取的解释态度。

② 参见 Salyzyn, supra note 6, at 1069 – 70; Davis, "Legal Dualism, Legal Ethics, and Fidelity to Law," supra note 6, at 30 – 31(注意到律师在代理客户时必须进行判断,这种判断必须有一定的依据,而道德方面的考虑是律师进行专业判断的最佳依据)。

③ Salyzyn, supra note 6, at 1069 ["这一特殊的教义上的法律领域(管理律师的法律)可以被视为构成'律师'角色本身的一部分"]。

意披露，前提是披露方采取了合理的谨慎措施，并迅速要求返还文件。这是一种目的主义的解释态度，它不同于一种更狭隘的，也许是形式主义的解释态度，这种解释态度会从没有明确的禁止偷看元数据的规定中得出结论，即当这对其客户有利时律师必须这样做。

但在法律的适用中仍然存在有争议的自由裁量权，注意到它的存在让人想起德沃金（Dworkin）对哈特（Hart）实证主义的攻击。在早期的一篇重要论文中，德沃金认为哈特的法律理论强调法律的社会"谱系"（pedigree），不能解释法官实际判决案件的方式。① 根据德沃金的观点，哈特的承认规则允许法官仅根据某一规范的制定或发展方式——例如立法机关颁布的法规或司法意见的持有，而将其认定为法律。但是法官考虑的不仅仅是一个规范的谱系；他们还考虑"职业中产生的一种适度感"，这种适度感确定了某些道德原则对妥善解决法律纠纷的影响。② 在他著名的里格斯诉帕默案（Riggs v. Palmer）③ 中，遗嘱中指定的继承人谋杀了立遗嘱人——他的祖父。法院承认，根据适用的法规，遗嘱以及对继承人的遗赠在适用的法规下是有效的，该法规规定了对遗嘱的某些正式要求。但法院继续否决了凶手获得遗赠，理由是所有的法律都受到某些基本原则的约束，例如，"任何人都不得允许……利用自己的过错，或为自己的罪恶找借口，或通过自己的罪过获得财产"。虽然哈特式实证主义可能会修改承认规则，来确定这些原则是法律的一部分，④ 但这样做不符合德沃金的批评力量；因为他认为，是原则的内容而不是其社会来源，使它与法官和法律制度的其他参与者相关联。

德沃金认为，审判是一种道德行为，法官应该关注的是符合正义原则的判决，而不仅仅是法律的社会来源。德沃金后来提出，谋杀继承人案中的法官不仅确认了法律的社会来源，而且根据正义的背景原则来解释法律。解释是一种在道德上受约束的行为。在讨论《法律帝国》中的案例时，德沃金说，法院在里格斯诉帕默案中含蓄地采用了一种法定意义理论（theory of statutory meaning），即"法官应该构建一项法规，使其尽可能与法律中其他地方假定的正义原则相一致"。⑤ 德沃金认为，法官应该将自

---

① Ronald Dworkin, *Taking Rights Seriously*, Harvard University Press, 1977, at ch. 3.

② Ibid., at 40.

③ 22 NE 188（NY 1889）.

④ 正如哈特在《法律的概念》第二版的后记中所做的那样。

⑤ Ronald Dworkin, *Law's Empire*, Harvard University Press, 1986, p. 19.

己的角色理解为促进政治共同体的整全性（integrity，或译为德性）。一个以整全性为特征的共同体是指，在共同体中成员之间相互对待，遵循一套连贯的道德原则——"共同的正义方案"，所有成员都以其共同体公民身份对其作出承诺。① 共同体由共同的原则管理，而"不仅仅是由通过政治妥协敲定的规则"管理。这意味着法官有义务超越"他们的政治机构所作出的特定决定"（由他们的社会来源或谱系确定），并考虑"这些决定预设和认可的原则方案"。② 因此，法官应根据"为共同体法律实践提供最佳建设性解释的正义、公平和程序性正当过程的原则"，对案件作出裁决，并给出支持裁决的理由。③

德沃金专注于法官——以至于他的批评者指责他混淆了法律本质理论和裁判理论④——但是他提到的"共同体的法律实践"对于实证主义法律职业伦理的批评者来说是很吸引人的。例如，鲁班呼吁至少有一种执业律师的共通感（sensus communis），来解释他对元数据和代书人错误案例的反应："我认为反应是，见鬼，偷看元数据或利用代书人的错误是错误的，客户无权因律师做错事而获得暴利。"⑤ 但请注意，从客户的角度来看一些东西是重要的。客户合法权益的内容必然与律师在解释态度方面的伦理立场相联系。从实证主义法律职业伦理所提供的法律的功能解释来看，律师的职责应该是客户合法权益的派生，而不是相反。从客户的角度来看，鲁班所呼吁的共通感应该与客户的观点完全无关，除非它涉及客户合法权益的内容。从某种意义上说，客户受律师自身道德承诺的支配，也可能受纽约所有正派律师集体道德承诺的支配。

同样，在错误定罪的案例中，威尔逊承认他参与了洛根被监禁的犯罪，也许他没有充分的理由控告其律师披露了机密信息。然而，这只有在德沃金认为法律对律师披露是否被允许的问题给出了正确答案的情况下才会发生。德沃金想要在法律中找到相关的道德原则，以便一个合理的司法

---

① Ronald Dworkin, *Law's Empire*, Harvard University Press, 1986, at 190.

② Ibid., at 211.

③ Ibid., at 225.

④ 参见 Scott J. Shapiro, "The 'Hart-Dworkin' Debate: A Short Guide for the Perplexed," in Arthur Ripstein, ed., *Ronald Dworkin*, Cambridge University Press, 2007; Brian Leiter, "The End of Empire: Dworkin and Jurisprudence in the 21st Century," 36: 1 *Rutgers L. J.* 165, 2004, at 175 - 76（在谈到德沃金的倾向时，他将"某某在该司法管辖范围内是有效法律"的主张，与"某一特定争议中哪一方应该获胜"的主张混为一谈，认为这是"德沃金作品中最令人恼火的特点"）。

⑤ Luban, supra note 53, at 8.

裁决能够最好地展示政治共同体。错误定罪案的哪一种解决方案，会展示政治共同体的最佳形象呢？嗯……人们不同意。一方面，一个良好的法律制度不会容忍错误定罪，这似乎是正确的。如果法官、检察官或辩护律师注意到判定有罪的信息，那么作为"法庭官员"，这些行为人中的任何一个都应该寻求纠正判决。[①] 然而，在这种情况下，我们关心的是代表客户的律师在不同的刑事诉讼中的义务。普通法对律师为客户保密的保护由来已久，既有律师对客户的证据特权，也有严格规定律师保密义务的职业行为规则。[②] 尽管杰里米·边沁（Jeremy Bentham）攻击这种特权只对有罪的当事人有用，[③] 但现代法院和评论家对最高法院在"厄普约翰诉美国"案（*Upjohn v. United States*）中阐述的观点的看法非常一致，[④] 特权通过鼓励律师与客户之间的"充分而坦诚的沟通"，促进了广泛的公共利益，从而使律师能够"了解客户寻求代理的所有相关理由"。[⑤]

关于律师对客户保密（包括特权和专业保密规则）及其例外的基本原理，有两种相互矛盾的道德概念。在这种情况下，有些人会支持允许披露的例外；另一些人则更喜欢近乎绝对的保密义务。正是这种分歧导致了法律在初审中的必要性。然而，在这种情况下，模棱两可的地方在于法律规定了律师作为代表、顾问和辩护人的职责。实证主义法律职业伦理因此遇到了一个自举的问题：它告诉律师，其伦理义务是维护和捍卫客户的合法权益，但对于律师在这种伦理责任上所承担的合法权益和义务的范围，还有一个尚未解决的问题。自由裁量权的存在威胁到法律在这种情况下作为一种权威发挥作用的能力，排除了会对解决这一事项产生影响的理由。

五

摆脱这种不确定性和潜在倒退的方法就是回归基础。对于法律的功能

---

① 事实上，这是检察官的义务。参见 Model Rules, supra note 37, Rule 3.8 (g), (h)。

② 参见 Monroe H. Freedman & Abbe Smith, *Understanding Lawyers' Ethics*, 4th ed., Lexis Nexis, 2010, at §§ 5.03 – 5.04。

③ Jeremy Bentham, *Rationale of Judicial Evidence*, John Stuart Mill, ed., Hunt and Clarke, 1827, at § 301（认为如果没有律师 – 当事人特权，"一般而言，一个罪犯将无法从他的法律顾问那里获得如此多的虚假辩护的帮助，就像他目前可能做的那样"）。

④ 449 US 383（1981）.

⑤ Ibid., at 389.

性方法，必须辅以一些与朗·富勒（Lon Fuller）和法律程序学派（legal process school）有关的关于合法性价值的观察，但最近由杰里米·沃尔德伦（Jeremy Waldron）和大卫·鲁班在法理学方面发展了这些观点。① 富勒的重要见解是，法治的价值与法律主体的尊严密切相关。富勒的程序性"法律的内在道德""体现了关于我们称为'法律制度'的体系其运转方式的一个基本观点。它们的运转是通过利用普通人的责任能力（the responsible agency），而不是压制和阻碍。法律治理与用赶牛杖赶牛和用狗赶羊是完全不同的……法律的公开性和普遍性注意到亨利·哈特（Henry Hart）和阿尔伯特·萨克斯（Albert Sacks）所称的'自我适用'（self-application），即人们的实际理解能力、自控能力、行为的自我监控和调节能力，与他们能够掌握和理解的规范相联系"。②

这篇文章暗示了法治与人的尊严之间的深刻联系，这是法律的性质、功能概念以及法律官员角色义务概念的基础价值。这里的主张是，法律治理应被理解为一种向公民确定或适用以整个社会的名义建立起来的公共规范的制度过程，而当律师参与这一过程时，他们必须尊重（1）其所适用的公民（即客户）自我控制的能动性和能力；以及（2）以整个社会的名义所确立的内容。

这种方法对假设案例的分析有何影响？总的说来，尊重公民的自治能力是好的，但当律师代表客户时，法律规定了他们自己的权利和义务，而律师必须与法律的含糊不清作斗争，那么这对他们来说又意味着什么呢？实证主义法律职业伦理的特点是对律师代表客户给出若干实践规定。

首先，对法治的尊重指导律师不采用自然法或德沃金的方法来解释。直接诉诸各种案件的公正结果是不允许的。一个好的法律制度应该设法避免不公正的判决，绅士们不看对方邮件，等等；但在每个案例中，重点必须始终是尽可能准确地恢复与律师职责相关的法律内容。就像通常的情况一样，法律中可能有比最初看起来更多的确定性。例如，关于无意放弃特权的大量判例法显示出一种倾向，即拒绝对错误披露机密信息的律师进行惩罚（以免进一步增加发现过程中特权审查的成本）。因此，律师可以类

① Luban, supra note 5, at ch. 3（"Natural Law as Professional Ethics: a Reading of Fuller"）. 对于富勒与法律程序学派的历史及其在美国法律思想中的地位，参见 Neil Duxbury, *Patterns of American Jurisprudence*, Clarendon Press, 1995, at 210 - 32; Geoffrey C. Shaw, "H. L. A. Hart's Lost Essay: Discretion and the Legal Process School," 127: 2 *Harv. L. Rev.* 666, 2013。

② Waldron, supra note 7, at 26 - 27.

推说，法律不赞成让对方当事人获得机密元数据，即使它可能已经从文件中删除。重要的是，律师要从社会来源中寻找规范，告知律师的角色伦理义务，并对它们在特定案件中所要求的内容进行合理阐述。① 具有创造性的律师也是允许的，但它必须与关于正义需要什么的周全推理区分开来。

其次，法律具有相当程度的确定性是可能的，因为法律具有可称为系统性或内在合理性的东西。② 它"可以把自己作为一个统一的政府机构呈现给其主体，人们可以把它理解为一种公众可以利用的公共资源——不仅仅是为了理解或作为一种智力练习，更是为了辩论"。③ 法律作为一个规范体系，具有自主性和自足性；它不同于政治和一阶道德。任何一位法学院一年级课程的老师都能体会到，试图就某一点找出法律上的最佳解决方案，与从根本上推理出一个公正的社会应该如何对待某个问题的结论，这二者之间的区别。一致性和内在合理性同样是适用于律师管理法的特征，而且没有理由认为，从原则上可以通过推理得出关于法律允许或要求什么的结论，对于律师将法律适用于自己是不同的。然而，律师应认识到动机性推理（motivated reasoning）的问题，并设法依靠制度和程序（如第二合伙人审查和内部法律顾问的咨询），以避免对适用法律的内容作出自利判断。

出于对法律的系统性或内在合理性的尊重，律师可能需要采取一种解释态度，以免过于接近底线。例如，在错误定罪的案例中，人们当然可以提出这样一个论点，即对于保密而言，身体伤害的例外情况应该适用于一个人的身体被关在监狱里的情况。这一论点的错误之处并不在于它缺乏某种语言上的合理性，而是它完全不能契合与职业保密有关的更大的法律主

---

① 像鲁班一样在纽约的正派律师的"共通感"（sensus communis）之类的东西满足了来源论点，因为它是传统的。他们的主张不是说律师应该避免利用对手的错误，而是说事实上他们这样做了。

② Ernest J. Weinrib, "Legal Fornalism: on the Immanent Rationality of Law," 97: 6 *Yale L. J.* 949, 1988. 沃尔德伦这样定义它："法律规范表现为适合或渴望融入一个体系，每一个新的规则和每一个新颁布的规范都在一个有组织的法律体系中占有一席之地，而这个体系是人类智慧可以理解的……然而，法律不仅是一种制度意义上的体系，而且在某种意义上与逻辑、融贯性甚至是罗纳德·德沃金所称的'整全性'（integrity）有关。"Waldron, supra note 7, at 33. 这篇文章中提到的德沃金的整全性可能会引起误解，因为对德沃金来说，整全性是像正义、公平和正当法律程序等价值之间的一致性，这些价值观都不受传统规范（即那些有"血统"或社会来源的价值）的限制。参见 Dworkin, supra note 68, at 188－90（认为一个接受整全性作为价值的社区是一个真正的社区，致力于由一套原则来统治，而这些原则并没有被先前的政治，也就是说传统的决定所耗尽）。

③ Waldron, supra note 7, at 35.

体，后者明显地反对扩大现有的保密例外。① 相对于强加一种看似合理但牵强的解释，遵从现有法律的最佳解释的态度，是由同样的合法性和合理性的基本考量所决定的，这些考量首先将律师的伦理角色定位于客户的合法权益方面。

这也是采用实证主义或德沃金的法律理论实际上会产生很大差异的地方。一个德沃金理论信奉者可能会争辩说，在错误定罪案中，对允许披露的保密例外的解释，实际上展示了政治共同体最好的一面，因此这是解释现行法律的正确方式。相反，一个实证主义者不得不得出（尽管是勉强的）这样的结论：即使结果在道德上不公正，但对涉及保密的社会来源（包括案例、伦理意见、规则的起草历史等）的最一致解释是不允许披露的。因此，下面的问题可以被视为在机械规则遵循和情境的敏感判断之间提出的错误的二元选择问题：

> 我们是否希望律师主要遵循规则作为职业道德行为的指导？或者，除了遵循规则之外，律师是否更愿意依靠自己的品格、美德、道德识别和慎思的技能来做出道德选择？②

在遵循规则（在此包括保密规则和例外情况）时有道德识别和慎思，但相关的道德价值是诸如合法性和对公民能动性的尊重，而不是德沃金所依赖的那种像正义和公平这样的政治道德价值。

第三，富勒、沃尔德伦、鲁班等人所挑选出的基本价值是公民的尊严和能动性，这也是第二代法律职业伦理理论家作品的一个重要主题。由此可知，在最近的案例中，律师的角色应该被理解为促进客户参与法律制度者。首先，这意味着律师以代表身份采取行动的道德责任应由客户承担，当然前提是客户充分知情并参与决策。请注意，用于描述其中一些选择的道德措辞，例如是否"利用"对手的错误，或是否"偷看"机密元数据。如果发生了一些有争议但很可能是法律允许的龌龊事，是否指示律师从事

---

① 参见 *Spaulding v Zimmerman*，116 NW（2d）704（Minn 1962）（拒绝扩大现有的保密例外以允许披露，以避免对对方造成可预见的伤害）；*Hawkins v King County*，602 P（2d）361（Wash App 1979）[拒绝向父母施加塔拉索夫式（Tarasoff-Type）的义务，以警告客户可预见的自杀风险]；*In re Schafer*，66 P（3d）1036（Wash 2003）（律师泄露机密信息导致法官腐败被判有罪，该律师被停职两年）。

② Stephen L. Pepper，"Three Dichotomies in Lawyers' Ethics（with Particular Attention to the Corporation as Client），" 28：4 *Geo. J. Leg. Ethics* 1069，2016.

该行为应该由客户决定，而律师角色伦理的一个原则应该是遵循客户的指示。如果实证法的最佳解释是所讨论的行为在法律上是不被允许的，那么律师保留拒绝遵循客户指示的权力。[①] 然而，在法律解释有待商榷的情况下，听从客户的指示并没有什么不道德之处。人们不需要像丹尼尔·马可维兹（Daniel Markovits）那样认为，为了尊重客户的尊严，律师必须采取一种"消极能力"的态度——不对客户的目的做出判断，谦卑，"处于不确定之中"，"满足于一知半解"，以及"不承认自己的身份"。[②] 许多律师的工作都应该包括不满足于一知半解，要彻底调查事实，然后向客户提供公正的法律建议，即使这样做是不受欢迎的。[③] 然而，如果律师已经进行了充分的法律和事实研究，并与客户彻底讨论了问题，那么根据法律中仍然存在的任何模棱两可的情况，听从客户关于如何继续进行的意愿并没有错。

促进客户参与法律制度还意味着，要记住法律力图影响公民的实践推理。当试图弄清楚法律所要求的东西时，公民——通常在律师的帮助下——正处于一个理性的思考过程中。作为法律主体的人（以及受人们建议的实体），必须能够受到法律的指导。为了给理性的主体提供指导，法律必须是一种人们可以理解的东西。为了使事物能够以这种方式被理解，它必须表现为代表一种对社会问题及其解决方案的原则性阐述。在许多情况下，这需要参考赋予法律含义的意义和目的。如果不了解一项法律规则要处理的问题，往往不可能知道该规则的边界。这些基本的规范性考量可能只在语境中形成，因为一项规则处于为某个目的或一系列目的而建立的复杂学说体系中，而其中一些可能是矛盾的。

六

批评家所指出的循环性问题，是对实证主义法律职业伦理的真正挑战。利用法律本身来建立对律师可以为客户所做事情的限制，这是一种很

---

① 参见 *Restatement（Third）of the Law Governing Lawyers* § 23（1）（律师"保留着不被合同或客户指令所推翻的权威……拒绝执行、建议或协助未来或正在进行的行为……如果律师合理地认为是非法的"）。

② Markovits, supra note 4, at 93 – 94.

③ 参见 Model Rules, supra note 37, Rule 2.1, commentary [1]（"法律咨询通常涉及令人不快的事实和客户可能不愿面对的选择……律师不应该因为担心客户可能会不喜欢自己的建议而放弃给出坦率的建议"）。

有前途的策略，它只在一幅古老的、不受信任的法律"机械法理学"图景中规定律师的角色义务。律师应对法律采取何种解释态度，还需要进一步的论证来具体说明。幸运的是，这一论证可以参照相同的政治理想和价值，这些理想和价值讲述第二次浪潮中的法律职业伦理学者，为解释客户的合法权益在律师职业伦理中的中心地位所提供的多元性和解决故事。

重要的是，不仅要在理论法律伦理范围内获得这一权利，而且要作为更广泛的一般法理学项目的一部分，该项目认真对待律师作为法律解释者、法律适用者以及本质上作为其客户私人法律提供者的角色。律师有时被称为准公职人员，或者在客户和国家之间进行调解。分析法学中过多的学术研究倾向于默认，法律制度通过将法律从权威机构传递给公民，公民作为法律主体感知并遵守或不遵守法律。老练的法哲学家知道现实要复杂得多——事实上，哈特曾受过律师训练，并从事律师工作，他在法理学工作中具有律师特有的气质①——但律师在对法律制度的运行进行理论化研究方面的缺失，仍是值得注意的。今天已没有人相信机械法理学，但法哲学家经常谈论法律、承认规则、来源命题等等，而没有考虑法律职业如何可能作为国家和公民之间的一个机构发挥作用。这里讨论的案例显示了法律职业伦理在确立公民权利和义务方面的中心地位，这一点应该在法理学中加以讨论。

①　参见 Nicola Lacey, *A Life of H. L. A. Hart*: *The Nightmare and the Noble Dream*, Oxford University Press, 2004。

法学期刊审稿用稿的法与理

童之伟[*]

内容摘要：法学期刊严格遵守法定的编辑"三审责任制度"，建设规范而透明的约稿、一审和二审制度，尤其应该在二审的规范化和透明化上下功夫，以保障法学期刊真正成为法学写手竞争性发表学术成果的公器。

关键词：三审责任；法学期刊；审稿制度

刊物是学术论文或文章的载体，前者与后者的关系，恰如商店与商品，一般来说，高档商店摆高档商品，中低档商店摆中低档商品。但有例外，而且例外情形可以有多种。在竞争不充分的情况下，在非市场因素（主要是看得见的手）的作用下，完全可能出现错位甚至倒置的情况。竞争愈不充分、非市场因素愈强有力，错位、倒置的程度或频率愈高。权势运用、利益交换、规则透明度以及编辑人员的个人品质，也都在不同程度上影响着论文的发表。"公关"，特别是利用所控公共资源和机构的有组织的"公关"，在今日是比权力本身更强有力的手，虽然它并不是看得见的手。今日我国学术刊物的层次，都是由行政化方式确定的。所以，高层次刊物发表质量较低劣的文章和中低层级刊物发表较高质量的文章，都很自然。所以，当今中国的学术论文，尤其是哲社论文的学术价值和实践价值，都绝对不可以简单地按刊载文章刊物的官定层级为标准来做评价。

学术期刊的主编选稿、约稿、用稿，都应该以学术因素为主要的、基本的、决定性的考量。把普通学者的好稿子压下来，用权势者或朋友的差稿，或针对权势者搞利益输送，是绝对不可以的。最恶劣的是主动给权势者输送利益，期待投桃报李，这实质上无异于行贿受贿。主编最不应该做的是试图以选稿、约稿、用稿权变相交换自己需要的东西。学术期刊是公器，它们对于读者、作者是公共性的，对于编辑部内部也是公共性的。不能让一审编辑整天为主编拉来的稿件做校对、排版，也绝不能把一审编辑

* 童之伟，法学博士，华东政法大学教授。

编好的稿件放在一边不理。需要给予一审编辑充分的尊重和自主权。

至于三审责任制，过去未纳入法规，而且当编辑部人手少的时候，主编同时也担任一审编辑，这种情况下所有文章都严格按三审分工审稿确有一些困难，可以将所有待推荐稿件都全文提交由全体编辑人员参加的审稿会，逐篇集体审稿，通过之后再分别走三审程序。

期刊用稿送外审，是国外一个不错的制度，但我国由于没有合理配套的规范，外审有走入歧途的倾向。外审只能在某种程度上杜绝质量低劣的文章，不可能提高论文质量，论文质量取决于作者队伍的学术水平与能力，其次是主编的学问、见识与人脉。我国学术期刊，有的实行外审体制，有的没有实行，实行不实行对期刊的质量没有太大影响。

外审可分为极权型和分散型，极权型由主编一人决定所有稿件的外审，这种做法很大程度上剥夺了一审编辑的组稿、审稿自主权，而且效果完全取决于主编的正派程度。如果为人为学不正派，不好的稿子他/她想用，好的稿子他/她不想用，都会给审稿者暗示或打招呼，按其意志出结果。分散性外审就是由一审编辑找外审，主编只管三审，这样一审编辑自主权大一些，弊病也相对小一些。

主编的学术层次决定审稿者的学术层次。有些较高层次学术期刊的外审评审者按学科形成的圈子很小，以主编为中心。个别主编或外审者会提携关系户特别是同门，打压竞争者。所以，我国 A 刊登载 C 刊水平的论文，C 刊登载 A、B 刊水平的论文，是有可能出现的事。没必要搞 A、B 刊崇拜，要看实际学术水平。学术期刊主编分三种：出名了才当主编的主编；当了主编才出名的主编；当了主编也没出名的主编。当了主编也没出名的主编不一定是不好的主编，因为，没出名或许是因为不利用职权、一心抓编务。

投稿外审最尴尬的是论文眼看着被送到自己的具体竞争对手那里去了。这种情况有时也不是主编故意陷害你，很可能是主编不得不如此。此时你稿子的命运如何呢？这要看你竞争对手的真正的学术实力，如果他/她真有学术实力，会欢迎你挑战，让你过关且不以为意，如果他/她无一颗容人之心，你的稿子可能就被否定了。当然，最最糟糕的情况，是主编没见识、没学问，找人外审连学科怎么对口都不清楚，或找的人跟他/她一个层次，稿子看不大懂，读了抓不住要领。

在此，本文将对法学期刊应遵守的基本法规、编辑人员、投稿、约稿、一审、二审、三审等问题，结合我国现有法学期刊运作的实际展开讨论。

（一）

法学期刊怎么办、刊风如何，对法学研究来说是水源问题。水源不能被污染，水源被污染了，流域内所有水流都会受污染。法学期刊是有应该遵守的基本法规的，了解基本法规很重要，了解了才能看懂法学期刊的运作。学术期刊应遵守的基本法规主要是：第一，国务院行政法规《出版管理条例》第 5 条规定的"公民依法行使出版自由的权利，各级人民政府应当予以保障"，第 11 条规定的"有适应业务范围需要的组织机构和符合国家规定的资格条件的编辑出版专业人员"，第 24 条规定的"出版单位实行编辑责任制度"；第二，性质属行政规章的《关于进一步加强出版单位总编辑工作的意见》规定的落实"责任编辑制度和三审责任制度，组织制定并落实出版物质量管理办法，确保出版物质量"；第三，行政规章《期刊出版管理规定》第 24 条规定的"期刊出版实行编辑责任制度"。简单点说，这些法规可概括为以下三个要点。

1. 在发表方面每个作者有平等的权利，这是宪法规定的出版自由在学术期刊发表方面的反映，有实际意义。

2. 设立编辑部，有学历够高、专业对口的编辑人员，一审编辑按专业分工负责；分工均明确写在期刊封二或其他适当的地方。

3. 实行来稿"三审责任制度"，这个制度的关键在于：通过分级审读的方式，层层把关，撰写审读报告；任何两个环节的审稿工作不能同时由一人承担。

在实践中，由于缺乏足够的一审编辑，有的主编同时也在自己的专业领域内做一审责任编辑。不过，从全国范围看，这种违规做法已在逐渐减少。即使暂时还不能完全避免这样的违规情况，通常如此实际操作的稿件也会向最低限度压缩。

（二）

人有人品，刊有刊品，法学期刊有个品格问题。严格地说，社会科学是经世致用的学问，最好的文章是能够直面问题、独立思考和解决问题的文章。人们真心推崇历史上发起真理标准讨论的文章，就是这个道理。学术期刊的品位首先是通过其所发表的论文体现的。品位与期刊的等级评定是两回事。我国各类期刊的等级，实际上是行政性地决定的。人们把某个刊物视为权威的、最权威的，除了该刊真的对社会进步贡献较大、学术水平较高外，它们在诸如职称评定或其他业绩评价方面的计分也是考虑因素。所以，有职称、学位点等突出问题要解决的人会更倾向于向这类期刊投稿。没同类问题要解决的人，会超脱一点。

学术期刊的编辑班子很重要，但关键是主编，法学期刊的刊品主要是由主编的学术品格决定的。普通编辑只要学历足够，专业对口，好学上进，安心做事，就会是好编辑。什么人适合做主编呢？在个人品德方面，大体公道正派，不过分自私、势利，就算可以了。但一个好的法学期刊，对主编在学术方面的要求是比较高的。学术期刊主编要有比较好的理论素养、比较高的学术悟性和专业智慧。

主编若没有足够的政治理论素养和学术水准，会看不清时代的需求，无力发起和引导前沿性学术讨论，也无能力洞见普通写手特别是较年轻写手的来稿中新学术思想的火花，没能力引导这类稿件的修改成型。更差的情况则是对本国立法、执法、司法的发展格局和法学研究的全局，做不到心里有底。最差的情况是看不出自己所在的二级学科之外的来稿的学术价值的高低。

主编对法学研究的实质应该有深刻的理解。法学研究的实质，是通过对不同观点的讨论和辩论，来探寻解决本国法治建设长线（基础理论，这应该是重点）、中线和短线的各种问题的最合适路径。理解了这一点，主编就会有比较宽广的胸怀，能容得下不同的观点，知道期刊最重要的使命不是宣告正确的研究结论，更不是维护所谓的通说，恰恰相反，是要鼓励有根有据地挑战乃至推翻通说，证成新论点。

主编最好是著名或比较著名的资深学者。主编掌握的用稿终审权是当今文教学术单位里很重要的资源，内外欲对其施加影响的人通常较多。面对这种情况，著名学者自身的需求和担忧相对较少，抗压性会较强。资历不深的非著名学者个人需求相对多一点，如果同时又有较多个人欲望的话，比较容易屈从压力。而屈从的可能后果之一是刊物用稿劣币驱逐良币，还有可能产生更差一等的情况是，资历较浅，学养不足，缺乏底气而又欲望过多，于是拿那么一点用稿权到处无原则地逢迎巴结，以求升等级、升职位、固地位，或给故友新朋送人情，或与其他同类期刊主编搞勾兑，在个人发表方面相互照应，等等。

不过，好的主编最需要具备的并不是知名度和学术成就，而是私心少，有良好的职业道德和爱岗敬业的精神。在北京和上海以及其他法学大省，法学核心期刊和新兴有影响的法学期刊的主编、代主编，并不都是很著名的学者，有的甚至可能连正高职称都没有，但他们由于私心少、有良好的职业道德和爱岗敬业，期刊办得有声有色，有的实际办刊质量已经超越了老牌法学期刊。

还有的法学核心期刊的主编，整天忙于"为人作嫁"，完全有条件在合规合纪的情况下利用自己的职位便利稍微多发表点论文，但却从来不这样做，以至于在自身科研能力比较强的情况下，发表的论文数量比相同年龄层次的不担任编辑工作的教授（研究员）还少些，很令人钦佩。

（三）

法学期刊的投稿现在比较规范了，形式上有些进步，值得肯定。不过，现在很多期刊反对一稿多投，其实没有道理，除非编辑部保证在收到稿件后一两周内审稿并反馈初步处理意见。反馈太晚作者耽误不起时间。完全可以一稿两三投，只是一定要通过正派有技巧的约定控制好节奏，一旦一个刊物愿意采用，立即通知其他刊物撤回投稿，绝对不能造成一稿两用或多用的结果。另外投的稿件要体现出针对性，主要是注释体例须与投稿刊物一致，且最好站在编辑的立场上多做设想，减轻编辑的负担，减少给他们带来的麻烦。

文章作者与包括法学期刊等社科期刊打交道，最实质性的，也是最难做到的事情是深度了解欲投稿刊物的内部情况，如编辑流程、用稿权是否在编辑部内部甚至外部参与分享的情况，一审编辑、三审编辑有无固化的学术观点偏执，以及二审专家的确定方式，等等。因为，我国的社科期刊目前存在这样几种情况。

1. 有些稿件，可能编辑部整个地无终审权，终审权实际上掌握在外部某些人手中。在那里，如果不认可你的文章内容或你挑战过他/她的学术观点，而他/她又处于学术能力流失期，无法正常做学术回应，那么，他/她几乎一定会否决你的投稿，尽管方式可能很委婉。

2. 正常情况下所有稿件都要经过一审，这是天经地义的。因此，如果某个稿件一审编辑学术胸怀不够宽大，长期守持一些可能在学生时代就形成的固化的学术理念或认识倾向，他们会近乎本能地反感与其相反或差别较大的学术观点，并对与其固化观念不对路的来稿一概排拒。有的主编也会表现出这种倾向。学术期刊的编辑是专业人员，他们的任职时间往往非常长，所以，上述情况会使得持相应的"另类"学术观点的文章作者长期不可能在相关刊物上发表文章。

3. 要大体知道拟投稿期刊的二审体制。我国法学期刊二审体制可能存在三种情况。民主性二审的审稿专家由一审责编主导或按主编、普通编辑共同制定的规则确定。个别期刊存在集权型二审和变态型二审。集权型二审的终审结果由主编或代主编决定。变态型二审指相关刊物的两三个或更多二级学科的稿件实际上基本被主编、代主编指定的几个专家评审，而个别专家的学术行为令人质疑。上述三种形态的二审体制对审稿结果的影响差异很大。第一种最好，第二种次之，最糟糕的是第三种。在变态型二审体制下，稿件能否采用，与稿件学术质量关系不太大，审稿结果不确定性很高。

4. 像其他社科期刊一样，法学期刊的稿件按来源事实上分为竞争性投稿和垄断性来稿（主要是主编的约稿和期刊所属单位的领导强制、半强制要求发表的稿件）两种。如果垄断性稿件所占比例过高，竞争性投稿被采用的概率就会相应幅度地减少。所以，对于垄断性稿件占比高的期刊不宜投稿，除非他有办法将自己的稿件转变成半垄断性稿件。

5. 尽量避免投稿给内部学风不正、隐形腐败较明显的期刊。有的学术刊物的主事者严重缺乏职业道德，不理解也无意理解学术研究的本质，没有对学术应有的真诚，眼中只有权势者、亲近者、利益交换者。这时，主编或代主编可能弃用优质稿，以劣币逐良币。

虽有上面那些情况，但我们也不能把法学期刊用稿方面存在的弊端想象得太严重。确确实实，绝大多数编辑和主编是公正或比较公正的。无论如何，只要是真正高质量的稿件，发表肯定没有问题，各刊会争相采用。

此外，对于编辑，应该专职化，应支持编辑在自己分工的领域独立负责地从事编务，鼓励他们多做研究和发表论文，在职称等问题上给他们提供发展空间。外边有人欲进编辑部做兼职编辑，其实是想趁机揩油、获取额外资源，不应支持。实践证明，往编辑部安插兼职编辑的做法效果不好，会造成编辑部内部不安定和多方面结果的不公平。

（四）

前面提到约稿，但那是从投稿角度说的，现在再从编辑部工作的角度说说约稿。包括法学期刊在内的社科期刊，约稿是有以惯例形式存在的规则的，相关规则大体上可概括为以下几条。

1. 主编、代主编可以约稿，经主编同意，按分工负责相关学科的编辑也可以约稿，但约稿一定要事先说清楚，约来的稿件还是要经过审稿程序的，达不到发表要求也可能不用。

2. 主编、代主编可以约各个学科的稿件，但约来的稿件按三审制度必须交相关学科的责任编辑一审，并正常安排外审。约来的稿件不交相关学科编辑一审，自己越俎代庖，是最严重的违反三审制度的行为。因为：（1）三审制度是期刊发表的论文质量的保证，一审编辑是按专业分工的，不经一审的稿件在绝大多数情况下会变成外行进行一审，质量保障的第一道防线就没有起到作用；（2）主编越俎代庖，侵犯了相关一审编辑的职权或职业权利，普通编辑有一审和编稿的权利，这种权利涉及他们的职业尊严甚至做人的尊严，是应该受到尊重的，这是对他们人格的起码尊重；（3）越俎代庖侵夺一审编辑权利的违规行为背后就是以权谋私、职务腐败。

说到这里，我简单评说一下。法学期刊的主编或代主编，自己担任一审责任编辑审理稿件，并把自己的一审编辑的专业范围任意扩大到法学的所有二级学科的做法，属于严重违反法定三审制度的行为。这种做法如果说有，那也是在中国在世界在任何学科都绝无仅有的。现在有的法学期刊的主事者把自己审理一审稿件的范围从分工明定的刑法、刑诉扩展到了法理、法史、宪法、行政法、民法、商法、经济法、国际法等所有的二级学科。须知，这是不顾专业分工、危害期刊论文质量，并侵夺一审编辑正当权利的行为，是我国期刊编辑制度所绝对不能容许的。

3. 原则上只应向全国范围内相关专业少数公认的一流专家约稿，不能滥，不可借约稿之名拉关系、"攻关"，到处"发糖"。当然，任何法学期刊都是特定事业法人或公共机构的下属实体，在一定程度上要服务于所属机构的中心工作，为此目的，在保证专业性与学术质量的前提下，向本机构领导者约稿，也是正当的。

4. 不可以实质性跨越一级学科的界限约稿，即使约稿对象是级别较高的领导，也不能例外。我国社科领域不少学科是没有围墙的，但法学有围墙，完全没有法学专业受教育背景或经过艰苦专业转换过程的人，不可能专业化地讨论法学问题。不过，如果另外一级学科的学者确实是学界认可的法学专家，只是因为某种正常原因在另外的一级学科工作，应该算是没有实质性跨越一级学科的界限。

5. 在任何情况下，主编或代主编不可自己约稿，又自己一人包办约来的稿件的一审、二审、三审全部三个环节。这种三审一人包办的稿件应定性为私稿，属违法刊出的论文，即使它发表了，他人也可以随时申请有关机构撤销该论文。根据现有法规和国际上无数的先例，有针对性地向有关机构提出撤销申请是没有问题的。一旦被人申请，最后即使保住了论文，面子也差不多会丢光，不合算。

（五）

上面讲了些约稿的惯例，其实就是公认的不成文的规则。不论哪个刊物，写手、读者和主管机构用这几个标准衡量一下它发表的约稿，就能大致知道约稿正当性之有无和多少。现在想说说一审合规的重要性。在保证稿件质量方面，一审是第一道防线。怎么理解呢？

合规的一审得由学科对口的责任编辑做。法史文章由分工法史的编辑一审，不能由行政法或刑法的编辑一审，反过来也一样，如此等等。术业有专攻。现在担任法学一审责任编辑的，大多有对口学科的二级学科的博士、硕士学位。法学通才历史上是有的，但当今法律事务越来越复杂，难以产生，也确实没有通才全才，最多只有同时对两三个学科都有些研究的专家，极少。主编、代主编是不是属于这种专家，可看他/她已有的发表情况。

与二审专家的作用比，一审编辑是对文章全面具体负责的，编辑过程具体到细节，所花时间长短不等，短的几个小时，长的近乎没底，得与作者反复互动。二审通常是整体把一下关，看看讨论的是不是值得讨论的问题，有没有集中的论题，核心论点是否有新意，证据和论证情况怎么样，等等，大致上看看就能下结论，花一二十分钟吧。

主编对待稿件终审的态度，通常与二审专家差不多。但也有特仔细的主编会逐字逐句审，像一审编辑一样，再来一遍，甚至做过度编辑，弄得吃力不讨好。一审编辑选稿会有偏好，这很正常。主编、代主编不怕一审编辑推荐差稿，就怕他们因个人偏见将好稿留中不发。负责一审的编辑的活儿弹性很大，可以只守株待兔，也可以四处组稿，但组的稿能不能用取决于主编。所以，普通编辑能否有作为，取决于自己的能力和主编的信任程度。落实法定三审制度的行为准则之一是主编只能做减法，不能做加法。即，主编可以否决一审编辑的稿件，但不能用未经一审编辑推荐的稿件，用了就是违规，应查其背后的猫腻。主编不做加法，不仅是相关法规的要求，也是他们对分工负责一审的编辑、对同处一个编辑部的同事起码应有的尊重。

（六）

法学期刊稿件的二审，即国外实行了很久的同行匿名评议。或许因需要避嫌，审稿通常找期刊所属机构之外的专家，故俗称"外审"。

作为审稿的一个环节，外审应该得到充分肯定，但是，如果没有明确的规则，不进行规范的操作，有外审不如无外审，造成的弊端比不做外审存在的问题更严重。

1. 完全没有规则，由主编、代主编任意操作。

2. 没有相应学科的外审专家名单，不论由主编、代主编还是一审编辑找外审专家，所找的人多是根据各自的特定意向找的。

3. 有的找大专家审小学者写的稿，有的找小专家、外行半外行审大、中学者写的稿。

4. 外审次数无定，以主事者对结果满意为准。主事者想采用的文章，外审结论可用，止；主事者不想采用的文章，外审结论可用，不行！再找个人审，直到结论是不宜采用。反之亦然。

5. 找身边人或朋友圈中相对固定的人，让其按自己的意志做可否结论。

6. 找地位微妙、独立性差，从属于自己的或其同类人充当"外审"。

7. 名为匿名，实际被弄成了实名。

8. 主编、代主编亲自"外审"或干脆省略外审环节。

参考国外的做法，结合中国现在的实际情况，包括法学期刊在内的社科期刊如果坚持做外审，要有在编辑部内形成共识的一套明确规则。这套规则至少应该包括如下几个方面的安排。

1. 各学科应该确定一个外审专家的名单，内部掌握，主编在征得相关学科一审编辑人员认同的情况下可随时增减。

2. 明确由主编、代主编还是一审编辑决定送名单中的一名还是一名以上专家二审。

3. 明确外审是否一锤定音，如果不是一锤定音，是否主编和一审编辑都可以因对第一次外审结论不满意而要求改换二审专家复审一次，是否以复审结论为最后结论。

4. 鼓励投稿者提供有资格的外审专家建议名单和应回避的外审专家名单。

5. 任何学科的稿件不应固化地由外审专家名单上的少数几个人审。

（七）

"白手套"一词，网上有不同解说，其中之一这样写道："白手套"简单说来就是实际从事"非法"事务的"合法"外衣；从手套一词不难了解，真正做事的"手"隐藏在"手套"之中；如果"手"很脏，没法见人，那么就戴上一个"白"的手套，别人就无法察觉手很脏，反而还可能觉得"手"被保护得很好，应该很干净；所以，从事某些不方便见人的事，通常必须寻找"合法""合理"的理由来加以掩饰，而从事这种掩饰工作的个人、单位、组织等等，人们都可以称之为"白手套"。

社科期刊的主编运用"白手套"，多半是临时的，很少固定半固定。

主编用"白手套"，有些情况下是不得已的，有其正当性。比如，有的作者有一定地位或很难缠，他/她拿篇稿子给主编，主编一看，水平不算太差，但又实在够不上该刊发表标准，意欲否定，又怕正常外审被专家肯定。于是，就找个学界朋友，先沟通暗示一下，让对方写个否定意见。当然，主编也可以运用"白手套"做完全反向的操作，即把质量达不到其主持的刊物发表水平的文章"抬"上该刊。

但是，主编如果万不得已要找"白手套"，还是应出于正当目的。如果是出于不正当目的，比如为了给关系稿、勾兑稿、逢迎稿让路，不分青红皂白毙掉其他竞争性投稿，那就成了一种不正当的关系甚至是肮脏的勾结。

不论是正当的事业还是肮脏的勾结，主编找"白手套"都得遵循一些规则，否则可能"出事"，其中主要规则有五个。

1. "白手套"专家必须专业对口，以法学为例，应包括有法学对口二级学科专业的博士学位，较长时间从事对口方向的教学研究、是对口学科的法学会的会员什么的。

2. "白手套"专业资历应相当于或高于"被白手套"文章的作者，而且应该是多少有些真才实学的学者，否则可能说外行、半外行话，没有必要的公信力或让人生疑。

3. 运用"白手套"手法发表或封杀被"被白手套"文章，须程序正当，否则很容易招致"挑刺"。

4. 运用"白手套"手法发表或封杀的"被白手套"文章，其本身应该不是太好或不是太差。封杀质量好、意义过于明显的文章容易出问题；发表质量太差、实在扶不起的"阿斗文章"也容易出问题。

5. 不能以帮"白手套"专家发表"阿斗文章"的方式回报"白手套"专家的服务，尤其是对固定、半固定的"白手套"专家。因为，固定、半固定的"白手套"专家一定是圈内有知名度、招人愤恨的，容易引来关注。

（八）

对于一个学术刊物，每个作者都有平等的权利。如果这个刊物的前主编，刊物所在机构的学科带头人、博士点负责人的投稿，也可被刊物主事者用其外审"白手套"的外行文章随意排斥出局，试想，其他更普通的作者的文章还有什么机会？这样办刊，如何对得起其主办单位和它长期以来的热心读者？所以，著名刊物的主编一定得由比较有学术情操和格局较大的学者来担任。

对于文章作者来说，相关学术期刊就是他们精神世界中的一个个"城邦"。但是，文章作者是游民，不是难民，有操守的作者对其临时入住的"城邦"是会有选择的，选择的基本原则之一是"危邦不入，乱邦不居"。有的期刊如果现在属于"危邦"、"乱邦"或不洁之邦，那么，在改变现状前，不要指望有操守的作者会再去那里"投宿"。

因此，法学期刊应该严格遵守法定的编辑"三审责任制度"，建设规范而透明的约稿、一审和二审制度，尤其应该在二审的规范化和透明化上下功夫，以保障法学期刊真正成为法学写手竞争性发表学术成果的公器。

包头案律师列出的十五大违法现象随感

张建伟[*]

按　语：对于包头案件[①]，早在法院开审以前，已经有辩护律师就此案接二连三、隔三岔五公开发声，表达质疑者有之，抒发愤慨者有之。该案开庭审理之后，一直状况不断。法庭审理中，几度爆发审辩冲突，辩护律师徐昕与多名法警在法庭对峙的情景，被手机拍照后，传到网上，一时吸睛无数。一篇题为《这样严重违法的法庭上，多待一分钟，都可能随时被气死》的网文表达了此案辩护律师对此案的不满，徐昕声言已经与家属商量，退出此案的辩护，被外界解读为"紧急避险"行为。该篇网文还引述该案辩护律师的话说，该案审理违法行为"多如牛毛"，列举了律师眼中的十五种"违法"情况。对于这十五种"违法"情况，我写下若干感想，公之于众。

1

其一，女性被告人遭到男法警殴打。2020 年 7 月 5 日，开庭期间，女性被告人石莉芳在被押解途中被包头市昆都仑区法院的夏姓男法警殴打，性质极为恶劣。

我因为不了解此案起因和事实经过，没有办法评论和表达立场。不过，质疑声中特别强调"女性被告人""男性法警"，打人的是男子，身

---

[*]　张建伟，清华大学法学院教授，博士生导师。

[①]　2019 年 4 月 4 日，当地警方以涉嫌组织、领导、参加黑社会性质组织罪，寻衅滋事罪，敲诈勒索罪等 13 个罪名，对王永明等 12 人立案侦查后移送审查起诉。警方就此案发出的通报称，该组织主要通过高利放贷、暴力讨债、敲诈勒索、寻衅滋事、故意伤害、虚假诉讼等手段，在包头市范围内进行违法犯罪活动。王永明委托的辩护律师和王永明的女儿都坚称其冤枉，多次公开为其"喊冤"。2020 年 7 月 4 日，内蒙古包头市稀土高新区法院在包头中院开庭审理王永明涉黑案，徐昕、袭祥栋、李仲伟、王飞、范辰、冯延强等 10 多名刑辩律师出庭为王永明等人辩护。

份是法警，自然孔武有力；被打者是女性，可能还戒具在身，当然不是对手，楚楚可怜，即便勉强抵抗几下，怕也是有力无心，何况有所反应，还可能构成袭警行为，后果堪哀。

"殴打"发生在押解途中，在警车里，还是警车外，语焉不详，不便猜测。为何发生"殴打"，也无从知晓。天下没有无缘无故的爱，也没有无缘无故的恨。皮裤套棉裤，必定有缘故。信息不全，没法置喙。既然辩护律师提出来，当然有司还是应当查证一下，是否确有此事，原因、过程、结果如何，是否过度使用暴力。这一问题关涉司法机关的公众形象，切莫等闲视之。

2

其二，侵害辩护律师的执业权益。李爱军、李敏珍两位辩护律师，因其他案件开庭，征得各自被告人的同意，并向法庭进行了书面告知，完全具有暂时离开法庭的"正当理由"，但却被法庭认定"拒不到庭、拒绝辩护"，被法庭剥夺了辩护的资格。

律师，有的很忙；越有名的律师，越忙得不可开交。候旨开庭，难免多项审判诏令下达，开庭时间全选在同一天或者同一时段，这就分身乏术了。因此，有的律师，这个案件的庭审还没结束，另一个案件又要鸣锣开庭，真是令人头大。

遇到这种情况怎么办？依我陋见，对于后确定审理期日的案件，辩护律师应当申请另择时间审理；协调不成，可以请求先确定审理期日的法庭出面协调，切不能自作主张，将正在审理的案件暂时丢下，去别的法庭。唯同一被告人聘请了两名辩护人，则审理全程无须两名辩护人同时在庭，只要保持一名辩护人在庭即可，先确定审理期日的法庭应当在征求被告人意见后允许辩护人暂时离庭。但是，如果只有一名辩护人，该人不在，则被告人的他人辩护权不能实现，恐怕辩护人不便离庭。一名被告人聘请两名辩护人，这两名辩护人不能同时离庭。辩护人不在庭，仅以律师助理代庖，也是使不得的。

本案两位辩护律师，怀揣不同案件的出庭通知书，开庭期日发生冲突，便与其当事人商量，征得同意，同时书面告知法院，就隆而重之"暂时离开法庭"去了别的法庭。平心而论，这两位辩护律师做法欠妥，他们征得被告人同意，不是可以作别本法庭的充分理由，法庭审判非同儿戏，如果被告人聘请的辩护人不在庭，法庭审判活动可能被迫中断，无法正常进行，盖因强行审理，可能因被告人的辩护权未能保障而招致审判无效，后果不可谓不严重。本案两位辩护律师需要经本案法庭允许才能离庭，不能以为自己通知法院一声，不待法院允许就可以去其他法院参与他案审理，未经允许擅自离庭，不能说完全有"正当理由"。两名律师就此辩解说："此次庭审与山东荣成法院的一个庭审时间上存在冲突，荣成法院庭审通知在先，稀土高新区法院的通知在后，他们请求法庭调整开庭时间，但稀土高新区法院并未调整。他们参加别的庭审，也已经征得委托人即本案被告人的同意，而且暂时退庭也不影响被告人的另一名律师继续为其辩护，不影响庭审的进行，合议庭没有任何理由剥夺他们的辩护资格。"在我看来，这两位律师到底有没有征得法院同意，才是关键，没有征得法院同意恐怕就不能说有"正当理由"。① 这样做了，其后果就需要自行承担。

法院对辩护律师的做法，示以薄惩——7 月 6 日上午，合议庭以"处理意见"形式宣布取消因庭审时间冲突，暂时不能参加本案庭审的李啟珍、李爱军两名律师的辩护资格，称两位律师"擅自退庭，不得继续担任本案的辩护人"。

将两位律师的行为视为"拒不到庭、拒绝辩护"，不允许他们再入本庭履行律师职责。这当然是剥夺了他们在本案继续辩护的资格，但是两位辩护律师有过错在先，也是事实，理不能一面说，更不能将无理硬说成有理。

究竟法庭有无权力"剥夺"两名辩护律师继续辩护的权利，是这一争议讨论的重点，本案已有党琳山律师在莫焕晶案件中的前车之鉴，虽然两案具体情况并不完全相同，但是未经法庭允许擅自离庭，确是一致。窃以为，从法院禁止本案两名辩护律师继续辩护的正当性和合法性展开讨论，才是切中肯綮的做法，大呼小叫说律师不经法院同意就擅自离庭有充分、正当理由，恐怕不能服众。

---

① 九州瞭望：《王永明涉黑案在包头开庭，十多名知名律师参与辩护》，新浪网，https://k.sina.com.cn/article_5593518540_14d6651cc00100sff9.html? sudaref = www.so.com&display = 0&retcode = 0，2020 年 7 月 7 日，最后访问时间：2020 年 11 月 15 日。

3

其三，合议庭组成违法。根据《人民陪审员法》第 16 条的规定，本案必须适用七人合议庭审理。法院本应依法告知被告人有权申请由人民陪审员参加合议庭审判案件，但未通知。

查《人民陪审员法》第 16 条规定，人民法院审判下列第一审案件，由人民陪审员和法官组成七人合议庭进行：（1）可能判处十年以上有期徒刑、无期徒刑、死刑，社会影响重大的刑事案件；（2）根据民事诉讼法、行政诉讼法提起的公益诉讼案件；（3）涉及征地拆迁、生态环境保护、食品药品安全，社会影响重大的案件；（4）其他社会影响重大的案件。法律言之凿凿，确是如此规定，法院常嫌麻烦，并未执行此一规定，于是法律上的硬性规定也就软塌塌得不到落实，俗谚"不是法律不够用，而是法律不管用"，当今司法状态往往如此。辩护律师此一击也，似乎正中命门，司法机关看来非重新学习贯彻《人民陪审员法》不可。

不过，辩护律师也不可不知：《人民陪审员法》第 16 条第一项，有"社会影响重大"这一条件，与刑期条件共同构成应当组成七人合议庭的法律要件，"社会影响重大"是含义模糊的条件，全由法院自由判定，因此，若论合议庭组成违法，辩护方也抓不到法院的把柄。至于如何判断"社会影响重大"，采取法院主观说，还是采取法院客观说，这倒是有讨论空间的，当今司法显然采取法院主观说，是否"社会影响重大"，全由法官判定，这一做法是否妥当，就需要学者进行精细研究了。

4

其四，不公开审判，未庭审直播。偌大的审判庭，只有十多个旁听者，空余二百多个席位，却将旁听者阻止在法庭外。合议庭还以不具备直播条件为由，违法不许庭审直播。

如果旁听者本来不多，偌大的法庭空空荡荡，不值得失惊打怪。但是，如果许多人对此案动了凡心，发生兴趣，非要入庭旁听，法庭有旁听条件，旁听之人又不属于醉汉、衣冠不整、未成年人等禁止旁听的种种特定情形，那么法院挡驾，不允许其涌入旁听，就违反了刑事诉讼关于审判公开原则的规定了。

我国庭审，常有伪公开审理的现象，名义上公开审理，实际上旁听群众都到了法院门外，却无法入庭旁听，即使法庭旁听席有空余席位，也是如此；有的法庭，审理时旁听区域座无虚席，其实都是内部人员"完形填空"，填充的目的就是阻止一般民众入庭旁听，以策安全。这种做法，就宪法和《刑事诉讼法》规定的公开审判原则而言，当然属于实质违法。

不过，公开审判，倒不一定非直播庭审不可，最高人民法院要求庭审直播，放眼四海，恐怕无法件件落实。本案合议庭以不具备直播条件为由不进行庭审直播，不能称为违反公开审理原则。以此作为审判程序违法的情况，不免有点无事生非之感。

5

其五，一审诉讼在二审法院的法庭开庭。"法无授权不可为。"该案涉及 40 多个民事案件，终审法院就是包头中院，相关法官跟该案有利害关系，可能成为证人，不应在此审理。此案实际上已没有二审程序，严重违反二审终审制。

对于法院开庭选择什么庭址，不必过度反应。司法实践中确有在本法院之外另择开庭地点的做法，马锡五审判方式还以到田间地头审判为先进做法，由此可见一斑。在我看来，只要法庭组织合法正当，在哪片屋檐下进行审判，并不打紧，没有非此不可、如彼不行的问题。

据媒体报道：此案庭前会议上，徐昕等辩护人就对一审法院使用二审法院表示反对，声称这一做法模糊了一审和二审的界限，属于违法行为。法官就此问道："法律有规定我们不能借用上级法院的法庭吗？"王飞律师回应说："法无授权不可为，这是大一的法学生都知道的常识。"检察官李书耀质疑说："'法无授权不可为'，这是哪个法律规定或者法律原则？"徐昕回应，第一，这是一句法谚，也是法理。对于公权来说，"法无授权不可为"；对于私权来说，法无禁止皆可为。正所谓"风能进，雨能进，国王不能进"。第二，《刑事诉讼法》第 3 条规定，人民法院、人民检察院和公安机关进行刑事诉讼，必须严格遵守本法和其他法律的有关规定；第 5 条规定，人民法院依照法律规定独立行使审判权，人民检察院依照法律规定独立行使检察权。这些法律都明确规定，法院、检察院必须依据法律规定行使权力，即"法无授权不可为"。第三，《中共中央关于全面推进依法治国若干重大问题的决定》指出：行政机关要坚持法定职责必须为、法无授权不可为、勇于负责、敢于担当，坚决纠正不作为、乱作为，坚决克服懒政、怠政，坚决惩处失职、渎职。李书耀回应："决定中说的是行政机关，而检察院和法院是司法机关。"徐昕反驳道："无论是行政机关还是司法机关，都应当坚持党的领导，对党的重要决定文件中提到的国家机关'法无授权不可为'的原则，必须贯彻执行在司法活动当中。而且，在 2015 年 9 月 22 日举行的司法责任制改革专题培训班上，最高人民法院副院长李少平也强调：'要坚持法定职责必须为，法无授权不可为。'"①

法院选择开庭地点，属于司法行政事务，《刑事诉讼法》规范的是诉讼行为，就此司法行政问题并没有作出限定。司法行政事务，法律往往难以规定过细，所谓"法律授权"，很多时候都是概括授权，司法行政也如一般行政事务，有自由裁量空间，如果事事都需要法律授权，则行政法不知要多么繁密才行。司法实践中，为了扩大旁听容量或者增强法制宣传效果，选在本法院以外的场所开庭，屡见不鲜，当年马锡五到田间地头开庭，也未见法律授权。上级法院到下级法院，并无法律授权。君不见最高人民法院审理案件，有时也借用下级法院的审判庭？如刘涌案件的再审，最高人民法院到辽宁锦州中级人民法院开庭，也未见有何法律明确授权，若都以"法无授权不可为"为由加以反对，就未免机械理解了这一原则。

在我看来，这类司法行政事务，除非有碍司法公正或者当事人权利，否则没必要加以阻止。本案一审法院选择在二审法院的审判庭开庭，只是借地审判，审判组织是一审法院的合议庭，诉讼遵循的是一审程序，这有何不可？至于一审法院为何这样做，推测原因，也许是二审法院的审判庭容纳量大或者便于审判安排以及其他种种原因，本人不了解情况，不便猜测，但是若认为这种做法有违法之虞，就有点小题大做了。

辩护律师认为该案"终审法院就是包头中院，相关法官跟该案有利害关系，可能成为证人"，这话我蒙查查没有读懂——如果相关法官跟该案有利害关系，那么他不能作为法官，但是证人并不必须是与该案没有利害关系之人，何况，这与法庭设在二审法院有啥关系，真是莫测高深。至于

---

① 九州瞭望：《王永明涉黑案在包头开庭，十多名知名律师参与辩护》，新浪网，https://k.sina.com.cn/article_5593518540_14d6651cc00100sff9.html？sudaref＝www.so.com&display＝0&retcode＝0，2020 年 7 月 7 日，最后访问时间：2020 年 11 月 15 日。

"此案实际上已没有二审程序，严重违反二审终审制"，却是有所夸大，如果一审合议庭没有连二审法官都借来充数，以庭址在二审法院为由声言二审程序已经化为乌有矣，恐怕一状告到玉皇大帝那里也得不到支持。

当然，话说回来，一审法院开庭如果不选择二审法院审判庭，自然是再好不过，毕竟瓜田李下，易生疑窦，选择更合适的开庭地点，可以减少辩护方的疑虑。

6

其六，审判员主持庭审。《刑事诉讼法》、最高法刑事诉讼法解释、《法院法庭规则》规定得非常清楚，审判长主持庭审并维持庭审秩序。但二位审判员不仅主持庭审，而且对辩护律师予以警告，严重违法。

法庭由审判长主持，这是很明确的程序要求，但是，如果审判长授权合议庭其他成员主持部分审理环节的活动，也非绝对不可以的事。这样的事情，早有先例。审判员在法庭上并非稻草人，三缄其口也不是对他参与庭审的要求，非要审判长全程主持庭审，而不能授权其他审判员代行部分环节的主持和维持秩序工作，似乎也过于机械刻板。关键是，这两位审判员主持时到底有无违法和失误，这才是抗辩的重点，纠缠两位审判员主持某一程序环节问题，只怕意义不大。

此案审判长之主持法庭审理能力，事后被广泛质疑，外界的观感是，律师过于强势，审判长过于弱势。因审判长驾驭不了这艘在律师掀起大浪之上的船，案件审理完全失控。究其原因，是律师根本不将"审判长主持庭审并维持庭审秩序"的法定权力放在眼里，即使该权力"规定得非常清楚"。大概正是这个原因，二位审判员才不得不对辩护律师"予以警告"。因此，对于这一事实过程，不应加以剪裁，还是将事实原貌复原为好。

7

其七，违法召开联席会议，未审先判。案件尚处在审查起诉阶段，稀土高新区检察院组织公、检、法、政法委等部门召开针对此案的联席会议，不审查证据、不听取被告人及其辩护人的意见，对案件事实认定涉黑、涉案财产处理等事项"达成统一共识",完成了对此案的秘密审判。

重大案件经过协调再侦查终结、起诉和审判,是我国刑事司法的习惯做法,有学者称之为痼疾。有关部门不以为意,而当之为组织优势和制度优势。这种协调,有的针对案件实体问题展开,有的针对程序问题展开,有的是为了应对舆情和对付辩护方而展开。联席会议上公安司法机关几家达成共识,无疑属于"暗箱操作",不能不使辩护律师产生几家要暗中损害辩护方权利的疑虑。不仅如此,公安司法机关在案件实体方面达成共识,三方制约关系就成了"亲友团"关系,司法审判势必空洞化、形骸化,就容易流为一场"表演"。道理很简单,背后的"总导演"和几方"正面角色"都嘀咕好了,辩护律师就成了法庭上实质"多余的人",真辩真论就成了"多余的事"。

不过,本案辩护律师不会不知道:扫黑除恶案件,司法机关的上级领导早有明令,要求诉判一致,还要司法机关会商每一起案件,检方起诉之前都要向县、市扫黑办汇报,属于黑社会性质的有组织犯罪,往往还要向省级司法机关扫黑办汇报,由后者定夺。四海之内皆如此,包头司法机关要想例外,岂可得乎?

8

其八,公诉人方当庭辱骂辩护律师。2020 年 7 月 8 日庭审,一名检察官助理公然说辩护律师在"表演",并朝着龚祥栋、吴俊、王振江、周海洋、冯延强等律师进行辱骂:"一群法盲。"第一公诉人徐亚光还对辩护律师说了"什么宪法""伎俩""放肆"等话。

法庭审判中的诉讼攻防,是法秩序下的和平对抗,人格侮辱是严格禁止的行为,因此若有辩护律师指称的"公诉人当场辱骂律师",万万使不得。如有此种状况,审判长应当主动制止;辩护律师也不能闲着,唾面自干,应当向审判长提出,要求审判制止,并向检察院控告。审判长应当主动制止,不制止就是失职行为。

不过,本人不在庭审现场,无法充分了解庭上"辱骂"是怎样的情形,公诉人用语是否粗鄙,有无损害辩护律师的人格尊严。辩护律师列举的"表演""一群法盲""伎俩""放肆"这样的话,说到底,是属于

"辱骂"还是一种"负面评价"性质，本人缺乏语言和语感研究，直觉认为，控诉方所言，更像是一种负面评价，与人格侮辱似有距离。以拙眼看来，不能将"负面评价"都看作"辱骂"。另外，话有话头，不能割裂观察，将这些话放在原有语境中才好判断是非。本案辩护律师所称一名检察官助理说辩护律师在"表演"，是"一群法盲"，事出有因：辩护律师多日闹庭，使公诉行为无法进行，辩护方人多势众，公诉人难以应付，检察官助理看不下去，才口出此言，前后因果，也不宜割裂。

当然，依我之见，法庭上就事论事，对人的行为或者该人本身进行负面评价，大可不必，非不得已，也是少说为佳。"辱骂"就更要不得，鲁迅翁曾言，"辱骂和恐吓绝不是战斗"，司法竞技何尝不是如此？这对于控诉方与辩护方，要求都是一样的，不能只许一方多日闹庭，不允许对方发几句激愤之语。

9

其九，起诉书达不到起诉标准。比如将红红、贝贝这类昵称，直接定性为绰号；比如将宋老二、老乔这类寻常可见的称呼，也直接定性为绰号；再比如将公安机关写成"东安机关"，将兵写成"斌"，将月写成"年"……更为严重的是，组织犯罪和个人犯罪不分，违法和犯罪不分，指控的具体事实不明。严重违反《人民检察院刑事诉讼规则》第 358 条，即"起诉书叙述的指控犯罪事实的必备要素应当明晰、准确"之规定。

起诉书写作，有其规范要求，从辩护律师指出的问题，看得出来，起诉书不够严谨，连错别字这样的低级错误都有，真该手心打板二十下。但是，这属于起诉书瑕疵问题，归类为违法，并不合适。

此案提起的起诉书制作问题，值得重视。司法机关的诉讼文书不仅代表司法机关的权威，往往还代表国家的尊严，文字错误和引用法条错误，绝对应当避免。本案公诉人对于该文书，显然用心不足，其制作的起诉书是否经过其他检察官严格审核，也值得追问。

内蒙古司法机关近年来乌龙不断，包头案之后又爆出有法官将案件中应当附入副卷的材料放进正卷，被律师发到网上传播，如此马虎草率，怎不让司法蒙羞？

10

其十，公诉人拒不送达驳回回避申请的决定书。被告人及其辩护人提出公诉人回避的申请，在法庭宣布休庭 1 小时后，第二公诉人李书耀便宣读决定书，抬头是"稀土高新区法院"，而不是申请人。直接违反《人民检察院刑事诉讼规则》第 32 条的规定，即"人民检察院作出驳回申请回避的决定后，应当告知当事人及其法定代理人如不服本决定，有权在收到驳回申请回避的决定书后五日以内向原决定机关申请复议一次"。

查最高人民检察院发布的《人民检察院刑事诉讼法律文书格式样本》，看其中《回避决定书》，存根之外，尚有送达给申请回避人（告知申请回避人后附卷）、被决定回避人和人民法院的三联文书；再看《驳回申请决定书》，存根之外，只有送达给申请人的一联文书和同样内容要附卷的文书。可见《驳回申请决定书》不需要送达给法院和被申请回避人。因此，本案辩护律师所言驳回回避申请的决定书，似不必送达给辩护人，告知驳回决定这一结果即可。

本案辩护律师所言第二公诉人李书耀宣读的决定书，想必是《驳回申请决定书》，那么文书"抬头"就应当是申请回避人而不是"稀土高新区法院"。莫非第二公诉人李书耀错拿了《回避决定书》？显然这是不可能的。

11

十一，公诉人公然蔑视法庭权威，随意缺席。在检察院收到法院的庭前会议通知后，本案第三公诉人闻立新在没有正当理由的情况下，连续缺席两天的庭前会议。

检察机关履行职务，其组织原理是检察一体化原则。检察一体化原则的基本含义是：各级检察机关作为一个不可分割的整体而存在，每个检察机关和检察官的活动是整个检察机关和检察官全体活动的组成部分，各级检察机关和全体检察官相互协调、配合，形成一体；上下级检察机关和检察官实行上命下从关系，下级检察机关和检察官在履行职权时承担遵从上级检察机关和检察官命令的义务，上级检察机关和检察官负有监督指挥下级检察机关的责任。

在检察一体化原则下，检察官被视为一体，他们可以互相代替履行职责。在刑事庭审活动中，中途更换出庭的检察官不会引起诉讼程序的更新，庭审活动可以继续进行，即中途更换检察官不影响公诉效果。在法庭审理中，检察官的出席是必不可少的，但是"根据检察官的一体化和不可分割的硬性规定，在同一案件中，两名检察官相继参加刑事预审庭开庭并不违反法律"①。"检察机关是不可分割的整体，所以检察机关的数名检察官介入同一案件，或公诉书上签名人与出庭审判的不是同一人，都不影响诉讼程序的合法性。"②

按此原理，如果公诉人是多人的，在庭审过程中不需要始终全数在庭，只要有一名公诉人在庭即可。但是，公诉人在庭，不能理解为仅仅助理在庭。前述同一被告人的辩护律师有二人的，也是如此。就本案来说，"第三公诉人闻立新在没有正当理由的情况下，连续缺席两天的庭前会议"，其实，既不影响公诉效力，也不影响审判效力，不能算是违法情况。

12

十二，公诉人严重滥用法律监督权。在辩护人发言时，公诉人当庭宣读法律监督意见书，严重违反基本的规则条款。

在法庭审判中，公诉人不能积极行使法律监督权是常态，这有其立法原因。1996 年《刑事诉讼法》修改，剥夺了公诉人当庭纠正审判违法情况的权力，将这一权力转给了人民检察院庭审后行使。

本案新鲜之处在于，公诉人在辩护人发言时，当庭宣读法律监督意见书。这当然是因为辩护律师多日在庭上抗争，检察机关出于无奈才出此一招。只是不知道人民检察院是向法院，还是向辩护人提出法律监督意见？若是向辩护人提出法律监督意见，那就令人不解了：人民检察院的审判监督对象是人民法院，如果辩护人发表辩护意见存在违法问题，应当建议审

---

① 〔法〕皮埃尔·尚邦：《法国诉讼制度的理论与实践》中译本，中国检察出版社，1991，第 12 页。

② 〔法〕皮埃尔·尚邦：《法国诉讼制度的理论与实践》中译本，中国检察出版社，1991，第 38 页。

判长予以纠正或者制止，因此，经审判长同意，当庭宣读法律监督意见书，应当是向法院公开提出意见，在法庭主持权之下，不必越俎代庖，去纠正辩护方的诉讼行为。至于能否当庭宣读法律监督意见书，根据本案的特殊性，在审判长允许的情况下，也不好说是"严重违反基本的规则条款"。

13

十三，检察官助理当庭发言。庭审中，检察官助理发言。辩护律师指出其没有发言资格后，竟毫不收敛，继续发言。作为该院检察长的第一公诉人徐亚光也不予制止。

在刑事诉讼中，适格的诉讼主体只能是检察官，不能是检察官助理。举证辩论属于正式的、对外发生程序法效力的诉讼行为，只能由检察官履行这一职责，不能由助理检察官代行这种诉讼行为。易言之，助理不能摇身一变成代理，更不能金鸡独立，自己办案，其工作只能是辅助性的。应当明确：在一些案件中，检察官助理代行应由检察官履行的诉讼行为，该诉讼行为因主体不适格而应当归于无效。如今司法机关助理也在办案，实在是莫名其妙之举。如果检察官助理可以代检察官履行职务，那么律师助理岂不是也可以代行律师职务，法官助理不也就可以如法炮制代行法官职务？司法审判不就变成了助理审判了？真是成何体统。

不过，包头案件中，检察官助理当庭发言，究竟是何种情形，需要追问。在本案庭审过程中，公诉人连续十几天连起诉书都无法完成宣读，其他诉讼行为是否能够正常有序进行，不无疑问。检察官助理在庭上发言，若是在法庭秩序混乱状态下对于辩护方闹庭行为的一种应对性反应，则情有可原，因此，判断一个行为，不能割裂该行为所在的情境，否则就会做出误判。

14

十四，公诉人不履行该有的法律监督职责，未关注女性被告人被殴打事件。本案女性被告人石莉芳在被押解途中遭到法警的殴打，此事件性质极为恶劣。但负有法律监督责任的公诉人未予丝毫关注。

这一问题，是第一个问题的延伸问题，眼光上移，参见第一个问题。

此事据知情人介绍，事实并非如辩护方所言。本人不在现场，也没有足够资讯做出判断，对于这一指控，不便置喙。

15

十五，公诉人非法参与审判程序，操控庭审地点。本案第一公诉人徐亚光当庭表示，是他参与决定了将庭审地点设置在包头市中级人民法院的法庭，严重违法。

辩护律师指称"公诉人非法参与审判程序，操控庭审地点"，这种说法未免过于夸大。这种参与决定，属于检察机关和法院协商或者法院在确定庭审地点时征求公诉人意见的性质。若论严重违法，需要追问违背哪一条法律。

至于法庭设置在二审法院的问题，眼光上移，参见第五个问题。

絮语

本案辩护律师质疑"如此严重违法的庭审，怎么能维护被告人的合法权益？怎么能维护法律的尊严？这样的庭审，还有必要继续下去吗？"在我看来，辩护律师努力维护程序公正，其意识、勇气和行为可圈可点。他们质疑的十五大"违法问题"，有的切中肯綮，有的还颇具普遍性，可谓"冰冻三尺非一日之寒"，有关部门若能虚心倾听，有所改进，不失为亡羊补牢之功。

此案对于司法机关来说，可谓又一场"奇耻大辱"，公诉人之一的李书耀后来被辩护律师当场揭发收受被告人家属的贿赂，虽然法庭及时"灭火"，但辩护律师又到纪检监察部门举报，旋即查明：一位曾在法院工作后出来做实习律师的在被告人家属和李书耀之间充当中间人，李书耀向其透露该案件事实、证据等方面存在的问题，该中间人向家属要了三十万元贿赂款，将其中十万元自己留下，另外二十万元送给李书耀，后来因李书耀觉得此案难以上下其手，将二十万元退给中间人，后者未将这一情况告诉当事人家属，将其匿下。当事人家属向辩护律师告知此事后，辩护律师予以揭发。纪检监察部门确认"检察官李书耀因严重违纪违法接受纪律审查和监察调查"并严厉指出这一事件"严重损害司法公信，严重损害司法机关形象。包头市检察机关要针对案件办理中暴露出来的执法司法和队伍建设中存在的突出问题，结合正在进行的政法队伍教育整顿，深刻剖析反思，认真吸取教训，严肃执纪问责"。辩护律师的举报，让司法机关顿时灰头土脸，样子难看。

不过，毋庸讳言，辩护律师提出的某些"违法"问题，并没有准确对焦，对于不必纠缠的问题或者使错了力的问题，列举再多，也不具有杀伤力，反而贻笑大方，让人们对辩护律师的专业水准和辩护策略产生负面观感，弄不好就有点得不偿失了。

尤其是，以一种不依不饶的战斗姿态进行诉讼活动，炸雷四起，吼声震天，不能进退有节，灵活应对，取大舍小，擒贼擒王，法庭就成了闹剧场，诉讼攻防就成了打群架。

本案，是一起法庭失序的案件，从法律伦理观察，几乎是一场灾难。辩护律师就司法机关之"违法"提出的指控，达十五项之多，对于自身行为，却无一字检讨。从审判机关就该案录制的庭审过程看，辩护律师在执业纪律和职业伦理方面并非无可指摘，仅从十多天公诉人无法完成宣读起诉书的规定动作，就令人质疑法庭主导权丧失不仅是由于审判长"无能"，辩护律师之放纵也难辞其咎。本案辩护律师的表现，也可看出当下一种辩护模式（套路）之形成：

一位有影响的律师接案，如内蒙古包头案中的徐昕律师、贵州小河案中的周泽律师，再由其牵头召集一个律师团队，来自四面八方的律师都聚集在召集律师的麾下，一起形成一种团队力量。这是当事人及其近亲属各自请律师所不具备的群体优势。在这种优势之下，抗争模式就启动了，这种抗争必须与网络舆论连接，形成对于司法机关的压力。至于辩护效果如何，其实还需要事实、证据和法律提供的成败利钝的条件。在包头案这类案件中，究竟事实、证据和法律如何，仿佛失去焦点，人们只看到法庭喧闹不已，看不到这一案件在实体方面是否存在问题，存在什么问题。

在我看来，此案是一桩各方都输得很难看的案件。无论哪一方，都值得检讨——

各方应当各平其心，想想什么才是起诉、审判、辩护应有的样子，辩护律师循着法律的正当程序维护当事人的权利，司法机关以一种文明的姿态实现司法公正的目标，是不是更好一点？

法学流派研究

法律社会学研究的经典传统和核心议题

编译者按：罗杰·科特威尔（Roger Cotterrell, 1946 ~ ），伦敦大学玛丽皇后·韦斯特菲尔学院法学理论教授。2005 年当选英国学术院院士，2014 年当选英国社会科学院院士，2013 年被授予社会 - 法律研究协会终身成就奖。众所周知，他是当代法律社会学学术史上相当多产的学者，对法律社会学的发展有重大影响，他的《法律社会学导论》（ The Sociology of Law：An Introduction ），是跨学科法律社会学研究者的必读书目。《法律的社会学视角》（ Sociological Perspectives on Law ，Ashgate：2001）是科特威尔编辑的两卷本大部头文集，收录了从 1916 年到 2000 年公开发表的与法律社会学经典传统和重要议题紧密相关的代表性论文。作为编者，科特威尔针对两卷文集做了两篇导读（ "Classic Traditions in the Sociological Study of Law"；"Contemporary Debates in the Sociological Study of Law"），简洁而清晰地梳理了从孟德斯鸠和梅因到哈贝马斯和福柯对法律社会学做出巨大贡献的学者，他们就法律社会学所阐发的主要观点及评论者对其得失所做的批评，以及当代法律社会学研究的核心论争。借由对这两个导论的编译和研究，我们可以系统地把握（西方特别是欧洲的）法律社会学的发展脉络、提问方式和理论延展的逻辑，进而能够在法律社会学的问题领域内进行思考、探索和研究。本文主要是对两篇导论的翻译，同时对文集所收录的论文做出了说明，对个别可能会造成误解或需要进一步解释的部分进行了删节和补充。

一　法律社会学研究的经典传统

法律研究采取社会学的视角意味着什么？这意味着：将法律看作社会

---

* 刘莉，西南政法大学政治与公共管理学院社会学系副教授。

生活的一个方面，更大社会环境的一部分，其目的是系统地、经验地理解那个环境，以及法律在其中的位置。曾经有很多社会学视角的法律研究，但是什么算作"经典"？这是一个复杂的议题。经典的地位，与表达一种共享的智识文化、固定一种研究传统的意义、确定一个问题领域、界定其范畴及相关性的标准有关，并且是在特别不同寻常的意义上实现的。当我们寻找经典的时候，我们并不必须寻找那些指导未来方向的作品，我们寻找的是，观念形成过程的标识和成就所描绘的地图。它们有助于定义一种现代研究者栖息其中的智识文化，或者界定哪些需要相应延伸、丰富、反对甚至取代。

社会－法研究（sociolegal studies），基于当前的目的，在这里将其视为法律社会学（legal sociology）的同义词，其智识文化直到近期显然成为一项世界范围的事业之时，才变得相对一致了。① 现代社会科学的、经验的法律研究，主要是作为某些西方工业社会特有的现象发展起来的。19世纪晚期，以及整个 20 世纪，这些社会回应了法律作为政府更高效、精细的统治工具，将政策转化为法规以获得强力机制的迫切需要。它们深信能够重新理性地控制社会生活。法律的社会学研究传统，深刻地反映了这个智识的、政治的环境：一种以道德多元主义的认知不断增加、相信通过科学获得进步，以及至少在某些规制领域以追求政府计划为标志的现代性文化。

一个世纪以来，现代国家需要作为法律审慎的生产者和使用者而存在，法律社会学的理论关怀强烈地被回应这种需要形塑。早些时候，法律社会学学说关注的是对约束性的政策保持警惕，以免错误地将法律仅看作国家工具。强调法律的社会基础、文化根基（尽管有限），以及那些基础隐含的法律作为操控机制的界限。法律社会学最有影响的理论作品，都以某种方式关注法律和统治工具之间的关系，以及法律在某种意义上作为一种文化的表达。法律与国家之间的关系，和风俗习惯之间的关系，和经济、道德理解、直觉、信念、政治实践以及历史经验之间的关系，是这些学说的中心。

经典著作就是那些以有效的方法界定了研究领域的特性，描绘理论问题的范围、概念结构、前景和方法的著作。但是对有效性的判断通常是在

---

① V. Ferrari, ed., *Developing Sociology of Law: A World-Wide Documentary Enquiry*, Milan: Giuffrè, 1990. J. Collier, D. Engeland, B. Yngvesson, eds., "'Law and Society in Southeast Asia'," *Law and Society Review* 28 (3) (special issue).

回顾中做出的（要建议什么可能在将来成为经典，我们只能猜测后来的人们会怎样做相似的回顾性判断）。经典地位是经过时间的考验和对研究领域的发展进行回顾性反思建构的。这个反思提供了视角，但是也不可避免地简化了智识的历史。因为经典是被认同的、被称赞的，直接与之竞争的作品经常被忘记或者边缘化。对塑造了经典的作品也有同样影响，一本书一旦获得了经典的地位，其中包含的对其他作者观点的综合、分化、重述和优化，都会被视为经典作品的独特原创。经典的地位倾向于将著作从更广泛的智识潮流中分立出来，而它本是这些潮流中的一部分。另外，对它们的理解也由大量随后的评论所形塑，它们有时候通过这些评论而为人所知，它们的影响也通过这些评论而存在。

在某种程度上，影响依赖于本土环境。例如，利昂·帕特拉兹奇（Leon Petrażycki）（这种写法在当前比较常用，但有时也写作 Petrazhitsky 或 Petrazitsky）在英语国家的法律社会学者中仍未被充分了解。按照亚当·波基莱奇（Adam Podgòrecki）① 的说法，他是"未被认识的法律社会学之父"。语言的偶然性能解释很多。帕特拉兹奇用俄语、波兰语和德语写作。直到 1955 年，他的作品节选才在一个比较易懂的英文译本中出现。在他的祖国波兰以外，他的法律社会学影响主要还要归功于那些俄国革命前在他就教的地方开始学术生涯的学者，著名的有，在法国的乔治·古尔维奇（George Gurvitch），和在美国的皮蒂瑞姆·索罗金（Pitirim Sorokin）与尼古拉斯·蒂马晒夫（Nicholas Timasheff）。在波兰，法律社会学家长期以来都认为，他的著作配得上经典法律社会学典籍的中心位置。

他们是正确的，不是因为帕特拉兹奇已有的任何广泛影响（尽管现在有大量关于他的观点的二手材料），而是因为他规划了其他后来者要回答的问题，并且，他最早的关于如何回答这些问题的洞见仍然很有意义。通过回顾，我们就能认识到他所提示、引出的法律社会学的关键问题及其重要性。帕特拉兹奇奠定了法律多元主义的诸多现代社会科学理念基础，这使法律的概念被阐释性地应用，而不只是民族国家的规定性产物。在当代，法律越来越多地被应用于国家之外，并且需要将法律和本国内的各个民族联系起来，在这种语境下，这些多元主义的理念是非常重要的。如亚

---

① 此处引用的是本文集的文章：Adam Podgòrecki, "Unrecognized Father of Sociology of Law: Leon Petrażycki-Reflections Based on Jan Gorecki's *Sociology and Jurisprudence of Leon Petrażycki*," *Law and Society Review* 15, 1980 - 1, pp. 183 - 202。以下除特别标注"译者注"以外的注释都属相同情况。——译者注

历山大·鲁津斯基（Aleksander Rudzinski）① 所解释的，他以高度原创性的方法发展了一门关于法律经验的心理学，这是从事法律社会学的基本工作——解释大量具有多样性的法律经验——的一种方式。

文化因素通过其他方式使经典地位的意义更富色彩。20 世纪的前半叶的法国，法律社会学者主要是埃米尔·迪尔凯姆（Emile Durkheim）。迪尔凯姆在社会学界内外压倒性的影响，不只建基于他及时关注社会问题、分析问题的敏锐性与丰富的想象力，而且也在于他的人格力量、对道德目的的确信、生动的写作风格和动员与组织内聚的能力。迪尔凯姆彻底塑造了法国 20 世纪早期对法律社会学的理解，几乎所有的回应都是在加强这种理解。今天，法国的法律社会学者承认经典殿堂中迪尔凯姆这个"纪念碑"的位置，但是，迪尔凯姆已不是当前影响他们的主流。

迪尔凯姆在法国之外也被普遍认为是最伟大的社会理论家之一，但同时，他的法律社会学常被边缘化，甚至是误释。这主要是因为他早期著作中，粗糙的"索引论题"（index thesis）——宣称法律的形式反映社会内聚的形式——和有争议的法律进化论观点。但是他的法律社会学的真正力量在于它将个人主义的本质和发展作为现代法律的基本价值系统，以及他从社会学的角度解释这个价值系统的基础和法律表达这个系统的复杂方式。② 翻译的偶然性当然影响了对迪尔凯姆法律社会学的理解，一些重要的著作相对较晚或至今没被译成英语。但是，经典地位经常因选择性的阅读而被保留下来。就迪尔凯姆而言，重新发现隐藏在"经典"之后的法律社会学者是当务之急。他对法律社会学的贡献及其之后一些人的贡献，仍没有被足够地挖掘。

德国学者马克斯·韦伯（Max Weber）的情况却不同。③ 他开始被引介到英语世界主要是通过美国社会学家塔科特·帕森斯（Talcott Parsons）的翻译与阐释。韦伯被誉为社会学的"奠基人"，而他智识取向的重要方面④对于他的这个角色而言被忽视或者低估了。在现代法律社会学研究中，

---

① Aleksander W. Rudzinski, "Petrażycki's Significance for Contemporary Legal and Moral Theory," *American Journal of Jurisprudence* 21, 1976, pp. 107 – 30.

② R. Cotterrell, *Emile Durkheim: Law in a Moral Domain*, Edinburgh: Edinburgh University Press, Stanford: Stanford University Press, 1999.

③ Martin Albrow, "Legal Positivism and Bourgeois Materialism: Max Weber's View of the Sociology of Law," *British Journal of Law and Society* 2, 1975, pp. 14 – 31.

④ W. Hennis, *Max Weber: Essays in Reconstruction*, trans. K. Tribe, London: George Allen and Unwin, 1988. D. Beetham, *Max Weber and the Theory of Modern Politics*, 2nd. ed., Cambridge: Polity, 1985. R. Brubaker, *The Limits of Rationality: An Essay on the Social and Moral Thought of Max Weber*, London: GeorgeAllen and Unwin, 1984.

韦伯关于法律和资本主义经济基础之间关系的著作（未必是他法律社会学著作中最为重要的）曾是最重要的焦点——并且，在 20 世纪 60 年代到 70 年代早期，韦伯的理论被美国的"法律与发展"运动采纳，这个运动就是要分析不同国家的法律和经济变迁之间的联系。但是他的著作就整体而言是一个庞大的、未完成的学术研究领域，从这些研究中能提取不计其数的历史取向的洞见，关于法律精英、法律思维与判决方式、法律关系的种类、社会行动的理性与非理性基础、价值系统与群体生活模式、权威与组织的来源和种类，以及政治制度的类型等。他的声望体现了经典学说的理想，就像一个美妙绝伦的财宝库——黑暗、复杂难解、没有路线图，可能也很难去探索，因此更多的是敬畏与魅惑。韦伯的著作是一口历史洞见的深井，对于这口井来说，在其他的资源被用尽以后，一个人仍然能够不断地从其中获取资源。

经典著作为研究领域贡献了一些永久的、基础性的东西，帮助界定其研究传统，但是这些品质只能通过总结性的回顾来判断。古尔维奇和蒂马晒夫，像他们的老师帕特拉兹奇一样，在今天几乎不被认识，也从未对法学研究有过重大影响。说到认识，古尔维奇的情况实际上和帕特拉兹奇很相似，他的法律作品根植于相关的智识土壤，提出了关于法律多元主义的复杂论题，以及对各种形式的法律经验的解释。[①] 确实，古尔维奇的著作提供了法律社会学文献中所有法律多元主义中最精致、最系统的概念化。尽管有让人望而生畏的复杂的分类学、难解的抽象性，他的著作仍然包含了睿智的洞见（特别是关于法律与群体生活多样性之间的关系），极其巧妙地指出了持久的、基本的理论问题。

蒂马晒夫的情况就不那么明显。大卫·希夫（David Schiff）看到他对行为的强调，认为他创立了法律社会学不容乐观的方向。[②] 法律社会学对于蒂马晒夫来说，必须研究法律与可观察的人类行为之间的因果关系。部分地来自帕特拉兹奇，他将法律作为对行为与态度的有力的教育或者调解力量，他对帕累托（Pareto）的研究[③]表明他在法律与情感和行为动机方面的兴趣。但对于帕特拉兹奇（和古尔维奇）的观点，即认为作为个人参

① Pauline McDonald, "The Legal Sociology of Georges Gurvitch," *British Journal of Law and Society* 6, 1979, pp. 24 – 52.

② David Schiff, "N. S. Timasheff's Sociology of Law," *Modern Law Review* 44, 1981, pp. 400 – 21.

③ N. S. Timasheff, "Law in Pareto's Sociology," *American Journal of Sociology* 46, 1940, pp. 139 – 49.

与社会关系的主观经验问题，法律的本质和意义应该被"内省地"（intro-spectively）理解，蒂马晒夫则很少强调。①

对于蒂马晒夫来说，法律权威性地调解社会生活，产生于政府权力与"伦理"的交叉，后者是被个体的普遍确信所支撑的习俗和道德领域。他基本上将现代的法律等同于法学家的实证法，② 因此他的法律社会学相信大部分国家规范自动地具有伦理内容，而否认将法律视为"专制政权产生的非伦理（纯粹命令）的规范"③。法律社会学的主要任务是检验法律如何影响态度与行为，权力与伦理如何交叉。但是，正如希夫所指出的，蒂马晒夫的法律概念使分析法律与道德之间的关系变得困难。这个等式"权力＋伦理＝法律"是模糊的，对其多样而复杂的成分未做基本区分。而且，将焦点放在行动上，阻碍了对主观的法律与伦理经验的丰富性、多样性的分析，这正是帕特拉兹奇和古尔维奇所关心的。

希夫认为蒂马晒夫的著作之重要性在于他提出了法律的社会心理影响机制问题。当然有趣的是，其中暗示了一个尽管可能有限但很有影响力的议程，至今主导法律社会学研究中的大量工作。这个议程不是以某种可能会与法学家的理解相竞争或包含的方式将法律理论化，也不想阐释法律经验的意义，而是要经验地研究法律人之法对社会的影响：它生产或强化行为或态度影响的方式，或没能生产或强化其影响的方式。就此而言，蒂马晒夫的著作理论性地指出了一个研究领域的发展阶段，诸多"法律与社会"研究中的一个重要理论方向，因此，它当然是值得琢磨的。

更难说明的是，梅因（Main）和孟德斯鸠（Montesquieu）仍应该被关注。他们的最重要的经典著作已经被承认了。这些当然是先驱性的作品，曾经产生惊人的影响。而罗伯特·罗德菲尔德（Robert Redfield）④ 对梅因《古代法》几个核心篇章的谨慎但极具颠覆性的评价，让我们清楚，为什么大多数人类学家很久以前就不再引用这本书。梅因错把古代的法律制度当作"原始法律"，而且没有利用已经成为现代人类学主流的人种学

---

① N. S. Timasheff, *An Introduction to the Sociology of Law*, Westpor, Conn. : Greenwood Press, 1939, reprint, 1974.

② N. S. Timasheff, *An Introduction to the Sociology of Law*, Westport, Conn. : Greenwood Press, 1939, reprint, 1974, pp. 29 – 30.

③ N. S. Timasheff, *An Introduction to the Sociology of Law*, Westport, Conn. : Greenwood Press, 1939, reprint, 1974, p. 14.

④ Robert Redfield, "Maine's Ancient Law in the Light of Primitive Societies," *Western Political Quarterly* 3, 1950, pp. 574 – 89.

的分类。他最关键的错误是试图界定和解释法律的最早形式。但将他的最著名的作品当作经典是讽刺的恭维吗？我们就此把这本书当作共享过去的智识进步的著名标签，但不再值得阅读的作品吗？

并非如此。在这个著作中，梅因创立了一个观察比较法律史的新方法——这个方法，尽管有种种错误，但界定了曾经能够（现在仍然能）广泛用于法律社会学的资源。他让我们看到，通过在一个广阔的文化情境下阅读其历史，法律能被理解为一种"宏大的人类学文献"。①他树立了一个观点，即对法律观念的研究能成为研究社会的窗口，一种鉴赏社会在历史变迁中的本质的方法。现代人类学家，通过细致的民族志描摹来研究社会生活，已渐渐不那么关心"法律"的抽象观念，更感兴趣的是，理解秩序具体的、地方性的环境、社会关系和信仰的本质，以及纠纷处理的过程。②

梅因帮助我们界定法律社会学的关怀，探究它如何可能通过穿越文化、跨越历史地追寻规范的模式来思考其面向现代形式的发展。他的目的，像大多数愿意追随他的法律社会学家一样，最终是去理解法律的现代性，他认为那是法律在文明中的命运。他试图通过阐释过去，带着一个力有不逮的先驱所有的不足开始了法律变迁的理论化。《古代法》作为经典的重要性不在于其理论，而在于其伟大的抱负。

早一个多世纪出版的、孟德斯鸠的《论法的精神》确实与之有一些相似之处。的确，之所以他的成就更加显著，是因为它太早了。在英语世界，杰里米·边沁（Jeremy Bentham）有时被称为现代法律理论的创始人。但是孟德斯鸠的书早在边沁出生的时候（1748年）就出版了。对于历史学家托马斯·麦考利（Thomas Macaulay）③来说，书中充满了错误，"与真理无关"。但是，孟德斯鸠不只是一个将法律与气候、地理，以及其他任何非系统的、非规范的、印象主义潮流的东西联系在一起的先锋，尤金·埃里希（Eugen Ehrlich）④（他的著作毫无争议地是经典法律社会学中的经典）把他的著名前辈的作品看作努力严肃地描绘整个研究新领域的开

---

① O. W. Holmes, "Law in Science and Science in Law," *Harvard Law Review* 12, 1899, p. 444.

② S. Roberts, *Order and Dispute: An Introduction to Legal Anthropology*, Harmondsworth: Penguin, 1979.

③ F. Neumann, "Editor's Introduction: Montesquieu," in C. de Montesquieu, *The Spirit of the Laws*, trans. T. Nugent, 1949, New York: Hafner Press, p. ix.

④ Eugen Ehrlich, "Montesquieu and Sociological Jurisprudence," *Harvard Law Review* 29, 1916, pp. 582–600.

端，将代替在历史文献记录中进行概念化的哲学思辨。换句话说，这项工作将经验地研究社会生活，将法律看作其中心，并历史地、比较地探究法律的本质。在今天，读孟德斯鸠不是因为他具体的社会学洞见，而是因为他书中追求区别于法教义学或法哲学的抱负，至今仍能被欣赏。《论法的精神》堪称经典是因为它所承诺的现代法律社会学的可能性。埃里希和其他的学者开始谨慎地进行这种系统、经验的研究要比孟德斯鸠晚一个世纪。

104

　　卡尔·马克思（Karl Marx）关于法律的著作是一种非常不同的贡献。马克思和马克思学派的许多理论家，因为可以理解的历史原因，在西方并非主流。马克思主义法律理论，像所有解释和阐释法律的努力一样，提供的仅仅是部分视角——在分析中考虑一些因素而忽视其他的观点。这些视角是有限的，也并不足够，但是这个事实并没有使他们变得不重要。艾萨克·巴尔拜斯（Isaac Balbus）、鲍勃·杰赛普（Bob Jessop）和马克·本尼（Mark Benney）的论文[1]研究了经典马克思主义理论遗产的不同方面，强调了马克思的著作至今仍强有力的方面，以及马克思主义作为社会理论系统伴随其他系统而出现的问题。马克思主义对法律的分析，其优点是促使我们铭记法律在各个方面都与权力——特别是经济权力——的分配、使用联系在一起，而现代法律观念经常偏离这一关注点。马克思主义的分析很好地提出了关键问题：法律观念对于形塑更广泛的思考方式的权力，与国家通过法律传递或合法化其强制力的本质与功能。在法官的权威和法庭审议的背后是警察，最终则是军事力量。国家的权力联合了支配群体或组织的经济权力。但是法官的权威，法庭分析的优势、辩论、判决，国家行动所得到的合法性，也要由与更广泛的接受和理解的联结所支持——马克思主义者称之为意识形态（forms of consciousness）。法律推理与解释经常被引导，尽管法律对权力的考量仅在于控制政府的权力，并且在法律规制个人事务和私人生活方面，国家是一个完全中立的旁观者。马克思主义理论不但坚持权力与知识、行动与观念之间的密切关系，而且认为需要认识到所有这些问题的物质力量和利益的根源——经济生活的现实。

---

[1] Isaac D. Balbus, "Commodity Form and Legal Form: An Essay on the 'Relative Autonomy' of the Law," *Law and Society Review* 11, 1977, pp. 571 – 88; Bob Jessop, "On Recent Marxist Theories of Law, the State, and Juridico-Political Ideology," *International Journal of the Sociology of Law* 8, 1980, pp. 339 – 68; Mark Benny, "Gramsci on Law, Morality, and Power," *International Journal of the Sociology of Law* 11, 1983, pp. 191 – 208.

马克思主义学派试图找到一个能够解释法律观念怎样表达和服务于经济权力的社会因果关系或者结构化关系的一致性理论，但最终没能做到。这个问题最后太过复杂和多样。那些认为法律支配社会阶级或是由经济关系决定的"工具"理论，和法律"相对自治"的观念在解释法律的作用方面一样不令人满意。它们只是引起了更进一步的问题。怎样相关？如何决定？哪一种工具？

尽管不断增加精确度，阶级的概念，马克思主义的主要分析工具，不可能容纳不同社会群体的经验和利益的多样性与复杂性。相似地，意识形态的概念——在强调思潮的社会力量方面是一个潜在的非常有用的社会分析工具——也因其固有不足没有得到充分的发展。但尽管有局限性，马克思主义理论对权力与信念之间关系的研究仍然对法律社会学研究做出了最重要的贡献。本尼的研究①着重指出了意大利马克思主义者安东尼奥·葛兰西（Antonio Gramsci）研究关系的著名作品。葛兰西今天之所以重要，大致是因为他对美国批判法学研究运动的巨大影响，后者运用了他的物化和霸权概念来分析法律观念的社会权力。

尽管波基莱奇称利昂·帕特拉兹奇为"法律社会学之父"，但真正的现代法律社会学的奠基人通常被认为是当代的帕特拉兹奇——尤金·埃里希。比较法学家马克斯·莱因斯坦（Max Rheinstein）描述尤金·埃里希的《法律社会学的基本原则》1936 年在英国出版的时候说，"作为一本伟大的著作今天读起来仍然如同 1913 年在德国首次出版时一样清新可读"，莱因斯坦的话仍完全正确。他还这样评价埃里希："这个人，出生在旧奥地利帝国并在那度过一生，但却有一颗美国心，是一个个人主义的实用主义者，一个对自由（freedom）与社会自由（free）力量真诚信仰的人。"②这个说法有些过了，但是埃里希确实一直尊崇英美的普通法（特别是它的司法方面），是一个涉猎广泛、知识渊博的法学家，同时是他自己的民族与法律制度的忠实仆人。他享受他在美国的声望，特别是通过罗斯科·庞德（Roscoe Pound），哈佛大学法学院的实力派院长，对他著作的积极宣传及其对学者们的影响，比如，卡尔·卢埃林（Karl Llewellyn）。但是，

① Mark Benny, "Gramsci on Law, Morality, and Power," *International Journal of the Sociology of Law* 11, 1983, pp. 191 - 208.

② M. Rheinstein, "Apropos Moll's Translation of Eugen Ehrhch's *Grundlegung der Soziologie des Rechts*," reprinted in H. G. Leser, ed., *Max Rheinstein: Collected Works* 1, Tiabingen: J. C. B. Mohr, 1979, p. 158.

影响也是有成本的：在传递中，观点被裁减甚至扭曲。大卫·尼尔肯（David Nelken）[1]展现了埃里希与庞德，和其他英语世界阐释他甚至在某种程度上跟随他的学者们之间观点的不同。

对于法律社会学研究来说，埃里希一直极其重要。作为社会学家，虽然他的同时代人，韦伯和迪尔凯姆是伟大得多的人物，但埃里希有一个法学家的目标：通过确保法律所规定的那些条文富有道德意义来使法律更好地发挥作用，给法官以知识和自由来做出明智的判决，帮助国家有效地立法。他的社会科学（很大程度上自成一派，与当时其他的社会学学说毫不相关）总是服从于法学家或法律教师的实践责任。但是，正如克劳斯·杰格特（Klaus Ziegert）所说[2]，埃里希的著作中社会学的洞见非常有力。他的目标使他提出了一些难题，关于国家法律在被规制者的经验中的重要性，特别是对于奥匈帝国的边远省份布科维纳省（Bukowina）的人们来说，他在那里从事教学。他开始运用经验方法回答这些问题，设计出自己的方法记录数据并使用调查报告。

埃里希为法律社会学发展出了法律的重心不在立法或司法裁判而在社会本身的著名观点。[3]首先，这意味着法律的权威不只在于国家的保障和法律人的法律有效性标准。法律需要一个道德权威，它根植于日常生活经验和它所意图规制的那些人的世界观。埃里希极力宣称法并不"活"在国家及其制度中，而是"活"在社会经验中——各种社会生活联合体中，相互作用和相互联系的人们的经验中。埃里希社会联合体的观点是有界限的。他的"活法"限定为几个类别（家庭、继承、财产、商业、契约等等）很大程度上反映了法学家对国家法的分类法。与其说他把法律看作一种对于社会关系的规范性解释，不如说他把法律看作规则（rules）。例如，他没有看到不同类别的人际联结（interpersonal attachments）之间巨大的差别：共享的地方性、语言和历史的纽带，友谊或家庭成员的情感纽带，商业或其他工具性目的的合作，以共同的信仰或终极价值信奉为基础的各种关系。

他提供了重要的洞见，法律可以被认为远不仅是民族国家官方机构正

---

[1] David Nelken, "Law in Action or Living Law? Back to the Beginning in Sociology of Law," *Legal Studies* 4, 1984, pp. 157–74.

[2] Klaus A. Ziegert, "The Sociology behind Eugen Ehrlich's Sociology of Law," *International Journal of the Sociology of Law* 7, 1979, pp. 225–73.

[3] E. Ehrtich, *Fundamental Principles of the Sociology of Law*, trans. W. L. Moll, New York: Amo Press, 1936, reprint, 1975.

式颁布的规则。他暗示，我们应该认为法律是由社会群体创造和主导的（包括但不限于国家或政治性组织的社会）。这一进路提供了一个线索，从理论上分析跨国法律以及民族国家内各区域、集团或社区法规的方法。埃里希的法律社会学焦点在于研究"社会的"（the social）——与法律产生意义相关的多种社会环境。对于所有他关心的，在不同社会联结的生活经验中法律形成和发挥效力的方式而言，埃里希作为法学家最终强调的是国家及其法律的生产。我们对他所揭示的这一生产未进行充分研究，甚至它基本上被忽视了。与一些其他早期社会学研究发展阶段的学者一样，他想提醒立法者和法学家，他们一定不要忽视大众的态度、习俗与期望。这一关怀也体现在美国社会学家威廉姆·格雷厄姆·萨姆纳（William Graham Sumner）的作品中。萨姆纳的理念——"国家不能改变习俗"（stateways cannot change folkways）是他在法律社会学史中最为著名的话。这个理念宣称，根深蒂固的习惯行为与习俗（mores）的模式拒绝有意的政府行为对其进行改变，即使该行为是通过法律来实施的。哈里·鲍尔（Harry Ball）和他的同事①告诉我们，萨姆纳的观点要远比此复杂得多，并且，这曾是 20 世纪初各种观点中的一种有时是令人震惊而绝望的论调，它反对把立法视为不需要对文化环境有特殊敏感性的工具性技术。

萨姆纳的《社会风俗》（*Folkways*，1906）利用报道中旅行者的故事这一非系统化的素材，说明习惯与习俗残留的规范性力量。这本书对立法野心膨胀的时代有巨大的冲击力。他讨论立法的社会影响，讨论有意的造法不能被认为是理所当然的，而是需要经验研究证明的等等。这些议题都有助于激励一个长期的法律社会学议程的展开。讽刺的是，这个议程的大部分议题在于否定那些如萨姆纳的作品中被视为保守、消极的内容，以努力通过法律设计主要的社会变迁。

对立法野心的进一步警告来自意大利经济学与社会学家维尔弗雷多·帕累托（Vilfredo Pareto）。现在最著名的是他的经济效用标准，他同迪尔凯姆和韦伯一起，被认为是 20 世纪社会学的奠基人。② 帕累托的法律思想，和他们一样，是对社会理论更广泛而富有创造力的贡献的一个方面。

---

① Mark Benny, "Gramsci on Law, Morality, and Power," *International Journal of the Sociology of Law* 11, 1983, pp. 191–208.

② T. Parsons, *The Structure of Social Action: A Study in Social Theory with Special Reference to a Group of Recent European Thinkers*, 2nd ed., London: Collier-Macmillan, 1949. R. Aron, *Main Currents of Sociological Thought* II: *Durkheim*, *Pareto*, *Weber*, trans. R. Howard and H. Weaver, London: Weidenfeld and Nicolson, 1968.

韦伯和迪尔凯姆的法律社会学已经被广泛讨论，但帕累托的观点几乎还不被人知道。其法律社会学的兴趣集中于情感条件下法律的非逻辑基础方面。① 帕累托的普通社会学还没有像迪尔凯姆和韦伯理论那样影响久远，与他们的著作相比其丰富的内容还远远没有被充分展开。但是，他强调法律在根本上拒绝正统的理性分析，强调逻辑的合法化建立在非逻辑的基础之上，这些观点仍然是有益的。今天，他的一些开拓性的洞见，在宣称法律的神秘基础与法律权威的作品中还能够体现出来②。

如果以上讨论的这些作品确实可以被认为是法律社会学的经典，那么我们还应该问未来的经典会是怎样的。当然，我们不可能知道答案，因为研究领域的发展将决定在回顾时什么是公认的进步标志、突出贡献，中心议题的先驱图景、研究方法或重点。尽管如此，认同一些近来的著作还是可能的，因为它们已经被广泛地、普遍地认可和应用，尽管它们的经典性地位可能在未来是有争议的。

《法律行为》（*The Behavior of Law*）这一简洁、雅致的著作陈述了唐纳德·布莱克（Donald Black）法律社会学的主要观点，已经被许多学者赞为经典，"无疑是对法律社会学研究最为重要的，独一无二的贡献"。③但是，艾伦·亨特（Alan Hunt）④ 则力排众议，认为布莱克的观点并不值得法律社会学者过多关注。对布莱克作品中的观点如此两极分化的态度本身就值得注意。如亨特所说，很多认为布莱克的行为法律社会学重要的人，是用经验应用而不是通过争论、为它的理论或方法论的前提辩护来主张其地位的。就观点而言，这是恰当的，因为布莱克的目标只是提供关于行为的可检验的假设，避免更大范围的争议问题。他采用了实证主义的方法，目的是排除所有价值，仅仅观察行为。法律被定义为政府的社会控制，"行为"（behaves）与其他社会方面之间的关系，就是以组织、文化及其他各种社会控制、关系距离等为变量，用可测量的方法观察法律控制的特征（与数量）变化。布莱克的研究方法模型是一个传统的自然科学模

---

① N. S. Timasheff, "Law in Pareto's Sociology," *American Journal of Sociology* 46, 1940, pp. 139 – 49.

② 例如 J. Lenoble and E. Ost, "Founding Myths in Legal Rationality," *Modern Law Review* 49, 1986, p. 530; P. Fitzpatrick, *The Mythology of Modern Law*, London: Routledge, 1992。

③ M. P. Baumgartner, "Introduction," in M. P. Baumgarmer, ed., *The Social Organization of Law*, 2nd ed., London: Academic Press, 1999, pp. 1 – 31.

④ Alan Hunt, "Behavioral Sociology of Law: A Critique of Donald Black," *Journal of Law and Society* 10, 1983, pp. 19 – 46.

型，关心行为中因变量与自变量准确地测量和可检验地假设，普遍科学的"法律"或原则公式不受时空的限制，排除所有主观的解释和价值判断。

尽管亨特的评论是猛烈的批判，但在布莱克用社会学方法研究法律的适用性以及这些方法是否能被连贯地使用等方面，提出了重要的问题。是否法律确实关涉观念和价值问题，因此把它视为与其戒律的意义相分离的行为是不得要领的？我们是否必须在观察、测量并预测的同时，理解、同情并阐释？我认为的确如此。但是布莱克的辩护者们恰恰认为，其整齐的、公式化的相关、假设和预测解释了大量能被观察到的现象，如果我们只在法律情境的行为上关注我们自己的话。当然，他的法律社会学并不缺少野心，常常宣称为任何时间和空间的法律提供命题。但是，因为它拒绝探讨道德和政治理论、解释历史变迁的特殊性，拒绝主观法律经验的多样性，或者以任何方式衡量法律，因此它拒绝进入很多更广泛的智识情境。

法律社会学理论传统的优势常常在于，将法律研究和这些更广泛的情境连接起来，远远超越了实践中典型的专业参与者所处的情境，拓宽了法律的视角。当前尼古拉斯·卢曼（Niklas Luhmann）、尤尔根·哈贝马斯（Jürgen Habermas）和米歇尔·福柯（Michel Foucault）三人有广泛影响的作品，被认为是法律的社会学视角经典文献中的经典，就是因为它们提供的连接与拓展。

卢曼和哈贝马斯的理论置身于一个被系统理论有力塑造的智识世界中。卢曼对法学研究的首要贡献在于，他在更广泛的社会系统的情境下重整了法律"系统"（system）的观念。为社会学的目的而改造的"自创生理论"（autopoiesis theory），并不将社会系统（例如，经济系统、法律系统、行政系统）视为制度性的行为结构或模式，而是视为沟通或对话的系统。如迈克尔·金（Michael King）[1]所解释的，如果它的沟通编码（基本上是它的有效性、意义或相关性的标准）变得与其他系统完全不同，这样的一个系统可能极度自主（也就是说，自我审视、自我生产并自我再生产）。例如，法律的编码以"合法/非法"的对立为关注焦点，这与其他系统完全不同，经济系统关注的焦点可能是"效率"，科学系统根据其科学协议使用"真理"，并将其作为基本编码。自创生理论试图具体解释极端话语自主（discursive autonomy）的本质及后果，以及其对于法律系统与

---

[1] Michael King, "The 'Truth' about Autopoiesis," *Journal of Law and Society* 20, 1993, pp. 218-36.

其他社会系统之间关系的含义。

　　自创生理论是在更广泛的社会学理论中出现的，是最为发达和复杂的法律的话语自主理论。其中的一个宣称，"意义"只能存在于具有特殊沟通系统的话语（discursive terms）中。就以往的"法律与社会"或"社会中的法律"的意义来说，法律与"社会"的关系逐渐变得实际上无意义。哈贝马斯不完全赞同那个结论，并在理论上为在情境以外的意义生产保留了一个空间，这些情境是具体的系统，例如，政治系统，其意义受权力调整，经济系统，受金钱的影响。正如蒂姆·墨菲（Tim Murphy）[①] 指出的，哈贝马斯"生活世界"（life world）的概念存在于具体的系统之外，通过这个概念（设计），他试图保留作为道德现实的迪尔凯姆式的社会观念。生活世界是多种因素相互作用的、道德经验的领域，是根植于"文化传统"和"在正当秩序中被稳定下来的""日常沟通实践"[②] 中的。哈贝马斯长久以来将其视为理解形式所在或可能的源泉，超越或区别于工具或技术理性，后者渗透在经济生活或行政系统中，受制于对特殊利益的追求。

　　墨菲的评论写在哈贝马斯《事实与规范之间》（*Between Facts and Norms*，1996）出版前，该书是其致力于法律研究的主要著作，但是哈贝马斯关于经验法律社会学研究的许多最有力的洞见已经存在于他的早期作品中了，随后的这本书在较为哲学的层面上指向情境，为以往作品的浓缩与再加工。对于哈贝马斯而言，系统与生活世界这两条路，法律都要面对。这是唯一的方式，通过它，社会之内或跨越社会的一般的规范性沟通才能发生。同时，它是媒介，通过它，各系统被规制，也获得了来自日常经验和期待的生活世界的沟通。适当地促进"法律的特别双重位置与调解功能"[③] 对宪政与民主结构具有重要的隐含意义。

　　哈贝马斯的目的是要我们相信保留某些高尚道德，以对抗由绝对工具理性带来的威胁，这非常重要。法律在其中扮演了主要角色。但是，到底什么是要被保留的，完全不清楚。在这个意义上，系统与生活世界的对立并非不像蒂马晒夫的权力与道德（ethics）的对立一样——引人注目，但有些模糊。当然，工具理性与技术理性逐渐支配生活并常常是在法律的帮

---

① W. T. Murphy, "The Habermas Effect: Critical Theory and Academic Law," *Current Legal Problems* 44, 1989, pp. 135 - 65.

② J. Habermas, *Between Facts and Norms: Contributions to a Discourse Theory of Law and Democracy*, trans. W. Rehg, Cambridge: Polity, 1996, p. 80.

③ J. Habermas, *Between Facts and Norms: Contributions to a Discourse Theory of Law and Democracy*, trans. W. Rehg, Cambridge: Polity, 1996, p. 56.

助之下进行的。但是其他法律上相关的行动动机需要更清楚的界定和更富经验的参考，例如，情感关系的本质、信仰和终极价值使命，以及对保障共同生存的基本条件的要求。

福柯的作品可能对于法律社会学研究来说是最重要的，因为它承诺提供这一经验的特征，特别是就权力的本质和它与知识形式之间的关系而言。把福柯和哈贝马斯的作品并置，后者显得更具抽象性，经常是更多哲学思辨而更少经验论证；而前者专注于权力运作的具体场所与运行的细节。乔纳森·西蒙（Jonathan Simon）[1] 注意到，福柯的权力"理论"，对于哈贝马斯来说，"完全是非社会学的"，因为它没能展现出权力网络作为社会秩序或统治方式是怎样建立和维持的，在此秩序之下，正义与不正义应该能够被评价。但是福柯将权力描述成既是压制性的也是授权性的（enabling）——做成事情的方式，无论好坏。因为法律本身关心在无数具体环境中微观权力的运作，福柯的著作对于理解法律的动力学有很大的相关性，尽管他自己显然倾向于很有限地将法律看作集中的统治权力的命令。[2] 福柯还可能帮助法律社会学研究找到法律有目的地生产价值的方法。这些过程——特别是个体化——通过他所看到的，政府制造公民主体的过程，也是能使他们自主行动的过程。但是，权力对于福柯而言，是一种自由的方法。在循环之中，它能变成阻力、自我定义与独立性。

玛利亚娜·瓦尔韦德（Mariana Valverde）[3] 比较了福柯关于自由的观点和雅克·德里达（Jacques Derrida）最近关于正义的颇有影响的著作中的观点。如果把德里达看作对法律进行社会学视角研究的学者，是让人感到奇怪的。我并不想这样做。但是瓦尔韦德的评论让我们注意到法律社会学未来的经典有可能来自任何学科或不能被学科分类的作品。对比德里达的正义与福柯的自由是一种提问的方式，即，是否法律社会学研究能够进入被命名为后现代伦理学的研究。德里达的观点是将正义看作对其他个体特殊性的响应，与正式的、抽象的依据法律的平等相对，似乎开始就是一个模糊的法律与公正（equity）之间永恒张力的表现，这是英国衡平法院的每一个法律人所熟知的。但是德里达的正义既要通过法律又要不顾法律

[1] Jonathan Simon, "Between Power and Knowledge: Habermas, Foucault, and the Future of the Legal Studies," *Law and Society Review* 28, 1994, pp. 947 – 61.

[2] A. Hunt and G. Wickham, *Foucault and Law: Towards a Sociology of Law and Governance*, London: Pluto, 1994.

[3] Mariana Valverde, "Derrida's Justice and Foucault's Freedom: Ethics, History, and Social Movements," *Law and Social Inquiry* 24, 1999, pp. 655 – 76.

而获得，并且要被理解为历史实践的问题，而不是伦理学的哲学研究所倾向的非历史个人主义。

既然我们可以假设在普遍主义的个人主义和个人与群体的身份有差异的主张之间存在张力，这个张力作为法律价值的焦点似乎将愈加重要，那么，未来的法律社会学传统将需要设法讨论这些价值，不能对赋予这些价值以意义的经验环境的巨大多样性视而不见。

二　法律社会学研究中的当代论争

（一）"法律的"与"社会的"：概述

对法律采取社会学的视角，就是系统地、经验地研究法律如何表达、建构或规制社会生活。这样一个进路并没有对某个特殊学科产生依赖，但在方法和理论上，当考虑法学的方法和理论时，确实运用了社会科学和其他相关领域的知识。法律社会学研究是跨学科的（transdisciplinary）。法律社会学认为在这个领域最重要的当代论争不可能被法律或社会科学的某些特定学科的论争所限制。但是，法律社会学的论争与法学家关于法律本质的对立意见有许多相关之处，并且受到了关于社会研究的本质、目的、方法的一般论争的深刻影响。

以下所回顾的论文，广泛地涉及了当前相关的理论和方法问题。如何才能进入对社会中的法律的研究中？如何在一般意义上理解"法律的"和"社会的"？这些论文不仅包括检验法律经验、发展、制度和实践具体方面的文章，也涉及了许多具体的议题。例如，第五部分的论文，就在很大程度上与解释当代规制的细节和多样性，和它所依赖的基本原理的复杂性相关。它们提出了这样的问题：既然有如此的多样性，那么在当下，怎样理解法律才是恰当的？

许多论文围绕着当代法律如何对待知识和实践的多种形式（例如，科学的、技术的、经济的、政治的、行政管理的）这个论题，这些形式看起来是外在于该论题的，但也是与其紧密相关的。法律能与它指导的所有规范性工作相配合吗？是过载还是仅仅改变了它的方向，正在发展新的形式或策略以带来新的工作？面对其复杂环境，法律作为规制性的系统或实践仍然是独特的吗，还是在现代条件下已经被科学或行政管理殖民了？换言之，法律本身建构（定义、界定、确定、分类或发展）"社会的"（the social)——它的社会环境吗？

还有一些实践性的议题。法律还应该被习以为常地认为是由民族国家生产和监督的吗？或这已经逐渐成为关于法律的过时观点？可以说，在全球化的压力之下，法律正自由飘离它在民族国家的根基，正在成为一种话语或实践，穿越了这些根基的边界，或者仅仅是忽略了它们？法律跨国的创设、解释和适用越来越被执业律师所熟悉，也是民族国家之内或超越民族国家的群体的各种"地方性"自治所要求的。

可能即便没有这些发展，将现代法律看作一个单一的系统从来都是不恰当的，这还意味着将法律看作在某个单一的基本规范或最终承认规则的权威之下组织起来的一个单一的教义结构。也许在社会规制的实践中，而不是在教科书的纸面上，法律总是另外的一些东西。"法律多元主义"学者经常争论说，法律应该被看作一个法规的连续体，或多或少地与国家机构相关，有时却与它们相距甚远。更宽泛地说，法律多元主义者将法律看作教义与实践之间复杂的连接，而不必然是整体的、一致的、协调的，或共享同一个稳定的权威基础。

本文回顾的这些论文直接地反映了这些关怀，运用了比大多数法律文献都更广泛的、更具社会学意义的方式将这些议题严谨地展现出来。在一些论文中，关于法律如何"冲击"，或者影响社会的"常识"问题，被转换成法律理念和实践如何以各种方式形成、塑造或赋予社会意义或身份的问题。正如标题（二）下梳理的论文所表明的，这个分析涉及一种主张，即，社会生活自身的本质必须被比法学研究更为系统和经验地分析。这个目标可能更好地将"社会的"本质在总体上理解为国家规范的渊源和对象。或者是，明确地与法律所规制的各种社会关系相区分。或者当法律要规制各种社会关系的时候，可以考虑不同的策略、条件和后果。

法律社会学有时被假设为仅仅关注行为的研究，因而将对法律理念和推理的研究留给了法学家。但已经有很多研究证明了这种观点是错误的。它们把法律作为统治实践的理念，作为教义、话语、规范或判决，作为对权威或正义的诉求，作为意识的形式，或者作为解释世界的规范方式。法律社会学研究并不必然以评价法律理念对行为的效果为目的，尽管理念和行为在某些单向度方面是有因果联系的。社会学可能主要关注思想和实践的法律模式如何互动，或者如何与其他种类的社会实践、评价和理解相分离。在这个意义上，揭示和描述或者参与与观察之间的界限已变得模糊，或者已经不存在了。

近年来，法律社会学已经变得与法律作为话语的自治或自足问题紧密相关。这个论题是，在何种程度、何种意义上法律是一种不同的沟通、推理或理解方式。标题（三）下面的论文关注当前的争论，法律作为一个实践或话语的领域，其外显的自治有哪些分析方式？它们提出的这些问题是基本的。社会学视角如何能用来研究法律，如果法律有其自己看待世界的方式，它自己的编码或真理的标准？法律的这些不同方法是什么？社会学观点能够摆脱在理解法律上的盲点，摆脱它对自己的那些不同于法律或法律人的特殊真理的追求吗？通过这些争论，常识性的有关法律对社会的影响或冲击，或者社会如何塑造法律的法学议题就被转换了。真正的议题可能是，法律如何"在话语的碰撞中"发挥作用。放弃粗糙的"法律"与"社会"的连接，可能要考虑不同的社会中话语、实践或制度之间的关系，而法律是其中之一。

确实，在社会学的视域中，法律实际上可能是一些不同的话语、实践或者体系。法律人确实不必花费很多的时间去问"法律是什么"，但是法律哲学家这样做。从法律社会学的立场来看，这些议题是：有关法律的领域应如何被概念化，是否应该被整体性地概念化（重点特别在于法律和国家的关系，后者多少被作为一个统一的实体）或用多元主义的词汇概念化？法律多元主义的理念，是标题（四）下回顾的论文的重点，它们用多种方式展现了法律社会学的精髓，是法律多元主义的主流智识传统和它对法律研究最为不同的贡献。正如这里所讨论的，法律多元主义是故意把法律概念化为比法庭或其他国家机构认定的法规更丰富或与之不同的东西。法律多元主义的路径象征着对法律社会学极为重要的一些东西：任何对这种前提假设的拒绝，即认为由法律人或国家对法律进行定义，无须进一步的正当化，能被所有法律研究作为完整的和必要的基础而接受。除此之外是更进一步的理念：关于法律权威的本质和根源问题既是法学的也是社会学的。但是接受法律多元主义的视角并不需要放弃法学家的法律概念（正如反对相对化一样）。这个路径也不否定，出于某种目的，这些概念指出什么能被当作法律的中心事例。

有关"法律的"（the legal）范围在法律社会学中仍然是一个非常重要的前沿论争。法律如何能和在当代社会中越来越多的技术规制、标准设定以及专门化规范的专家形式联系起来？米歇尔·福柯有力地分析了正常化规训（比如，人类科学）的出现，以及制度化设定（比如监狱和诊所）。通过数据生产、技术分析和管理组织的方式，这些规训不只控制了个体，而且作为目标将他们分类、建构（例如，作为患者、越轨者或者"正常"的公民）。福柯的法律社会学遗产仍然不是一种针对未解决议题的理论：法律和他称之为规训的社会之间真正的关系。就法学来说，问题是如何将许多新产生的重要的规制、控制和监督等类似法律的形式概念化。更一般化的理论议题是如何在权力的现代形式中将其概念化，以及在权力组织化的现代形式中法律的重要性如何。标题（五）下回顾的论文关注这些问题。

（二）法律如何建构社会生活

在法律社会学中，最活跃的当代论争是关于法律以什么方式建构社会生活的论争。法律如何赋予社会关系以意义与形式？它如何通过赋予它们的环境以意义来塑造理解的分类？实际上是，法律能被社会学地解释吗？观察行为对于理解法律经验并不足够。如果经验是独特的、个人的事情，那么理论的作用就可能被限制。一种方法可能是听取个人关于法律经验的故事，就像由帕特里夏·艾维克（Patricia Ewick）和苏珊·西尔贝（Susan Silbey）讲述的米莉·辛普森（Millie Simpson）的故事一样。[1] 叙事（narrative）是他们为了某个社会学问题以移情重构（empathetic reconstruction）为目的而在论文中使用的方法。艾维克和西尔贝说的是法律意识，而不是法律经验（后面这个名词让人更多想起的是古尔维奇或帕特拉兹奇经典的法律社会学），但重点是主体性问题，目的是理解"普通人——而不是法律职业者"的经验。但是艾维克和西尔贝的方法同样适用于研究法律职业者。毕竟，什么是一个普通公民？法律有时进入作为公民的法律人的生活，有时进入作为具有法律职业知识的非法律人的生活。这篇论文从政治的角度而不是社会的角度做出了内在/外在的区分。其目的是通过研究"大众的"法律意识，抵抗法律精英的立场，指出由非职业者发现的权力在何处能够用自由的方式反对（压制的）职业权力。[2]

什么是法律意识？对艾维克和西尔贝来说，它是在行动中形成的并因此应被经验地研究的问题。一些其他的文献使用法律意识形态这个词，克里斯汀·哈林顿（Christine Harrington）和芭芭拉·维森（Barbara Yngves-

---

① Patricia Ewick and Susan S. Silbey, "Conformity, Contestation, and Resistance: An Account of Legal Consciousness," *New England Law Review* 26, 1992, pp. 731 – 49.

② 另见 M. Lazarus-Black and S. Hirsch, eds., *Contested States: Law, Hegemony and Resistance*, New York: Routledge, 1994。

son)① 就是这么用的。20 世纪 80 年代，艾默斯特（Amherst）法律社会学派，包括艾维克、西尔贝、哈林顿和维森，精心打造了一个法律意识形态的概念来指涉在社会关系和社会行动中表达的意识的各种形式。根据这个进路，法律观念在社会学的意义上不能被孤立于运用它们的背景来看待。在法律意识中，观念和行动相互勾连，其密切关系拒绝任何将它们分开的尝试。并且这个意识不只是法律人的财产，而且是（常常以非常不同的形式）面对法律机构和程序的公民的财产。对哈林顿和维森来说，议题是如何社会学地研究它。一个相关的权力概念对他们来说是重要的，即"地方阐释性共同体"（local interpretive communities）的理念，在这些共同体中法律和社会的常识得以形成。他们将这些共同体区别于法律制度。法律多元主义者很可能把它们视为法律多元主义的一部分，或者是法律的多个场所，但是艾默斯特的进路倾向于直接把法律视为国家法。

彼得·费兹帕翠克（Peter Fitzpatrick）的论文②提供了一个法律如何建构社会生活的不同视角。他认为，在法律社会学研究中，要注意社会本质的不确定性，法律本身给予社会可能的"但颠倒的法律社会学的基本宣称"。"社会"是通过参照其本身所排除的那些部分构成的。被排除（那些不是社会的部分）是由诸如性别、种族和非理性特征（精神病、怪癖）或犯罪等话语界定的。费兹帕翠克的要点是，被排斥的部分不可避免地仍然留在社会中，并且正是由法律，连同其分类、归因和控制，容纳了其中的反抗，构成了社会的"不可能的"整合。对他来说，"社会为其可能性而依靠法律，法律必须与之保持距离，抵制在社会方面的化约"。

从不同观点来看，可能会认为，许多法律之外的东西建构了社会——例如，利益、价值、信仰、感情、地理、语言、历史。也许社会并不需要在与它对立的"他者"中建构，而仅仅是与之相伴；它的他者们不必如费兹帕翠克所认定的被排斥。如果我们都放弃对"社会"概念的讨论，甚至在法律的影像中，把"社会的"视为高度多样性的而非单一的，那么看待法律与社会的关系会更加容易些吗？法律与其被看作是保护社会，不如被看作是设定社会生活中的界限和区分，规范地表达它们，并因此而决定它们可接受的形式和它们承载的责任和期望。"共同体"的概念有帮助吗？

---

① Christine B. Harrington and Barbara Yngvesson, "Interpretive Sociolegal Research," *Law and Social Inquiry* 15, 1990, pp. 135–48.

② Peter Fitzpatrick, "Being Social in Socio-Legal Studies," *Journal of Law and Society* 22, 1995, pp. 105–12.

我想是的，如果这个概念被严格地用于区分数量有限的社会关系的理想类型，社会关系构成了所有群体生活和法律的基础。① 如此看来，法律既建构了社会生活，又被社会生活所建构。不同共同体的类别在真实的群体生活经验模式中以复杂的方式结合。这里，更进一步的关键概念是信任，它提供了建设共同体生活的砖瓦，但是对不同的共同体类型采用了不同的形式。因此法律必须以各种方式支持信任。

（三）阐释法律话语

法律人倾向于认为，至少在某种程度上，法律是自治的，独立于其他社会实践或其他种类的知识。但是如果自治是存在的，什么构成了自治？法律是否正在变得更少自治？艾哈德·布朗肯伯格（Erhard Blankenburg）和巩特尔·托伊布纳（Gunther Teubner）的争论②是较早的围绕着尝试分析法律与诸如经济等领域或系统的关系而展开的争论，而经济领域与那些看起来越来越具有依赖性的领域（例如科学和管理）一样，法律也力求规制它们。这些讨论③接触到法学家的论争（关于法律形式主义，法治化和过度规制，现代法律史的阐释和"法律系统的内部动力学"），拉开了引介法律社会学中一个强有力的新方法——自创生理论的帷幕。

布朗肯伯格认为法律在"形式的"和"实质的"之间的变换是循环的，但是托伊布纳的核心观点是，存在一个法律演进的模式，只有当社会增加的功能分化在社会学意义上进行分析时才能使之可见。对他来说，福利国家的法律的实质性情况是"一个复杂的进化转型"给自己带来严重的法律问题，托伊布纳的"反身性法律"被作为对这些问题的回应。这个法律路径并不试图直接规制而是促使社会领域通过它们的自我规制程序来改变自身。对托伊布纳来说，法律环境中将被认识的新要素是"原则上难以规制的"并拥有"高度社会自治的"社会系统。

托伊布纳并不界定法律。他清楚地解释了法律系统是一个沟通系统，

117

---

① Roger Cotterrell, "A Legal Concept of Community," *Canadian Journal of Law and Society* 12, 1997, pp. 75 – 91.

② Erhard Blankenburg, "The Poverty of Evolutionism: A Critique of Teubner's Case for 'Reflexive Law'," *Law and Society Review* 18, 1984, pp. 273 – 89; Gunther Teubner, "Autopoiesis in Law and Society: A Rejoinder to Blankenburg," *Law and Society Review* 18, 1984, pp. 291 – 301.

③ G. Teubner, "Substantive and Reflective Elements in Modern Law," *Law and Society Review* 17, 1983, p. 239.

但是并没有说明什么构成了其法律性，他仅有循环解释（法律系统不仅包含"法律话语"，而且任何人类沟通都有"法律期待"的指涉）。实际上，尽管托伊布纳称自己是一个"私法律师"，但与他的法律社会学家对手布朗肯伯格相比，他的分析框架很大程度上依赖另外一位社会学家——尼克拉斯·卢曼（Niklas Luhmann）的观点。

社会学引入自创生理论几乎要完全归功于卢曼。他自己的论文①简洁地总结了自创生法律理论作为一种新的系统论所包含的几乎所有的基本概念。社会的（包括法律的）系统不能用输入和输出（如早期各类系统论那样）来理解，而是自我生产的网络，能够区分内部需求和它们的环境（外部）问题。社会系统被看作完全区别于个体动机的沟通系统。它们所有被此理论特殊化的关键特征，都被卢曼在谨慎的讨论中阐述出来：它们在认知上是开放的，在规范上是封闭的，并因而是自我指涉的。法律因此不是一套制度、一个角色或一场活动，而是像所有自创生的社会系统一样，是一种用它自己独特的二元编码组织的话语。对法律来说，这些编码就是合法/非法，或者（法律上的）正确/错误。法律因此没有一致性、中心或基础。它仅是一个决议程序或语言并且（卢曼认为显而易见并微不足道的一点）法律以悖论为基础，因为合法/非法的区分不能适用于法律本身。

这个复杂、精致的理论，正如卢曼所解释的，一旦被接受则有非常重要的推论（似乎某人必须将它作为理解法律与社会的整个世界来接受或拒绝）。卢曼得出的这些推论，适用于分析法律的功能、正义的理念，以及法律与道德和法律与事实之间的关系。旧的法律社会学关系"法律与社会"不再有意义，因为"法律系统不能作为一个整体沟通，社会也并非一个实体"。必须用系统之间的关系来思考。

但是，这是很难做到的。卢曼解释了系统间"结构性耦合"（structural coupling）这个重要理念。系统不能相互控制甚至不能相互影响，因为每个系统用它自己的方式构成它自己的环境。它并不把其他系统所提供的作为自己的环境。结构性耦合意味着那些将系统系在一起的没有直接影响的连接。比如，宪法可以提供法律和政治系统之间的这样一种耦合。但是可能在这个领域分析并解释自创生理论是最不具说服力的。卢曼经常满足

---

① Niklas Luhmann, "Operational Closure and Structural Coupling: The Differentiation of the Legal System," *Cardozo Law Review* 13, 1992, pp. 1419 – 41.

于坚持这个极端的系统的独立——在话语之间缺乏互动——但是，托伊布纳作为一个法律人意识到了不同类别的知识被用于法律过程的方式，足够清楚地知道一个有用的法律自创生理论不能在这点上停止。它必须解释法律和其他话语如何实践性地相互关联。

托伊布纳的《法律如何思考》① 对于他的两个工作很重要。第一个是检验卢曼、福柯和哈贝马斯话语理论之间的异同，以及在这些理论中个体的位置。这三个理论家都"不是用超个人实体，而是用沟通过程代替了自治的个体"。这三个人都采纳了一种建构的认识论。知识和意义在沟通过程、对话系统中产生，并且仅在这些过程和系统中存在。第二，托伊布纳试图提出法律和其他话语之间的"干涉"（interference）（而不是影响）的本质这个问题，他恰当地视之为"自创生理论最富有挑战性的问题之一"。

但是，在介绍第二个工作时，他介绍的理念看起来与卢曼的讨论完全不相容。他辩称，因为法律话语是社会话语，它运用现实的一般社会建构并"用其特殊世界的建构影响一般的社会沟通"。我们可能会问什么是一般的社会沟通；是否存在一种外在于任何特殊沟通系统的话语；系统的观念发生了什么；是否"一般的"意味着被限制在民族国家的边界之内，或者是语言、文化或其他边界之内；什么界定了一个系统；以什么方式，在什么社会条件之下，社会沟通是"一般的"；如果这种自由流动的沟通存在的话，为什么仅有结构性耦合而没有社会系统之间直接影响的可能性；既然它们共享和社会环境之间除它们自己以外的一般的沟通，它们为什么不能共享更多特殊的沟通；一般与特殊之间的关系究竟是什么；怎样一般；怎样特殊。问题就会继续下去。

但是，托伊布纳为什么接受这些理念是清楚的。法律实践和学术研究与他所谓的"混合物"（hybrid creature）关系紧密——例如，利益分析和社会法学、政策分析、法律背景下的精神病学、法律的经济分析。对他来说，关于这些重要的是，尽管它们来源于法律之外的知识或者与法律之外的知识相关，它们还是被法律话语转型并且制造了"一个既不是纯粹的司法建构也不是纯粹的科学建构的新现实"。但是自创生理论可以对当代法律图景这些日常的、一般的特征解释很多吗？法律往往不是拒绝它们而是欢迎它们。它改变它们并接受它们，因为它们为实际的法律目的服务。它

119

① Gunther Teubner, "How the Law Thinks: Toward a Constructivist Epistemology of Law," *Law and Society Review* 23, 1989, pp. 727 –57.

把它们输出给其所来源的知识领域：例如，作为心理学主题的证人证言，作为经济学内容的法律规制，作为社会学内容的政策分析。当我们所见的看起来是相对自由的许多方向上为无穷多样的目的，极为精致地组合起来的一个观念流时，分析话语间沟通的本质上的无能会有帮助吗？

《为什么法律观念必须被社会学地阐释？》① 尝试了从不同的视角进入类似的议题。这篇文章不认为法律是一种用与众不同的方式观察世界的话语，而是法律中许多不同的参与者（包括法律人、公民和寻求理解其工作的社会学家）都有他们特殊的实用的视角。一些视角比其他的视角狭窄。社会学的视角意在视野的广度，不遗漏那些狭窄视角细致的、聚焦的理解所提供的面向（例如，来自非常专业的法律实践或者某个公民单独法律问题的经验）。社会学的分析能够显示法律为什么表现得好像有它"自己的真理"。它能够展现法律的制度性权力。但是社会学视角没有必要好像从"外面"进入法律观念。对于法律文本或对话，它既不是内在的也不是外在的。它试图延展、阐释、丰富、欣赏和情境化法律经验其他参与者（包括法律人）的视角。

大卫·奈尔肯（David Nelken）对前面这篇文章的回应② 引入了许多其他重要的主题。他拒绝法律观念脱离社会学视角和社会学学术传统，认为对于法律社会学家来说，太容易把他们的领域或他们的视角的问题看作是独特的。在科学、宗教、知识和艺术社会学中的论争揭示了在法律社会学中重要的相应情况。奈尔肯把法律和社会学视为不同的学科，并且担心追求法律上跨学科的社会学视角会有失对社会学自身学科局限性的足够警惕。问题在于，如何增强社会学的反思性。社会学能适当地显示"法律和其他行为者以及法律再生产过程的有限而实用的理性"，但不应该想象它能有效地规定如何可能或应该不同于其所是。在奈尔肯看来，实际上，法律本质上缺乏关注或选择性地关注其所处的情境。然而比托伊布纳更为清晰的是，他承认法律从其他对话中借用及其对情境的广泛观察，是司空见惯的——是日常法律现实的一部分。如他所注意到的，我们"现在实际上都是法律现实主义者"。

① Roger Cotterrell，"Why Must Legal Ideas Be Interpreted Sociologically?，" *Journal of Law and Society* 25，1998，pp. 171 – 92.

② David Nelken，"Blinding Insights? The Limits of a Reflexive Sociology of Law，" *Journal of Law and Society* 25，1998，pp. 407 – 26.

在《法律的权力》① 这篇文章中，皮埃尔·布迪厄（Pierre Bourdieu）也对法律的系统自治有颇多关注，但是他的讨论关注的是人（阶级、精英和专业人群），他们的活动特别是他们行使的权力。确实，布迪厄把法律从他文章中真正关注的"司法场域"中分离出来使其成为一个符号结构，"司法场域"被视为一个活动的场域，一个权力斗争的场所。对布迪厄来说，卢曼把法律和生产它的社会系统混淆了。法律观念，这一运用法律实践的符号资本，不应该被视为依照一套对话的逻辑发挥作用，而是社会群体斗争的武器。与自创生理论家们相反，布迪厄把个体放在法律社会学图景的中心。在他对文化场域的研究中，布迪厄介绍了惯习（habitus）这个概念，指向将一个特殊社会群体或阶级类型化的行动或处事规则。它包含诸如方式、风格、品位、举止风度，懂得如何在一个日常生活的水平上回应环境，以及对其处境有所察觉。惯习是流动的，也能在和一个社会人群的关系中被具体化。法律职业的部门有他们的惯习，理解它有助于理解常规、策略、模式和法律实践的后果，关涉法律人和其他法律行动者的社会阶级或群体身份。

布迪厄的方法提供了一个法律社会学的视角，与社会学学术传统典型的核心问题紧密相关（如阶级、权力、能动者和社会结构）。这一关联，比此部分中以上讨论的其他文章都更清晰。布迪厄以一种直接、经验导向的方式专注于"社会的"，他的论文也因此具有说服力。他也如其他作者一样，想要找到观念网络中法律作为特殊权力的关键——他所谓的其"符号权力"。像他之前的马克思主义者一样②，布迪厄将法律观念视为一个斗争的场所并几次返回到法律的"半魔法"（quasi-magical）权力的观念［似乎受哲学家奥斯丁（J. L. Austin）语词的表述性权力观念的影响］上。他甚至准备赞成法律"创造了社会世界"。它"命名"的权力创造了被命名之物。但是，他很快补充，世界首先创造了法律。法律的自治在某种仍然不明朗的意义上是"相对的"。

（四）新法律多元主义

后面这两个标题下回顾的论文，从某个观点来说，可以看作与一个关

---

① Pierre Bourdieu, "The Force of Law: Toward a Sociology of the Juridical Field," *Hastings Law Journal* 38, 1987, pp. 814 – 53.

② B. Edelman, *Ownership of the Image: Elements for a Marxist Theory of Law*, trans. E. Kingdom, London: Routledge and Kegan Paul, 1979.

键主张带来的问题相关。这个主张是，特别是法律人所理解的，法律与其他规范系统关系紧密且至关重要，但却经常是不确定和被错误界定的。如果想在社会学意义上理解法律，仅研究国家法或"法律人之法"（法律人认可并运用的法律）是不够的。必须找到一个地方来分析法律人没有将之当作法律一部分的其他典型的规范系统或实践。从社会学观点来看，一些这样的系统或实践看起来与法律之法几乎同等重要，或者几乎已整合其中，因此，拒绝将它们归于"法律"或"法律的"从而将它们在概念上从法律研究中分离出来是武断的。

这些观照解释了常被称作社会科学或"新"法律多元主义的发展。一个老的多元主义法律观点，长期以来对于在殖民背景下或联邦系统工作的法律人来说已经非常熟悉，司法实践要求在这些领域工作的人们意识到不同（习惯的和制定的，州的和联邦的）法律制度之间的互动。但是新法律多元主义（在埃里希、帕特拉兹奇和古尔维奇的经典法律社会学中有过不少论述）直接挑战所有法律领域的司法规则。马克·格兰特（Marc Galanter）的论文①显示了，一个多元主义的视角如何能够用于研究法庭的角色和纠纷过程。他挑战他所谓的法律中心主义的观点并敦促对"本土法律"（indigenous law）的关注，即社会秩序化的"具体模式""由被规制的日常生活活动中的参与者熟悉并运用"。本土法律出现在半自治的制度环境中，包括医院、大学、运动队和房屋开发等。它可能是狭隘的、专断的、压制的，但是要想理解法庭的实践，就必须把它考虑在内。这个实践往往预先假定其存在，与它互动并从中衍生出法律的意义，运用它或者服从它。

对新法律多元主义的批评常常对其法律概念明显的模糊性感到绝望。这个问题早在埃里希的"活法"② 理论中就存在了，并很快地被斥责为无边界的"自大狂法理学"（megalomaniac jurisprudence）③。格兰特当然看到需要一个"分界点"，把法律和其他规范系统或实践分离开来。他建议，标准可以是某种程度上的组织、区别性的规范和制裁，可能是"二性"规范的存在，以控制其他规范的应用。④ 这些标准对于法律人来说，可能无

---

① Marc Galanter, "Justice in Many Rooms: Courts, Private Ordering, and Indigenous Law," *Journal of Legal Pluralism* 19, 1981, pp. 1–47.

② E. Ehrtich, *Fundamental Principles of the Sociology of Law*, trans. W. L. Moll, New York: Amo Press, 1936, reprint, 1975.

③ C. K. Allen, *Law in the Making*, 7th ed., Oxford: Oxford University Press, 1964.

④ H. L. A. Hart, *The Concept of Law*, 2nd ed., Oxford: Clarendon Press, 1994.

法充分地获得，但是法律的社会学研究只需在实用的意义上界定其领域。布莱恩·塔玛纳哈（Brian Tamanaha）对新法律多元主义的评论①看起来主要在合法的标准上。他认为，法律概念的多元主义常常是不连贯的，因为它试图联结两个不相容的观念。这关系到"社会秩序化的具体模式"（格兰特的名词），格兰特因此试图把法律视为此模式。同时，他也把法律看作规范的制度化生产和适用（将国家法作为典范）。塔玛纳哈是对的，这是些不兼容的观念。对法律的多元主义观点来说，解决方案是承认，后来的而不是以前的观念是必要的。理解为制度化教义的法律确实适合"国家法模式"，但是远不止如此，因为制度化在多种情境下会采取多种形式，与达到中心化的国家大相径庭。②

另外的 4 篇文章提供了强烈的反对意见，将文化多元主义和不同的智识传统联系起来。马克思和福柯思想的要素呈现在彼得·费兹帕翠克的《法律和社会》中。③ 像这些作者一样，他没有特别把"法律"的标签延伸到国家法以外。但是，他非常关心法律和其他规范之间的互动和矛盾的相互依赖，如在监狱和工厂的"私人世界"中。在这些背景中，法律之治让位于特殊主义的纪律战略和权力谈判。但是，这些都依赖法律所提供的框架。因此，它们作为法律的"其他"发挥作用——外在于法律的领域，保证其规制的效力或者其物质基础的生产。法律和其他社会形式以各种方式相关联，聚拢或分离，正相关或负相关。它维持了对立形式的自治，同时仅仅偶尔地或不着痕迹地施加总体控制。社会形式的多元性对法律的存在是必要的。

巴文图拉·德·苏萨·桑托斯（Boaventura de Sousa Santos）的观点则不同④，法律像地图的比喻使法律多元主义被重述为，不是规范系统的不同领域，而是法律能规范地呈现相同社会现象的不同路径。尺度、规划和符号化的选择区分了法律的类型，就像它们区分了地图一样。这个法律尺度的比喻提供了一个对比地方、国家和"世界"（跨国的）合法性的聪明做法，显示出甚至于面对同样的事件，这些不同的尺度如何用完全不同的

---

① Brian Z. Tamanaha, "The Folly of the 'Social Scientific' Concept of Legal Pluralism," *Journal of Law and Society* 20, 1993, pp. 192–217.

② Roger Cotterrell, *Law's Community: Legal Theory in Sociological Perspective*, Oxford: Clarendon Press, 1995.

③ Peter Fitzpatrick, "Law and Societies," *Osgoode Hall Law Journal* 22, 1984, pp. 115–38.

④ Boaventura de Sousa Santos, "Law: A Map of Misreading. toward a Postmodern Conception of Law," *Journal of Law and Society* 14, 1987, pp. 279–302.

方式呈现法律议题。桑托斯的论文是框架性的，但是在不同类型法律能被理解的方式上富有洞见，不是和很多其他多元主义分析相重叠或互动，而是以不同的方式规范地梳理社会生活。法律地图为不同的目的描绘现实，这些目的与不同的权力结构和利益组合相关。桑托斯意识到这种分析的形式主义倾向。但是他很巧妙地详尽阐述了他的主张，法律多元主义是"法律后现代观点的核心概念"，在这里被看作是这样的观点，"不同的法律空间叠加、贯穿、混合在我们的头脑和行动中"。

《法律和共同体》这篇文章①，强调法律多元主义的其他维度。这不是一个界定法律的议题，而是关于理解法律权威的本质和来源的问题。如果权威被认为仅仅是政治的，它就在稳定的政府环境中或在国家政治合法性来源中保持一致。但是，如果它（也）被视为道德的权威，它来源于其他地方，那么可能在共同体的结构中，就会被视为其他各种社会关系本质的规范性期待。国家法自身需要被多元主义地理解。国家并不必然是一个整体。首先，法律权威在国家之内或超越国家，可能是有争议的、模糊的、不稳定的，或是在协商过程中的。法律在这个视角中被描绘成在永恒的道德和政治运动中。

托伊布纳关注的也是法律权威②，尽管是以完全不同的方式理解。他的文章表面上与法律多元主义无关，其直接目标是雅克·德里达的解构主义。但是他的起点是法律权威的稳定性正变得不可靠，是法律形式正在增加的多元性导致的。同时，法律权威建立于矛盾之上，这不是一个规范环境中的议题：法律的有效性是在规则制定和规则适用的循环中自证的。矛盾在于，法律用以将合法和非法进行区分的标准不能运用于自身。必须预先假定它自己的权威，如《国王的两个身体》里著名的拟制③。托伊布纳

---

① Roger Cotterrell, "Law and Community: A New Relationship?," *Current Legal Problem* 51, 1998, pp. 367 – 91.

② Marc Galanter, "Justice in Many Rooms: Courts, Private Ordering, and Indigenous Law," *Journal of Legal Pluralism* 19, 1981, pp. 1 – 47.

③ 《国王的两个身体》是 20 世纪杰出的中世纪史学家恩斯特·H. 坎托洛维奇（Ernst H. Kantorowicz, 1895 ~ 1963）的代表作品。"国王的两个身体"是伊丽莎白一世时期英国法学家创制的概念：自然身体和政治身体。国王的自然之体即他个体的肉身，可生病、会疲弱、可朽坏；而政治之体永远存续、不可朽坏。坎托洛维奇深入中世纪追溯了"国王的两个身体"所造成的历史悖论，并将有关中世纪王权观念的法学、神学、图像学、古币学等方面的史料结合在一起，探寻了国王二体论在基督教时代的演进，揭示了西方中世纪后期至现代早期（11 ~ 16 世纪）如何逐步发展出一种政治神学，以及共同体如何为了建立自己的主权而拟制出一套象征手法，又是如何借助这些象征手法来塑造民族—国家的早期形态。——译者注

的对德里达解构论的控诉不在于它错误地揭示了（面对一个超验的不可达到的正义的）法律的专断。他的批评是，它没有问为什么一方面法律轻松地拒绝关注解构主义作为一个理论问题的诉求，而另一方面却发展看似承认了这些诉求的优势的新实践。

这些新的法律实践与全球化相关。托伊布纳关于新商法（Lex mercatoria）、国际劳动法、跨国技术标准和行业自我规制、国际人权法和互联网法的观点是，这些法律是"无国家的全球法律"① 的先兆。这种法律没有国家法用以牵制其权威的悖论的特征（立法，规范的有序等级，可控的政治宪政，等等）。要理解正在发生什么，法律变迁的社会学观点是必要的，但是解构主义看起来并不愿意拥抱它。

（五）规制的视野

全球、国家和地方在法律中的紧张关系似乎变得越来越重要，也因此刺激了法律多元主义分析的发展。毋庸置疑，法律形式和管辖以复杂的方式变化着，其中很多在法律哲学中被大大忽视了。社会学视角把这些问题带到我们面前，在法律多元主义论争的领域之外，米歇尔·福柯的作品正在对分析法律形式的变化特征和它们与其他规则之间互动的复杂性产生影响。

同时，法律多元主义倾向于将很多分析带到"法律的"范畴中来，来自典型法学视角的很多规制可能被排除在外，福柯式的视角关于什么应该放在法律范畴之内，并不那么清晰，但是关于当代规制的极端多样性是非常清楚的。艾伦·亨特（Alan Hunt）在检视福柯作品的文章中提出②，为什么他本应该采取一个法律的狭窄视角，将法律等同于至高无上的强制性规制力量。这里的 3 篇文章都涉及把法律带回当代规制全景图的中心位置，将其从亨特归咎于福柯的狭窄概念中挽救回来。但是，每篇论文都试图充分运用福柯对规训权力的机制的分析来丰富对当代法律的分析，以表明它怎样与福柯强调的各种不同的规训性规范互动。

弗朗索瓦·埃瓦尔德（Francois Ewald）不认为福柯在现代规训的社会里仅赋予了法律一个软弱的角色③。埃瓦尔德的工作是论证以下观点的

---

① G. Teubner, ed., *Global Law without a State*, Aldershot: Dartmouth, 1997.

② Marc Galanter, "Justice in Many Rooms: Courts, Private Ordering, and Indigenous Law," *Journal of Legal Pluralism* 19, 1981, pp. 1 – 47.

③ Francois Ewald, "Norms, Discipline, and the Law," *Representations* 30, 1990, pp. 138 – 61.

意义，即福柯宣称的新技术知识基础之上的规范"在法律的司法制度成本上"具有假定的重要性。① 对于埃瓦尔德来说，关键是区分"司法的"（juridical）和"法律自身"（law itself）。无论这一策略多么可能带来混乱的风险，它的目的是把"司法的"边缘化，将主权的压制性权力中心化，同时保持"法律自身"仅仅作为一种形式，由此，多种规制性规范能被组织和表达。埃瓦尔德的文章最有趣的地方在于详细对比科技规范和法学之法，指出这种风险在保险中和在规训策略的规范中扮演相同角色，他争论道，法律越发寻求通过"社会法"来控制风险以增进普遍福利，而不是分担责任和评估损失的原因。通过这一策略，法律变成了规训的工具。

亨特认为埃瓦尔德只展示了福柯法律观点的贫乏。保险没有增加法律的资源，它揭示了法律的不足。例如，因为法律不能控制犯罪，保险必须防范犯罪行为的风险。对于亨特而言，法律必须要比埃瓦尔德社会法所建议的概念更为多样。福柯的分析其优势在于揭示许多权力的分散、地方性的特点。它的弱势在于不能显示这一碎片化、分散的权力如何能"浓缩"。权力怎样被运用于抵抗（如福柯所希望的），如果它无论如何也不能统一？相似的，现代规训社会的一致如何解释？最终，这种权力集中的状态需要分析。亨特暗示，在展现法律的和规训的对话如何相互关联上，葛兰西的霸权概念可能有帮助。奇怪的是，他也建议运用卢曼非常特殊的关于对话本质的理论的结构性耦合的观点，而且广泛地运用于法庭和警察关系方面。

尼克拉斯·罗斯（Nikolas Rose）和玛利亚娜·瓦尔韦德认为②，对于福柯或在更一般意义上来说，争议不是对关于"法律"意味什么的困惑，它也不是一个澄清规范（norm）作为规训规制（disciplinary regulation）单位的本质的问题。他们认为，分析应该从规制问题（regulatory problems）开始，或者从在各种对话中问题的建构和识别方式开始。然后，规制的策略和形式之间复杂的相互关联就会变得清晰。罗斯和瓦尔韦德将规范化视为"专业知识的形式之间冲突和联合的处置区"。这不同于埃瓦尔德强调规范体系的一致本质和规范交相支持的本质。这两篇文章的焦点可能是不同的。埃瓦尔德强调规制的形式，而罗斯和瓦尔韦德追问对规范所回应的

---

① M. Foucault, *The History of Sexuality*: *Volume 1*: *An Introduction*, trans. R. Hurley, London: Allen Lane, 1979, p. 144.

② Nikolas Rose and Mariana Valverde, "Governed by Law?," *Social and Legal Studies* 7, 1998, pp. 541 – 51.

问题的认知。在这些文章中，法律社会学的视角倾向于分为两个焦点，一个是作为形式或理念的法律具有的社会意义；一个是往往带来不可预知的结果的人类立法或改变法律的期待、策略和斗争。

参考文献

Allen, C. K. (1964), *Law in the Making*, seventh edn., Oxford: Oxford University Press.

Aron, R. (1968), *Main Currents of Sociological Thought II: Durkheim, Pareto, Weber*, trans. R. Howard and H. Weaver, London: Weidenfeld and Nicolson.

Baumgartner, M. P. (1999), "Introduction," in M. P. Baumgarmer (ed.), *The Social Organization of Law*, 2nd edn., London: Academic Press, pp. 1 – 31.

Beetham, D. (1985), *Max Weber and the Theory of Modern Politics*, 2nd edn., Cambridge: Polity.

Bmbaker, R. (1984), *The Limits of Rationality: An Essay on the Social and Moral Thought of Max Weber*, London: GeorgeAllen and Unwin.

Collier, J., Engel, D. and Yngvesson, B. (eds.) (1994), "Law and Society in Southeast Asia," *Law and Society Review*, 28 (3) (special issue).

Cotterrell, R. (1979), *Law's Community: Legal Theory in Sociological Perspective*, Oxford: Clarendon Press.

Cotterrell, R. (1995), *Law's Community: Legal Theory in Sociological Perspective*, Oxford: Clarendon Press.

Cotterrell, R. (1999), *Emile Durkheim: Law in a Moral Domain*, Edinburgh: Edinburgh University Press, Stanford: Stanford University Press.

Edelman, B. (1979), *Ownership of the Image: Elements for a Marxist Theory of Law*, trans. E. Kingdom, London: Routledge and Kegan Paul.

Ehrtich, E. (1936), *Fundamental Principles of the Sociology of Law*, trans. W. L. Moll, New York: Amo Press, reprint, 1975.

Ferrari, V. (ed.) (1990), *Developing Sociology of Law: A World-wide Documentary Enquiry*, Milan: Giuffrè.

Fitzpatrick, P. (1992), *The Mythology of Modern Law*, London: Routledge.

Foucault, M. (1979), *The History of Sexuality: Volume 1: An Introduction*, trans. R. Hurley, London: Allen Lane.

Habermas, J. (1996), *Between Facts and Norms: Contributions to a Discourse Theory of Law and Democracy*, trans. W. Rehg, Cambridge: Polity.

Hart, H. L. A. (1994), *The Concept of Law*, second edn., Oxford: Clarendon Press.

127

Hennis, W. (1988), *Max Weber: Essays in Reconstruction*, trans. K. Tribe, London: George Allen and Unwin.

Holmes, O. W. (1899), "Law in Science and Science in Law," *Harvard Law Review*, 12, p. 443.

Hunt, A. and Wickham, G. (1994), *Foucault and Law: Towards a Sociology of Law and Governance*, London: Pluto.

Lazarus-Black, M. and Hirsch, S. (eds.) (1994), *Contested States: Law, Hegemony and Resistance*, New York: Routledge.

Lenoble, J. and Ost, E. (1986), "Founding Myths in Legal Rationality," *Modern Law Review*, 49, p. 530.

Neumann, F. (1949), "Editor's Introduction: Montesquieu," in C. de Montesquieu, *The Spirit of the Laws*, trans. T. Nugent, New York: Hafner Press, pp. ix – lxiv.

Parsons, T. (1949), *The Structure of Social Action: A Study in Social Theory with Special Reference to a Group of Recent European Thinkers*, 2nd edn., London: Collier-Ma6millan.

Rheinstein, M. (1938), "Apropos Moll's Translation of Eugen Ehrhch's *Grundlegung der Soziologie des Rechts*," reprinted in H. G. Leser (ed.), *Max Rheinstein: Collected Works*, vol. 1, Tiabingen: J. C. B. Mohr, 1979, pp. 151 – 8.

Roberts, S. (1979), *Order and Dispute: An Introduction to Legal Anthropology*, Harmondsworth: Penguin.

Teubner, G. (1983), "Substantive and Reflective Elements in Modern Law," *Law and Society Review*, 17, p. 239.

Teubner, G. (ed.) (1997), *Global Law without a State*, Aldershot: Dartmouth.

Timasheff, N. S. (1939), *An Introduction to the Sociology of Law*, Westport, Conn. : Greenwood Press, reprint, 1974.

现实主义法学家的思想自述[*]

〔美〕宾厄姆 帕特森 庞 德 雷 丁[**]著

姚 远[***]等 编译

译者按：美国法律现实主义者强调，要打破具有人为建构色彩的欧陆法哲学，以律师身份为主体重申法律的多重含义和法律思维，探讨专业法律事务中的技术性要素；要在同政府、社会、正义的关系中把握法律，要发展跨学科和长时段的视野，要把法律视为借助政治力量系统有序规范人类行为的社会控制模式；法律不创造利益，但要对利益本身的范围和保障机制做出规划与权衡；作为科学的法律在发挥作用时应该结合不断变动的社会现实，而不宜一味拘泥于传统，要在变与变之中提供合理预测，实现法律的价值。

关键词：美国法律现实主义；律师视角；跨学科法律研究；法律与利益；法律与价值

约瑟夫·沃尔特·宾厄姆的自述[①]

要在本规划的短小篇幅内充分概述任何哲学的术语，只有精擅文辞之人方可做到。倘若一个人的信条来自生活的无限多样性，来自人类事务的复杂性，来自政府和法律的千变万化，来自人类认知和思想的片面性、暂时性和不完善性，来自精准概括和思想沟通方面的种种困境，来自规则和

---

[*] 编译自 1941 年出版的《我的法哲学》一书，是四位现实主义法学家难得一见的思想自画像。本译文是国家社科基金重大项目"新时代中国改革创新试验的法治问题研究"（18ZDA134）和国家级一流本科专业（法学）建设项目的阶段性成果。

[**] 宾厄姆，斯坦福大学法学教授。帕特森，哥伦比亚大学法学教授。庞德，哈佛大学法学教授。雷丁，加州大学伯克利分校法学教授。

[***] 姚远，南京师范大学法学院暨中国法治现代化研究院副教授。

[①] 译自"Joseph Walter Bingham," in *My Philosophy of Law: Credos of Sixteen American Scholars*, Published under the Direction of the Julius Rosenthal Foundation, Northwestern University, Boston Law Book Co., 1941, pp. 7-25. 第二译者：缪乐（南京师范大学强化培养学院）。

原则的人为性及其作为理性工具的有限功能，来自抽象物的诱人潜能，来自偏见、团体－群众的压力、自私、传统观念和禁忌等的影响——倘若一个人因此拒绝历史上那些把法哲学的本质塞进简洁文字中的尝试，那么，向他提议如此扼要地阐述自己的法哲学，他必望而却步。

一名偶像破坏者（iconoclast）明确表达的观点，历经二十余年的讨论、倡导、受攻、反击而仍未获得大家的清晰体认，他面对那依然充斥在讨论战场中的思想喧嚣，如今怎能指望略加重申自己多年前勾勒的思想即可为人所理解？在这么短的篇幅内，一个人怎能恰如其分地概述自己的人生哲学，总览自己的个人世界（而且必定在此范围内找出建构自己政府理论和法律理论的全部要素）？除了以上准备工作，他还有一项繁重的任务，那就是扫除有碍于理解的东西，即法律思维所特有的传统迷信、混淆和偏见，以及欧洲法学家从罗马衰落期至今人为杜撰的各种哲学。

我可不敢声称自己有把握完成这项任务。相反，我只打算简要总结关于法律和法律思维的某些观点，这些观点在我的职业实践和生活（尤其关乎政府的那些生活方面）沉思中令我受益。我希望这份总结能够发挥作用。多年以来我一直向自己承诺要详加阐述我对法律的认知，但迄今为止由于生活所迫，我一直没能偷得闲暇将该承诺履行完毕。不过，我仍然在自己的著述中遵守约定。同时，我很高兴能有这次机会重申我的一些想法。

当然，毋庸赘述，我这里提出的任何观点中并没有什么崭新的东西。大部分观点随着我与他人、事务、判例汇编（这三者共同构成我的法律研究基本素材）打交道，而出现在我的个人世界里。由于我独特的工作方法，由于我坚持对自己研究素材中固有的事实作出独立分析和逻辑安排，我观点中的偶像破坏要素应运而生；但所有这些想法在思想史上一再获得重申，尽管《学说汇纂》所摘录的古典罗马法学家著述中的一些技术性要素，从《学说汇纂》颁布之日起似已被欧洲法学思维遗忘。主流的宗教－社会势力对法律－哲学思想施加的影响，或许要对这一失误承担主要责任。

我们的简要总结不妨从我大约三十六年前的出发点入手，即研究律师在运用但又很少作出界定的某些基本观点的主旨。他们把自己的研究领域和专业领域称为"法律"，但鲜有人扪心自问那所谓的"法律"是什么东西。如果有人问起，他们无疑会将"法律"描述为规则和原则的体系，该体系控制着政府官员（尤其是法院）对于案件和其他政府事务的处理。对于这种将作为著述家、教师和法学家言传身教的结果的描述，律师脱口而出。如果有人问起可在何处找到这套体系，他们会说存在于法官和其他权威的宣告中。如果有人问起该体系如何发挥控制作用，他们会回答说它是通过适用来进行控制的。如果有人问起怎样区分真假"法律"，他们会说这是学识和技艺的问题，亦即职业秘传的东西。

现在，对这类共同信念的批判很快就遇到论证中的常见难题，即语言的混乱。就像法言法语中的很多其他词一样，"法律"一词在多种意义上使用，并且那些意义很少经过区别和界定。该词的常用含义之一涉及规则或原则，但仍有一些其他专业含义有待区分。没有哪部美语词典能够胜任这一工作。实务律师和称职的法学家，显然不应止步于把自己的专业领域界定为单纯的规则－原则体系，也不应该盲目赞同这样一种虚构，即权威政府代理人的恰当职能发挥在本质上受制于一套秘传的规则－原则体系。

作为我们专业研究领域的法律是什么？这种意义上的法律，难道不是由政府的具体职能发挥所构成的吗？律师的工作是尽量准确预测政府可能如何处理委托人的事务，根据此类可能性向委托人提出建议并且运筹帷幄，以便在案件交由政府机构（比如法院）掌控的情况下得到想要的结果、避免不想要的结果。这大概就是律师职业活动的本质。

或许有人反对："啊！没错。那是律师的业务，但你还是没有定义法律。律师在他的业务中使用了法律，亦即他关于法律规则和法律原则的知识。"我答道：律师当然在他的专业工作中使用了法律的规则和原则，而且在他领域内的这些要素和其他要素的确被称为法律，但这是"法律"一词的另一种含义。我现在讨论的是作为律师专业领域的"法律"。此外，我主要关心的不是词义。词义是语言问题，不是政府或者法律方面的问题。决定词义的是惯例，而且通常是不科学的、反复无常的用法。我之所以致力于讨论"法律"一词的各种含义，仅仅是因为有必要肃清由其多重含义引起的思想混乱，这种思想混乱已在法学史上造成诸多徒劳模糊的争论。用法要是选取不同术语来表示"法律"一词现在涵盖的多种事物就好了；但是，努力按照费心的霍菲尔德思路去编排律师和法学家的词汇表，几乎就像努力限制风的吹拂范围一样无望。不过，指出某一术语的多种用法，并依据合目的性要求清清楚楚地指出特定用法下的含义，这还是有可能办到的。

如果有人想找到"法律"一词被用于指称政府针对"案件"的职能发挥的例子，我提议采用以下平常例证。"在法律的监管下"（in the custody of the law）这一措辞经常出现，所有律师都很熟悉。甲某或甲某的物品可能"在法律的监管下"。这是指他或者那些物品处在规则和原则体系的监管下吗？这难道不是指由权威政府来监管吗？同样，当律师告诉委托人说如果他想遗赠他的地产，"法律是"（the law is）见证人必须在遗嘱上签字时，他这里难道不是想指出，遗嘱如果不经这样签字操办则法院会认定其无效？律师不是在陈述作为法律的任何规则；他是在预测政府为特定情况（即经过或未经上述签字操办的委托人遗嘱）赋予的法律后果。

为什么我强调这一点？因为我相信，过去我们的学院和一些"哲学"过分强调了法律的机械外饰、它的逻辑思维工具，没有充分考虑法律的生动实体，以及决定法律的具体细节和后果的纷繁原因。因此，我们的职业不仅在教育中遭到不当限缩，而且在实践中常常对公共福祉和伟大统治艺术缺乏应有的建设性愿景。律师声称在政府的某些方面是专家；但照此看来，他本应具备关于政府的渊博知识（或科学知识，如果你愿意的话），而不仅仅是狭隘政治家在政府行为之有限技术性方面的管理技巧。如果仅限于通过概括的抽象物（即通过成体系的表述）习得立法目的、司法判决过程、司法意见书中对于司法判决的官方证成理由，那么法律学习就容易成为枯燥的学术事项。在过去课堂上的案例讨论和律师的案件讨论中，引起关注的往往是司法意见书中的概括表述，而法理学之所以认为案例重要，只是由于把它看作使用这些概括表述的契机。"非属概言的东西不成为法律"（Nothing is law that is not a generality）自来是法学上的老生常谈。我们美国现实主义者主张相反的观点：（1）携带着全部具体因果关系的案件，才是法律的真正实体；（2）司法意见书并不总是明示司法判决的原因，纵使明示也常有偏差。事实上，法官的官方书面意见并不是治理过程的构成要件，而是附带的现象，该现象之所以出现，是由于律师想要获取某种未来在其职业层面派上用场的额外信息，以及也许是为了遏制专断的司法行为。法官的官方书面意见完全可以省略而无伤司法过程，而且事实上，在某些体制中，以及在美国体制下的诸多案件（特别是初审案件）中，法官的官方书面意见已经省略。后面我会进一步谈到司法意见书中的概括表述。现在我想要强调的是，学院中的案件学习应该集中于案件事实和判决（即法院对案件的处理），将前者当作治理难题的展示，将后者当作该难题的官方解决方案。司法意见书（除非它发展到专业论著的篇幅比例）之所以重要，只是因为它可以解释难题及其解决方案，而不是因为其中的概括表述本身。

事实上，我们的研究领域远比技术性解决方案的系统化集合更广更深。它包括携带着多重因果关系的一切政府行为，它可以从社会生活方面的一切学识和技能中得到启发。当然我不是提议一切法律研究者都须掌握所有这些学识，但我建议所有这些学识应当在同政府联系起来时引起他的兴趣，而且他应该在他的能力、他的机缘、他的生活需要所允许的范围内尽量掌握这些学识。如我在别处所言："我们的现代美国法哲学认识到，对法律争议的明智讨论所涉及的种种问题，远比纯粹的律师技术问题重要得多，远比形式性的法律论证以及先例和准则的外壳重要得多。最重要的莫过于目前从背后支撑着律师技术的强大力量——简而言之，经济-社会-政治的偏见、力量和目的——它们激发了律师技术的使用和动向，为其赋予实体和实践意涵。"

让我在此稍事停留，消除另一混乱之源。我们职业的实践究竟是科学的实践还是艺术的实践，这个问题众说纷纭。当然，答案取决于所论断的实践类型。法律研究者是在客观地研究过去事件的历史，目的是获取有助于预判未来事件的知识。就此而言，如果他的研究十分透彻，那么他和自然科学家就抱有相似的目的。然而，他的研究领域、（因此）他的方法和自然科学家的不一样。法律领域涉及人类事务的无穷变化和无尽组合，涉及人类意志和本能动机的散乱的作用与反作用，远比任何自然科学领域来得复杂。此外，人们不可能针对抽取出来的简单且精微的问题，在整个法律领域内自由开展实验，或者说，实际上只可能在法律领域的极个别部分开展实验，并且实验结果通常难以推而广之。尽管治理专家可以利用各门科学的宝藏，但是他的判断必须立足于根据经验与卷宗作出的推断和查验，而不是立足于人工实验的证据。当然，在个人的政治实践中，对治理目标的选择同样会受制于个人偏见、社会偏见和政治偏见或者个人生活哲学。让我们的专业宗旨摒弃"法律之治而非人治"（a government of laws and not of men）这一荒谬教条吧。该教条是有意义的，只是那意义隐而不显，该教条在实际政治中也能派上用场，但是在法律科学中没有立锥之地。

然而，法学家（即专业的法律研究者）的学识应在可能和可行的范围内尽量透彻、准确和系统，并且这样的学识严格说来可以称为科学。另一方面，执业律师或者法官在追求一门技艺，一门应由法律科学来阐明和改善的技艺。法律研究者、律师和法官，每类人都在按照特定的立场（即其职业劳动的特定立场）考察法律，他的观点可能因此而有所偏颇，毕竟他工作时使用的工具和方法有别于法律职业其他分支工作时使用的工具和方法。切记留意这些要点，才能避免在本文主题上出现不必要的思想混乱。例如，某些现实主义者在他们的辩论和教学中，往往只强调立法者和法官的造法职能，而忽视专业研究者（即法学家）和（维护或增进委托人利益的）执业律师的重要职能。法学家（即专业研究者）是唯一把纯科学事业当作自己本质职能的法律人类型。精干的法官或立法者或精干的执业律师，不必成为科学家。

既然概述了法律人的职业领域，我们就来对该领域的某些技术性要素进行分目，顺便说明法律一词的某些其他含义。解决我们这部分难题的最佳切入点是考虑司法过程——因为按照我国的政府体制，正是司法过程的产物主要指导着其他权威政府机构在"法律"问题上的操作。

在过去的二十余年间，许多美国著述者已对司法过程作出详尽讨论。我对司法过程主干要素的粗略总结，并未得到参与讨论者的完全认可，并且某些狂热现实主义者对若干因素的强调达到严重失真的地步。由于篇幅所限，我在此无法就该主题的争论作出充分批判，甚至无法妥善阐明我自己的观点。我只能重申在技术层面引起法律人关注的主要传统特征。

立法是影响司法判决的最主要力量。人们通常误认为，定义私人义务和权利的立法主要是针对私人的（在本质上是对他们的命令），并且法院和其他政府机构仅保证该命令将会得到适时的认可。这种错误观点正是奥斯丁的法概念，即上级对下级发布的命令。从技术上讲，立法的本质在于指导政府官员与政府机关的组织和活动，而且除非通过他们实际或者潜在的活动，否则立法就没有任何约束力。立法有时可能对善良本分的个人和群体产生独立的道德劝诫效果，但是我不应将它纳入立法的严格法律意义上的约束力之中。一名有影响力的私人公民，可能同样恪守他自己宣称的行为规矩。于是，就法律效果而言——尽管不总是体现在语言上——立法是指向政府官员的，它的法律后果由政府官员的［实际］行动和潜在行动决定，而且仅由这些行动决定。由此可见，虽然立法在理论上对法官和其他官员都有约束力，但对立法的阐释是法官职能所在，因而立法的意义和效果取决于法官。法律人知道，在许多情况下，立法（甚至宪法条文）所得到的解释足令法律职业群体大感意外，有时甚至违背起草者的明显目的。请君参看英格兰《用益法》（Statute of Uses）。

以上是被称作法律的东西中的独特类别，即立法机关的命令或者指示，亦即官方的立法表达。它跟法律人职业领域意义上的法律不是同一类東西（尽管它是该领域中的要素之一），也跟（我们将会着手辨别的）该领域中的某些其他要素不是同一类东西。把法律人冠以"法律"之名的各色事物混为一谈，就像把被称为骡子的机器、动物和鞋具混为一谈那样令人费解。然而，这种做法在普通法系的法学家中简直比比皆是。大陆法系的法律人通过使用不同词表达不同观念，例如［拉丁语中的］jus 和 lex、［法语中的］droit 和 loi、［德语中的］Recht 和 Gesetz、［意大利语中的］diritto 和 legge、［西班牙语中的］derecho 和 ley，从而在一定程度上避免了误解；但就连他们也未能摆脱类似的混淆。

　　只要立法并不左右司法判决，先例就是有效的力量，甚至在决定立法对案件的影响时亦如此。我在自己的早期作品中，为论证先例对司法判决的影响力而梳理出若干条充足理由。没有人对先例的影响力做过恰如其分的科学研究，也没有人对先例影响力的适当限度做过哲学评估。法理学需要这样的研究。眼下我们只消宣布如下事实，即先例不具有立法那样的独断力量（dictatorial force）。法官经常说他们受到先例的约束，但这是一种表达歉意的夸张手法。他们其实不受先例约束，因为他们可以而且实际上经常推翻先例。即使是盎格鲁－撒克逊世界最尊重先例的法院——英格兰上议院，也有权力推翻先例，而且不会在这样做的时候行使立法职能。先例只是有说服力的论据，不存在立法那样的固有约束力——对此的显著例证就是合众国最高法院的一份新近判决（*Erie R. R. v. Tompkins*，1938，304 U. S. 64，58 S. Ct. 817，114 A. L. R. 1487），这份判决推翻了斯威夫特诉泰森案［的判决］（*Swift v. Tyson*，1842，16 Pet.，U. S.，1，10 L. Ed. 865）以及后来近百年间遵循该案判决的一长串判决。当然，先例作为司法判决的影响因素之一，其势力在我们的普通法体系中特别显赫。从理论上讲，众多大陆法体系都否认先例的技术性约束力，尽管在实践中，先例对一切法律体系都有某种不确定的影响力，并且，在一些欧陆国家，先例面对着近来的政治动荡而日益流行。

　　应当留意关于作为法律的司法判决的另一常见谬论。一些著述者显然把先例的影响力和立法的影响力等而视之，声称推翻"既定的"（established）先例是一种司法立法的行为。这里存在涉及基本技术性事项的完全思想混乱。司法过程的本质是就在审案件作出判决，仅此而已。一家法院没有合法权力让自己或任何其他法院——无论断案法官是不是原班人马——受制于未来不特定案件的判决过程。如果先例以具体判决的形式，或者以规则或原则的司法宣告形式得到遵循，那么此处所涉职权乃是适用先例的那家法院的职权。权力、判决和责任都完全归于那家法院自身，跟先前判决的指示毫不相干。另一方面，立法的本质在于它对未来政府事务——通常是未来的不特定事务，但也不尽然——的指导职能。法院将立法适用于案件，是出于鲜明且严格意义上的受强制状态，先例的影响力与之不可相提并论。

　　这里也许适宜简要重述我对于司法中的概括表述，即对于司法意见书里所表达的法律规则和法律原则的看法。这里我们再次见到有关法律的性质、有关法律领域若干主要技术性要素的常见思想混乱。似乎很多教师、法学家和评注者都认为，判决（而非附带意见）所宣布的规则和原则在被推翻之前都算"法律"。从这一前提出发，他们的技术旨在悉心区分判决和附带意见，并对这一机械的抽象化过程所生结果加以协调的系统化。在他们眼中，司法上认可的这些概括表述相当于立法，而后来"推翻［先例］的"司法意见相当于修正性的立法。我在我先前的评论中批判过这一谬论，并且指出司法过程和立法在产物和附带条件方面的本质区别。当然，就用语而言，法律的规则和原则都被称为"法律"。语言习惯已通过常见的转喻（metonymy）认可了这一称谓，正是转喻促进了词汇所含各种义项的持续传播。我再次强调，如果一套法律理论仅仅因为不同种类的事物拥有相同称谓，并且彼此具备一定的技术性关联，便把不同种类的事物混为一谈，那么这样的法律理论是在根基上站不住脚的。

　　那么，法律规则和法律原则的重要性何在？它们和任何科学、任何哲学或任何艺术的规则和原则有相同的功能。它们是思维工具，仅此而已。它们没有独断的意味，也没有威权的意味。它们是思维、记忆和沟通的有用器具（事实上是必要器具），仅此而已。就像词义一样，它们并不属于在本质上由政府官员产出的东西，而可以是选择设计它们的任何人所发明的东西。不仅仅是法官，任何人都能够创制一条法律规则或法律原则，而无论这条法律规则或法律原则是由法官设计的、学者设计的或是门外汉设计的，其有效性的唯一一检验标准就是它能够用作专业思维工具。只要一条规则正确地指示其范围内的一切政府活动，它就是有效的法律规则。只要它做不到这一点，它的有效性就是残缺的。与之相似，当且仅当法律原则准确地指示政府活动的原因时，它才是有效的。因此，从某种意义上来说，法律规则和法律原则一直是暂定的、不稳固的，因为政府活动及其原因千变万化，相关认识永无止境。自然科学的规则和原则，经过"发现"和实验证明之后，以前曾被很多科学家视为不可更改的（正如古人也曾宣称玛代人和波斯人的例不可更改①），现在则仅仅被认定为科学思想的暂定工具，随着知识的增长而始终有待改进或替换。在法律中一如在其他思想领域那样，概括表述（规则和原则）的创制和使用是自由的，不受政府专横命令的摆布，并且不断受到来自非官方层面的修正。

但是，司法上的概括表述，其权威性如何？它们拥有先例方面和作者职业声誉方面的价值，这是其司法宣告所特有的唯一价值。我之前关于先例效力的说法也适用于它们。与其他先例一样，它们具有的权威都是政府后来在其影响下开展活动时［具有］的权威。

司法过程还受到其他因素——习俗、惯例、共同的观念和信仰、所有的社会－政治压力和偏见，以及律师和法官特有的正义感、专业能力和个性——的影响。

这让我们注意到"法律"一词的另一种常见的专业用法。我们用它来表示影响法官判决的五花八门的历史材料——立法、判例、习俗、共同信仰、政治－社会观念等等。按我的理解，我昔日的老师比尔教授（Professor Joseph H. Beale）就是在这层意义上使用"法律"一词的。它指称我所谓的法律史。既往案件的法律是死的法律，但和所有历史一样可能对现在和将来的判决施加一定影响。

我的总结到此为止。这份总结不成体系，但大概也足够读者理解我对我们职业领域的看法了。我没有尝试描述我的哲学，因为这需要长篇大论，眼下没有这样的条件。但我还是提出了一番告诫。我相信，空谈在社会－政治生活中，在政府中多有弊端。现代社会生活可不简单，它纷繁复杂，并且是动态的、持续变化的。没有什么政府制度或社会制度是永恒真相，都不过是暂时约定俗成的东西（transient convention）。任何关于政府的哲学理论、任何政治信条或者社会信条、任何法律假定都是相对的、临时的。我不是要否认，某些法律公式和社会生活公式可能通行数个世纪甚至数个时代，但是新酒不断注入旧瓶，令法律鉴赏家萌生兴趣的正是任何特定时间的特殊内容和效果。有些哲学体系把生活及其目的置入整齐划一的、逻辑协调的体系之中，对居于统摄地位的单一至高原则的哲学必然性作出论断，寻求恒久不易的真理——这类哲学体系在我看来基于某些根本谬误，有的涉及人类智慧的性质和手段，有的涉及思维的工具，有的涉及社会生活事实和政府事实。无论这类哲学体系的纵横捭阖多么引人入胜，

---

① 典故出自《圣经·旧约·但以理书》6：15。——译者注

作为实务世界的影响因素，它们不仅是虚幻的，而且时常明显有害。通过广泛深入地研究我们那错综复杂、妙趣横生、非同小可的职业领域而创立的法律科学，其发展曾受到上述哲学体系的严重阻碍，于是，败坏的政府和人类的不幸也因为上述哲学体系而成为痼疾。事实上，具有高度人为色彩的欧洲法律哲学，通常更关注如何详述和维系作为目的本身的体系化理论，而不是密切了解生活事实和政府事实，并在各个治理层面改善社会。虽然危机四伏，但愿我们不久就能见证法律职业的大觉醒，认清法律职业为人类事业服务的可能性已然增加。

埃德温·W. 帕特森的自述①

哲学接管着无从解答的人生疑问。一旦某个问题能被"解决"，它就成为某门科学或特定学科的囊中之物，因为那些科学或学科拥有解答此类问题的习传技术。这种耳熟能详的哲学观有助于我理解法哲学。法哲学家致力于洞达一套运行着的法律体系中的各种假设，致力于探究法律与其他科学和学科之间的关系，以及法律与其他事实集合之间的关系。他还关注法律体系的内部秩序和功能发挥，这大约就是英美传统上的"法理学"（jurisprudence）的范围。但我在这篇短论中首要关注的是法律的外部关系。好一番抽丝剥茧后，法律的重要［外部］关系可被归入三大范畴：法律与政府的关系、法律与社会的关系以及法律与正义的关系。

当我深思熟虑之后，我从自己对法律问题的具体判断过程中，甄别出一些隐含着的（即我相信有所涉及的）概括物，这些概括物构成了我这里行之有效的法哲学。我的法哲学是支离破碎的，因为它所围绕的焦点比比皆是。我的法哲学是多元主义的，因为它不是从任何一组不证自明的真理中演绎出来的，它的观念所具有的形式一致性甚或内在相容性，只是影响其塑造过程的众多价值中的一种。从过去延传下来的某些行云流水般的法哲学体系，虽然时时令我心驰神往，但我没发现哪条"派系路线"是人们哪怕自担风险也必须采纳的。因此，我的法哲学的第三个特征是折中性，因为我把人类文化视作众多心智的产物，它们（如果不以任何其他方式的话）通过交往和历史传承的社会需要，不可避免地展开合作。我从这些异

---

① 译自 "Edwin W. Patterson," in *My Philosophy of Law*: *Credos of Sixteen American Scholars*, Published under the Direction of the Julius Rosenthal Foundation, Northwestern University, Boston Law Book Co., 1941, pp. 231 –243。第二译者：王诗凡（南京师范大学强化培养学院）。

彩纷呈的思想渊源中，不揣冒昧地采撷那些看起来最有利于探究法律的线索（正如前人已经做过的那样）。本文篇幅有限，我无法一一致谢。

法律与政府的关系，是前述三种外部关系中唯一在形式上不可或缺的关系。也就是说，有些法律可能是不公正的，有些法律可能不适应作为其假定运行环境的那个社会，但无论是正义、社会适应性还是人们的实际遵守，对于某样东西是不是法律而言皆非必备要件。为了谈论法律，同时也期待着与法律专家交流观点，我是在大多数专家所理解的那种意义上使用法律一词的。简言之，对法律的某种界定，表达着对其特征的某种有效遴选。律师和法官最一致坚持的传统法律观，认为法律是关于人类行为的一套相互关联的规则和原则之总和，它们由政府（国家）规定，具有在其权力范围内强制施行的潜在可能性。任何一项这样的规则或原则（我将其简称为"规范"），都是一条法律或法律主张。一条法律是对行为的一种概括；一般性（generality）既是法律的传统要件，也是法律的有用要件。法律必须能够在某种程度上，指引不确定数量的情况下的人类行为；一项"特定的"命令不是法律。法律如此规定或指示的"人类行为"，要么是官方行为，要么是非官方行为。按照律师所持有的最严格的法律观，法律是对官员的指引，非官方行为只是作为暗含法律后果的一部分关键事实，而这些法律后果最终可以用官方行为（包括作为或不作为）表示出来。对外行人来说，这种假设的官方行为规范，似乎是（如果他有所了解的话）一种禁令或是命令。因此，一部刑法典中的假设规范可能是："杀人者带有事先的谋划和恶意的，应处以死刑或无期徒刑。"对外行人而言，这是对谋杀的禁令。法律中的其他地方还存在这一规范的例外规定（包括假释、缓刑、允许陪审团基于非法同情而宣告无罪），但这并不使关于法律条文的前述理解归于无效，因为我不认为哪条指南在一切个案中都是充分且排他的。出于实用的原因，律师们确以这类方式对法律作出分项列举或分解表述。

我不试图用这里提议的定义来封堵一切新出现的因素，倒是能够通过说明我所使用的"法律"一词不是什么，在当前语境下指出其蕴义。法律不等于政府活动，也不等于官方行为，因为我们可以追问"政府活动是否依法进行？"——这个问题十分重要，而且可以通过种种情况的有益均衡予以回答。同样，强制施行也并非法律的本质属性，因为未强制施行的法律仍被视为法律（至少在美国如此），而"该法律在何种程度上得到强制施行？"这一问题似乎不难理解且有所用心。再者，法律不同于普通行为，不同于习惯，不同于风俗。"法律是一种'制度'"这个说法是一种修辞。法律受到多种制度的影响；并且法律就取决于这些制度当中的一种，即政府。

由于新近产生的一种约定俗成的分工，法哲学家将关于"政府"、"国家"或"主权"等概念的探索工作，留给了政治哲学家、人类学家或愿意接活的任何其他人。人们的法哲学因此被掐头去尾，而且令人遗憾的是，法学院中的法律研习也有所限缩。本文所说的政府是指一种制度、一群互动着的官员，其掌握着某种"政治"权威——我希望读者能将政府与产业公司或阿尔·卡彭的黑帮（Al Capone' gang）区分开，后两者都在不同方面具备政府的某些属性。事实性的政府概念，即大多数居民习惯于服从的那群有组织的个人（改述自奥斯丁），与其他政府概念相比在我看来无可厚非。一种伦理意义上的国家概念，或可作为边缘情况中的一种推定。因此，如果必须说说这样一个问题，即由国家许可但非由官方管理的私营公司的内部章程（bylaws）是不是"法律"，那么（除了我本人对律师们传统观点的推断之外）我要拿格雷（Gray）的以下结论作为一条理据，即国家授权并批准公司创办人为其自身的有限目标而制定内部章程，但国家并不把那些目标作为自己的目标。有一条上佳理据，促使我们在法律与其他社会团体（诸如私营公司、棒球联盟等）的规则或习惯之间划清界限，即政府最有可能为了公众福祉或共同善，而在一定范围内运用权力。

在法律与社会的关系中，法律既是原因又是后果。我所谓"社会"是指，在一个庞大的、固定的、异质的群体中生活着的人的总和，以及他们之间的互动模式和关系模式。若没有社会，则法律不会存在；许多法律的内容受到是非观念（或关于善的观念）的决定或者明显影响，而是非观念（或关于善的观念）构成社会的一部分。然而，是非观念以及社会中的行为模式，不仅在一定程度上是法律的原因，也在一定程度上是法律的结果。诸如私有财产和婚姻之类的社会制度，在一定程度上乃是漫长的法律秩序的产物。将财产制度或婚姻制度称为"法律"，就等于将法律同其成因或其结果混为一谈。

就法律而言，关于社会的最重要的事实就是，社会中的人们不仅在其行为方面五花八门，在其情感、满足和不满方面也是形形色色。在我看来，社会上任意两个人竟然拥有完全相同偏好的概率，不啻（某位数学家已经算出的那样）猩猩随意敲击打字机而竟打出最新版《大英百科全书》

的概率。显然，若不列举导致社会冲突的那些相异特征的范畴，数学计算就无法进行。我无意准备一份这样的清单。各种心理特征的清单，必定远长于遗传理论通常讨论的生物学特征（如头发的颜色、眼睛的颜色）的清单。在一定时期的不同个体之间，以及同一个体的不同时期之间，任何具体特征的显示度都千差万别。现在我并不假定这些个体差异是在生物学意义上被决定的；但我也不能在说明这些个体差异的时候，假定它们完全是由（我们知道如何加以控制的）社会影响力或其他环境影响力所决定的。因此，我将它们视为人类共同生活所涉难题中固有的东西，视为社会控制难题中的必然事实。每一代人都重新提出那些关乎己身的难题。看来，无摩擦的乌托邦在科学上是不可能的。社会上个体之间的摩擦或冲突，也归因于资源匮乏这一事实。每个人都为了自身的满足而奋斗，这导致在同一时空下渴求同一事物的个体之间产生冲突。这些社会冲突的倾向，为包含法律在内的社会控制设定了难题。

（正如我所做的那样）从某种基本人性观出发的法哲学家遇到的一大麻烦是，他们急于证明法律秩序的可能性，因而他们假定人类是极为显著的社会动物，以至于我们心生疑惑：这么完美的动物王国何以需要法律？抑或他们急于表明法律的必要性，因而他们证明人类极为孤僻和反社会，以至于令我们费解的是，法律怎么可能在这种野蛮人中发展起来。所以我立刻要补充一点，即人类没有任何单一特征或属性可用于解释人类的法律。人是理性动物、社会动物、政治动物；但他也是爱玩的动物、好斗的动物、性情的动物。人在社会中的行为，表现出其他许多对法律颇有意义的特征：对他人的模仿、渴望得到他人认可、对他人的同情等等。此外，还须加上一大堆从生到死制约着人类行为的文化影响因素（或环境影响因素），这些因素往往削弱个体多样性的结果。人类幼年期的漫长，致使个体和物种的存续取决于家庭或某种相似的控制形式。人类的社交欲，以及协同努力所缔造的发达社会的文化优势（包括从交响乐到"新天地汽车"的一切），提供了进一步的社会交往激励。

然而，我要回到个体多样性这一重要事实。其他人不赞同我，或者其他人的偏好有别于我的偏好，我并不惊讶。相反，令我稍感惊奇的是，（政府、家庭、学校、教会等）社会制度竟然能够如此有力地减少冲突，并使实现社会生活中的满足感成为可能。所有的法律都是妥协；法律之发挥其最起码的功能，是通过担当指示如下事情的妥协公式，即个体为了保障或扩展其对个体满足的追求，必须在何种情况下或在何种程度上作出牺性。任何法律令人满意的程度，不仅受制于服从法律者的个体偏好，还受制于法律创制者的个体偏好。个体多样性的概念，导致我们对他人诡异偏好的宽容。在我所说的那种异质社会中，这种宽容是美德。它因此促成"个体自由"。我视之为中间目的而非终极目的，但我认为当前的各种社会理论并未充分强调这一目的。

人皆具有的但又大相径庭的两个特征，有助于我理解（我所界定的）法律何以成为社会控制的有用工具。一个特征是，人类能够表述并交流概括命题、作出推论以及理解和运用他人的交流信息。我将其称为作出推理的能力（capacity for reasoning），并希望读者不会把它跟"正确的理性"（right reason）混为一谈，后者通常用来指代不特定数量的高尚属性。作为一种规范性概括命题的法律，是有效且经济的社会控制方法。它之所以有效，是因为它能够最大限度地利用那些智艺超绝且尽心立法之人的才华；它若步入佳境，有可能成为一种智慧大生产。它之所以经济，是因为它限缩了个体判断的因素，并减少了作出司法判决或行政决定的必要时间和精力。如果你怀疑这一点，"去问问判决（或决定）的作出者吧"。对外行人来说，相较于一系列具体命令，（在向外行传达了法律的情况下）法律也是影响行为的更经济的方法。于是，红灯也比交警更经济。

努力将所有法律简化为红绿灯规则，这在目前值得肯定，因为它绝未穷尽其有益可能性，但它绝不会完全成功，因为人还有另一种能力，不妨称之为趋向正义的能力（capacity for justice）。尽管我给不出这种能力的"定义"，但我认为我能够甄别它的一些后果，其中之一就是感到个体主张之间的（实际或潜在）冲突应以公正平等的方法来解决。作为概括物的法律往往满足于这种感觉，否则我就无法理解，人类在一切有记载的历史中，为何总把他们的法律镌刻在石头上或铭记在其他永久记录中。在此意义上，就连不动产规则都是达至正义的工具。同样在此意义上，就连外行人几乎毫不知情的那部分法律也是达至正义的工具。关于准合同的法律便是一例。我从未听说有人故意实施或回避准合同的委托。然而，既然这套法律为出现的争端提供了公正解决的指引，它就是社会控制的工具和达至正义的工具。

趋向正义的能力，不限于要求法律之下的公正平等。人们（当然是在不同程度上）能够思量、反省和感受某一特定主张的公平性或者是非曲直，并且可以撇开法律提供的指导而就其是非曲直形成信念。由此，红绿灯规则常常引起行政人员和外行们的不满，并且随着法律后果在实践中越发有力地影响到个体，不满情绪也在升温。这个问题至少与亚里士多德对制定法和"衡平"的界分同样古老，并且它要求法律制定者与法律适用者不断保持警惕。我们判例法的律令的无组织性，在普通法这部分提供了足够的灵活性，尽管实际判决中未必加以利用。

但是，法律与正义的一般关系不易讨论，因为关于正义，我找不到既令人满意又可言传的含义。也许，正义是一个人努力传达他对于人类行为的所有概括论断之后，剩下来的玄妙东西或神秘东西。无论如何，对我而言，正义并不是指可用来检验政治性法律的理想准则。将正义理解为心智的一种属性或品质，似乎最适合于关乎法律的用法语境。于是，不公正的判决就是不受以下两方面指引或决定的判决，一方面是公平感，另一方面是对某主张的全部依据的考量。（外行人的）不公正行为在含义上与之相似。这一基本含义解释了其他惯例。这样，不公正的法律就是导致不公正判决或不公正行为的法律。正义不应与法律画上等号，不公正的法律仍然是法律；另一方面，法律不能仅仅由于它是法律而具有公正性。在一定社会中最大程度地实现正义，要通过发展外行成员的正义感，通过制定那些根据其目的和技术手段最有利于公正审判的法律，以及通过人事任免而使善意之人担任公职。有效的正义不仅包括善意。对于手段和目的的明达预见，虽是人的一项可用于正道亦可用于邪道的单独能力，但有效的正义包含这种预见。正义几乎已经退出当代的法学讨论，其原因之一是热忱的神秘主义者们使其简直包罗万象，从而几乎不伦不类。

因此，正义并不就是法律的目的，或政府的目的，或社会的目的。我想，法律、政府和社会的最终目的是相同的，但各有各的中间目的。尤其就法律而言，在指引实践时，（可能彼此冲突的）各种中间目的比各种最终目的更加紧要。务实的立法者（法官更是如此）鲜有理由在促进下列目标的最大化实现之间作出选择：个体的幸福，善的生活，人类文化的不断改善，人类种族的完善。任何优秀的立法都可能在一定程度上促成所有这些目的。诚然，社会立法的兴起——它轻视传统意义上的责任美德和审慎美德——已经引发关于社会计划之最终目标的种种疑问，而自由放任的国家可能在很大程度上未加考虑。然而，通常来说，无论是在法律创制领域中，还是在司法官员和行政官员获准的自由裁量这一更窄范围内，法律的伦理难题都要求在社会的各种中间目的之间作出选择，而那些目的又受制于政府的有效手段。所以，我的法哲学并不是有关完美社会的天启愿景；我的法哲学的构成要素，是我在关注实定法与政府、与社会、与正义的伦理关系和因果关系时，所得到的那些反复出现的见解。

罗斯科·庞德的自述①

我认为，在一定意义上，法律是在具有政治组织的发达社会中的、高度专门化的社会控制形式，即通过系统且有序地运用这种社会的力量而进行的一种社会控制。在这种意义上，法律是一种体制，一种被我们称为法律秩序的体制。不过，这种体制之所以按照系统且有序的方式运行，是因为存在一套权威的裁判理由或裁判指南，它们可以充当裁判规则，可以充当行为的规则或指南，也可以充当预测官方行动的基础，或者它们可以被坏人——坏人的态度被大法官霍姆斯先生当作一种检验标准——视为官方采取行动的威胁从而必须在作为或不作为之前加以考虑。此外，它通过司法过程和行政过程得到施行（这两种过程也被冠以法律之名），即通过参照各种广为信受故而具有权威性的理想，运用一套广为信受故而具有权威性的技术，来发展和适用权威性的裁判理由或裁判指南。体系－秩序－可预测性的理念，蕴藏在"法律"一词（分析法学家们所称"法律"的一切类比用法）的每种被赋予的含义背后，蕴藏在该词的每次应用背后，直到近来专制主义观念甚嚣尘上，这类观念会用"法律"指称具有政治组织之社会的权力驾驭者的所作所为，而且这样指称仅仅是因为事情是他们做的，不计较他们的行事方式。

因此，当一个人扪心自问，法律的任务是什么，该体制的目的何在（该体制由具有政治组织的社会来维持，借助司法过程和行政过程来调整关系和规范行为，并通过运用一套广为认可或牢固确立的、在权威理想之下根据权威技术来适用的律令而得以施行）时——当一个人扪心自问，整个这套复杂机制所为何事时，答案一定是这样的：不管出于何种目的，那目的乃是社会控制的目的，而前述三种含义上的法律正是社会控制的专门化形式。这个问题尽管难以作答，而且无论哪种答案都寓意深远，但我们不可忽视这个问题。毕竟，传统上确立起来的关于该问题答案的公认观念，是广为信受的纠纷裁判理由或裁判指南中的重要事项，而且决定着法律推理出发点的选择、法律律令的解释和法律标准的适用。

① 译自 "Roscoe Pound," in *My Philosophy of Law*: *Credos of Sixteen American Scholars*, Published under the Direction of the Julius Rosenthal Foundation, Northwestern University, Boston Law Book Co., 1941, pp. 249–262。第二译者：杨程（南京师范大学强化培养学院）。

当今盛行的一种基于康德认识论的哲学思想，说我们回答不了这个问题。的确，我们没有能力在绝对意义上作出回答。不过，法律就其全部含义而言都是实践问题（practical matter）。如果说我们给出的答案并不是对一切人都有绝对的可论证性，也不是对哲学家有完全的说服力，这并不意味着我们不可以对我们试图所做之事形成健全且可行的蓝图，也不意味着我们不可能以健全且切实的方式接近我们力求达成之事。倘若我们要求现象与理论完全对应，那么很多实践活动就其假设而言都经不起逻辑上的批判性审视，但那些实践活动很好地满足了各自的实际目的。如果说按照当下的教导，我们生活在一个弯曲的宇宙中，这里没有平面，没有直线，没有直角，也没有垂线，这并不意味着我们必须放弃那种基于此类假设而奏效的测量工作。如果说我们不能严密论证法律秩序在实践中指向的目的，如果说我们不能完全达到那个目的，那么，文明的历史表明，我们可以在实际上不断接近那个目的，而正因为这种实际的接近，法律秩序和那套权威性的裁判理由或裁判指南才得以发展和维持。

在文明社会中，我们正在设法从事并且必须从事的工作，就是在世界上调整关系和规范行为，而这个世界上的生存物资、自由活动范围、自由活动的对象是有限的，对这些物资和对象的需求又是无限的。对人们奋力满足自身需求的活动加以规范，从而能够以最少的摩擦和浪费来尽量满足整体的需求格局，这不仅是立法者、法官和法学家孜孜以求的事情，也被哲学家以这样那样的方式称为我们的本分。合乎自然的或者以理性为尺度的生活（也就是说，生活合乎这样一种理想，即完善之人各得其所、相互礼让），依照一种给每人提供最大自由活动范围的普遍法则来协调自由人在行动时的意志，协调惯常所谓行动中的本能，缔造最大化的幸福，在兼顾一切人需要的同时满足每个人的需要——这些不同的说法都在描述法院和法律人拟以实践方式完成的实践任务，该任务的出现可以追溯到这样的时期，即社会的政治组织之崛起催生了作为有组织社会控制代理人的法院和法律人。

如果我们像法律人必须做的那样，按照功能视角联系法律的目的来看待全部意义上的法律，既然法律的目的终究是社会控制的目的，那么我们的法律科学不可能是自足的。伦理学涉及与法律秩序多有版图重叠的另一巨大的社会控制运行领域，且就法律律令的应然面貌和应然结果向我们作出谆谆教诲。法律在调整关系的过程中，必须不断设法达到安全和个人生活之间的平衡，而安全是（作为另一门社会科学主题的）经济秩序在一定程度上的要求。我们不能在法律科学中忽略它，但正如曾有些人设法使法理学并入伦理学，现在一些人同样失之偏颇地将全部意义上的法律中的一切归诸经济学。此外存在政治科学。既然法律秩序是经由具备政治组织的社会推行社会控制的体制，我们就不能忽视这门将我们对于此类社会的认识加以组织的科学，尽管英语世界的法学家在解释法律史和说明法律制度的时候，每每夸大政治科学的重要性。社会学进入方法论已有时日，比较热心于发展其独特方法来论证自己是一门独特的科学，而不那么热心于组织我们对人类联合体（human association）现象的认识。但是，社会科学在一代人之前对法律作出巨大贡献，如今尤其渴望在所谓社会心理学的领域再创辉煌。史学不应被忽视。文明史多有镜鉴，使我们知晓法律的运行如何维持和增进文明，法律如何脱胎于文明，法律经过怎样的调试以适应种种新型文明，或许也告诉我们法律是如何时常阻碍文明的，正如法律在其他时候增进文明一样。最后要说说博大精深的心理学，它不仅揭示我们必须致力于协调或调整的主张和需求，还揭示我们要设法规范的行为的基础，以及司法过程、行政过程、立法过程的深层基础，而这些法律过程维持着法律秩序，作为法律过程指南的律令也在这些过程中得到设计和表述。

自罗马时代以降，哲学一直被承认为法学家不可或缺的东西，只有19世纪的分析法学家是例外。误用哲学以构建理想中放之四海而皆准的法律律令体系，这种情形在法学思想史上多有发生。但哲学有一项头等重要的使命，即对那套权威性的裁判理由和裁判指南中的理想元素加以组织和批判。一旦哲学试图有所僭越，一方面为所有时空提供一套普适方案或者各种绝对的出发点或航行图，另一方面告诉我们，我们只可静观某一理念依其固有力量（或者合乎固定法则的发展轨迹）的展开，这种展开就像行星旋转一样超出我们的控制，或者告诉我们，我们必定困囿于乱七八糟不可化约的二律背反之中，唯有静候事物的自行运转——一旦遇到这种情况，法律人就明白不宜继续依从哲学家，要立足于理性所发展之经验和经验所验证之理性而砥砺前行。17、18世纪的哲学法理学认为，单纯运用理性即可达成法律科学中的一切东西。那时哲学是法学家的唯一必备工具。19世纪的形而上学法理学认为，哲学能够论证那种在法律发展或法律进化轨迹中不断自我实现的理念，但在向我们展示这些必由之路后，哲学便失去用处。当今的不少法哲学同样确信，在使全部意义上的法律有所改进方面，我们难有显明贡献。这些"消极避世的"（give-it-up）哲学及其导致或助长的法律怀疑论，仍可对各种法哲学有所助益。但它们不会像哲学法理学那样有用。

在 19 世纪，法学家们主要关心三个问题：法律的性质、法律史解释以及法律和道德的关系。

关于法律的本质，在我看来，我们的困难在于大家在不同意义上使用这同一词语〔即"law"〕。在欧陆语言中与"law"对应的单词，有着我们无法用单一英文词表达的含义，而且传达了一种我们难于领会的观念，我们只能以"right-plus-law"或"what-is-right-backed-by-law"之类的蹩脚措辞加以表示。但如果我们批判性地阅读英语书籍，我们很快会认识到，"law"可以指我在开篇提到的三种事物中的任何一种，于是，有些书是在讨论法律秩序的性质，有些书是在讨论那套权威性裁判理由或裁判指南的性质，还有些书是在讨论审判过程或行政过程，并且假定关于其中一者的理论当然适用于另两者。另外，法学家所用〔"law"〕的最古老含义，即（直到康德时代通常考虑的是）权威性的裁判指南体系和（康德以来一般被认为是）行为规则体系，乃是复合物。"law"不像边沁以为的那样是法律（亦即严格意义上的规则）的集合，例如刑法典的条款；相反，"law"的构成要素包括律令、将律令加以发展和运用律令的权威性技术、一套广为信受的理想，并且后者关乎法律秩序的目的或目标，因而关乎法律律令的应然面貌和应然适用方法。这些广为信受的理想跟承袭下来的律令同样权威，并且通常比规则顽固得多，也显然比规则更加长久，而规则乃是 19 世纪分析法学家唯一入眼的东西。

但不只如此。第二种意义上的法律中的律令元素至少有四种成分：严格意义上的规则、原则、界定概念的律令、规定标准的律令。如果说我们可以把以上这些称为广义的规则，那么，在司法中发挥重要作用的概念和标准，在任何意义上都不算规则。事实上，人们试图将正当法律程序的标准简化为类似财产规则的规则体系，美国宪法已大受其害。

我所说的规则是指这样一类律令，它们把明确而具体的法律后果施加于明确而具体的事态或事实情境上。这类规则是古代法典的主要内容，如今主要见于刑法、商法和财产法中。

我所说的原则是指法律推理的权威出发点。原则并不把明确而具体的后果施加于任何明确的、远非具体的事态或事实情境上。如果出现一种不受精确规则支配的情境，要求考虑应予创制何种相应条文，此时原则就提供了推理的基础。我所说的法律概念是指经过权威界定的、可供案件归类的范畴，从而一定的规则、原则和标准变得可以适用。我们立刻会想到信托、买卖、寄托之类的事务。法律标准是经过界定的、有待根据个案情形适用的行为尺度，其要求一旦突破标准界限则须就损害结果承担责任。这里没有规定明确的事态，也没有规定明确而具体的后果。例如，适当注意的标准、受托人得体行为的标准、公用事业的合理便利标准。

一旦认识到我们力图用"law"这一个词涵盖多么丰富的内容，我们就会明白19世纪关于法律性质的讨论为何大多乏善可陈。

随着19世纪那般崇尚历史的时代成为过往，法律史解释便不再被视为法律科学的关键，现已崛起的经济学和心理学提供了替代性的普遍解决方案。至于法律与道德的关系，我们还是不得不跟一词多义的用法造成的困难进行斗争，由于作者不作区分，上下文的情境也就未作区分。但我们论及法律和道德的关系时，可能是指法律秩序与一定时空下广为信受的伦理习俗体系之间的关系，或者法律秩序与未在任何地方实际流行的、由思辨而非观察得出的、有关应然行为的有组织原则体系之间的关系。或者我们可能是指，那套广为信受的裁判理由或裁判指南与被称为"morals"的以上某种或两种东西之间的关系。或者我们可能是指，司法过程或/和行政过程与人们用"morals"一词指称的某种或两种东西之间的关系。并非危言耸听的是，我们可能在努力推论"法律"的三种含义同"道德"的两种含义之间的关系，仿佛关系的双方都有唯一的概念（正如有着唯一的用词那样）。我们能说的是，若为方便起见，我们把那套广为信受的伦理习俗看作"morality"，把那套思辨原则看作"morals"，那么，"morality"或"morals"以及任何一种意义上的"law"都是社会控制的手段。它们所涵盖的范围有部分重叠，在那共有区域内，它们实际上或者应当相辅相成。它们还在一定程度上各自处理专属领域的事项，但在各自领域内也可能或实际上相互影响。不过，在这番笼统说法之外，人们总归要区分"道德"的不同含义和"法律"的不同含义。

如今，依我之见，法学家面临的最重要的问题是利益理论。法律体系通过以下方式达成法律秩序的目的：（1）承认一定的个人利益、公共利益和社会利益；（2）界定一个范围，这些利益据此获得法律承认并由法律律令予以推行；（3）努力保障那些在所定范围内获得承认的利益。为本文讨论之便，我将把利益界定为人类在个体状态、集体状态、联合体状态或亲属关系中力图满足的，因而规范人类关系之时必加考量的要求或请求。有必要对此作出心理学论述，但我们必须避开集体心理学上有争议的问题。

利益不是集体的要求或请求，而是人们为在集体、联合体和亲属关系中（或许应当说是通过集体、联合体和亲属关系）满足特定要求或请求而奋发的状态。法律秩序或法律并不创造这些利益。自然状态和自然权利理论的旧观念，倒是极好地蕴含着此处的道理，即纵然只存在法律秩序之外的其他某种社会控制形式，纵然缺失权威性的行为指南或裁判指南，前述意义上的利益依旧存在。为奋力满足人的需求，个人之间展开竞争，集体或团体之间展开竞争，个人与集体或团体之间也展开竞争，利益的冲突或竞争便应运而生。可以说，法律并未创造这些利益，而是将其分门别类并或多或少地予以承认。此外，法律还界定了这些获得承认的利益的未来生效范围。法律在这样做的时候可能参照其他利益，这些其他利益可能通过以下方式获得直接的承认和限制或保障，例如，通过创设一项可以经由普通法诉讼（action at law）实施的法律权利，或通过一种法定权力（比方说妻子有权为了获取必需品而拿丈夫的信用作担保），从而这种权利或权力的范围必须固定。例如，名誉权受到私密谈话（confidential communication）特权的限制，妻子的前述权力局限于夫妻分居且妻子无过错的情况。或者，法律在给予获得承认的利益的未来生效范围时，可能参照那些（仅仅通过限定获得明确承认的利益而）得到间接承认的其他利益作出限制。例如，在普通法中，儿童的利益通过限制父亲的惩戒特权而得到间接承认。或者，获得法律承认的利益的生效范围，可能参照通过法律秩序加以有效保障的可能性而有限制。接下来，法律秩序便想方设法保障那些得到承认且在一定限度内的利益。

因此，我们在确定法律体系的广延和主题时，必须考虑五件事：（1）我们必须对迫切要求承认的利益列出清单，并且对它们进行概括和分类；（2）我们必须选择和决定应由法律承认并努力加以保障的利益；（3）我们必须确定对于所选利益加以保障的范围——例如，这是间接的联合抵制（secondary boycott）的全部问题之所在；（4）我们必须考虑法律可利用哪些手段保障那些获得承认和界定的利益，也就是说，我们必须考量对这样一类有效法律行为所作的限制，其可能阻却我们在其他场合力求保障的那些利益的完全承认或完全保障，例如涉及夫妻相互制约的配偶权（consortium）的情形；（5）有鉴于此，我们必须厘定利益评价的诸原则。这些原则的首要意义在于判定应予承认的利益，换言之，在于选择有待承认的利益。但我们也必须用这些原则来确定业已承认的利益的保障范围，确定利益保障的手段，并且权衡一定情况下有效法律行为所受的实际限制。

如今，据说不可能找到诸价值的单一尺度。但人们终将使用像这样的某种尺度，毕竟在过去法律发展的不同阶段使用过不同的价值尺度。何况如前所述，一种实用的价值尺度早已启用，并且卓有成效。一旦法院和立法者离弃该价值尺度，转而遵循某些并不根据科学所阐发的经验的哲学理论，种种难题就浮出水面。上一代的执业律师明显领先于法学家，如果我们按照过去三十年间的法律走向来判断前者的实践和后者的理论。为解决此类难题，在探寻具体案件的有效处理时，对经验作出科学审视，并且慎用一般论断和普遍公式（尽管当其背后有足够的具体观察作支撑时，这些东西也可派上用场）——此乃英美法的方法（如果这算不上法理学方法的话），正是这套方法使得英美法能够畅行天下。如果我们倾向于嘲笑执业律师，那么让我们牢记威廉·詹姆斯的忠告：某一主题的最恶劣的敌人便是该主题的教授们。

马克斯·雷丁的自述①

我拟在此讨论法价值学。

撰述伦理学史的一位杰出人物曾言，要以理所应当赢得普遍接受的方式界定伦理学的主题，并非易事。在界定法律的事情上恐怕更难达成共识，但幸运的是，无论法律的主题其范围有多大，毕竟存在一种辨别行为合法与否的明确方式。如果特定的官员判定行为合法或者违法，那么该行为便是合法的或者违法的，而那些官员主要是出任各级法官（judges、justices、magistrates）的人，但也在次要方面包括（被要求在其活动过程中作出此类判断的）大量行政官员。关于行为"合法"还是"违法"的判断，不是一种单纯相互对立的判断，而是一种非黑即白的判断。但凡不违法的便是合法的。此类判断的形式是：某些人当为或不当为某事［命令］，或者可为或可不为某事［授权］。

如果法学要构成一门科学，该科学就必须处理法律素材，因此就必须关注那些涉及命令或授权的判断，而伦理学正是一门这样的科学。不过，在大多数有组织的社会中，我们能够立刻辨认法律判断的作出者，而道德

---

① 译自 "Max Radin," in *My Philosophy of Law*: *Credos of Sixteen American Scholars*, Published under the Direction of the Julius Rosenthal Foundation, Northwestern University, Boston Law Book Co., 1941, pp. 287 – 306。第二译者：李炎达（南京师范大学强化培养学院）。

判断的作出者往往很难建立自己在这方面的权威性。

伦理判断和法律判断都使用"应当"和"可以"。也就是说，它们在评价人类行为。"应当"一词用于断定做某事优于不做某事。"可以"一词用于断定做与不做具有同等价值。因此，伦理学和法学不同于经济学、社会学、心理学等关于人类行为的科学，后面这些科学致力于描述和分析行为。在很大程度上，以及在众多社会类型中（无论其组织形式与我们相同抑或迥异），伦理评价和法律评价是一致的；法律判断的作出与道德判断的作出，集于同一批人。在中世纪的教会，在古代的犹太人社会，以及在至少处于特定发展阶段的许多伊斯兰社会和华人社会，情况正是如此。

如果法律判断和伦理判断产生分歧，如果法律许可的事情在道德层面应受谴责，或者不法之事获得道德的采纳甚或恰由道德所强求，我们便可以确定，法官们——法律判断的主要作出者——尽管装作无动于衷，其实心知肚明，而且在伦理判断和法律判断之间，任何彰彰在目或者旷日持久的分歧都不可容忍。

这是因为伦理评价和法律评价的一大来源，乃是现有的人类行为模式，该模式在心理学、社会学、经济学等前述科学中是一种既定事实。由具备教义性质的权威声明所创设的东西，或由不同于现有行为模式的、得到一定采纳的社会标准所创设的东西，在补充上述来源，有时也在违背上述来源。例如，在我们的社会中，法律和伦理对性行为的评价标准，都源自一种带有强烈禁欲色彩的基督教教义。该教义在社会运作中未得到完全反映，而且在西方不同社会阶层的不同历史时期，该教义在与社会运作形成强烈对比的同时，依旧全力要求成为最终判断标准。

伦理判断和法律判断的区别可以说首先在于，前者由不确定的人群作出，它们维护着出于这样那样的理由而具有权威性的传统信条，后者由特定的官员作出，它们被创设出来主要就是为了作出法律判断的。

二者的区别还在于，法律判断可能或多或少地牵扯某些治安官员（警察、行政司法官、法警）的行动，而单纯的伦理判断则不会产生这种后果。该事实并不能在逻辑层面成为区分法律判断与伦理判断的手段，除非明显将未经证实的问题视同真实来进行辩论（petitio principii），但是我们在实践中必须顾及该事实，因为如下考量有时会在疑难案件中指引着法官，即法律判断一经作出，警务活动就可能随之登场。如果他们不希望出现这种结果，那么，他们在疑难案件中就可能有理由拒绝作出特定的法律判断。

因此，即便我们仍对区分法律评价（法律判断）与道德评价（道德判断）的理论基础感到云里雾里，如何在实践中区分二者的问题其实也不难解决。然而，我们如果面临着对法律判断加以预测的难题（此乃根本的法律难题），就还是必须检验前述理论基础。

毕竟，预测乃是大多数科学的首要目的，只有植物分类学或动物分类学等科学除外，它们单纯致力于静态事实的有序排列。关于既往法律判决以及法官已用法律准则的这种分类法（亦即有序排列），占去了律师的大部分精力。但研究此种分类法不是为了其本身，不是出于崇尚秩序的激情，不是为了求得秩序和体系所产生的怡人情感，甚至不是出于记忆术的目的，尽管按照层级分组排列有助于保持记忆。

将此类法律资料（亦即既往判决和已用准则）加以有序排列，专为在新产生的争议事项中预测未来的法律判断。我们知道，我们所用的法律分类法同样为法院所采用（或很可能为其采用），我们也知道，使预期判决契合这种分类法的需要，将会强有力地规定着判决所表达的评价。

但是，那种需要不会占据完全支配性的地位。既然法官本身就是社会中的一员，那么法律判断（或法律评价）将在很大程度上由公认的社会运作准则来决定。他可能不得不根据他所了解的行为模式去建构这些准则，但一般来说，他把他极为熟悉的那个社群中通行的某些信念和原则，作为现成的东西直接拿来。我想在后面更详细地阐述其中一种信念，即相信（作为所谓正义要素之一的）人类通常禀有的仁慈或友善的重要性。

既往的法律判断和获得承认的法律准则，当年都源于概括社会模式并适用公认社会原则的那个过程，有鉴于此，作为法律主题的那种人类行为，除了程序本身的技术性之外，显然根本不是源自法律活动，并且一般不产生间接或直接的法律后果。当然，其中某类行为确实招致法律后果，譬如办理抵押或认可契据或收养儿童，但即使在此类情况中，人们真正想要的最终结果也是一种社会层面或经济层面的变化，并且这一最终结果的事实有助于塑造法律后果本身。

但是就大多数情况而言，法律判断所评价的行为在发生之时，行为人完全没有预料到行为将要经受法律评价，也没有为此可能性作出调整。大多数的人类行为完全避开了法律评价，因为大多数行为出于惯例。大多数的人类行为遵循着某种社会模式，诚然，后者纵使在既定的社会中也因群体而异，但毕竟是相当明确和众所周知的东西。而既然过去的和预测的法律判断都直接或间接源于该社会模式，那么也可以说，我们能够毫无疑义地承认的所有法律（只有法律判断才被毫无疑义地承认为法律）都是这样产生的。这意味着，就人类的绝大多数行为而言，预测极有可能是正确的，因此无须费心加以确证。

但如果行为或多或少偏离了惯例，那么预测就不再可靠了。因此，这种预测很可能就需要确证，这意味着将对其作出法律判断。被评价的行为如果是例外情形，如果脱离了较为常见的模式或惯例，或可称之为"临界情形"，因为它通常接近一定模式的边缘。评价的理论依据是，行为明显属于边缘某侧的某种模式，或明显属于先前确立的模式中的某种可识别部分，而评价的陈述倾向于忽略行为本身的例外性或独特性。

因此，法律科学就是有条理地审视所有影响社会行为的材料，这使我们能够预测法官在面对某种略微偏离寻常模式的行为时，将会作出何种命令型或授权型的评价。行为越是非同寻常，预测越会困难重重。然而，这并不意味着预测乃是天方夜谭，或者完全始料不及。法官总跟预测者同属某一社群，并且至少某些决定预测的因素，是该社群中的任何成员都能习得的。尽管如此，法律那赫然在目的不确定性是由于难以预知如下事情：若某一行为可以顺利纳入若干相邻模式或相关模式中的任何一种，那么某种独特的心性将在某个独特时刻根据其中哪种模式来评价该行为？

我们必须补充的事实是，那些预测判决的人也在助力判决的形成，并且预测者的这种参与度因人而异。

这绝不是英美法系或普通法系的特点，也不涉及为了支持所谓包罗万象的法典而运用先例或否决先例的做法。每个有组织社会的体系中都存在法官，因为必须有人从"应当"或"可以"的层面去评价行为，而且这种评价将会引发警务活动。人们在预判法官行为之时同样会遇到难题，即如果待审行为逾越了通常模式，那么法官将对争议事项作出何种宣告；即使法官声称完全依据制定法中所表述的法律准则，也无济于事。倘若法官很少查阅制定法，并且几乎完全遵从自己通过钻研既往判决而得出的准则，那么，人们就算基于法官的那套考虑因素作出预测，法官判决的可预测性仍将面临或大或小的困难。

"法律"和"法律研究"这两个术语通常用于法律的故纸堆，亦即既往的法律判断和广为接受的准则（无论是否编纂为法典），但我们万不可因为以上事实而产生误解，竟以为法律的故纸堆其实才是对人类行为有意义的"法律本身"。法律的故纸堆是协助预测法律判决的重要因素，但它对此只是部分有效，而且就其本身来说，它只是一堆历史文献，唯有运用各种历史研究方法才能加以充分理解。因此，我们必须注意一项悖论，即那些对法律史调侃有度的专业法律人，就他们所宣称的职业内容而言，事实上完全沉浸于法律史之中。

在那些研究实际情况的人看来，法律大概无非就是这种可预测性（predictability），而既往的法律或曰法律史在其中扮演着重要但非统领性的角色。此乃"法律不过是一种持续的创造状态"的另一种说法，而在该状态中的常量，正是在社会发展的任何特定阶段必将重生的那些因素。之所以存在这样的常量，是因为分立的个人虽有诸般独特性，但其心理构成确有许多共同因素，并且这些共同因素将会作为法律判断之决定因素的组成部分，而在一段不确定的时期内反复出现。

就我们的共同因素而言，查明那数不胜数的（不少于一亿的）公民的共同心智因素，该任务不在我们的能力范围内。该任务势必极其艰巨，尽管我们可以先天地假定此类共同因素的实际存在，甚至试图识别出其中一些共同因素。例如，我们可以假定：在一亿三千万美国人中，绝大多数都信奉人身安全和财产安全，信奉家庭实体的重要性。行为如果威胁到这些事项，就很可能被宣判违法，亦即宣判为一个人不"应当"做的事情。行为如果没有威胁这些事项，就很可能被判定合法，亦即判定为一个人"可以"做的事情。

但是，如此庞大的群体的共同因素，在不那么显著的情境下几乎不起作用。如果像大多数西方文明国家那样，法官大都来自共同体中的专门群体，而且他们共有的社会准则和观念比比皆是，那么我们就更容易进行法律预测。我们可以稳妥地假定，大多数法官很可能把易于破坏商业的行为判定违法，而且他们将会遵循传统上公认的道德准则，即便后者在社会实践中广遭摒弃。

但是关于法官，我们可以好好叨叨几句。法官不仅主要来自社会上的同一群体，而且在大多数社会中都隶属于某种始终具有行会性质的职业，中世纪的情况便是显著例证。行会有一套共同的训练方法，还有共同的职业态度，其中一种职业态度便是，希望法官们主要在法律的故纸堆中寻求法律判断的指南。其原因是多方面的。故纸堆中的法律更容易掌握和记忆。它有助于预测，因为不怎么需要考虑那些极难捉摸、极不确定的因素，即那些来自当时社会模式的因素。它令法律职业的角色更有威严，因为书本上的法律必然以律师（相较外行人）更为精通的技术语言来表述。最后，它大大增强了智识层面和审美层面的满足感，毕竟受过技能训练之人可以凭借自己的技术解决难题。

因此，我们必须考虑律师出身的法官们的如下倾向：既往准则中未加表述的，或者既往法律判断中未加概括的社会生活因素，一概置之不理，进而变成自立自持、享有垄断地位的匠人团体。通过任命权和选举权的公共控制同上述倾向相对抗，于是，业务精湛便不作为选任法官的唯一基础。对抗上述倾向的还有一个更为有力的事实，即法官的判断若与社会大多数人本会作出的判断大相径庭，就会引发（法官试图避免的）一种敌对情绪。此外，法官群体和律师群体的那种曾作为中世纪行会标志的团结，在现代条件下已被大幅削弱，而即使整合法律职业的努力正与日俱增，也难以完全重建那种团结。

也就是说，法官尽管倾向于成为醉心典籍资料的技术人员，但相比于纯粹的律师，总是或多或少更像文官，并且随着他们与昔日的同行日益分离，他们很可能越来越关注那不断塑造着法律的社会运作。

最后，我们必须记住，作出法律判断的并不全是严格意义上的法官，还有些或多或少需要作出命令决定和授权决定的行政官员，这些决定不易与判决区分开来。究其实质，这些行政班子和单个官员构成了特殊类型的法院，而且正在不断整合进现有的法院系统。就此而言，他们遵循着英美法院体系自身的发展历程，因为所谓的王室法院（royal courts），作为英格兰的首要司法机关以及作为美国司法机关的典范，最初乃是行政裁判庭，其与纵横交错且源远流长的地方－封建法院系统之间，存在松散且特殊的联系。

这些作出法律判断的行政性法院，迄今已经发展出自己的一套并不完善的技术，而且仍处于不断参照共同体之经济社会习惯的阶段，以确保其判断的权威性。作为其创设者的那些制定法，经常要求作出这样的参照。

因此，由于法律的行为评价所依赖的模式和标准，是在群体关系中为了该群体自身的目的（非法律目的）发展起来的，法律也就不可能是逻辑一致或完全融贯的体系。在作出法律判断的领域中，道德权利、经济效用、公共秩序、对社会重整的欲求或对社会稳定的欲求等，所有这些都倾向于打破技术性法律力求（根据既往的判断和准则）创造出来的模式，而且法律判断的作出者几乎从未有意忽视这些考虑因素。

有些东西打破了既往法律判断的模式，并阻止法律预测准则建立起科学组织体系所追求的数学关系——这类东西中最常见的，是与一种具体道德品质（即正义）的特定关系。

法律程序的批评者最喜欢嘲笑的是，法律程序声称要伸张正义，可又与正义无关。许多律师和法官的言论都表明这种嘲笑绝非空穴来风，它们在面对正义诉求时往往显得很不耐烦，并宣称正义的概念捉摸不定，在依法处理人类难题时派不上用场。

然而，相比于社会科学中其他许多同样不可或缺的概念，正义的概念既不更加含糊，也不更难定义。无论法律的性质如何，历史上的法律和现实中的法律都不可能与正义脱离关系。因此，我们不可能放弃审视正义被赋予的内涵，以及正义与本文所简要分析的法律程序之间的关系。

"正义"一词及其相关词汇在英语中的语义史，当然为英语所特有。法律判断如果完全取决于它们必须符合固定的社会模式，或符合记录在案的既往判断的分类法，其结果往往被称为"严苛的"或"刻板的"，并被视为"不正义"（而非"正义"）的例证。这些情境的大背景，似乎纵容某些人比其他人握有更多操控判断的机会。再者，纵使正义守身如玉，亦即不会提供这类操控机会，此时的正义相比于所谓"自然正义"或"衡平"，依旧可能是"严苛的"或"刻板的"。

其他语言也有可与之相提并论的〔语义〕发展，但都不完全等同于英语中的〔语义〕发展。然而，在所有的西方语言中，我们都能找到类似于"正义"和"衡平"的术语，也能找到一些措辞在某类场合对比刻板的合法律性与温和的正义，以及一些措辞在其他场合对比严苛的正义与温和的衡平，或者对比严苛的法定正义与温和的自然正义。我们无法完全解开其间的隐含关系，但也不妨做点尝试。

这里涉及两种相互矛盾（或者说在一定程度上相互矛盾）的观念。其一是正义即平等。法律中不可化约的要素（其实也是所有社会科学中不可化约的要素）是个体，是独特的人，他有血有肉，绝不仅是一簇抽象的法律权利、法律权力和法律义务。这种作为个体的人是自在的目的——此乃观念论哲学为数不多的、能获得完全认同的具体结果之一，这里我指的是伊曼努尔·康德的观念论哲学。

既然人被看作自在目的，那么这里立刻意味着某种平等。不可为了他人（包括单个人和群体）的目的而肆意牺牲任何人。我们可以制定明确的社会生活规则去限制、惩罚甚或处死某个人，但只要适用条件一视同仁，那么就不违背根本平等。

与"正义即根本平等"这一概念相对，正义还有另一个同样根本的方面，即正义完全无关乎平等，恰恰相反，正义即不平等。尽管所有人都是自在目的，并在这一范围内相互平等，但按照正义，他们未必能够主张一切具体社会物品分配上的平等。人们强烈地感到，应当计勋行赏、优劳优酬。成就几乎总是不平等的，因此，按照正义［的要求］，相应的奖赏不必（而且事实上也不应当）平等。如果较小成就的估价可以媲美甚或超出较大成就的估价，那就是不公正的。

这并不为如下事实大大限定，即偶然性在很大程度上决定着人的成就有多少价值。人不是生来都有平等的能力或平等的机会。那些聪慧的、有能耐的、强壮的人，可以轻易做到平庸之人哪怕费尽周折也做不到的事。尽管如此，社会的如下公认判断几乎素来不曾改变：有能者要求得到更高报酬的主张乃是公正的主张，即便他们取得成就简直轻而易举。

固然，关于该问题的社会判断模式并未得到所有人的采纳，亦非一成不变。某些类型的宗教教义，试图在其神学层面和实践道德层面忽视功德（merit）的差别。人人亲如兄弟的观念，涉及充分利用每个人的能力以便形成平等参与的局面。这是多种形式的共产主义通常持有的见解。同理，把每个人当作自在目的这一做法表现出来的根本上的平等正义，是近世发展的产物，它取代了另一种正义概念，即许多人的目标仅限于为他人的目的效劳。后者的最著名例证当数奴隶制，该制度直到相对晚近的时期，还被视为跟社会组织的其他要素一样合理、一样公正。

因此，无论平等还是不平等，都可能根据几乎普遍持有的社会判断而具备正义性。在另一个领域，平等正义在度量问题上面临着几乎无法克服的困难。在自然法观念的主导时代，大家假定人类行为中存在完全等同的要素，假定人们有可能（比方说）发现针对特定不法行为的准确量化惩罚。表现为同态报复（talion）的古代法正是该观念的粗糙预兆（尽管二者的前提条件判然不同），这就表明该观念乃是人类经久不易的态度。

现代法试图用一定形式的"补偿"（compensation）来代替同态报复，"补偿"一词的明显词源意味着这样一种理论，即形形色色的社会行为能够适用某一共同尺度。随着表现为"应当"的法律判断而来的，是表现为"应有"补偿或"适当"补偿的法律判断，而最现代的法律态度将每个法律判断过程设想为利益的调整，这利益包括各式各样的个体利益和集体利益。这样的调整当然做不到精准，但若放弃尝试，正义感就得不到满足。

如下事实包藏着我们正义感中的另一平等要素，即某个范畴一经确立，似乎就始终如一，哪怕它的内容发生改变。诸如"违约"或"过失伤害"这样的术语，是从许多具体而独特的情境中概括出来的。这类术语通常被视为仿佛永久固定、彼此等同的存在物。正义似乎要求以同样方式处理一切违约或一切过失伤害，除非在某些情况下它们可被纳入多种固定且平等的范畴。

与这种平等正义相对的是一种不平等正义，后者将行为从其逻辑上归属的范畴里抽出，对其作出个别的、例外的处理。这种正义体现为出于或仁慈或友善或慈善的考量，所有这些品质都像正义那样涉及道德判断。

无论衡平或正义或"自然正义"可能具有怎样的含义，该理念通常负责审查或矫正法官决断的一切渊源。社会模式、道德传统的有效性、法律判断的累积记录甚至立法性命令本身，无不受制于一套常被称为"衡平"或"正义"的复杂价值，而这些价值归根结底源于维护每一人格体的尊严。

但是，将不平等的衡平或者平等的正义称为法律的目的，这是不准确的。法律的目的是确定在何种情况下，可以动用强大的法院－警察机制来施行命令型和授权型判断，这些判断一部分源于社会行为模式，一部分源于具有权威性的道德传统，一部分源于法律判断作出者（即法官或类似法官的行政官员）所留下的积累起来的有记录经验。法官在作出这些判决时，可能受到立法者强行性命令的引导，而据说立法者所创制的法律材料，正来自法官获准随意行事时本会使用的那些法源。立法就像判决那样，鲜有荒唐、甚少专断。

如果抛开公正价值观，法律仍然是可以想象的，也仍然可以在现实中存在，就像抛开立法、抛开具有权威性的道德传统、抛开记录在案的判断时，法律也仍然是可以想象的。届时，唯一剩下的东西将是一种社会模式，它由各种已具有半本能性质的禁忌大力维持。蜂巢或蚁丘的情况（倘若转移到人类生活中）正是以上情境的合乎逻辑的发展。但事实上，自打法律程序从其他作出命令型或授权型判断的方法中分化出来，某一前述元素［即公正价值观、立法、具有权威性的道德传统、记录在案的判断］完全退出法律程序的那种人类社会就不可能存在。其中任何一种元素，都可能只以初始的和隐蔽的形式呈现。一套完整的法律体系不仅握有以上全部要素，而且对之形成明确意识。

行文已至尾声，一如开篇，我们仍不太确定我们是否认识到法律科学必须关注的全部主题。我认为，我遇到的每一种法律关系，都可以纳入本文所尝试的分析框架。无论如何，在任何具体的事项上，我们都能够准确无误地确定一件事是否合法，因为我们只消考虑法官或类似官员（或者他在以不同方式组织起来的国家中的大致对等角色）的说法，如果人们提请他对此作出判断的话。这不仅意味着法律的不确定性或局部变动性，它还意味着法律在本质上处于生成状态。以为科学无非一套既定原则的那些人，不得不认同以下事实：没有哪条法律原则有可能得到完备表述；如果缺失那尚未经过明确法律判断的情境，法律原则就达不到一般性；除非牵涉那尚未作出的法律判断，谁也不至于费心阐明一般公式。

如果这还构不成一门科学，那真是一塌糊涂。依我之见，此乃法学能够达到的极致状态。事实上，在我看来这是法学能够胜任的唯一任务。

159

论自然法理论和法实证主义
之间的界限

〔美〕布莱恩·比克斯*著　王志勇**译

在过去超过二十年之久的时间中，约翰·菲尼斯（John Finnis）一直是自然法理论最为著名和重要的提倡者和捍卫者。[①] 自然法理论是一个宽泛的传统；在那个宽泛传统之内，菲尼斯占据了一个稍具争议和可以论证的局外人的立场。[②] 大多数法科学生接触自然法理论并非以自然法理论的通常形式，即作为数世纪之久的思考道德、神学和政治的方式；而是以其更为谦逊和现代的表现形式，即作为在法律的恰当描述和分析方面与法实证主义竞争的理论。[③] 尽管如此进入自然法理论可能仅仅会起到招致对自然法更为广阔事业的某种误解的作用，此一观点——将自然法主要视为法实证主义的敌手——在法学院和法律评论中的持续显著地位，要求我们不要忽视此"论战"。当然，菲尼斯向来没有忽视此"论战"；其作品提供了关于重新思考和划分论战界限的众多有争议的方式。本文探究自然法理论和法实证主义之间的共识和分歧，尤为关注菲尼斯关于此"论战"的观点和其对此的贡献。

第一部分论述关于此探究的某些门槛式方法论困难。第二部分论述一种关于自然法理论和法实证主义之间界限的通常理解，指明多少近来的学者，包括菲尼斯，已经得出结论认为，两派思想〔自然法理论和法实证主义〕在这些事项上至少（译者注：上述通常理解）可以兼容。在关于法

---

* 布莱恩·比克斯，乔治城大学法律中心法律访问学者，昆尼皮亚克大学法学院法学教授。

** 王志勇，河南财经政法大学法学院。

① 参见 John Finnis, *Natural Law and Natural Rights*, 1980。

② 参见 Russell Hittinger, *A Critique of the New Natural Law Theory*, 1987〔批评杰曼·格瑞兹（Germain Grisez）和菲尼斯从传统托马斯自然法视角发展的自然法进路〕；Russell Hittinger, "*Varieties of Minimalist Natural Law Theory,*" 34 *AM. J. JURIS.* 133, 1989（same）。

③ 对自然法理论和众多自然法的法律理论在更大语境下的位置的概览，参见 Brian Bix, "*Natural Law Theory: The Modern Tradition,*" in Handbook of Jurisprudence and Legal Philosophy, Jules L. Coleman & Scott Shapiro, eds., forthcoming 2000, available in Social Science Research Network Electronic Library（last modified Dec. 12, 1999）, http://papers. ssrn. com/ paper. taf? ABSTRACT_ID = 199928。

实证主义事业的基本价值或者可行性的潜在论战方面，第三部分追随菲尼斯更为新近的作品，并且于他处寻找有意义的观点分歧。

一　思想流派探讨中的陷阱

存在一个初始的关切。约瑟夫·拉兹（Joseph Raz）描述了在讨论特定思想流派的观点时存在的陷阱。

当代法律和政治哲学中的并无吸引力的趋势之一在于，评论者并不讨论任何个人的观点，而是谈论一个观点的家族（a family of views）。这使得一个人可以通过从各种各样的作者中选择特征来建构自己的靶子，以至于所拼凑出来的理论图像事实上并非任何人的观点，而所有那些被引用当作赞成此观点的人都不同意此观点。①

当比较两个不同思想流派时——此处指自然法理论和法实证主义，上述危险必然翻倍。然而，多数学者坚持探讨"思想流派"或者"运动"，这部分是因为，我们受理论家所引导，许多理论家广泛地宣称他们的隶属关系（以及集合或者主张的结合，这成为批判他们所瞄准的目标）；部分是因为，如果不将个体观点或者事件描述为更大集合中的事例的话，生活几乎变得太复杂。技巧在于力图确信，一个人所描述的集合不单单是"稻草人"，拉兹警告我们，至少要存在一个重要的理论家，其愿意肯认所有归之于所描述范畴的观点。本文将指涉作为思想流派的"法实证主义"和"自然法理论"，但将尽力尊重这些头衔之前的多样性，并不在这些集合的名义之下创设一个虚构的、孱弱的混杂观点——这样的观点没有被任何现存的或者过去的法理论家事实上所拥护。

二　关于界限的通常看法

简洁地和有点粗略地总结，自然法理论思考宇宙、人性和道德之间存在的联系，常常从前两者的某种结合中推导出最后者。② 自然法传统内的

① Joseph Raz, "Postema on Law's Autonomy and Public Practical Reasons: A Critical Comment," 4 *Legal Theory* 1 (1), 1998.

② 参见 Yves R. Simon, *The Tradition of Natural Law: A Philosopher's Reflections*, Vukan Kuic, ed., 1965, pp. 41–46; Lloyd L. Weinreb, *Natural Law and Justice*, 1987, pp. 1–2（探讨经典自然法理论中的自然、法和道德之间的联系）; Bix, supra note 3, at 1–18。

多数立场看起来是，道德真理（moral truths）是从关于人性的真理（truths about human nature）中推导出来的。此传统内的少数立场——除了其他人之外，由菲尼斯、杰曼·格瑞兹和罗布特·乔治（Robert George）所代表——是，道德真理是以其他方式被发现或推导的（尽管这些真理与关于人性的真理相连接，但它们并非从此真理中推导而来）。① 这些差异对于如下的人而言至关重要：其试图避免一个据称不恰当的从"是"到"应当"的推导。② 自然法理论关于人类实在法的探讨倾向于关注道德义务：一个（好）的立法者应该通过什么样的法律和一个（好）公民什么时候有守法的道德义务。③

法实证主义的信条在于，提出一个纯粹概念上的和/或纯粹描述性的法理论既是可行的，也是有价值的，④ 在其中对法律的分析严格分离于对其的评价。⑤ 当代法实证主义作为对某些（更少精致的）自然法理论版本的回应而发展。当约翰·奥斯丁（John Austin）写到那些已经变成可能是最为频繁被引用的法实证主义"教义"的总结时，其正在回应威廉·布莱克斯通爵士（Sir William Blackstone）作品中某些笨拙的自然法引用，约翰·奥斯丁所写的那些已经变成可能是最为频繁被引用的法实证主义"教

---

① 参见 Robert P. George, *In Defense of Natural Law*, 1999, pp. 83–87（总结该争议）。

② 参见 Finnis, supra note 1, at 33–36（回应"是/应当"的挑战）。

③ 参见 Saint Thomas Aquinas, *The Treatise on Law*, R. J. Henle ed. & trans., 1993（提供了《神法大全》中讨论法律的章节的翻译）；Finnis, supra note 1, at 260–96。

④ 法实证主义内的某些作家视法理论（兼容那个进路）为概念性的和非评价性的，而非描述性的（在那个术语最为狭窄的意义上而言）。一个显着的例子是约瑟夫·拉兹：

由于法律属于［实践的决定作出的］执行阶段（the executive stage），其可以在不求助于道德论证——其从定义上讲属于协商阶段（the deliberative stage）——的情况下被识别。法性质的学说（doctrine）产生一个识别法律的检测标准，该检测标准的适用不要求诉诸道德或者其他评价性论证。但这并不意味着可以不使用评价性（尽管不必然为道德的）论证就能捍卫法性质本身的学说。其证立依赖于就社会组织多样特征的相对重要性的评价性判断，而且这反映了我们的道德和智识上的兴趣和关切。

Joseph Raz, *Ethics in the Public Domain: Essays in the Morality of Law and Politics*, 1994, p. 209；参见 Joseph Raz, "Two Views of the Nature of the Theory of Law: A Partial Comparison," 4 *Legal Theory* 249, 1998, pp. 267–68（总结拉兹对于哈特如下观点的异议：关于哈特的法实证主义理论是否为描述的或者评价的）。但也可参见 H. L. A. Hart, *The Concept of Law*, 2nd ed., 1994, p. 239（在本书中，我的目标是要提供一般性以及描述性的关于法律是什么的理论）。（译者按：本译文中所涉《法律的概念》中语句的翻译，参考了许家馨、李冠宜译本，并做了一定调整，见 H. L. A. 哈特《法律的概念》，许家馨、李冠宜译，法律出版社，2006，第220页。）

⑤ 参见 Brian Bix, *Jurisprudence: Theory and Context*, 2nd ed., 1999, pp. 31–49（谈论哈特和法实证主义）；Robert P. George, ed., *The Autonomy of Law: Essays on Legal Positivism*, 1996［hereinafter the Autonomy of Law］；Jules L. Coleman & Brian Leiter, "Legal Positivism," in Dennis Patterson, ed., *A Companion to Philosophy of Law and Legal Theory*, 1996, p. 241.

义"的总结是：

> 法的存在是一个问题。法的优劣，则是另外一个问题。法是否存在，是一个需要研究的问题。法是否符合一个假定的标准，则是另外一个需要研究的问题。一个法，只要是实际存在的，就是一个法，即使我们恰恰不喜欢它，或者即使它有悖于我们的价值标准。①

　　在近来一篇有争议的论文中，菲尼斯承认，法实证主义有某些基本真理，但是这些真理中的大多数，至少以粗略的形式在数百年前，已经被一个以其对自然法理论的向前推进而最为著名的理论家所阐述，这个理论家就是托马斯·阿奎那（Thomas Aquinas）。② 菲尼斯将如下的推进归之于阿奎那："视人类实在法为一个以其自身权利（和其自身名义）而思考的主题，这样一个主题是可以轻易地被识别的，而且在任何关于其和道德之间的关系的问题之前可以轻易地被识别。"③ 对于菲尼斯，正如同对于阿奎那，实在法在道德思想和道德实践中具有作用。实在法（至少一般公正的实在法）在如下方面发挥关键作用：达致社会的/普遍善（social/common goods），而上述善要求国家权力的运用（比如对犯罪行为的制裁）或者公民行动的合作。④

　　似乎存在这样一种认识，即自然法（的一个重要的和广为流传的分支）和法实证主义在如下意义上兼容：一个人关于前者的立场并不决定其关于后者的立场。如果使得一个人成为自然法理论家的因素是其对某种特定类型的关于道德的形而上学实在论的坚持⑤——自然法理论家看起来一

---

① John Austin, *The Province of Jurisprudence Determined*, Wilfrid E. Rumble, ed., Cambridge Univ. Press, 1995 (1832), p. 157. 奥斯丁所回应的布莱克斯通的引用出现在，William Blackstone, *Commentaries on The Laws of England*, University of Chicago Press, 1979 (1765), p. 41。对布莱克斯通自然法观点的一个同情式探讨，参见 J. M. Finnis, "Blackstone's Theoretical Intentions," 12 *NAT. L. F.* 163, 1967。

② 参见 John Finnis, "The Truth in Legal Positivism," in *The Autonomy of Law*, supra note 10, at 195, 195。

③ Ibid., at 204.

④ 参见 Finnis, supra note 1, at 260 – 64（谈论刑法）；John Finnis, "The Authority of Law in the Predicament of Contemporary Social Theory," 1 *Notre Dame J. L. Ethics & Pub. Pol'y* 115, 117 – 21, 1984 (same)；John M. Finnis, "Law as Co-ordination," 2 *Ratio Juris* 97, 101 – 03, 1989（谈论法对于社会合作的重要性）。

⑤ "道德实在论"被定义为"这样的观点，即道德信念和判断可能为真或假；存在道德行动者留意或不留意，敏感或不敏感的道德特性；道德价值是被发现的，而非由情感反应使之存在或由情感反应所构成的"。R. W. Hepburn, "Moral Realism," in Ted Honderich, ed., *The Oxford Companion to Philosophy*, 1995, p. 596.

致赞成道德实在论是其传统中的一个重要部分，但对于在何种程度上其传统要求其他重要允诺却有异议①——元伦理学信念（道德实在论）看起来与关于法律和道德之间（概念上）连接的多样观点一致。②

同样，如果（1）自然法理论将其主张降低为存在一个客观的道德真理，而且此真理应被用来评价我们的政治和法律制度以及我们个人的选择；并且（2）法实证主义将其主张降低为，一个描述性或者概念性的法理论——隔绝于对其（道德）价值的任何评价——具有可能性和价值；则看起来不存在任何理由使得我们不能够支持或者拥护两者。事实上，众多著名的法实证主义者和自然法理论家已经先后如此主张。③可以寻找到那些主张如下观点的理论家，即法实证主义意味着反对自然法关于（客观的）道德真理存在的观点，④但是此类理论家明显属于少数。

三　菲尼斯关于界限的观点

伟大的法实证主义者们——无论是奥斯丁对威廉·布莱克斯通爵士的回应，⑤ H. L. A. 哈特（H. L. A. Hart）与朗·富勒的论战，⑥ 或者汉斯·

---

① 将 John Finnis, "Natural Law," 6 *Routledge Encyclopedia of Philosophy* 685 , 1998（强调道德实在论）与 Hittinger, supra note 2, at 8（拒绝菲尼斯属于自然法传统，因为其理论并没有视"自然法在某些方面是规范的"），以及 Weinreb, supra note 5, at 97（将自然法等同于基于形而上学的道德的客观进路）相比较。

② 参见 Michael S. Moore, "Law as a Functional Kind," in Robert P. George, ed. , *Natural Law Theory*: *Contemporary Essays*, 1992, pp. 188, 192［hereinafter Natural Law Theory］。

③ 参见 H. L. A. Hart, *Essays in Jurisprudence and Philosophy*, 1983, p. 10（将菲尼斯的自然法理论描述为"在许多方面对法实证主义理论的补充，而非敌手"）; Neil MacCormick, "Natural Law and the Separation of Law and Morals," in *Natural Law Theory*, supra note 17, at 105, 109（描述当代法实证主义和菲尼斯自然法理论的交合）; Joseph Raz, "The Morality of Obedience," 83 *Mich. L. Rev.* 732, 739, 1985（book review）（主张"认为法实证主义和自然法理论传统内在不兼容的观点是错误的"）。

④ 参见 Alf Ross, "Validity and the Conflict between Legal Positivism and Natural Law," in Stanley L. Paulson & Bonnie Litschewski Paulson, eds. , *Normativity and Norms*: *Critical Perspectives on Kelsenian Themes*, 1998, pp. 148 – 49。

⑤ 参见 Austin, supra note 11, at 157 – 59; Blackstone, supra note 11。

⑥ 参见 Lon L. Fuller, "Positivism and Fidelity to Law—A Reply to Professor Hart," 71 *Harv. L. Rev.* 630, 1958; H. L. A. Hart, "Positivism and the Separation of Law and Morals," 71 *HARV. L. REV.* 593 , 1958。

凯尔森（Hans Kelsen）提出的"纯粹"法理论①——视自己为反对自然法理论者。他们错了吗？难道所有论述自然法理论和法实证主义之间"论战"的评论者都是被欺骗而在幻想分歧，而事实上并不存在可以寻找到的分歧，更不用说可争论的分歧？②

可能的情况是这样的，即法实证主义和自然法理论之间的分界线和战线在他处，而非如同通常理解的那样。在一篇早期和经典的文章中，菲尼斯提出一个地方重新定位论战：在理论建构的微小和似乎微不足道的细节方面。③

菲尼斯提出要对首先由法实证主义者 H. L. A. 哈特提出的一个论点（argument）进行修正。当哈特主张法理论应考虑到法体系中参与者视角（the perspective of a participant）——基于体系诸面向对于这些参与者所具有的含义，而与采取一个完全外在者的准-科学的视角相对立时，并且主张法理论事实上围绕法体系中参与者视角而建立时，他就在特定方面推动了法实证主义的重大发展，在一般方面则推动了法理论的重大发展。④

菲尼斯赞成围绕内在视角来建构理论的重要性，但他提出要对哈特所选择的视角进行修正。在运用法律规则作为对自己行为和他人行为的指引和评价标准的意义上讲，哈特"接受"法体系的参与者视角；⑤ 但是关于此类"接受"的性质和动机，哈特采取了一个更为宽泛的观点。⑥ 菲尼斯提出，此中心视角应缩窄化为如下参与者的视角：（1）其遵守法律，因为（并且由此，仅仅当）法律强加（推定的）服从的道德义务，

---

① 参见 Hans Kelsen, *Introduction to the Problems of Legal Theory*, Bonnie Litschewski Paulson & Stanley L. Paulson trans. , 1992, pp. 7 –8（定义"纯粹法理论"）；Hans Kelsen, "The Idea of Natural Law," in *Essays in Legal and Moral Philosophy* 27 –60, Peter Heath trans. , 1973（使法实证主义与自然法理论对立）。

② 正如本文其余部分所表明的，我认为法实证主义和自然法理论之间存在真正的争论。同时，可以合理地得出结论：某些法实证主义者对争论怀有错误的见解，该错误见解基于对自然法观点的夸张描述（这些夸张的描述可能由能力不强的自然法观点的拥护者所引发，参见 Blackstone, supra note 11）。

③ 参见 Finnis, supra note 1, at 3 –18。

④ 参见 Hart, supra note 9, at 55 –58, 82 –99（强调内在视角在分析习惯、规则和法律过程中的重要性）；也可参见 Brian Bix, "H. L. A. Hart and the Hermeneutic Turn in Legal Theory," 52 *Smu L. Rev.* 167, 1999。

⑤ 参见 Hart, supra note 9, at 98。

⑥ 参见 ibid. , at 203（他们对体系的忠诚可能基于许多不同的考量：长期利益的计算，对他人无私的关怀，不经反省的习惯或传统的态度，或者只是想要跟着别人走）。

并且（2）关于这些难以捉摸的道德问题，其判断是正确的。①

菲尼斯所提出的对于哈特进路的改变可能看起来是一个很小的改变，但这具有理论意义。因为在哈特的视野中，理论家不提供关于实践（或者参与者）的道德价值的判断或评价；理论家仅仅在描述。相反，在菲尼斯的视野中，理论建构要求道德评价。所穿越的界限是关于道德和法律分离的界限。②

理论建构中的此小细节使我们返回到，可能现在我们应该视为核心的问题上：实在法是否能够在隔绝于道德考量的情况下被有价值地研究？菲尼斯的回应是否定的：

> 尽管人法（human law）是人工制品和权宜之计（artifice），而非从道德前提而来的结论，其假定和对其实在性的承认（被法官、专业人员、公民并且由此被描述和批判的学者）不能不因涉及道德原则——其提供人法的权威以基础并确认人法的权威，或者质疑人法的主张——而被理解。③

当菲尼斯写到实在法"是……而非从道德前提而来的结论"时，术语"是"必须被强调。遵循阿奎那，菲尼斯主张，主要通过基于道德（"自然法"）的演绎或者推导，道德立法者将洞察什么法律要公布；换句话说，在决定实在法应该是什么的问题上，道德是重要的。④然而，这与以下主张相去甚远：一个人可以用道德去决定或者描述特定法体系中的实在法当前（currently）是什么。

法实证主义通常将其关于法和道德分离的信条在如下方面呈现：合法

---

① 参见 Finnis, supra note 1, at 9–15；也可参见 John Finnis, *Aquinas*: *Moral*, *Political and Legal Theory*, 1998, pp. 257–258。在此书中，菲尼斯指出：当一个人自愿、迅速、无困难地——而非仅仅出于害怕惩罚或者希望得到奖赏的"外在"动机——遵守法律的要求，且其遵守并非根据法律的条文，而主要是根据立法者的意图和为了普遍善的计划时，其就在"内在化"法律。此类事件的形态是法的中心例子（the central case），因为它们最为充分地例示法的基础观念：理由的规定，通过此，理性的、真正有良心的和合理的实践判断——其是关于完整社群的普遍、公共善的需求，且已经被立法者制定和公布——被公民作为自治的、个体的实践理由和意志的绝对权而理解和采纳。Ibid. (citations omitted).

② 参见 Bix, supra note 25, at 184–86。

③ Finnis, supra note 12, at 205.

④ 参见 Finnis, supra note 28, at 266–72；Finnis, supra note 1, at 281–90；Finnis, supra note 12, at 196–203。

性的归属或者法效力分离于（法律规则的或者法体系的）道德价值的评价。① 法实证主义的此观点以及其与自然法理论的差异，都与如下措辞的自然法理论等式（多由非－自然法的法律人提出）联系在一起："恶法非法（*lex iniusta non est lex*）"② ——"不公正的法律不是法律（an unjust law is not a law）"③。菲尼斯想转变我们对法实证主义和法与道德分离的探讨。他强调，自然法理论家们从来没有拒绝实在法和道德价值之间的分离，而且正确理解的话，恶法从来没有主张相反的观点（译者注：非法）。④

菲尼斯强调，法和道德之间的分离更为重要的面向在于，法理论和道德评价的分离。正如前述，法实证主义所提出的问题是，一个纯粹概念上或者描述性的法理论是否既可行也具有价值。⑤ 在此意义上，关于建构法体系"内在视角"（internal perspective）的最好方式，菲尼斯最初小范围的挑战可能被视为对法实证主义者的一个挑战。如果一个不从道德上评价其内在视角的理论明显地劣于从道德上评价其内在视角的理论，则法的非－评价的进路也许是可能的，但其几乎没有价值。

针对道德－集中的批评，法实证主义者的回应经常是鼓吹客观的或者（社会的）科学的视角的重要性。在回应另一个著名的法实证主义的批判者即德沃金时，哈特提出如下的论证：

> 存在持久的对如下形式的法理论或者法理学的需求：其是描述性

---

① 参见 Hart, supra note 18, at 55。边沁（Bentham）和奥斯丁急切地要表达的是以下两件简单的事情：在缺乏一条明确的宪法性或法律性条文的情况下，不能仅仅从一条规则违反了道德准则的事实而推导出，该规则就不是一条法律规则；同时，相反，也不能仅仅从一条规则是道德上可欲的事实而推导出，该规则是一条法律规则。Ibid.；也可参见 supra text accompanying note 11。

② 参见 MacCormick, supra note 18, at 106（"长久以来，对自然法理论的首要的法理学想象将之呈现为由如下命题所定义，即不公正的法必然是非法律"）。

③ 当这个表达被理解为在说，"在最充分意义上讲"——它们（译者注：不公正的法）不像公正的法那样创设服从它们（译者注：不公正的法）的道德义务——不公正的法并非法律时，则这个表达是真实的，而且甚至有些陈腐。参见 Bix, supra note 10, at 64－66；Finnis, supra note 1, at 363－66；Norman Kretzmann, "Lex Iniusta Non Est Lex: Laws on Trial in Aquinas' Court of Conscience," 33 *Am. J. Juris.* 99，1988。

④ 参见 Finnis, supra note 1, at 363－66（谈论恶法）；Finnis, supra note 12, at 203－04（接受法效力和道德评价之间的分离）。

⑤ "既可行又具有价值"的措辞试图回应如下可能的观点，即不带有显著道德评价的理论也许是可能的，但其将是一个几乎没有价值的理论，明显地劣于具有如此道德内容的理论。

和范围上普遍的，其视角并非裁决"法律是什么"——在特定案件中法律的要求——的法官的视角……而是具有规范面向的社会制度形式的外在观察者视角，在不同社会和历史阶段的重现中，其展现了许多形式、结构和内容的共同特征。①

哈特的观点是，法律之内以及关于法律的道德分析也许有用和重要，但此重要性并不否定从社会科学视角来观察法律的价值。

然而，指出如下内容是非常重要的：尽管德沃金也许否认社会科学或者法的社会理论进路的价值，② 这看起来非常清楚，但菲尼斯并不反对此进路。菲尼斯在不同场合清楚地指出，一个部分起源于马克斯·韦伯（Max Weber）和亚里士多德（Aristotle）的"法的描述性社会科学"，③ 便利了关于法性质的清晰讨论。④ 菲尼斯对哈特（和其他法实证主义者）的抱怨并不在于，一个人不应尝试法的一般社会理论，而在于，一个人不应期望此理论为非-评价的。

菲尼斯的观点是，法律应与其所追求的（道德）理想和其意图发挥的（道德）功能联系起来而被理解。⑤ 一个人不能够充分理解理由-给予的活

---

① H. L. A. Hart, "Comment," in Ruth Gavison, ed., *Issues in Contemporary Legal Philosophy*: *The Influence of H. L. A. Hart*, 1987, pp. 35, 36.

② 哈特指出，"在他的书中，德沃金似乎将一般的和描述性的法理论，作为误导人的或者充其量仅仅无用的而排除在外"。Hart, supra note 9, at 242.

③ Finnis, supra note 1, at 3.

④ 参见 ibid., at 3 – 19; John M. Finnis, "Problems of the Philosophy of Law," in Ted Honderich, ed., *Oxford Companion to Philosophy*, 1995, pp. 468, 469。

⑤ 菲尼斯将此论证明确表述如下：

尽管如此，脱离对多样的目的和工具的作用的评价，难道将法律的特征作为工具的描述性分析就不能进行了吗？看起来并非如此。对于法律义务性和权威性的特征性标榜，如同对其规定合适的程序和要求基于真相（truth）的公平审判和裁决的标榜一样；其自身提供了对于替代性社会条件（无序，恣意支配）的评价和批判。进而，对于什么描述了多样法律体系——在人类社会生活的任何真正一般描述中，一个表明法律为什么占有一席之地的描述——而言，如果没有对如下方式的理解，即法的属性特征自身（甚至当被不公正地操纵时）如何展示对于那些内在于每个类型的非法（lawlessness）中的不正义或者其他对人类善的损害的类型的批判性评价和价值-肯定（value-affirming）的建构性回应，怎么可能存在合适的内在理解或分析呢？

Finnis, supra note 40, at 469. 在此立场上，菲尼斯的观点趋同于富勒的观点。参见 Lon L. Fuller, *The Law in Quest of Itself*, 1940, p. 41 [指明"如下的危险，即在尝试处理（在法理学和政治理论中的）概念实体时，却不涉及它们所意图服务的目的"]；也可参见 Bix, supra note 3, at 22 – 31（谈论富勒的理论）。相同的观点也被尼尔·麦考密克（Neil MacCormic）所承认。参见 MacCormick, supra note 18, at 110 – 18（谈论"立法的必要的道德愿望"）。

动，除非其理解什么将使得某物成为一个行动的好理由。① 至少在此术语（译者注：目的论的）的广泛或隐喻意义上讲，法律的此进路可能被理解为目的论的。② 强调了法律的此进路，菲尼斯就很好地处于自然法理论的经典和现代版本的主流之中，在此，此愿望性或者目的性进路（对于道德和/或实在法）将是一条线，把西塞罗（Cicero）③ 和阿奎那④这些久远的历史人物与多样的现代观点连接起来，包括罗素·海廷格（Russell Hittinger)⑤、富勒⑥和菲尼斯。⑦

我认为，这是法实证主义和自然法理论之间的问题可能最终融合的地方，⑧ 尽管论战的界限恐怕将永远不会完全清楚。一个人能够清楚地持有拉兹的观点——理论建构是评价性的但非道德的——吗?⑨ 或者考虑一下拉兹所主张的另一个立场：法体系标榜为（正当）权威，尽管在真实世界中很少（即使有）成功做到，但这对法律的性质而言是重要的。⑩ 没有置入对成为合法权威所要求的事物（和当法体系不符合此标准时，应该遵守什么）的道德分析，我们能够建构一个以力图成为正当权威的努力为中心

---

① 在探讨事后处理那些被纳粹法律所认定为有效的邪恶行为的语境之下，朗·富勒写道，"满足秩序要求的一面和满足良序要求的另一面之间的两难困境"。参见 Fuller, supra note 21, at 657。从朗·富勒的其他作品中可以清楚地看出，他可能附带说明：如果没有对什么是"良序"有一个清晰的看法，则难以理解"秩序"的概念。通常参见 Kenneth I. Winston, "The Ideal Element in a Definition of Law," 5 *Law & Phil.* 89, 1986（谈论富勒的法进路）。

② 关于目的论解释的使用，参见 Larry Wright, *Teleological Explanations*, 1976。不是所有的目的论解释都是道德的。比方说，可能是这样的：除非一个人理解游戏者的目标，否则其不能够正确理解某个游戏，但是（对于大多数游戏）这些目标没有任何道德地位或者性质。菲尼斯的主张不仅仅在于说，法律具有一个特定的目的或者愿望，而且也表明，此目的或者愿望是道德的。

③ 参见 Cicero, The Republic bk. 3, at xxii. 33, in T. E. Page et al., eds. & Clinton Walker Keyes trans., *de re Publica*, *De Legibus*, 1928 [hereinafter de re Publica]; CICERO, *The Laws* bk. II., at v. 11 – 12, in de re Publica, supra。

④ 参见 Aquinas, supra note 8。

⑤ 参见 Hittinger, supra note 2。

⑥ 参见 Lon L. Fuller, *The Morality of Law*, rev. ed., 1969。

⑦ 关于此联系的更为具体的探讨，参见 Bix, supra note 3。

⑧ 为了澄清，可能存在其他方式来主张：对于理解法律或者法理论研究，道德或者道德评价是重要的。则由此存在对法实证主义的其他形式的自然法挑战。明显的例子可能是德沃金的法理论。参见 Brian Bix, "Natural Law Theory," in Dennis Patterson, ed., *A Companion to Philosophy of Law and Legal Theory*, 1996, pp. 223, 234 – 37。

⑨ 参见 supra note 9。

⑩ 参见 Raz, supra note 9, at 215 – 16。从此主张中，拉兹继续推导其法理论的重要面向。参见 ibid., at 216 – 20。

的理论吗？

这些问题将部分取决于法理论家视自己正在做的工作是什么。自然法的立场看起来相对坦率。核心问题是如何生活，并且法的在场或缺席和良法的在场或缺席将很自然地影响此探究。社会学家和历史学家对于他们的事业可能也有一个较为清晰的观念，而且关于为什么道德评价在其数据的科学的（或准-科学的）收集方面没有作用，每一方也许都有清晰的和可以证立的看法。① 然而，法实证主义通常宣称要在收集数据方面做更多事情，同时宣称要做一些不同于告诉人们如何生活的事情。然而，法实证主义有时候并非如同他们论述其主张的确切本质和地位那样清晰或者乐意提供信息（forthcoming）。② 当理论家们［的理论］清晰时，不仅仅从自然法理论家的角度，从相互的角度都能看到其理论如何的不同。比如，拉兹的法实证主义为（我们的）概念——"法"——提供了一个概念性的分析。③ 相反，凯尔森的法实证主义是新-康德式的努力，其展示从如下事实中能推导出什么：人们事实上以一种特定类型的方式——法律——规范性地思考。④ 可能这些类型的方案以及法实证主义阵营中其他类型的方案，无须为道德目的论让出地方。

结论

过去通常认为，自然法理论和法实证主义之间的分歧在于不公正的官方行为的法律或者道德效力。两个阵营中的当代理论家们已经证明，就此主题而言，事实上共识而非分歧占主导地位。菲尼斯一直积极推进该项澄清工作。在洞察自然法理论和法实证主义之间真正的争议方面，他也向来是很重要的人物：其质疑不带道德评价的描述性或者概念性的法理论的可

---

① 我意识到，在此，即使诠释学理论家和其他人也反对，对于历史和社会科学的纯粹描述或者在其他方面价值-自由的进路。参见 Peter Winch, *The Idea of a Social Science and Its Relation to Philosophy*, 1958（对于社会理论，主张诠释学进路）。

② 我已经在他处更为详尽地论述过其中的某些问题。参见 Bix, supra note 10, at 9 - 28（谈论关涉概念性问题和法理学的问题）；Brian Bix, "On Description and Legal Reasoning," in Linda Meyer, ed., *Rules and Reasoning: Essays in Honour of Fred Schauer* 7, 1999。

③ 参见 Raz, supra note 9（在论述德沃金和哈特之间的论战时，详细阐述法理论中概念分析的观点）。

④ 参见 Stanley L. Paulson, "Introduction to Kelsen," supra note 22, at xvii, xxix - xlii（探讨凯尔森的新-康德式或者回溯性论证）；也可参见 Bix, supra note 10, at 51 - 59（总结了凯尔森的观点）。

行性和价值。菲尼斯已经发展出一个论证，即法律只有在基于－道德的目的论分析之下才能够被理解。这是一个实质性的挑战，其正击中法实证主义的核心，看看法实证主义能做出何种回应将是一件有趣的事情。回应可能来自元－理论层面，基于关于以下内容的陈述：自然法和法实证主义者理论化的不同目的以及所作出的主张的不同地位。

法治建设专题

网格 + 诉源治理机制：意蕴、功能及其完善[*]

刘小冰　葛成华　王　威　等[**]

摘　要：为了健全社会矛盾纠纷化解机制、打造共建共享的社会治理格局，需要将诉源治理嵌入网格化管理中，形成"网格 + 诉源治理机制"。作为新的治理方式，"网格 + 诉源治理机制"呈现为价值、制度、技术等三个层次，并需要在以下方面加以完善：一是应实现传统诉源治理责任与网格诉源治理责任的深度融合，形成两者在主从意义上的二元结构；二是综合建设价值、制度与技术支撑体系，其核心要求就是以"人本化"为目标，实现治理目的由工具性向价值化转变，以"全员化"为目标，实现治理方式由粗放式向精细化和法治化转变，以"信息化"为支撑，实现治理工具由人工型向智能化转变；三是提供"4R"治理工具，发挥好"五治"协同作用。

关键词：网格化管理；诉源治理；共建共治共享

我国的整体社会环境正在发生巨大变化，传统的社会管理方式已经难以完全适应新的社会需求。以智慧化、标准化、均等化和精细化为基本目标，[①] 各地都在积极探索网格化管理、诉源治理等社会治理的新方法。但多元方法的分割式探索造成社会资源的巨大浪费，为此，应将诉源治理嵌入网格化管理之中，形成新的"网格 + 诉源治理机制"，加速诉源治理的实质化改造，并有效提升诉源治理的整体水平和能力。

---

[*]　基金项目：2020 年度南京市法学会重大课题"诉源治理中的'网格 +'机制研究"［NJFX（2020）A02］。

[**]　课题组主持人：刘小冰，南京工业大学法学院教授、法学博士，江苏法治建设研究基地首席专家。课题组成员：葛成华、王威、蔡元杰、葛丽丽、陈璐等。

[①]　参见陆军、黄伟杰、杨浩天《智慧网格创新与城市公共服务深化》，《南开学报》（哲学社会科学版）2020 年第 2 期，第 105 ~ 106 页。

一 "网格＋诉源治理机制"的基本意蕴

"诉源治理"与"网格化管理"是源于不同的社会需求的两种社会治理工具，前者偏向诉讼，后者偏向社会治理。而"网格＋诉源治理机制"则是两者的有机结合，但其基本意蕴又有所不同。

（一）诉源治理的基本内涵

无论是在规范意义上还是在功能意义上，"诉"之提起乃是司法权的逻辑起点，其有效行使需要若干标志性的法律元素单位，如司法权的独立性与中立性、对政府的有效司法监督、所有法律纠纷最终都能通过司法途径解决、司法机关及司法人员具有解决法律纠纷的能力、社会对司法权的高度信任等。整体而言，这些都是改革开放后我国司法制度追求的基本价值。但由于我国特殊的政治治理体制，司法权不仅存在于"诉中"，还需要深度介入"诉前"与"诉后"。正是在这一大背景下，2010年，最高人民法院发布了《关于建立健全诉讼与非诉讼相衔接的矛盾纠纷解决机制的若干意见》。此后，司法部门、政府机关以及社会不同领域的纠纷调解组织开始探索诉讼与非诉讼相衔接的矛盾纠纷解决机制。2016年，最高人民法院《关于人民法院进一步深化多元化纠纷解决机制改革的意见》指出，法院可以依托社会治安综合治理平台，建立矛盾纠纷排查化解对接机制。2019年，最高人民法院发布《关于深化人民法院司法体制综合配套改革的意见——人民法院第五个五年改革纲要（2019—2023）》（以下简称《五五改革纲要》），第一次提出要完善"诉源治理"机制，以深化多元化纠纷解决机制的改革。同年，最高人民法院在《关于建设一站式多元解纷机制一站式诉讼服务中心的意见》中指出，法院应当在诉源治理中发挥参与、推动、规范和保障的作用，并推动工作向纠纷源头防控延伸。诉源治理提倡就地解决矛盾，通过非诉途径化解纠纷，将纠纷遏制在摇篮中，从而减少诉讼途径的纠纷，其基本要求是源头预防为先、非诉机制挺前、法院裁判终局、全员全程参与。

因此，诉源治理是指司法部门联合地方政府和相关部门，协同社会调解组织、企事业单位、社会团体和公民为预防化解纠纷而采取联合持续行动的过程。

（二） 网格化管理的基本内涵

20 世纪 80 年代，社区的概念开始进入人们的视野；80 年代末，民政部提出了社区服务的概念，即"在政府的领导下，发动社区内部成员开展群众性互助活动，就地解决本社区内问题"；90 年代初，各地开始社区建设的实践探索；21 世纪初，上海市民政部门提出了"以社区为工作平台、以社工为队伍抓手、以社团为组织载体"的"三社"联动建设机制；十八届三中全会以后，中央用"社会治理"代替"社会管理"，开始重视社会多元主体在社会治理中的作用。在这一基础上，2003 年，网格化管理在中国部分地区开始实践，并在探索中发展出两种类型：技术导向型和制度导向型。前者以上海市杨浦区模式为典型，主要内容是通过技术创新重构政府业务流程，将辖区按照一定标准划分为单元网格，通过专兼职人员加强对单元网格的部件和事件巡查，建立一种监管与处置互相分离的治理方式。后者以浙江舟山模式为典型，主要内容是依靠现代科学技术将政府工作流程的各环节镶嵌到信息网络中，网格员作为这一机制中的执行个体，负责发现和解决问题，以团队服务方式实现治理目标。①

无论哪种模式，其基本内涵都是运用数字化、信息化手段，以单元网格为区域范围，以部件和事件巡查为管理内容，以处置单位为责任人，通过网格化管理信息平台，实现多元主体联动、多种资源共享的一种基层社会治理新模式。

（三） "网格＋" 机制中诉源治理的嵌入

诉源治理和网格化管理这两种社会治理方式的共同之处在于两者都属于多主体参与、以区域性的基层组织为载体，通过创新的治理模式推动社会和谐发展；其不同之处在于诉源治理的重点是强化司法大数据对矛盾风险态势发展的评估和预测预警作用，提前防控化解重大矛盾风险，通过司法引领非诉机制的发展并促进地方善治。而网格化管理则侧重于通过信息技术手段优化行政管理流程，化被动应对问题为主动发现问题和解决问题，将传统、被动、定性和分散的管理，转变为现代、主动、定量和系统的管理，建立一种监督和处置互相分离的机制，以实现发现—立案—派

---

① 参见孔娜娜《网格中的微自治：城市基层社会治理的新机制》，《社会主义研究》2015 年第 4 期，第 91～92 页。

遣—结案—监督的完整管理闭环。①

为了更多地发挥网格化管理的效用，近年来又兴起"网格+"，即将多种功能、目标和对象嵌入网格化管理之中。诉源治理与网格化管理也开始有机结合在一起，从而形成了"网格+诉源治理机制"，即利用网格化管理推进诉源治理，并据此形成诉源治理实质化的新机制。因此，"网格+诉源治理机制"吸收了两者的长处，但又有所侧重，其联动效果在于为推进社会治理和法治建设提供现代科技支持，并将司法的作用适度提前，嵌入网格化管理之中。或者说，诉源治理有效利用并放大了"网格+"的效用。

作为一种新的治理方式，"网格+诉源治理机制"呈现三个层次。

一是价值层次。"网格+诉源治理机制"的基本价值是为了助建全民共建共享的和谐社会。专业化的以营利或非营利为目的的法律服务机构、制度化的纠纷解决机制一直存在，但相对处于分隔状态。如何将其力量进行整合并将机构部分迁移至乡村和网格中，这是"网格+诉源治理机制"最初的形成动因和价值之所在。例如，南京市雨花台板桥街道永安社区为满足居民对法律服务的需求，携手雨花台区人民法院板桥法庭建立了"永安法律服务驿站"，为附近网格中的居民提供一站式、便民化、实用性的法律服务。"永安法律服务驿站"具体分为法律服务、便民服务、政务咨询服务、志愿者服务、信息服务等五大板块。社区的居民可以近距离实现请律师、办公证、进行调解和仲裁等法律需求；日常生活服务，如生活缴费、医疗护理等可以在便民服务中心办理；而想了解社会保障、残疾人保护等事项，可以关注政务咨询服务板块；也可以加入服务驿站成为志愿者，进行组织理论宣传送学入户等活动；对于一些就业信息、寻物启事同样可以在"永安法律服务驿站"进行查询。此类"网格+诉源治理机制"通过持续性活动和举措，能够集纠纷化解、法治宣传、网格法律培训为一体，从而逐渐营造信法、尊法的氛围，形成和谐社会的环境，并有助于从根本上实现诉源治理、推进和谐社会建设。

二是制度层次。"网格+诉源治理机制"需要通过相对独立的法治体系和自治体系得到有效的制度供给，并通过各种具体措施的建立和推进实现其价值追求。在法治体系层面上，虽然"网格+诉源治理机制"尚缺乏

---

① 此处的"立案""结案"特指网格化管理中对相关事件的处理方式，并非法律意义上的概念。

更多明确的法律制度供给，但司法部门和行政部门通过作用于相应网格上的法治治理，能够有效提升民众的法治意识、法治观念以及合理化解纠纷的能力，通过下沉司法力量为社区居民带来实在的法律服务，从而有效发挥法治体系的综合治理作用。在自治体系层面上，目前的制度供给主要表现在两个方面：作为自治组织的村（居）委会制定的村规民约及与政府签订的相关任务书，引导社区建立内生性、自治式的矛盾纠纷化解机制。换言之，"网格＋诉源治理机制"虽然能够从一种宽泛的意义上找寻到"硬法"的支持，但在实施中仍只能更多地依赖于司法规范、村规民约等"软法"的支撑，其制度层次更多地表现为软法与硬法在不同场域共同作用的逻辑结构。

三是技术层次。在现代化过程中，大数据、人工智能等具体的智能化手段能为上述价值、制度及其实现提供有力的技术支撑。如南京市雨花台区和高淳区搭建的网格化社会治理联动指挥云平台，可以实时反映各类信息，包括基础信息（网格数、网格员数、警格数等）、人口信息（户籍人口、流动人口、寄住人口以及特殊人群）、房屋信息、当日平台使用情况、事件信息等，对辖区内发生的事件做到精准定位、网格员快速介入、跟踪处理、全程监督。诉源治理的前提是能够在矛盾发生的初始就了解并及时介入，这就离不开以信息技术为纽带形成的"网格＋"机制。

"诉源治理"与"网格＋"本来就是一种相向而行的逻辑关系。在形成诉源治理实质化的新机制——"网格＋诉源治理机制"后，从本质上看，诉源治理是目的，"网格＋"是手段和基础，"网格＋"作为诉源治理的方法贯穿于诉源治理的全过程。①

二 "网格＋诉源治理机制"的功能定位

"网格＋诉源治理机制"的根本目的在于满足公共法律需求、服务经济社会发展。因此，必须明确"网格＋诉源治理机制"的功能定位，否则最终仍将陷入初衷美好但背离司法规律的形式主义怪圈之中。② 整体而言，

---

① 参见刘小冰、肖盼《诉源治理"网格＋"机制的若干思考》，《清风苑》2020 年第 8 期，第 58～59 页。

② 参见周苏湘《法院诉源治理的异化风险与预防——基于功能主义的研究视域》，《华中科技大学学报》（社会科学版）2020 年第 1 期，第 30～32 页。

"网格＋诉源治理机制"的基本功能应该是服务社会而不是钳制社会，[①]是实现社会的善治而不是简单地回到社会管理的老路上，是对现有社会治理方式的有效补充而不是对传统方式的革命。具体而言，其功能定位主要体现为以下几方面。

（一）实现"全民共建共享的社会治理格局"

"全民共建共享的社会治理格局"已经成为社会治理领域最重要的指导原则和实践指南，也是"网格＋诉源治理机制"的终极功能定位。在现代社会，实现这一目标必须依赖两大社会治理工具。一是法治。"法治在以特有的制度方式介入人类生活之时，就已经作为人类思想中最具有生命力的一部分孕育在人类的精神世界。"[②] 地方社会治理的每一个环节，都应当运用法治思维和法治方式，即实现社会的法治治理。司法是公平正义和权利保障的最后一道防线，也是其中最为重要的内容。但司法并不一定是当事人实现权益的最佳路径，因为"对抗程序远不如替代性纠纷解决机制那么有吸引力，后者能够帮助当事人明确潜在利益、提升合作关系、开发共赢的可能以及发现可能防止或解决未来争端的策略"。[③] 要实现社会的法治治理，最终必须实现传统熟人社会向现代陌生人社会的结构性转型。但这一转型过程不可能是也不应该是一种突变，而应该是一种渐变，是现代元素对传统社会的逐渐嵌入。因此，在这一理论分析框架中，"网格＋诉源治理机制"并非对传统社会治理工具尤其是私力救济的妥协，而是对其合理效能在现行制度范围内的正当运用。二是科技。"数字化为社会信息化奠定基础，其发展趋势是社会的全面数据化；网络化为信息传播提供物理载体，其发展趋势是信息物理系统的广泛采用；智能化体现信息应用的层次与水平，其发展趋势是新一代人工智能。"[④] 数字化、网格化、智能化奠定和构成了构建现代社会治理体系的科学基础和技术背景。正是在这一背景下，上海嘉定区开始试点"联勤和网格化"，使社会治理由粗放化向精细化转变，并形成了资源、信息、指挥、监督的"一网四通"联

---

① 将网格化治理简单地理解为"一个数字化'全景敞视监视'"（牛旭：《福柯治理视角下的基层社会网格化治理研究》，《云南行政学院学报》2018年第5期，第80页），实际上是没有正确理解网格化治理的服务宗旨，因而是一种有害的认识。

② 罗思荣：《身边法律秩序的建构》，中国法制出版社，2014，第3~4页。

③ 参见〔美〕德博拉·L.罗德《为了司法/正义：法律职业改革》，张群等译，中国政法大学出版社，2009，第196~207页。

④ 胡守勇：《强化城乡社区治理的科技支撑》，《中国社会报》2020年4月20日，第7版。

动协同格局，这一模式很快在全国得到推广。① 作为国家区域中心城市，南京同样利用"网格＋大数据"打通了社区治理一体化平台和市区街联动指挥平台的大数据平台体系。2019 年，在全市 12545 个网格基础上，创新"网格＋警格""网格＋安全生产""网格＋小区"的模式，形成资源和服务在网格内联用、联动的社会治理新形态。特别是在"网格＋小区"中构建了居委会、业委会、物业、志愿者等多方参与政社联动的多元治理体系。诉源治理的加入拓展了网格化管理的新功能，实现了法治与科技在基层社会治理中的耦合，并助推形成"全民共建共享的社会治理格局"。

（二）解决案多人少的矛盾

解决案多人少的矛盾，是"网格＋诉源治理机制"的直接形成动因和功能定位。近年来，随着转型时期社会的结构性问题逐渐显现、公民权利意识的不断增强，法院受理案件的数量不断攀升（见图 1、图 2），而法官队伍并未明显壮大，法官对大量涌入的纠纷力不从心，诉讼资源的有限导致案件的解决迟延与案件的积压，司法的解纷功能受到极大限制，案多人少的矛盾也日益凸显。据最高人民法院统计，最高人民法院 2019 年受理案件 38498 件，审结 34481 件，同比分别上升 10.7% 和 8.2%；地方各级法院受理案件 3156.7 万件，审结、执结 2902.2 万件，同比分别上升 12.7%、15.3%；全国法院法官人均办案 228 件，同比增长 13.4%。从以上数据可以看出，全国的案件数量都在增长，而且有些案件本身的复杂且漫长的程序也使法院力不从心。如劳动争议案件，先要经过劳动仲裁；仲裁结果送达后，双方当事人不服可以向法院提出诉讼；如对一审判决不服，还可以向上一级法院提起上诉；终审不服还可以申诉，之后还面临艰难的执行问题。虽然设计这一程序的初衷是充分保障当事人的权益，但在实践中，这样的程序也会导致当事人迟延获得法律争议的结果。

江苏的发展领先于全国，江苏遇到的问题也早于全国。作为经济大省，江苏社会矛盾纠纷诉至法院的现象更加普遍，案多人少的矛盾也更为突出。以南京市为例（见表 1），2019 年全市法院受理各类案件 302022 件，办结 26697 件，同比上升 7.6% 和 10.2%；全市员额法官人均结案

---

① 该试点的核心内容是将联勤和城市网格化综合管理中心与"12345"市民服务热线整合成一个综合管理平台，用以解决多头管理、信息分散的城市管理问题。通过将行政区域划分成 417 个管理网格，结合"10 大类、151 小类"网格化管理任务，嘉定区利用大流量数据分送与发布工作平台，实现"常态发现、热线发现、应急发现"的操作流程。

图 1　地方各级法院受理、审执结案件数量

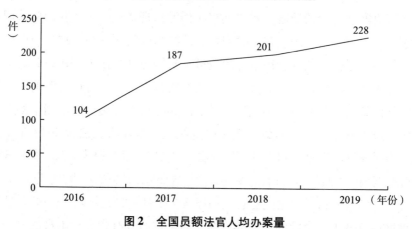

图 2　全国员额法官人均办案量

304 件，基层法院的员额法官人均结案量甚至已经达到 348 件，相当于每个法官每天都要办理一个案件。

表 1　2018 年、2019 年南京市员额法官结案、存案情况

单位	当前员额数（人）	2019 年结案数（件）	人均结案数（件）	2018 年人均结案数（件）	同比增长（%）	存案数（件）	人均存案数（件）
建邺	42	19424	462	372	24.19	3918	93
玄武	49	21781	445	444	0.23	2727	56
江宁	79	32288	409	402	1.74	4880	62
雨花	33	12300	373	343	8.75	1587	48
栖霞	40	14112	353	375	-5.87	2412	60
高淳	28	9574	342	362	-5.52	1051	38
鼓楼	77	25442	330	311	6.11	2765	36

单位	当前员额数（人）	2019年结案数（件）	人均结案数（件）	2018年人均结案数（件）	同比增长（%）	存案数（件）	人均存案数（件）
秦淮	73	23318	319	296	7.77	2650	36
溧水	34	10642	313	339	-7.67	1323	39
浦口	55	17086	311	307	1.30	3156	57
六合	54	15060	279	285	-2.11	1505	28
铁路	28	4036	144	198	-27.27	614	21
江经开	19	2571	135			1989	105
基层小计	596	207634	348	339	2.65	30577	51
中院小计	196	32868	168	158	6.33	3921	20
全市合计	792	240502	304	293	3.75	34498	44

数据来源：《2019年1—12月员额法官办案情况》，南京审判网，http://www.njfy.gov.cn/www/njfy/sftj_mb_a39200224129920.htm.，最后访问时间：2020年8月8日。

案多人少是全国各级法院面临的共同问题，为此，成都市中院等法院开始推行诉源治理，争取化解纠纷于诉前，以减少社会矛盾纠纷向诉讼案件转化。① 基于成都中院等法院的实践，《五五改革纲要》顺势提出"完善'诉源治理'机制，坚持把非诉讼纠纷解决机制挺在前面，推动从源头上减少诉讼增量"的要求。

诉源治理的理念是法院提出的，从实践效果以及内涵上来看，该改革方案的本质是法院应如何应对"源头治理"。② 但在中国现行的制度环境下，法院提出并推行诉源治理具有两个阻却因素：法院所固有的法定功能定位使其很难深入基层社会治理之中，也很难在诉源治理中发挥统领作用。在这种情况下，"网格＋诉源治理机制"及时提供了诉源治理实质化的机会和可能。换言之，诉源治理嵌入"网格＋"机制中之后，才能真正

① 2018年，成都市中级人民法院将"党委领导、政府主导、司法推动、部门参与、社区自治"的"诉源治理"格局纳入城乡社区发展治理工作要点。其中，成都市成华区法院依托"大联动·微治理"平台，实施"网格化""诉源治理"；大邑法院则利用乡村社区熟人社会的特点，将传统的无讼理念与社区自治相结合建立起"无讼社区"的治理机制；蒲江法院建立"五老"（老党员、老干部、老代表、老军人、老教师）调解工作室，将法律法规和村规民约、家规家训综合运用于民间纠纷调解工作。参见四川省成都市中级人民法院课题组郭彦《内外共治：成都法院推进"诉源治理"的新路径》，《法律适用》2019年第19期，第19~21页。

② 参见周苏湘《法院诉源治理的异化风险与预防——基于功能主义的研究视域》，《华中科技大学学报》（社会科学版）2020年第1期，第34页。

深入社会治理之中，也才能整合相关社会资源深入推进诉源治理并取得相应成效。例如，在此次改革中，南京市主动将诉源治理融入网格化社会治理机制之中，将解决纠纷的关口前移，在各乡镇街道、村、社区设立了349个审务工作站、法官工作室和巡回审判点。全市所有法院还设立了"诉讼与非诉讼对接中心"和"非诉讼服务中心法院分中心"，在家事、证券、仲裁、公证等领域与相关行政机关、行业协会建立18个诉调对接工作机制。经过"网格＋诉源治理机制"的实践，2019年南京各类行业调解机构参与调解案件18749件，调解成功率46%；诉前调解案件34711件，调解成功23051件，同比上升250.1%，物业、房屋买卖、劳动争议、离婚、侵权、行政等案件数量明显下降。这在一定程度上缓解了案多人少的压力，初步实现了"网格＋诉源治理机制"解决案多人少矛盾的功能定位。

由此可见，"网格＋诉源治理机制"是诉源治理与网格化管理这两种社会治理方法相结合的必然产物，并因现代科技手段的广泛运用而有效放大了其治理效应，有助于和谐社会建设，也有助于缓解案多人少的压力。

三　"网格＋诉源治理机制"的完善

各地对"网格＋诉源治理机制"都有一定的探索和实践，初步形成了具有不同内容的"地方经验"，① 但由"地方经验"发展为"地方模式"进而推动国家层面的实践并上升为整体制度设计还有巨大的发展空间。

（一）实现传统诉源治理责任与网格诉源治理责任的深度融合

在"网格＋诉源治理机制"中，法院等司法机关将拥有不同的治理场景：场所由法庭转为网格，穿着由法袍转为便服，裁判由"独裁"转为"众裁"，依据由"硬法"转为"软法"。但这并不是说在推进"网格＋诉源治理"过程中，司法机关放弃以审判、调解、执行、法宣等为载体的传统责任，而是主张其在传统的诉源治理责任之外产生了网格诉源治理责任。也就是说，司法机关现在面对的是一种法庭与网格、法袍与便服、"独裁"与"众裁"、"硬法"与"软法"在主从意义上的二元结构，因

---

① 例如，根据我们的调研，"网格＋诉源治理机制""南京经验"的基本特点是：依靠顶层设计，多方实践探索；下沉行政资源，实现多元治理；延伸治理触角，拓展治理范围；整合数据资源，搭建信息平台；研究资源丰富，理论实践协同。

而需要转换角色，既需要承担传统的诉源治理责任，又需要承担新兴的网格诉源治理责任。

在这一场景下，司法机关需要实现传统诉源治理责任与网格诉源治理责任的结合。南京市雨花台区人民法院成立的孙家社区网格巡回法庭给我们提供了一种现实选择。该网格巡回法庭设立在矛盾多发的城乡接合部板桥街道孙家社区网格中，其主要做法是，第一，源头预防。巡回法庭至今共受理法律咨询330余次，初步实现了让矛盾止于未发，最大限度减少和避免纠纷的发生。第二，诉调对接。网格巡回法庭建立至今，实现诉前化解纠纷95次。刚性的司法裁判在解决纠纷时往往会因为"全有"或"全无"的判决结果和当事人的期待相去甚远，"案结事未了"的现象不同程度存在，而在法院中立的前提下建立法官助理主持、网格员协同参与的诉前调解机制，与区、街道、社区的人民调解、行政调解、司法调解建立的重大矛盾纠纷联动化解机制，可以避免这种不足与缺陷。第三，服判息诉。诉后，网格巡回法庭联合社区对审结案件进行跟踪回访，动态发现判决履行中的难点所在，及时释明引导，力争实现案结事了，多角度促使当事人服判息诉。第四，参与治理。网格巡回法庭借助网格，与社区合力推进社区治理法治化，促进基层治愈能力和自我解决纠纷能力的提升。随着网格巡回法庭影响力的不断扩大，2019年板桥地区涉民生案件同比下降7%。孙家社区网格巡回法庭找到了司法参与社区网格治理的新途径，发挥了矛盾调解"前哨站"、便民诉讼"服务站"、案结事了"终点站"、法治教育"宣传站"、法治养成"空间站"的作用。

因此，"网格＋诉源治理机制"必须避免冲击国家机关职能分工的法治风险和损害法官"中立"角色的道德风险。一方面，法院等司法机关参与社会治理、承担网格治理责任，并非包办一切，而是为了推动各类主体各归其位、各显其能，充分发挥各主体在参与社会治理方面的优势，推动社会治理法治化、科学化、高效化。另一方面，司法是维护社会公平正义的最后一道防线，其所具有的中立性与权威性是任何其他组织无法替代的。无论是在理论上还是在实践中，并非所有的纠纷都能依赖"网格＋诉源治理机制"加以解决，而进入司法程序的纠纷得到公正、公平的法律解决反过来也会助推"网格＋诉源治理机制"的发展。

网格巡回法庭的实践打通诉源治理与网格化管理这两种治理方法之间的通道，实现了传统诉源治理责任与网格诉源治理责任的深度融合。只有这样，才能真正推进"网格＋诉源治理机制"建设。

（二）综合建设价值、制度与技术支撑体系

"网格＋诉源治理机制"需要有新的支撑手段。借鉴综合法学派的方法，可以在实践中重点推进价值、制度与技术支撑体系建设。

一是重点推进"网格＋诉源治理"的价值培育。"网格＋诉源治理机制"应着重培育共建共享的和谐社会与"网格为民"这两大价值理念，其核心要求就是以"人本化"为目标，实现治理目的由工具性向价值化转变。全民共建共享的和谐社会这一价值理念的塑造是实现社会治理现代化的动力，① 可以有效助推社会治理得到再一次升华，并持续推动各个主体保持对于共同价值理念的不断追求，将多元的力量充分调动起来，共同参与、共同治理并共享和谐社会。同时，网格工作人员应当树立"网格为民"的社会化服务理念。"网格＋诉源治理"是为了满足群众的需求而不是增加矛盾及解决矛盾的成本。社会网格工作人员应不断增强主动融入诉源治理的责任意识，主动把诉源治理放在矛盾纠纷调处化解的大格局中，协同共建社会治理机制。②

二是建立健全"网格＋诉源治理"的制度供给。"网格＋诉源治理"的制度供给需要以"全员化"为目标，实现治理方式由粗放式向精细化和法治化转变。这就必然要求"网格＋诉源治理"的制度供给在横向和纵向上继续发力。在纵向上，应主要通过基层治理的不断完善，延伸治理触角，推动形成市、县、乡、村、网格五级联动机制，并争取更广泛范围内的制度供给。保障人民在治理体系中的主体地位是建立健全制度供给机制的重要考量，这就需要通过人大这一代议机关集中反映民意诉求，充分拓展社情民意沟通的渠道。建议省、设区市的人大常委会制定"关于建立健全网格＋诉源治理机制的决定"，没有立法权的区人大常委会应善于通过行使重大事项决定权为建立健全"网格＋诉源治理机制"提供规范。在横向上，应注重发挥村规民约、乡规民约、居民公约和承诺书的自律规范作用，引导基层组织建立健全多层次、多样化的基层自治规则体系，促进基层群众自我组织、自我管理、自我服务。应通过行政部门、司法部门进一步发挥作用，切实履行法律服务、信访服务、基层调解服务等解决纠纷的重要职能，最大限度地为"网格＋诉源治理机制"的基层治理提供村规民

---

① 参见李强、温飞《构建全民共建共享的社会治理格局》，《前线》2016年第2期，第8页。

② 参见吴明军、王梦瑶《诉源治理机制下法院的功能定位》，《行政与法》2020年第7期，第94页。

约、居民公约的示范文本，建设相应的典型案例库，以进一步强化软法的基本作用。只有这样，才能实现诉源横向治理与纵向治理的有机统一，推进顶层设计与实践探索的有机结合。

三是继续强化"网格 + 诉源治理"的技术支撑。在"网格 + 诉源治理机制"推进过程中，应以"信息化"为支撑，实现治理工具由人工型向智能化转变。这就要求将大数据、云计算等最新科技成果付诸实践，其所呈现的智慧网络平台将社会治理的需求端与供给端连接在一起，能实现社会信息的互联互通，进而能满足日益多样化、个性化的社会需求。① 其实，在诉源治理的社会实践中，现代科技手段也得到运用。以南京市为例，在"诉源治理 + 网格机制"中，南京研发了智能纠纷预诊系统，可以在线为 15 种常见纠纷提供诉讼风险评估，同时会提示非诉解决的方式，引导当事人更加理性地选择便捷、有效的解决纠纷的渠道。正是有了现代科技手段的支撑，多元纠纷解决的实效才能不断增强。

（三）提供"4R"治理工具，发挥好"五治"协同作用

所谓"网格 + 诉源治理机制"，排在第一位的问题是弄清楚"源"在哪里。从纠纷的发生阶段来看，主要是四个源头，因而需要提供相应的"4R"治理工具——防诉（reduction）、备诉（readiness）、应诉（response）和消诉（recovery），并使之有效形成诉源治理的基本链环。一是初始源头的防诉。这是最为重要的工作阶段，也是建立"网格 + 诉源治理机制"的目的和重点之所在。这一阶段的重点工作是建立基层善治防线，集合多元力量，解纠纷于萌芽。二是讼争源头的备诉。这一阶段的重点工作是建立诉前治理与疏导防线，即综合发挥诉讼与调解、诉讼与公证、诉讼与仲裁、诉讼与裁决等国家机器的专业协同作用，化纠纷于诉前。三是案审源头的应诉。这一阶段的重点工作是建立诉中诉非对接与解纷防线，发挥法院的裁判功能，提升司法的公信力。四是诉后源头的消诉。这一阶段的重点工作是建立诉后"衍生案件"防线，通过社会信用平台等载体，尽量避免并及时处置衍生纠纷。

同时，"4R"治理工具要嵌入政治、法治、德治、自治、智治之中，并搭建好"五治"的基础平台，发挥好"五治"的协同作用。一是要发

---

① 参见陈辉《城市网格化社会治理的新探索新经验——基于南京建邺的调研》，《国家治理》2020 年第 14 期，第 27～29 页。

挥政治的统领作用，形成多方参与的格局，强调政府负责、社会参与、各方协同、市场引导、法律规制的基层社会治理工作体制，统筹各种力量资源，形成加强和创新基层社会治理的合力，并围绕诉源治理构建"公共服务圈""群众自治圈""社会共治圈"。① 二是要发挥法治的保障作用，运用法治思维和法治方式推进基层社会治理，善于运用地方立法权，有针对性地通过地方上的建章立制，为探索创新基层社会治理提供具体、明晰、有效的法律依据。同时，切实推进基层社会的法律实施，这会以一种隐性的方式影响甚至支配着人们的道德观。三是要发挥德治的先导作用，使基层社会治理建立在较高的道德水平之上，因为人们离道德高线越近，离法律底线就越远。四是要发挥自治的基础作用，激发基层社会治理的内生动力。调研发现，现在的一个主要问题是，网格化管理几乎代替了原有法定的自治治理系统。我们认为，"网格 + 诉源治理"是对现有自治制度的嵌入，是为了强化自治而不是取代或虚化自治。在法律对现有自治制度没有改变之前，应尊重群众的自治主体地位，让人民群众成为推进基层社会治理现代化的最大受益者、最积极参与者和最终评判者，最大限度调动群众参与基层社会治理的积极性、主动性、创造性，而不应使"网格 + 诉源治理"成为单一政府管理和推翻现行自治制度的手段。五是要发挥智治的支撑作用。将适用于城市社区的网格化治理直接植入乡村治理体系中，可能会带来治理技术与治理基础的冲突。因此，要使网格化等现代治理技术在乡村落地，必须坚持乡村治理的自治属性，提升治理技术的内生性，实现治理技术与村民自治的融合，② 以智能化建设提升基层社会治理的活力，向科技要效率，特别是要强化互联网思维，善于运用智能化手段不断提升"网格 + 诉源治理"的治理水平和创新能力。③

四　结语

"网格 + 诉源治理机制"实际上是对近几十年来法律规范主义的反思和转型，其本原意义就是通过政治、德治、自治、智治的帮助为司法建构

---

① 参见李强《新时代"枫桥经验"与基层社会治理方法路径研究》，《中共太原市委党校学报》2019 年第 1 期，第 65 页。

② 参见石伟《乡村网格化治理与村民自治的冲突与融合——基于成都 Q 村网格化治理实践"离土性"的思考》，《西部论坛》2019 年第 6 期，第 44 页。

③ 参见陈一新《推进基层社会治理现代化要发挥"五治"作用》，《检察日报》2018 年 10 月 12 日，第 1 版。

解纷机制寻找到新的制度重点，并将法律、纪律、价值等相结合，让原本只对人外在行为进行约束的法律规则内化为个人内在信念和行为方式，达到"规训"的效果。迄今为止，这一效果还只是初步的。托马斯·雅诺斯基认为，现代文明社会"并不存在权利的饱和，但真正的问题是义务的不足"。① 在这样一个"权利不够与义务不足"、权力与权利不断博弈的"诉讼爆炸"时代，为了增强化解纠纷的及时性、诉源治理的覆盖性、实施方案的可操作性，建立健全"网格+诉源治理机制"确实是有效解决权利与义务相互之间逻辑关系问题的社会治理方式。但任何机制的建立和落实，都需要一个顶层设计和实践探索的发展过程。对正处于不断发展过程中的"网格+诉源治理机制"而言，仍然需要不断丰富其制度内涵，有效提升其整体形象。只有这样，才能真正做到变社会管理为社会治理。

---

① 〔美〕托马斯·雅诺斯基：《公民与文明社会》，柯雄译，辽宁教育出版社，2000，第271页。

人民陪审员的能力、局限与对策*

——基于《中华人民共和国人民陪审员法》的思考

邹立君**

摘　要：《中华人民共和国人民陪审员法》是当下我国人民陪审员制度改革过程中的关键立法，其中关于人民陪审员享有和履行认定事实、表决法律方面权利的规定，是否为陪审员充分配备了可以保证该制度有效运作的各种装置？是否仍有尚待完善与补充之处？对这些问题的思考，需要结合当下的时代特征，需要明确与人民陪审员制度改革最为密切相关的法律制度改革背景，并需要根据我国人民陪审员制度的性质与人民陪审员的制度能力等具体展开。在我国混合法庭这类任务型小团体中，因法官与陪审员"地位特征"的不同，法庭对每个成员抱持不同的贡献与影响力预期，很容易产生所谓"沉默的螺旋"效应，需要我们在人民陪审员制度改革过程中针对相关困境展开理论探讨。

关键词：人民陪审员法；混合陪审制；制度能力

为了改变人民陪审员"驻庭陪审、编外法官""陪而不审、审而不议"等现象，我国最高人民法院、司法部联合制定了《人民陪审员制度改革试点方案》《人民陪审员制度改革试点工作实施办法》，全国人大常委会颁布了《关于授权在部分地区开展人民陪审员制度改革试点工作的决定》。以这些法规等为根据，自 2015 年 5 月开始，我国法院系统启动了新一轮人民陪审员制度改革试点工作。经过两年多的试点，2017 年 12 月 22 日，在十二届全国人大常委会第三十一次会议上，最高人民法院提请审议《中华人民共和国人民陪审员法（草案）》。2018 年 4 月 27 日，第十三届全国人民代表大会常务委员会第二次会议通过《中华人民共和国人民陪审员法》（以下简称《陪审员法》）。《陪审员法》第 1 条开宗明义：为了保

---

　*　基金项目：国家社会科学基金项目"制度激励视角下的法官职业伦理研究"（项目编号：19BFX015）。

**　邹立君，南京大学法学院副教授，硕士生导师。

障公民依法参加审判活动，促进司法公正，提升司法公信，制定本法。理论上，我们会对人民陪审员制度寄予众多期望，比如公众参与法律领域将促进司法民主，但是我们应当将这种参与推进到什么程度却充满疑虑；再如公众参与将更好地促进司法公正，同时保证作出更称职的司法决策，然而我们却鲜少虑及外行人最适合作出何种特定类型的决定，他们可用的最佳法律决策方法是怎样的；又如公众参与将提升司法公信力，但是我们往往忽视了具体的社会和政治环境将如何影响外行人的参与，以及外行参与法律程序可能产生的负面后果是什么。对于这些问题的探讨与回应，可以通过检视《陪审员法》中关于人民陪审员享有和履行认定事实、表决法律方面的权利的规定窥知一二。《陪审员法》是否为陪审员充分配备了各种装置以保证该制度的顺利运作？又是否仍有尚待完善与补充之处？对这些问题的分析与考量，需要结合当下的时代特征，需要明确与人民陪审员制度改革最为密切相关的法律制度改革背景，并需要根据我国人民陪审员制度的性质与人民陪审员的"地位特征"① 等具体展开，以期前述的理想与目标在立法中扎下根来，在司法实践中开出花、结出果实来。

一 人民陪审员制度改革的"天时、地利与人和"

对于《陪审员法》的立法工作而言，重要的是首先知道人民陪审员制度在更大的"坐标"里处在什么位置上，它的种属关系、它的同类项等等，这些都可以帮助我们最精准地确定改革的起始点在哪里。其次，还要辨析人民陪审员制度的改革要往哪个方向行进，为了找准方向，还需要了解它可能行进的各个方向上都有哪些促进或阻碍它前行的"既有"与"将有"的关键安排或者条件，以便未雨绸缪。可以说，此处试图剖析的正是人民陪审员制度变革的"天时、地利与人和"图景。

1. 制度特性：混合陪审制

随着德国在 1924 年、意大利在 1931 年、日本在 1943 年先后放弃了

191

---

① 地位特征理论（Status Characteristic Theory）表明，如果团体的成员就特定的地位特征有所不同，该特定的特征将被激活并成为该团体动力的一个重要因素。这一理论描述了团体成员如何结合具有多样特征的所有地位信息，以形成总体表现的预期。因此，每个团体成员的表现期望值和权力将包括有关地位特征的所有信息，当然它们将被赋予不同的权重。参见 James W. Balkwell, "Status," in Martha Foschi & Edward J. Lawler, eds., *Group Process: Sociological Analyses*, 1994, p. 89.

纯粹陪审团制度，该制度主要存在于普通法的势力范围之内，在英国、英联邦，尤其在英国曾经的殖民地美国，由陪审团审判在刑事和民事案件中都是标配。但是，在陪审团制度的故乡英国，民众接受陪审团审判的权利已经被逐步削弱。在过去一个世纪里，陪审团在民事案件中"实质上"被废除，在刑事案件中，陪审团审判仅限于被告人不认罪的一小部分严重罪行。最近几年也不例外，每隔几年，英国陪审团审判的范围就会缩小一点儿。例如，在1988年，某些罪行（例如，人身攻击和盗窃汽车）被判定不能由陪审团裁决，法官在1996年被赋予了广泛扩大的权力来处置诽谤案件，2003年陪审团被拒绝听审某些类型的欺诈审判。现在，世界上90%以上的刑事陪审团审判，以及几乎所有的民事陪审团审判，都发生在美国，① 正是在这里在司法过程中非专业人士参与的问题一直被提出来进行最尖锐的讨论。调查发现，美国普通民众包括学者和大众媒体对陪审员事实裁定（即确定刑事被告人有罪还是无罪）方面的能力一直具有几乎不可动摇的信心，但是当谈到陪审团作出量刑判决的能力时，美国人的信任动摇了。批评大多集中在陪审员因为缺乏技术专长和全面真实的了解而不适合作出宣判。比如法官掌握着作为量刑基础的信息，如被告的个人背景和犯罪记录，而这些信息如果对陪审团披露则是不恰当的。此外，陪审员也不具备法律和犯罪学方面的教育背景，使得他们无法为被告确定更恰当有效的刑期。从英美陪审制度的发展及相关研究来看，关注的重点已经逐步从陪审制度的优势（民主与分权等）与政治意义（权利保护等），转移到具体细节完善方面，比如陪审员在审判中是否可以参与量刑宣判，是否可以直接提问等。

我国人民陪审员制度定位为混合陪审制度或准陪审制度，不同于英美法系的纯粹陪审团制度，是由人民陪审员与专业法官协同合作共同决定案件的法律与/或事实裁判的制度。因为混合法庭的构成特性与过程特性等，对混合陪审制度的研究往往集中在担心专业法官主导合议过程方面。在欧洲对德国专业法官和陪审员持不同意见的频率的研究中，当专业法官被问及是否注意到与陪审员之间就有罪或无罪问题有任何意见冲突时，他们认为在被研究的341个案件中有意义的意见分歧只占6%，在这些案件中审

---

① 虽然实际情况是，在当代美国，审判和陪审团很少被使用，只解决不到10%的刑事指控和少于5%的民事索赔。大多数刑事案件通过辩诉交易来解决，大多数民事索赔通过双方之间的协议来达成。

判之前被告并未作出有罪供述。[1] 在克罗地亚的研究中，专业法官认为陪审员在审议过程中仅仅偶尔提出意见，并且这些意见只是有那么一丁点儿意义。这是一个非常值得深入探究的问题。专业法官对于陪审员参审意义的认同度并不高，似乎他们的存在可有可无；对陪审员服务的评价几乎都是负面的：在德国，陪审员被比喻为"由职业法官操控的木偶"[2]，在俄罗斯为"专业法官的保镖"[3] 或跟随专业法官点头的"点头人"[4]，在克罗地亚为"背后隐藏着职业法官的两棵白菜"[5]，在我国为"像聋子的耳朵一样的摆设或装饰"[6]。尤其在日本，法律人几乎集体反对陪审员陪审制度。[7] 日本最高法院的反对，不仅出于制度成本的考虑，而且也担心由于审前公示和以不正当手段影响陪审团审判产生偏见的风险；或者说，法院深刻怀疑，公民陪审员是否可以匹配由日本的精英司法机构所维持的司法水准。对于日本的检察官来说，陪审员参审的案件增加了威胁其职业生涯的无罪判决的风险。对于日本辩护律师来说，陪审员的参与很可能意味着更多的预审工作。

这反映了一个事实，即混合陪审制度通常是推动全面的审判民主化改革与植根于司法机构本身的保守政治因素——这些政治因素不愿意将这种高水平的业务授予未经训练的外行人——之间妥协的结果。具体到我国的人民陪审员制度，首先，这种联合审议的性质如何定位是个问题；其次，我国法律文化中对待权威的固有态度是否会影响到人们对混合陪审制及其裁决结果的接受与认同；再次，如何厘清法律制度中检察权的宽泛界定与司法职能的适当履行之间的关系是不容小觑的。所有这些因素都会导致人民陪审员很少有机会作出真正有意义的决定，混合法庭的审议将很容易普

---

[1] 参见 Christoph Rennig, "Influence of Lay Assessors and Giving Reasons for the Judgment in German Mixed Courts," *International Review of Penal Law* 72, 2001, pp. 481, 482。

[2] Arnd Koch, "C. J. A. Mittermaier and the 19th Century Debate about Juries and Mixed Courts," *International Review of Penal Law* 72, 2001, pp. 347, 353.

[3] George Feifer, "Justice in Moscow," in Lawrence M. Friedman & Stewart Macaulay, eds., *Law and the Behavioral Sciences* 1001, 2nd ed., 1977.

[4] 参见 Stephen C. Thaman, "The Good, the Bad, or the Indifferent: 12 Angry Men in Russia," *Chi. -Kent L. Rev.* 82, 2007, pp. 791, 794。

[5] Sanja Kutnjak Ivkovit, "Mixed Tribunals in Croatia," *International Review of Penal Law* 72, 2001, pp. 57, 74.

[6] Liling Yue, "The Lay Assessor System in China," *International Review of Penal Law* 72, 2001, pp. 51, 52.

[7] 参见 Richard Lempert, "A Tale of Two Juries: Lay Participation Comes to Japanese and Chinese Courts," *Pacific Basin Law Journal* 25, 2007–2008, pp. 192–193。

遍沦落为仅仅是走走过场，至多是遵从专业法官的决定；而人民陪审员往往只是作为衬托和装饰，他们没有办法真正做到在事实裁判中评估证词或证人的可信度，对法律适用独立发表意见、行使表决权[①]就更是难上加难了。

2. 改革先锋："庭审实质化"

专业法官认为陪审员作出有意义的贡献的案件几乎都是没有获得被告供述的,[②] 这反映出一个非常重要的问题，即判决严重依赖卷宗材料，庭审在很大程度上被"虚化"。例如，德国的陪审员有权在相当广泛的刑事案件中与专业法官一起工作。但是，实证研究表明，他们只会在其有资格参审的 5.4% 的案件中实际参与听审。即使在这些案件中，他们的功能也主要是装饰性的。据估计，德国的非专业陪审员只在他们听审的 1.4% 的案件中影响了最终的结果。在某种程度上，这是因为刑事审判的结果受到由检察官编写并只提交给专业法官的卷宗强有力的影响。在德国，法官一直主导着混合法庭的诉讼程序，在大约99%的时间里是在档案和口述的基础上预先判断案件的结果。[③] 甚至有极端的观点认为[④]，刑事被告在审判开始之前就被定罪了：检察官进行真相调查并得出法律结论，法官只是给他们的结果加盖上"橡皮图章"。

对卷宗材料的严重依赖直接导致了刑事控诉中极低的无罪释放率，比如日本刑事法庭的无罪判决几乎是不存在的，其概率通常小于 0.5%;[⑤] 比如我国 1997 年无罪释放率为 0.66%，到了 1998 年这个概率几乎翻了一番，至 1.03%,[⑥] 2000 年的时候是 1.02%，但是此后无罪释放率则呈现逐年下降的趋势，2005 年为 0.25%，2010 年为 0.09%。[⑦] 即便 2012 年修

[①] 《中华人民共和国人民陪审员法》第 21 条："人民陪审员参加三人合议庭审判案件，对事实认定、法律适用，独立发表意见，行使表决权。"

[②] 参见 Christoph Rennig, "Influence of Lay Assessors and Giving Reasons for the Judgment in German Mixed Courts," *International Review of Penal Law* 72, 2001, pp. 481, 482。

[③] Gerhard Casper & Hans Zeisel, "Lay Judges in the German Criminal Courts," *The Journal of Legal Studies* 1 (1), 1972, p. 189.

[④] Richard Lempert, "Civil Juries and Complex Cases: Taking Stock after Twelve Years," in Robert E. Litan, ed., *Verdict: Assessing the Civil Jury System*, 1993, p. 39.

[⑤] 参见 J. Mark Ramseyer & Eric B. Rasnusen, "Why Is the Japanese ConvictionRate So High?," 30 *The Journal of Legal Studies* 30 (1), 2001, p. 55。

[⑥] 参见 Mike P. H. Chu, "Criminal Procedure Reform in the People's Republic of China: The Dilemma of Crime Control and Regime Legitimacy," 18 *UCLA Pacific Basin Law Journal* 18 (2), 2000, p. 187。

[⑦] 参见陈瑞华《新间接审理主义》,《中外法学》2016 年第 4 期。

订后的《刑事诉讼法》实施以后，证人、鉴定人出庭作证的情况有所增加，法庭审理的"言词化"在部分案件中得以初步实现。根据陈瑞华的观点，在此情况下，"案卷笔录对法庭审理的影响不仅没有削弱，反而得到了某种形式的强化。无论证人是否出庭作证，也无论证人、被告人是否推翻原来的陈述，法庭形成裁判结论的依据仍然不是当庭审理中所形成的内心确信，而是通过查阅和研读案卷所形成的主观印象。这显然说明，所谓的'庭审中心主义'或者'庭审实质化'改革，所面临的最大障碍就是这种通过阅卷来形成裁判结论的方式"。[1] 对此可以佐证的是，2014年的时候我国的无罪释放率继续下降为只有0.06%。[2] 那么，《人民陪审员制度改革试点方案》当中的健全人民陪审员提前阅卷机制，是否与我们诉讼制度改革中致力于推进的"庭审实质化"方向构成某种背离？而《陪审员法》当中将这部分内容删除又是否意味着我们离"庭审实质化"更近了一步？

党的第十八届四中全会通过的《中共中央关于全面推进依法治国若干重大问题的决定》提出"推进以审判为中心的诉讼制度改革，坚持中国特色社会主义制度，坚持法治国家、法治政府、法治社会一体建设"。最高人民法院发布的《人民法院第四个五年改革纲要（2014—2018）》对贯彻"推进以审判为中心的诉讼制度改革"作出了具体规定。同时明确改革的总体思路，即紧紧围绕让人民群众在每一个司法案件中都感受到公平正义的目标，始终坚持司法为民、公正司法工作主线，确保人民法院依法独立公正行使审判权，加快建设公正高效权威的社会主义司法制度。结合"庭审实质化"的司法改革举措，理解人民陪审员制度的改革与完善，有可能收获更为精准的改革定位。

3. 时代背景："信息数据化"

无论是为了顺利实现人民陪审员制度改革所设定的目标，还是最终完成"庭审实质化"的司法改革举措，了解当下中国社会的社情民意以便做到"知己知彼"都是必要的。令人遗憾的是，我们以网络电子问卷和纸质问卷两种形式，随机针对不同年龄、职业、学历的人群，进行调研所得到169份有效答卷的数据显示（如表1所示[3]），至少就人民陪审员这项制度

---

① 陈瑞华：《新间接审理主义》，《中外法学》2016年第4期。
② 参见陈瑞华《新间接审理主义》，《中外法学》2016年第4期。
③ 参见邹立君指导的、李新放等八位同学共同完成的南京大学2016年暑期社会实践报告《人民陪审员制度在审判中心主义改革中的定位调查研究》。

来说，在普通群众当中的认识度并不高，大部分群众没有和人民陪审员接触的经历，甚至很少听闻这项制度，更遑论知晓其意义和执行情况。

表1 关于人民陪审员制度改革的问卷调查

单位：人

与人民陪审员的接触	对人民陪审员遴选制度的了解			合计
	从未见到或听到宣传	偶尔听到或看到宣传	经常能够感受到宣传	
很陌生、没有接触	106	44	0	150
有过接触	5	13	0	18
有过担任经历	0	0	1	1
合计	111	57	1	169

审阅这项调研及其统计结果，结合人民陪审员制度的改革实践，我们可以获得以下两个方面的启示。

第一，我们应从制度层面保证适当程度适当范围内的公民直接参与审判，因为公民参与司法机构审判活动可以起到增强司法系统反对外部批评的系统性、合法性的作用。一方面，陪审员参与审判确实有利于司法审判活动吸收有不同背景群体的丰富知识与生活经验，为准确、高效地进行司法审判活动提供动力源与信息源。这要求我们的司法改革，不仅要保证民众参与，而且要着力保证多层次、全方位的民众参与。另一方面，陪审员参与审判有利于一个社会塑造良好的集体文化想象力。陪审员参与审判可以被看作一种重要的社会仪式，通过这种仪式维持并增强社会对司法管理治理的信心。在制度允许的范围内，最大限度地提高民众参与司法的程度可以提高民众对司法机构的认同度，进而提升司法系统的合法性。然而，保证合法性与增强民众参与、容纳公民观点可能会存在潜在冲突。这需要我们仔细分析混合法庭有哪些可能削弱陪审员代表社会发声的机制或特征，并且发掘在法律决策中为了塑造最有成效的民主参与需要些什么。

第二，新媒体时代，少数人直接参与司法的亲身体验更应该被珍视。虽然很少有人有机会直接经历陪审团审判，但是在当下"信息数据化"的新媒体时代，那些经历过的人很可能在他们的社交的、职业的和家庭的网络中传播关于他们的经验的信息。通过社交网络的正常运作，一个人的经历可以影响没有直接经历过的无数人的想法、情绪和信念。因此，少数担任陪审员的人的经验很可能具有极大的重要性。就此而言，陪审员对他们的经验的满意程度直接影响着社会中其他人对陪审员制度运作情况及其对于司法裁判的作用等的认识。如何利用好当下的新媒体等手段，通过个别陪审员陪审经验的有效传播与推广，促使人们对法院、人民陪审员制度及其在社会中的作用作出正面评价并满怀希望，这是至关重要的。在一个国家司法系统中，这种普通人与司法系统的正面遭遇可能有利于提升一个国家司法机构的整体合法性。因此，除了少部分人的直接参与外，媒体包括新媒体的宣传也是陪审团审判实现对普通民众的法律宣传教育职能的主要手段。

二　人民陪审员的"地位特征"：制度定位与制度能力

我国"人民"参与法律决策的观念正是在共产党这里首次得以彰显的，1932 年 6 月 9 日，中华苏维埃共和国中央执行委员会公布《中华苏维埃共和国裁判部暂行组织及裁判条例》，其第 13 条、第 15 条对人民陪审员制度作出了相应规定。到抗日民主政权时期，由于政权的进一步巩固和统一战线的需要，人民陪审员制度有了进一步的发展，一些根据地颁发了专门性文件，比如 1940 年的《晋察冀边区陪审制暂行办法》，1941 年的《山东省陪审暂行办法（草案）》，1942 年的《淮海区人民代表陪审条例（草案）》，1943 年的《陕甘宁边区军民诉讼暂行条例》等①，对陪审员的来源、产生、回避、权利和义务等做出了较为全面的规定。新中国成立后，1954 年《宪法》第 75 条明确规定："人民法院审判案件依照法律实行人民陪审员制度。"早期的人民陪审员并没有因为其农民出身或者几乎没有受过什么教育而被排斥或受到诟病。1966 年开始的"文革"，正常法律程序被破坏，并代之以走群众路线的公审大会。"文革"结束之后，1982 年宪法条文中没有关于人民陪审员制度的规定，转而在《刑事诉讼法》《人民法院组织法》等法律中有相应规范。时至今日，《陪审员法》已获得通过，人们越来越对人民陪审员制度饱含热望：人民陪审员提供自己的意见，带来社会共同体的价值取向，构成对专业法官意见的潜在监督与约束，保护无辜者，促进司法公正，提升司法公信力以及推进司法民

---

①　参见余淼、胡夏冰《我国人民陪审员制度的起源》，《人民法院报》2015 年 2 月 13 日，第 7 版。

主，等等。那么，人民陪审员在司法制度中处在何种位置，又具备哪些制度能力，如何根据"地位特征理论"对这些问题展开进一步的理论探究等，对这些问题的探讨将有助于人民陪审员制度改革在关键节点问题上的准确定位与回应。

1. 人民陪审员的"地位特征"

"地位特征理论"主要用来解释任务导向型小团体的互动。该理论指出，在任务导向型团体中，个人发展出有关团体成员对解决任务的潜在贡献的期望。[①] 这些期望的基础就是地位特征，其文化规定的内涵使得它们与团体任务的履行潜在相关。[②] 一些地位特征可能与任务的圆满完成是直接相关的，这种特征被称为特定的地位特征。[③] 一些地位特征可能与任务间接相关，这种情况下，它们被称为扩散性地位特性。[④] 混合法庭中的专业法官与外行陪审员合作以完成法律与/或事实裁判的任务为目标，正可以被看作任务导向型的团体。那么，根据地位特征理论，我们可以辨识出专业法官与外行陪审员的哪些对于任务顺利完成具有优先权重的地位特征呢？

首先，地位特征理论表明，处于较高地位的个体，如混合法庭中的专业法官，自然在讨论中被分配更多的基础时间，此外，这些个体的贡献被认为更积极和被该团体给予更高的重要性。根据地位特征理论，在小团体中地位高的成员，比地位低的成员更具影响力。这种影响可以通过两种方式施加。第一，地位高的成员通常会被选为领导；也就是说，专业法官在审判期间被法定置于领导地位如审判长，也将被期望在审议过程中处于领导地位。第二，解决专业法官与陪审员最初意见分歧的方式。[⑤] 在混合法庭上，专业法官被期望在发生分歧时施加更大的影响力，不是因为论据的力量，而是由于论据来源的权力，这导致分歧的解决对他们有利。

其次，法律知识对于混合法庭尤为重要，但是其他领域的知识或广泛

---

① 参见 Joseph A. Bonito, "A Longitudinal Social Relations Analysis of Participation in Small Groups," 32 *Hum. Comm. Res.* 302, 2006。

② 参见 James W. Balkwell, "Status," in Martha Foschi & Edward J. Lawler, eds., *Group Process: Sociological Analyses*, 1994, pp. 119, 124。

③ 参见 Joseph A. Bonito, "A Longitudinal Social Relations Analysis of Participation in Small Groups," 32 *Hum. Comm. Res.*, 2006, p. 88。

④ 参见 James W. Balkwell, "Status," in Martha Foschi & Edward J. Lawler, eds., *Group Process: Sociological Analyses*, 1994, p. 89。

⑤ Sanja Kutnjak Ivković, "Exploring Lay Participation in Legal Decision-Making: Lessons from Mixed Tribunals," 40 *Cornell International Law Journal*, 2007, pp. 436 – 440。

的生活经验对于案件解决也可能是很重要的。具有在特定案件中对决策至关重要的其他非法律领域直接专业知识的陪审员，比如在涉及攻击或谋杀的案件中的医生或涉及交通意外案件中的汽车技工，将有可能在庭审中具有较高的地位，他们的意见将被视为更具影响力，他们将有更多的发言时间。克罗地亚的法律制度目前确认了，这些非专业的专家法官可以在某些领域作出具体的贡献。① 例如，克罗地亚法律规定在涉及未成年人的刑事案件中，陪审员从教授、教师和其他具有青少年教育经验的人员队伍中选择。

2. 制度定位：官僚 vs. 非官僚

在混合法庭中，陪审员的权力与威望这一地位特征无法与专业法官匹敌，但是他们拥有一项非常重要的属性，他们在司法系统中是一个非官僚化的元素。这也就意味着陪审员不会受到专业法官必须面对的许多职业顾虑与压力的困扰。

首先，不需要承担官僚式决策者作出不受欢迎的决策后必须承担的责任。比如在日本当法官无罪释放刑事被告时就会面临职业危险。有研究表明，无罪判决会导致职业发展缓慢和无吸引力的委派。因此，知识渊博的观察家们认为，"检察官，而不是法院在实施着……日本刑事被告人真正的审判"。"刑事审判……公开法庭的诉讼仅仅是一个正式的仪式。"② 而正因为陪审义务不是一种官僚意义上的职业义务，陪审员作出不受欢迎的判决就不必害怕受到政府的"报复"，如被分配到日本北方一个不起眼的和寒冷的不重要的社区法院。

其次，与专业法官相比，如果陪审员的判决被误解，他们也不必面对个人得失。但是法官可能会合理地担心公众、媒体等质疑、渲染和扭曲他们的判决，这可能会影响到他们的职业自尊或晋升的机会。出于这类顾虑，法官可能不愿意作出正确的，但很难解释清楚的判决。再如，在美国的一些州，法官的判决可能会影响他们的连任，因为富有的个人、公司或工会愿意花费大笔金钱来挫败作出不受欢迎判决的法官。人们很难无视这样的威胁。但是陪审员则不必担心因冒犯当局或政党或什么有势力的人而承受这类不利的后果。

---

① Sanja Kutnjak Ivković, *Lay Participation Criminal Trials: The Case of Croatia*, Austin & Winfield, 1999, p. 46.

② Daniel H. Foote, "The Benevolent Paternalism of Japanese Criminal Justice," 80 *Calif. L. Rev.*, 1992, pp. 319, 339.

再次，对陪审员来说，几乎每一个案件都是全新的，这意味着陪审员能够用新鲜的眼光来看待摆在他面前的每一个案件；而职业法官则不同，他们极有可能会以先前判决的案件的表面相似性为基础来作出决定。就此而言，在实践中应尽量避免混合法庭系统的陪审员服务时间过长，比如我国 2004 年《全国人民代表大会常务委员会关于完善人民陪审员制度的决定》第 9 条规定，"人民陪审员的任期为五年"。2015 年《人民陪审员制度改革试点方案》指出，"基层和中级人民法院每五年从符合条件的当地选民（或者当地常住居民）名单中随机抽选当地法院法官员额数 5 倍以上的人员作为人民陪审员候选人，制作人民陪审员候选人名册，建立人民陪审员候选人信息库"。《陪审员法》则规定：人民陪审员的任期为五年。任期届满后，人民陪审员职务自动免除，一般不得连任。因为随着担任陪审员时间的不断增长，公民参与审判的非官僚方面许多累积的优势也将逐渐减退。这样一来，公民可能不再拥有新鲜的眼光。

3. 制度能力：专业 vs. 非专业

人们常常从专业和非专业对比的角度来理解混合法庭的制度属性。混合法庭是以完成判决任务为导向的制度设置，其中专业法官一般是法学院的毕业生，他们已经完成了法律方面的培训，取得了法律职业资格，并具备一定年限法律方面的工作经验。如我国《法官法》规定，"初任法官采用考试、考核的办法，按照德才兼备的标准，从通过国家统一法律职业资格考试取得法律职业资格并且具备法官条件的人员中择优提出人选"。① 而陪审员往往既没有受过法律的教育，也没有解决法律问题的实际经验。通常情况下，他们当选之后任期五年，只是偶尔充当陪审员。

专业法官与陪审员在以下两方面有所不同：法律教育、通过系统培训和定期实践获得法律决策的经验。陪审员缺少法律教育可能对他或她在法庭的地位产生影响。这是因为，"像一个律师那样思考"有两个重要组成部分。② 第一个部分是批判性思维，它涉及思维的清晰度、精确度和质量，"与物理学家或哲学家的思维类型"没有什么不同。第二部分是使用和磨炼这些技巧来提高解决实际法律问题的能力。受过良好教育的外行参与者可能更好地处理"像一个律师那样思考"的第一个组成部分——批判性思维，它涉及从定义一个问题的能力到得出相应结论的能力的一些技能。高

---

① 《中华人民共和国法官法》（2017 年修订）第 12 条。

② 参见 John O. Mudd, "Thinking Critically about 'Thinking Like a Lawyer'," 33 *J. Legal Educ.*, 1983, pp. 704 – 706。

学历的陪审员不仅当向他们解释法律的时候更容易理解，而且他们也将能够更好地界定法律问题并提供相关的假设。"像一个律师那样思考"的第二个组成部分，使用和磨炼这些技巧来提高解决实际法律问题的能力，最终将受过教育的陪审员与专业法官区别开来。虽然受过教育的陪审员很可能会理解法律概念和规则，但是只有法官受过界定法律问题、选择界定和解决问题的重要因素、形成相关假设并得出适当结论的系统培训。而且，通过经常在审判中进行法律决策，他们的法律技能会进一步增强，从而积累了相当丰富的经验。

我国《人民陪审员制度改革试点方案》中将人民陪审员的工作内容限定为"在案件评议过程中独立就案件事实认定问题发表意见，不再对法律适用问题发表意见"。这项规定可以避免人民陪审员因为以上两方面的不足而在庭审过程中既不受重视，也不敢发声这种情况。而《陪审员法》已经将试点方案中的这项内容更改为"人民陪审员参加三人合议庭审判案件，对事实认定、法律适用，独立发表意见，行使表决权。人民陪审员参加七人合议庭审判案件，对事实认定，独立发表意见，并与法官共同表决；对法律适用，可以发表意见，但不参加表决"。故此，在混合法庭中，地位特征的不同而引起伊丽莎白·诺尔–诺依曼所谓"沉默的螺旋"① 效应的问题更值得我们重视。我们应该避免使人民陪审员受到"沉默的螺旋"效应的影响，也就是应该避免人民陪审员将专业法官的意见当作主导意见，而导致他们不敢发表自己真实的意见或只是对专业法官的意见做轻微的非实质性改变。换言之，应该避免陪审员意见的沉默造成专业法官意见的势头不断增强，如此循环往复，便导致专业法官的意见越来越强大，而陪审员越来越沉默下去的螺旋发展过程。

三　人民陪审员制度的完善

在混合法庭这类所谓任务型小团体中，法官与陪审员地位特征的不同导致法庭对他们每个成员抱持不同的贡献与影响力预期。根据这种预期的不同，法庭往往为某些成员如法官分配更多的发言时间，而他们也将得到

---

① "沉默的螺旋"（Spiral of Silence），是一个政治学和大众传播理论，伊丽莎白·诺尔–诺依曼在对选举前德国的意见进行研究时创造的术语，在分组审议中一个占主导地位的声音已提出初步意见的可能性，这个意见将会主宰潜在的对话并消除任何反对者的声音，即使在持不同政见者实际上是占多数的时候。

更多作出贡献的机会，并且他们的贡献更可能受到其他成员如陪审员的赞同反应。因为在互动过程中，地位较高的人更可能首先发言、快速大声地讲话甚至打断他人。久而久之，就会产生所谓"沉默的螺旋"效应。故此，在我国人民陪审员制度改革与完善过程中，如何消除因地位特征差异而形成的"沉默的螺旋"效应是非常重要的一个问题。结合人民陪审员制度改革背景与人民陪审员的"地位特征"，针对上述疑问，拟提出以下几点改革建议。

（1）完善现有的人民陪审员选任过程。选择过程通常涉及编制符合入选要求并不属于被豁免或被排除在服务之外职业的潜在候选人名单。各个国家都会根据本国实际情况和需要设置相应较为宽泛的条件。《陪审员法》当中规定：拥护中华人民共和国宪法、遵纪守法、品行良好、公道正派、具有正常履行职责的身体条件、年满 28 周岁的公民，原则上都具备担任人民陪审员的资格。担任人民陪审员一般应当具有高中以上文化程度。然而，在符合条件的人员范围内进行的选择往往不是随机的[①]，通常选择那些似乎特别有资格扮演法官角色的人。

首先，政治因素强烈地影响选择的过程。在挪威，提名委员会"通常挑选那些也注册成为政党成员的大多数候选人"。[②] 潜在的结果是中产阶级的公民比例显然过高，因此，低阶层的公民显著代表性不足。在德国"40 至 50 岁之间的人，男性和公务员的人数都偏高。此外，较低的社会阶层在大众陪审中代表性不足。对于工业工人来说，尤其如此。……也有人说，为了向法院提供真正感兴趣的候选人作为陪审员，主管当局实际选择与法官具有一样的社会背景和态度的人"[③]。因此，在陪审员选择过程中，如何权衡其政治背景尤为重要，既要保持一定的"政治正确性"，同时要增加政治方面的宽容性与开放性。

其次，候选人在非法律领域的教育似乎更重要。如果陪审员拥有关于法庭争议问题的非法律专业的知识，那么他们通常会表达自己的观点，而法庭也往往依赖于他们的专业知识。克罗地亚混合法庭表明，当法律人——国家检察官、辩护律师和专业法官——被问及混合法庭的现行制度

---

① 《中华人民共和国人民陪审员法》规定，人民陪审员原则上随机抽选产生，因审判活动需要，一定比例的（不得超过人民陪审员名额数的五分之一）人民陪审员还可以通过个人申请和组织推荐产生。

② Asbjorn Strandbakken, "Lay Participation in Norway," 72 *Int'l L Rev. Penal L.*, 2001, p. 244.

③ Stefan Machura, "Interaction Between Lay Assessors and Professional Judges in German Mixed Courts," 72 *Int'l L Rev. Penal L.*, 2001, p. 453.

可能如何改进时，他们经常提倡使用蓝带非专业法官①。混合法庭是我们法律制度的一个积极特征，但它需要更有针对性地选择陪审员，并根据他们的教育和职业把他们分配到不同的法庭。例如，针对白领犯罪最好选择供职于同一职业中的人员；针对新兴的网络犯罪，最好选择 IT 工程师等受过相关教育、培训或从事相关职业的人员。这样一来，人民陪审员所具有的这些相关专业知识就能够更好地帮助法庭明确案件事实。日本最高法院于 2000 年发表过一份声明，其中强调了一个事实，即审判可能涉及陪审员难以理解的复杂事实情况，指的是英美反托拉斯法和证券诉讼中的问题。② 如果在陪审员的选任上能够考虑到其专业背景知识，那么，日本最高法院的这种担忧就是多虑了。

（2）给予人民陪审员的意见以等同至少能够制衡专业法官意见的权重。赋予陪审员和专业法官的投票以相同的权重会使得他们在审判和审议过程中产生同等的影响力。虽然几乎所有采纳混合法庭系统的国家都正式声明，专业法官和陪审员在审判和审议过程中是平等的，但是现实的落实情况往往会有不同的结果。程序规则通常将审判的主导权赋予专业法官，确立了他们在法庭上的重要参与者地位。专业法官与陪审员在法庭决议中地位上的重要性不同主要表现在两个方面。

首先，专业法官通常主导整个审议过程，陪审员很少与专业法官意见不一致。大多数相关研究报告告诉我们，法院的大多数判决是一致的判决，有时这个比例甚至高达 95%。根据在克罗地亚进行的陪审员调查研究，陪审员"只在少数情况下"或"从来没有"不同意专业法官的意见。③ 德国的相关研究报告表明，在波鸿和法兰克福只有不到 1/5 的陪审员在审议中陈述了不同于专业法官的意见。④ 在南非有关研究报告也证明，

203

---

① 蓝带非专业法官（Blue-ribbon Lay Judges），由具有特别资格的人（受过最高教育的、最有知识的人）组成的陪审团，也称特别陪审团（Special Jury or Struck Jury），用来审理复杂的民事案件。参见 Sanja Kutnjak Ivković, *Lay Participation Criminal Trials: the Case of Croatia*, Austin & Winfield, 1999, p. 46。

② Daniel Senger, "The Japanese Quasi-Jury and the American Jury: A Comparative Assessment of Juror Questioning and Sentencing Procedures and Cultural Elements in Lay Judicial Participation," *U. Ill. L. Rev.*, 2011, p. 753.

③ Sanja Kutnjak Ivković, *Lay Participation Criminal Trials: the Case of Croatia*, Austin & Winfield, 1999, p. 46.

④ Stefan Machura, "Interaction Between Lay Assessors and Professional Judges in German Mixed Courts," 72 *Int'l L Rev. Penal L.*, 2001, p. 462.

专业法官和陪审员之间的意见分歧是罕见的。① 这些数据也可以进一步验证所谓地位特征理论对专业法官与陪审员之间不同地位特征的判断。

《陪审员法》要求，审判长履行案件审判相关的指引、提示义务，但不得妨碍人民陪审员对案件的独立判断。合议庭评议案件，审判长应当对本案中涉及的事实认定、证据规则、法律规定等事项及应当注意的问题，向人民陪审员进行必要的解释和说明。对此，法官如何既正确地引导人民陪审员，同时又不会干预其独立判断是核心问题所在。其实，大多数陪审员希望得到主审案件的法官的指导。他们抱怨的是司法的帮助太少，而不是太多了。② 所以，在混合法庭，陪审员尊重专业法官是非常自然的，也是经常发生的。关键的问题是，如何避免人民陪审员对法官的这种"尊重"彻底转变成"遵从"。我们需要决断，法官和陪审员之间互动与沟通、分离与独立应该保持在一个什么样的限度之内，所谓"指引""提示"落实为具体的条条框框可能是必不可少的，以便法官在决策中能够有一个原则性的依据。

其次，即便陪审员形成了不同于专业法官的意见，陪审员也同时表达了他的不同意见，但是最后解决分歧的方式往往不是陪审员说服大多数法庭成员支持他的见解，而是陪审员被说服接受不同意见的机会比较高，即使在专业法官是少数的时候；也就是说在分歧确实发生时，是专业法官改变了陪审员的意见以解决分歧。在他们确实没有同意专业法官说服的少数情况下，陪审员似乎也很少行使他们的权利以票数胜过专业法官。戴森的报告指出，在瑞典接受调查的陪审员在1%～3%的刑事案件中以多数票否决了专业法官的意见。③

《陪审员法》中也专门对这样的情况作出规定，人民陪审员同合议庭其他组成人员意见分歧的，应当将其意见写入笔录。合议庭组成人员意见有重大分歧的，人民陪审员或者法官可以要求合议庭将案件提请院长决定是否提交审判委员会讨论决定。由于陪审员参与表决适用的是少数服从多数的原则，陪审员和法官组成合议庭的人数何者多、何者少似乎尤为关键，尤其是在三人合议庭情况下。《人民法院组织法》第38条、《民事诉

① Jeremy Seekings & Christina Murray, *Lay Assessors in South Africa's Magistrates' Courts*, Cape Town, Law, Race and Gender Research Unit, University of Cape Town, 1998, p. 19.

② Richard O. Lempert, "Citizen Participation in Judicial Decision Making-Juries, Lay Judges and Japan," *Saint Louis-Warsaw Transatlantic Law Journal*, 2001–2002, p. 11.

③ Christian Diesen, "Lay Judges in Sweden—A Short Introduction," 72 *Int'l L Rev. Penal L.*, 2001, p. 314.

讼法》第40条、《刑事诉讼法》第183条和《行政诉讼法》第68条均没有规定人民陪审员在合议庭中的具体人数。基于上述规定，我们可以形成如下判断：在由审判员和人民陪审员共三人组成合议庭的情况下，除审判长依法必须由审判员或者临时代行审判员职务的助理审判员担任外，合议庭其他两名组成人员可以均为人民陪审员，也可以只有一名人民陪审员。

我们分别不同情况来看：如果是包含一名陪审员的三人合议庭，那么，这名陪审员很大程度上将不会发挥太大作用，因为另外两名法官更有可能达成一致意见，完全可以不顾陪审员的意见而形成最终他们想要的判决结果；如果是包含两名陪审员的三人合议庭，那么，这两名陪审员如果能够形成一个不同于审判长的判决意见的话，则他们的参审确实达到和起到了制度所期望的公民参与审判的效果和作用。但是，同样存在两个隐忧。一是审判长可以提请院长决定是否提交审判委员会讨论决定，这样的话，审判委员会就如同悬在陪审员头顶的达摩克利斯之剑，陪审员的作用很容易被消除。二是错案追责怎么办。从既有的规定看，两名陪审员不需要，实际上也很难承担错案追究的责任[①]；而审判长提供的又是不同意见，如果要他来承担错案的责任，显然有失公正。这种情况下，如果审判长不需要承担责任的话，那么，我们需不需要担心：审判长有没有可能利用制度上的这个漏洞，以某种方式有意促使两名陪审员达成他意想中的那个结果，而如果他的判断有误，则最后的责任追究也落不到他的头上。而四名陪审员和三位法官组成七人合议庭的情况虽然更为复杂，但也会面临同样的问题。

由此看来，陪审员参与表决的机制显然还有待进一步斟酌与细化，也需要其他制度安排的调整与配合。关键的问题并不在于保证人民陪审员在人数上始终占优势，而在于给予他们的意见以应有的尊重和足以与法官抗衡的权重。比如，是否可以参考日本的相应司法规则，即直至外行陪审员都已经表达了他们的意见之后，专业法官才可以陈述他们自己的见解等

205

---

① 《中华人民共和国人民陪审员法（草案）》规定："人民陪审员无正当理由拒绝参加审判活动的，或者徇私舞弊造成错误裁判或者其他严重后果的，可以采取通知所在单位、户籍所在地或者经常居住地的基层组织，在辖区范围内公开通报等措施进行惩戒。"而《中华人民共和国人民陪审员法》将其修改为，人民陪审员"违反与审判工作有关的法律及相关规定，徇私舞弊，造成错误裁判或者其他严重后果的。……可以采取通知其所在单位、户籍所在地或者经常居住地的基层群众性自治组织、人民团体，在辖区范围内公开通报等措施进行惩戒；构成犯罪的，依法追究刑事责任"。《中华人民共和国人民陪审员法（草案）》似乎惩戒力度太轻，威慑效果有限；《陪审员法》又似乎给陪审员这样一项光荣的公民义务增加了过于沉重的负担，极有可能背离设立陪审制的初衷。

等。但同时要注意吸取日本 1923 年陪审团法中一项规定的教训，即法官可以无视陪审团的答复，重新设立一个陪审团，并重新审判案件。这一规定非常有效地削弱了陪审团可能享有的任何真正的权力。

（3）创造人民陪审员与专业法官磨合与互动的制度空间。调查研究表明，专业法官支持陪审员参与的"理论"概念，但是大多数专业法官会批评其"实际"执行情况。人们经常评论说，外行陪审员比专业法官更倾向于作出无罪判决。这将在刑事诉讼中引入不确定因素，尤其是在高定罪率的国家，比如日本超过99%的定罪率将会因此而受到极大威胁。同时，不确定性也提升了威慑成本，因为更多的被告将选择为他们的罪过辩驳，除非被提供一个非常有吸引力的交易。所以，有论者强调了非专业陪审员将增加"辩诉交易"风险。进而，随着非专业陪审员参与度的不断增加，实际上有可能会影响到司法机关与检察机关之间的既有关系，也有可能会带来破坏性的成本和风险。假如我们认为超高定罪率不是一个国家刑事司法制度的优势，而恰恰反映了这个国家的刑事司法审判被"虚化"的事实，那么陪审员带给刑事诉讼的不确定因素似乎可以被看作是有益的，至少不会是有害的。

如果进一步追究，何以陪审员会倾向于作出无罪判决，则可以发现原因主要在于陪审员与专业法官对定罪的要求不一致。也就是说，陪审员对定罪的要求往往远远高于专业法官的定罪要求。有关研究表明，反对陪审员参与的理由主要有，陪审员更容易情绪化、他们在对待罪犯的态度上更为宽容等，[①] 也就是说他们往往比专业法官对证明有罪要求更高的门槛。人们可能会认为专业法官与陪审员之间定罪标准的不一致问题出在陪审员这边，也即他们时常并不严格遵守法律的规定，也许经常从社会政策或道德的角度来作出判断，并在法律的标准中掺入大众的价值观。但是，我们不能因此而认为陪审员的做法是不可取的。因为如果从完全排除"合理怀疑"的角度来考虑，陪审员的定罪门槛可能与法律的要求更加一致。

即便陪审员的定罪标准真的与法律的标准有偏差，这对于司法正义来讲也是一件好事，因为这给予了陪审员与专业法官之间进行磨合与互动的真正空间。陪审员的参与本身就可以起到威慑或阻止专业法官任意、腐败

---

① 参见 H. M. LaFont, "Assessment of Punishment—A Judge or Jury Function?," 38 *Tex. L. Rev.*, 1960, pp. 842 – 843。

或偏见的作用，使得专业法官时刻保持"充满警觉"的状态。它也可能迫使专业法官透露自己判决背后的原因，并与陪审员讨论这些原因。如果陪审员的标准与专业法官的标准始终保持一致，那么，他们参与审判的意义才真的是要大打折扣。另一方面，专业法官说服陪审员的过程也会使得法律的定罪标准越辩越明。这对于相关实体法律的发展与完善也不失为大有益处。尤其是对于检察院公诉案件的审理，法官应该特别欢迎来自陪审员的不同声音，这相当于增加了法院对抗检察院宽泛检察权的砝码。可以认为，如果"庭审中心主义"或者"庭审实质化"改革得不到落实，谈论人民陪审员的有效参与也终究是一句空话。

（4）为激发人民陪审员的参与热情创造良好的制度环境。专业法官或者其他人可能会从多个方面批评陪审员参与审判，比如陪审员缺乏法律知识、他们无法理解证据甚至缺少普通的教育、导致了庭审速度放慢，等等。如果追究造成这些状况的原因，除了我们前述的陪审员的"外行或非专业"本质，也即他们缺乏法律知识之外，批评者们似乎也发现了陪审员自身方面的原因，即他们对庭审缺乏足够的兴趣。如果说为了补齐和克服陪审员法律知识方面的"短板"或"硬伤"，我们可以通过将他们的工作限定为案件的事实裁判及少数情况下的法律裁判来改进，但是这样的改进无法克服陪审员对庭审兴趣不足这一"软肋"。

与此同时，如果人民陪审员制度的设立宗旨也着眼于促进一般意义上的公民参与，那么，参与兴趣的提升则是整个公民参与事业的关键所在。因为，要是我们认为，不管采用什么样的审判制度，大多数案件很可能会以同样的方式被决定，并且在大多数判决当中都不会出现任何具有重大社会意义的变革，如果这种假设成立的话，在一般的司法过程中加强公民的参与，特别是通过人民陪审员制度的参与就更加意义深远。其不只在于加强司法监督、避免法官出现失误与实现司法正义等；更为根本的是，它将激发公民参与的美德，进而为社会治理的发展与完善奠定坚实的基础。

当然，参与美德的激发需要借助具体的制度措施，例如《人民陪审员制度改革试点方案》中提出的要"健全人民陪审员提前阅卷机制"① 可以被看作是激发公民参与热情的一项非常积极的举措，这提升了陪审员的相关信息对等性，进而提升了他们同法官展开有效平等的对话与审议的可能性。在对国外陪审制的研究中也发现，"同克罗地亚一样，俄罗斯外行法

---

① 我们需要注意，《陪审员法》中并没有出现"健全人民陪审员提前阅卷机制"的相关规定。

官的积极参与似乎在很大程度上也取决于专业法官的合作。事先获得案件档案和足够的讨论时间也是促进俄罗斯混合法庭公民作出有效贡献的重要因素"①。

而新媒体时代的"信息数据化"等则可以作为相关制度措施的助燃剂来点燃公众参与司法的热情。首先，新媒体时代，法律知识的学习并不仅仅通过正规的法学院教学活动。在当下信息越来越开放的时代，除了传统的纸质与电子传媒，各种网络资源包括微课、慕课等，各个法学大咖的博客、公众号等都可以成为公众学习法律知识的阵地。成为人民陪审员正好为学习、了解国家的有关法律法规提供了机会。其次，自媒体的发展也为公众更好地研习法律、树立法治意识并良性扩散与传播法治意识提供了条件与手段。相较于官方媒介，人们更倾向于相信自己熟悉的人对某事件的描述与判断，并且更容易与之产生心理共鸣，如果是"现身说法"那效果将会更加显著。当下，公众作为社会治理当中的一个重要变量通过自己参与司法的活动与包括法院在内的其他社会治理主体实现互动与合作，并进一步影响到其他与自己处于同等地位主体的相应活动，本身既是社会治理的应然之义，也是社会治理臻于成熟的当然标志。

四 展望

综合前述，虽然陪审员在审判和审议过程中并不像专业法官那样积极活跃，但是非专业人士的参与应该得到珍惜和促进。"在裁判他们同伴的生命、自由或财产方面，陪审员将用自己的眼睛看，用自己的耳朵听，并运用自己的良知和理解力。"② 我们不应该指望陪审员在每一个案件中都保障每一个被告的充分权利，或在每种情况下都引入社会价值观。但是，我们有充分理由相信陪审员的参与能够使得裁决更符合民意，更有利于提高专业法官的表现，进而增强法院的独立性。陪审员的角色很重要，因为"不同的群体［被代表］"，"证据［是］由不同的人评估的"，他们提供了"有关当地问题的知识……促进人民的信任"，并且他们代表了"民主

---

① Valerie P. Hans, "Introduction: Lay Participation in Legal Decision Making," 25 *Law & Policy*, 2003, p. 89.

② V. P. Hans & N. Vidmar, *Judging the Jury*, New York: Plenum Press, 1986, p. 35.

原则"。① 人民陪审员制度的不断改进与发展不仅具有司法的意义，提高审判公正；而且也具有政治意义，彰显政治民主与完善社会治理。此外，人民陪审员制度的不断完善也会在更高层次上重新定义我国人民的法律意识和法律精神。总之，不仅陪审员在参与过程中会不断重新认识自己、创造自己，而且在此过程中，我国的司法制度与司法精神也会不断自我认识、自我反省与自我重构。

---

① Hannu Tapani Klami & Merva Hämäläinen, *Lawyers and Laymen on the Bench*, Suomalainen Tiedeakatemia, 1992, p. 55.

社会救助权国家给付义务的实现机制[*]

周忠学[**]

摘　要： 国家给付是社会救助权实现的关键，为了保证社会救助权国家给付义务的规范性、长期性、可预期性，毋庸置疑，国家给付义务制度性的社会救助权之顶层设计是根本。在制度保障之余，物质性给付是社会救助权的主要实现方式，集中表征于对受救助者社会保障类现金及利益给付和为维护社会救助权的资产建设性给付这两种类型的给付上。在实践中，在向受救助者给付的具体利益形成过程中以及给付之前，国家必须实施的一定的组织和管理行为，即服务性给付。

关键词： 社会救助权；国家给付义务；制度性给付；物质给付；服务性给付

从理论维度而言，对社会救助权的国家给付义务的理论缕析，其价值在于敦促国家充分履行其给付义务，更好地保障社会救助权的顺利实现。然而，"理论生成之后，并不意味着万事大吉。此时，所面临的一个至关重要的任务就是如何将其加以保障"[①]。从实践维度而言，社会救助权的国家给付义务机制是维护社会救助权的最有实效的方式。国家为维护社会救助权之顶层设计是国家的制度性给付义务的履行，国家通过履行物质性给付义务为维护社会救助权提供基本保障，国家对受救助者履行的组织性给付义务实践为维护社会救助权提供辅助保障。

一　制度性给付：社会救助权保障之顶层设计

制度性给付是国家给付的规范性保障，是维护社会救助权的顶层设

　＊　2018 年度江苏省高校哲学社会科学研究基金项目"精准扶贫中社会救助权的国家给付义务与实现机制研究"（2018SJA1743）。
＊＊　周忠学，常州大学史良法学院讲师。
　①　林来梵：《从宪法规范到规范宪法——规范宪法学的一种前言》，法律出版社，2001，第321 页。

計，国家有制定和完善社会救助权给付领域的各项法律制度的义务，国家给付义务的履行的规范化和长效化均依赖于国家制度性给付。在实践中，国家积极履行维护社会救助权的制度性给付义务。目前，国家在维护社会救助权方面的制度性给付实践取得了一定的成果。

（一） 社会救助权制度性给付实践

为了社会救助权国家给付义务的有效履行，国家出台了一系列的规范性文件，以失地农民的社会救助权为例。一方面，国家中央政府积极履行维护社会救助权的制度性给付义务。为妥善解决贫困失地农民社会保障问题，国务院和国土资源部 2004 年前后出台的《关于深化改革严格土地管理的决定》和《关于完善征地补偿安置制度的指导意见》等文件，对新时期我国贫困失地农民的征地补偿安置方式，给予了新的政策指导，这些文件首次提出为贫困失地农民建立社会保障制度，标志着我国失地农民社会保障制度步入规范化和法制化轨道。一系列的后续配套文件促使我国失地农民社会保障制度进一步完善。[①]

另一方面，国家各地方政府结合本地实际积极履行维护失地农民社会救助权的制度性给付义务。如 2004 年北京市政府颁布了《北京市建设征地补偿安置方法》，直接把贫困失地农民纳入城市社会保障体系，贫困失地农民可以和城镇职工享受一样的社会保障。此政策的目的在于在维持贫困失地农民原有的生活水平不下降的基础上解决受救助者的可持续生计问题，保证北京市贫困失地农民社会救助权的顺利实现。

2003 年 10 月 20 日，上海市政府也正式发布《上海市小城镇社会保险暂行办法》，该政策确立了上海市社会保障体系中的一项实行社会统筹和个人账户相结合的社会保险基本制度，包括养老、医疗、失业、生育、工伤等基本社会保险和补充社会保险。《上海市小城镇社会保险暂行办法》明确规定，征地安置补助费应当首先用于解决贫困失地农民的社会保障问题，受救助者的安置补助费应当首先用于缴纳不低于 15 年的小城镇保险，这样受救助者年老后生活和患大病医疗有了保障。同时在《上海市被征用农民集体所有土地农业人员就业和社会保障管理办法》中将原有的"谁用地，谁负责安置"的原则按照市场经济的要求，调整为"落实保障，市场

---

① 参见张希兰《失地农民社会保障问题研究——以江苏为例》，博士学位论文，南京农业大学，2013。

就业"的新原则。①

江苏部分经济较发达的地区已经开始逐步探索贫困失地农民社会保障政策，就相关政策的制定与实施而言，苏州太仓和南京具有一定的代表性。南京市政府为了解决贫困失地农民养老无保障问题，出台了《南京市被征地农民基本生活保障试行办法》（宁政发〔2004〕100号），将2004年以后的被征地农民全部纳入基本生活保障。② 根据国务院和省政府"有条件的地区将被征地农民纳入城镇职工养老、医疗、失业等社会保险参保范围，通过现行的城镇社会保障体系解决其基本生活保障问题"的明确要求，南京市政府2010年12月出台了《南京市被征地人员社会保障办法》（宁政发〔2010〕254号），明确2011年1月1日起在全市范围内推行被征地人员社会保障制度。③ 该保障办法建立了个人缴费与政府补贴相结合的新型筹资机制，将劳动年龄阶段人员，全部纳入城镇企业职工社会保险，养老年龄阶段人员，则被同时纳入被征地人员基本生活保障、老年生活困难补助以及城镇居民基本医疗保险，使他们真正实现了"老有所养、病有所医、失有所助"。④ 太仓市出台了《太仓市被征地农民置换城镇企业职工社会养老保险操作细则》和《太仓市被征地农民参加住院医疗保险暂行办法》，对因征地而失地的农民的养老保险和医疗保险的社会保障问题进行了规定，较好地维护了社会救助权。⑤

嘉兴市于1998年出台了《嘉兴市区土地征用人员分流办法》。这一政策的基本内容明确了贫困失地农民社会保障的方式。嘉兴市的基本做法可以简单地概括为"三统""一分别"，即政府统一实施征地，统一补偿政策，统一办理被征地人员农转非和养老保险，并对不同年龄段的安置对象分别进行安置。通过这一办法，贫困失地农民的基本生活得到长期保障。为确保这一政策贯彻执行，嘉兴市还先后制定了贫困失地农民就业扶持和

① 常进雄：《城市化进程中失地农民合理利益保障研究》，人大复印资料《农业经济导刊》2004年第7期。

② 《〈南京市被征地农民基本生活保障试行办法〉及关于开展农民工工资支付专项执法检查情况的新闻发布会实录》，http://site.nj.gov.cn/www/njnews/fbsll-mb 3904102133214.htm。

③ 《南京市被征地人员社会保障办法》，http://wenku.baidu.com/view/ecb03a18650e52ea551898f1.html。

④ 孔小平：《南京提高三老人员生活补贴》，http://finance.sinacom.cn/china/hgzj/20101231/06359190921.shtml。

⑤ 《关于印发〈太仓市被征地农民参加住院医疗保险暂行办法〉的通知》，http://www.tchrss.gov.cn/0303021578.htm。

就业培训等配套措施。①

　　成都市 2004 年出台《成都市征地农转非人员社会保险办法》，该办法规定成都的受救助者被纳入了城镇社会保险体系，成都市也开始了其受救助者社会保障政策建设的新历程。该办法规定了被征地的贫困失地农民可以享受城镇基本养老保险和医疗保险、就业补助和基本生活补助等三个方面的保障内容。②

　　山东省政府 2012 年出台《关于进一步做好被征地农民社会养老保险工作的意见》，进一步完善贫困失地农民的社会保障。由政府补贴，把符合参保条件的受救助者均纳入城市居民社会养老保险中来。办法规定，社会养老保险的资金主要由政府、个人、集体三个主体共同承担。政府出台相应文件规定，在社会保障部门为受救助者开设社保专户，并且政府在土地报批前将补贴一次性打入社保专户中。

（二）社会救助权制度性给付实践之缕析

　　从国家的各种制度颁布和实施的实践中我们可以明确，中央政府和多个地方政府均实际积极履行维护社会救助权的制度性给付义务，积极设计和建构能切实维护社会救助权的法律制度和政策。但从国家维护社会救助权的制度性给付义务的实践中，我们不难发现国家维护社会救助权的制度性给付也存在大量待改进的弊端。

　　首先，国家维护社会救助权的制度性给付层次较低，实践中有关社会救助权的国家制度多为决定或指导意见类政策文件，国务院部委与地方政府制度多为办法类政策文件。指导意见类政策文件弹性有余、刚性不足，无法规范执行；国务院部委、地方政府的部分办法类文件虽属规章，但文件层次过低、覆盖面过窄，执行效果大打折扣。

　　其次，国家维护社会救助权的制度性给付覆盖面窄。实践中有关社会救助权的国家制度性给付主要涉及的是受救助者补偿安置方面的制度建构，部分地方政府的制度性给付涉及的是受救助者的养老保险和医疗疾病保险制度，受救助者的就业保险与培训服务的制度很少涉及，受救助者的社会救助、社会福利与社会优抚方面的制度性给付缺失严重。

① 曹小明：《以"土地换社保"——嘉兴失地农民社会保障体系建设的探索、实践与发展思考》，《资料通讯》2004 年第 9 期。
② 刘家强、罗蓉、石建昌：《可持续生计视野下的失地农民社会保障制度研究——基于成都市的调查与思考》，《人口研究》2007 年第 4 期，第 27 ~ 34 页。

再次，国家维护社会救助权的制度性给付缺乏整体规划。对社会救助权的制度性给付，通常是在当地社会救助权得不到保障，受救助者社会保障问题激化，因受救助者社会保障问题肇致尖锐社会矛盾，甚至引发激烈的社会冲突的时候，国家政府有关机构在应急处理受救助者社会保障问题时，临时"抛出"的处理办法。这种情形下的国家维护社会救助权的制度性给付往往缺乏整体规划，给付的制度呈现碎片化样态，甚至相互冲突，极大地销蚀了国家维护社会救助权的制度性给付义务履行的实效。

国家在履行维护社会救助权的制度性给付义务实践上已取得初步成效，但也存在诸多不完善之处，尚需国家积极妥善履行其制度性给付义务，设计和建构更成熟的法律制度，使制度设计能切实保障社会救助权的顺利实现。

二 物质性给付：社会救助权之基本保障

社会救助权的物质性给付，是当受救助者及其家庭陷入经济困难，受救助者通过自身努力工作所得不足以维持受救助者及其家庭基本生存时，国家应直接给付受救助者一定数额的金钱或物质性利益，或与物质相关的其他利益，以维护社会救助权，保障其基本生存。

国家社会救助权的物质性给付实践，主要集中在对受救助者社会保障类现金及利益给付和为维护社会救助权的资产建设性给付这两种类型的给付上。

（一）对受救助者社会保障类现金及利益给付

国家对受救助者社会保障类现金及利益的物质性给付实践，主要体现为对受救助者养老、医疗、就业保障金的给付，专门针对受救助者的最低生活保障、社会扶助、社会福利、社会优抚等资金的给付，还包括各种临时性生活保障金以及其他各类保障性补贴等。

嘉兴市政府就主要采用了对贫困失地农民社会保障类现金及利益给付方式，来维护当地社会救助权。嘉兴市专门出台了《嘉兴市区土地征用人员分流办法》，依据该办法，嘉兴市政府统一办理被征地受救助者养老保险，并为不同年龄段的受救助者安排不同的现金给付数额和标准。嘉兴市政府通过对受救助者社会保障类现金及利益给付方式，使受救助者的基本生活获得长期保障。

因各地经济发展水平参差不齐，各地政府对受救助者的物质性给付数额及标准也各不相同。即便是同一地区，对不同的给付项目给付的数额及标准也各异。

（二）为维护社会救助权的资产建设性给付

国家为维护社会救助权的资产建设性给付是国家协同企业等社会组织帮助受救助者通过资产积累和投资的方式来保障其基本生存，保障社会救助权的顺利实现。对受救助者及其家庭的社会转移支付，不是通过立即提供符合生活消费标准的直接现金给付，而是需要寻求以国家转移支付的部分资源来持续刺激受救助者乐意对自己的未来投资进行积累。[①]

国务院 2004 年 10 月出台的《关于深化改革严格土地管理的决定》第13 条规定，"对有稳定收益的项目，农民可以经依法批准的建设用地土地使用权入股"。国土资源部的《关于完善征地补偿安置制度的指导意见》第 7 条规定，"对有长期稳定收益的项目用地，在农户自愿的前提下，被征地农村集体经济组织经与用地单位协商，可以以征地补偿安置费用入股，或以经批准的建设用地土地使用权作价入股。农村集体经济组织和农户通过合同约定以优先股的方式获取收益"。

国家及地方政府一直在实践中积极探索政府协同企业等社会团体为受救助者提供社会保障方面的物质性给付的有效模式，并取得一定的进展。如 1997 年山东省济南市政府委托山东省大型国有企业——山东三联集团对开发区域进行统一规划、统一开发、统一招商引资，运用这种开发模式对阳光舜城与凤凰城两个项目进行规模成片"综合开发"。通过城市运营商进行成片"综合开发"的方式，把村庄整建制加入企业，由城市运营商来承担所有村民的安置工作，通过先把村民变成企业员工，再提供高额补偿、住房、生活保障的方式，使其成为真正意义上的市民。对受救助者进行妥善的安置是运营商取得开发权的前提条件。

三　服务性给付：社会救助权之辅助保障

国家服务性给付是指在向受益人给付的具体利益形成过程中以及给付之前，国家实施的组织和管理行为。具体而言，服务性给付即是与履行国

---

① 参见米勇生主编《社会救助与贫困治理》，中国社会出版社，2012，第 46~47 页。

家给付义务相关的国家机关及其工作人员，为保障公民生存权进行决策、计划、调节、监督，以及对给付资金（包括社会保险基金等专门用于民生保障的资金）进行筹集、运营、管理的活动。[1]

国家为维护社会救助权所为的服务性给付实践主要涵盖两方面：一是政府机构单独为受救助者提供社会保障服务性给付实践，二是政府机构协同保险公司、企业等社会团体为受救助者提供养老、医疗与就业保险等社会保障方面的服务性给付实践。

（一）政府机构单独服务性给付

为受救助者提供就业培训服务是政府机构单独为受救助者提供社会保障服务性给付的一项重要实践活动。维护受救助者生存权的关键就在于受救助者的就业上，国家为受救助者提供就业服务性给付时，国家应提供服务以保证受救助者享有实质平等的工作机会，且需尽量提供服务以消除实际的不平等，如为受救助者提供就业咨询，发布职位信息，创办就业教育与培训机构、职业中介机构等。劳动保障部《关于做好被征地农民就业培训和社会保障工作的指导意见》提出，要从促进被征地农民就业、落实被征地农民就业安置责任、加强对被征地农民的培训工作等三方面努力促进被征地农民就业。

在国家服务性给付实践中，山东省蓬莱市政府就积极履行国家对受救助者就业方面的服务性给付义务。山东省蓬莱市为更好地解决受救助者的就业培训问题，成立了专门培训受救助者的学校，并对受救助者参加培训制定了优惠政策，规定凡是 18 到 45 岁的受救助者均可报名参训，培训费由蓬莱开发区和受救助者所在村各承担一半，个人只需交报名费和书本费。针对培训人员的具体情况不同，蓬莱市在对受救助者的培训中采取分类指导的原则，即对有志创业的，进行创业培训；对进企业务工的采取订单形式，实行定向培训；对自主择业和自谋职业的，针对市场需求组织培训。根据培训的类别和专业，本着"实际、实用、实效、灵活"的原则，采取长、中、短相结合，全日制集中辅导与业余自学相结合，以师带徒等培训方式。这些措施较好地提高了受救助者的就业技能，转变了他们的就

---

[1]　参见刘耀辉《国家给付义务研究——社会权保障的反向视角》，博士学位论文，东南大学，2011，第 132 页。

业观念，增加了他们在市场经济中的竞争力。①

（二）政府机构协同服务性给付

国家为维护社会救助权的服务性给付往往会借助保险公司、企业等社会团体力量，集合尽可能多的力量来帮助受救助者，保障其基本生存，能更有效地维护受救助者的社会救助权。在国家履行维护社会救助权的服务性给付义务时，保险机构起到了举足轻重的作用。国家对受救助者社会保障的给付中最重要的养老保障、医疗保障、就业保障部分必须由国家协同保险机构才能顺利实现。

劳动保障部《关于做好被征地农民就业培训和社会保障工作的指导意见》要求采取多种方式保障被征地农民的基本生活和长远生计，"有条件的地区可将被征地农民纳入城镇职工养老、医疗、失业等社会保险参保范围，通过现行城镇社会保障体系解决其基本生活保障问题"。在国家的政策指导下，各地政府积极履行其为维护社会救助权的服务性给付义务，建立了以保险机构为主体，以保障受救助者基本生存为宗旨的社会保障体系，典型的有以下四种模式：将受救助者纳入城市社会保障体系的城保模式、将受救助者纳入农村社会保障体系的农保模式、将受救助者纳入小城镇社会保险体系的镇保模式、将受救助者纳入商业保险体系的商保模式。各地政府创设，并协同保险机构运作的这些社会保障体系是国家为维护社会救助权的服务性给付的实践成果，有效地保证了社会救助权的实现。

四　结语

社会救助权关涉一个人的基本生存、人性尊严、发展等核心内涵，是人的基本权利，也是一个人社会保障的最后安全屏障，故国家应当起到兜底的作用。这种兜底具体表征为国家义务的充分、恰切履行以保障公民社会救助权的实现，根据国家义务对于基本权利的意义，国家义务可分为国家尊重义务、保护义务、给付义务。虽然每种基本权利都需要三种国家义务的履行，但是由于基本权利性质的不同，其重点指向也不同。相较不同

---

① 《架设就业桥梁 共筑乐业之路——"为群众服务 让群众满意"民生系列报道之就业增收篇（下）》，http://www.penglai.gov.cn/mhzxzx/2013/11/21/4392.html。

的基本权利，社会救助权更需要国家的物质帮助，故国家给付义务是社会救助权实现的关键。当然，社会救助权的国家给付种类繁多，内涵丰富，其中制度性给付保证了社会救助权国家给付的规范性、长期性，物质性给付是其给付的主要内容，服务性给付是其组织保障。

市域社会治理背景下自治与法治的矛盾及其化解

——基于东部地区某市某区的实证研究

杨金忠*

摘　要：自治和法治作为相互竞争的社会治理模式，两者之间的"不协调性"、"不均衡性"对基层社会的治理逻辑、治理方式的现代化和法治化产生了实质性的制约。自治和法治之间的矛盾表现在基层自治的组织主体与宪法法律的规定存在错位、基层自治的边界不清晰、基层多元自治组织发展相对迟缓等多个方面。为了化解基层社会治理中自治和法治的矛盾，需要在社会自治优位、基层治理优位、预防治理优位等三个原则的指引下，强化党组织在基层社会治理中的领导地位和核心作用，形成共建共治共享的基层治理格局；在治理范围上严格落实社区工作事项准入制度，建立自治和法治事项清单，积极推行基层社会治理地方标准规范建设；完善社会矛盾纠纷多元预防调处化解综合机制。

关键词：自治；法治；社会自治优位；社区工作事项准入制度；非诉纠纷解决机制

实现自治、法治和德治的有机融合，是党和国家对基层社会治理的新要求、新举措。党的十九大报告提出，要健全自治、法治、德治相结合的乡村治理体系；中共中央和国务院联合颁布的《关于加强和完善城乡社区治理的意见》中专门提出，充分发挥自治章程、村规民约、居民公约在城乡社区治理中的积极作用，促进法治、德治、自治有机融合。在不同的市域社会，由于城市规模、城市文化、经济发展水平和社会治理实现路径不同，自治、法治的发展样态和演变逻辑也会存在一定的差异性。

通过系统而全面的调研发现，某市某区基层社会治理坚持党建引领和模式创新，通过开展服务型党组织建设，以及党员学习教育阵地和党群议

---

* 杨金忠，常州国家高新区党工委委员，新北区委常委、政法委书记。

事平台建设，充分发挥党员志愿者、楼道长、兼职网格员、人大代表和政协委员、群众能人的积极作用，实现了基层社会治理的组织化、常态化和制度化，进而实现了基层社会治理由被动管理向主动服务的转化，能够有效地化解停车难和乱停车、公共设施破损和健身器材损坏、电动自行车乱停车和集中充电、群租房监管等纷繁复杂的社会治理痛点和难点。整体而言，一方面居（村）民法律意识、维权意识和自治意识日益强烈，他们迫切需要有效的城乡社区治理机制和参与途径；另一方面随着基层社会治理理念的转变，即从"为民做主"向"由民做主"、从"政府配菜"向"百姓点菜"、从"群众跑路"向"数据跑路"转变，该区基层社会治理能力和治理体系逐步优化，城乡社区的服务和管理获得相当程度的认可，精细管理、长效管理、网格管理成为基层社会治理的重要经验。然而，成绩与问题并存。随着自治和法治在基层社会治理格局中的多维度展现，受制于有限的社会资源、模糊的角色定位和繁重的任务分配，两种社会治理模式之间潜藏的"不协调性"和"不均衡性"逐渐展露出来，并对基层社会的治理逻辑、治理方式的现代化和法治化产生了实质性的制约。因此，在市域社会治理现代化的背景下，清晰描绘基层社会治理中自治与法治矛盾的表现形式及特点，廓清自治和法治矛盾产生的制度原因，进而提出化解自治和法治矛盾的基本原则、制度路径，对于提升基层社会治理的合理性和有效性均至关重要。

一　基层社会治理中自治与法治矛盾的表现形式及特点

（一）自治和法治矛盾的表现形式

第一，基层自治的组织主体与宪法和法律的规定存在错位。根据《宪法》、《村民委员会组织法》的规定，由村民选举产生的村民委员会是自我管理、自我教育、自我服务的基层群众性自治组织；涉及村民利益的事项，由村民会议讨论决定。但是在实践中，村民委员会和村民会议的自治权限"被下移"，涉及股权制改革与集体利益分配、土地确权和土地转包等的重要事项，一般由生产小队（村民小组）全体村民会议或者村民代表会议（一户一票）讨论决定。对于一些只关乎部分村民权益的事项，如被拆迁村民纳入社会保障名额的分配问题，则并不由全体村民讨论做出表决决定，而是由具有分配资格的村民讨论决定。

同理，按照《城市居民委员会组织法》的规定，居民委员会是基层群众性自治组织，涉及全体居民利益的重要问题，居民委员会必须提请居民会议讨论决定。然而由于一个城市居民社区负责管理若干个安置小区或者商品房小区，因而国务院《物业管理条例》、《江苏省物业管理条例》和《常州市住宅物业管理条例》将物业管理区域内的业主大会、业主委员会和物业管理委员会作为业主自治的组织主体，而居民委员会则主要负责开展面向社区的各项服务工作。从某种意义上说，居（村）民委员会自治权限的"下移"有其必然性，因为自治权力运行的逻辑前提是与自治事项有内在的利益关联性，因而在实际运行过程中，它必然要求将不受该自治事项影响的群体排除在外，由此才能巩固自治决定的合法性和正当性。然而，正是因为自治权限"被下移"，居（村）民会议实际发挥作用的空间被收窄，因此在具体的基层治理中，全体居（村）民会议基本很少召开。

第二，基层自治的边界不清晰，自治权限游移在合法与非法的边缘。尽管《村民委员会组织法》《城市居民委员会组织法》，以及国务院、江苏省和常州市的物业管理条例等法律法规对于基层自治组织的自治事项和自治程序做出了概括性授权，但是基层自治的边界并不明确，自治事项和自治程序的实施结果存在法律风险。比如，在农村股份制改革和利益分配方面，确定的"生不添死不减""公务员不享受农村集体分红"等政策，不仅缺少上位法的支撑，而且不同村庄采取的不同分配政策隐藏着引发社会冲突的风险。例如，在公务员是否享受年终分红问题上，就出现了截然对立的两种不同处理方式：支持享受的认为公务员在某种意义上属于现代社会的"乡贤"，能够为村庄未来发展谋取福利；而反对享受的认为公务员在户口属性、社会角色等方面均具有特殊性，享受则存在与民争利之嫌疑。在居（村）民委员会主任的人选上，"书记和主任一肩挑"制度和《城市居民委员会组织法》《村民委员会组织法》规定的"本居住地区居民""户籍在本村"发生冲突，进而导致在部分城乡社区出现了党支部书记和居（村）民委员会副主任搭班工作的情况。

第三，基层多元自治组织发展相对迟缓，与居（村）民自治的现实需求相背离。这种"相对迟缓"主要表现在两个方面。一是业主自治组织建设滞后，居民召开业主大会、筹建业主委员会和物业管理委员会的主观意愿较低。目前在该区的乡镇街道，无论是安置小区还是商品房小区，普遍未召开过业主大会，建立业主委员会的在极少数；即便建立了物业管理委员会，这些物业管理委员会的运行也并不顺畅，甚至出现了超过任期不组织换届改选的情况。导致这一情况的原因是多方面的，除了部分小区入住率低、安置小区老年居民偏多等原因外，最为直接的原因是不少居民认为筹集召开业主大会、筹备业主委员会可能是一种"麻烦"，因为"会激化居民矛盾""业主委员会与物业同穿一条裤子"，因此一些新建商品房小区筹建业主自治组织的意愿极低。

二是受制于自治组织的发展，自治章程、居民公约、村规民约等自治规范建设参与度不足，所形成的部分自治规范在形式和内容上更类似于"文明公约"，规范性和约束性均难以满足村民（居民）自治的现实需要。例如，该区某社区村规民约的主要内容为"爱国家，跟党走；遵法规，守信诺；护环境，爱家园；勤劳动，共致富；重品行，倡礼孝；树新风，破陋习；做公益，乐奉献；讲文明，促和谐"。在主体属性上，这些村规民约多为倡导性规范、鼓励性规范，不仅不具备强制执行力，而且难以直接转化为居（村）民权利义务清晰明确的行为规范，对于解决困扰基层社会治理的棘手问题价值极为有限。

第四，基层自治的不全面性和不均衡性制约了基层社会矛盾的化解，甚至会有可能催生或者激化矛盾。一方面，在《宪法》、《村民委员会组织法》《城市居民委员会组织法》等法律的推动和约束下，基层群众自治进入了常态化、规范化的发展进路，居（村）民委员会有领导、有计划、有步骤地开展换届选举工作，基层民众的自治权利得到有效保障和落实。同时，居（村）民委员会在组织法授予的自治权力范围内，将关乎群众切身利益的事项以规范性文本的形式固定下来。例如，该区城乡社区制定了诸多管理基层事务的制度或者规范，如"集体资产管理制度""环境卫生长效管理机制""土地管理制度""合作社运行管理制度""社会化项目准入评价与管理制度"等。

然而，在面对老旧小区加装电梯、电动自行车上楼隐患等新类型的社会矛盾时，基层群众自治的不全面性和不均衡性等问题逐渐暴露出来。例如，2018年常州市人民政府颁布实施了《常州市既有住宅加装电梯实施办法（试行）》。该办法第6条规定将是否加装电梯的决定权授予本幢或者本单元居民，即"既有住宅加装电梯，应当经本幢或者本单元房屋专有部分占建筑物总面积三分之二以上且占总人数三分之二以上的业主同意，并且依法妥善处理好周边相邻关系；其中，占用小区共有部分的，应当经本小区房屋专有部分占建筑物总面积三分之二以上且占总人数三分之二以上的业主同意"。该规定充分尊重了居民自治权利的行使，但也正是因为这个授权规定，绝大多数老旧小区加装电梯因为无法获得三分之二以上的业主同意而胎死腹中。自 2018 年该办法实施以来，该区尚没有加装电梯的成功案例，反而因为加装电梯过程中的投票表决恶化了邻里之间的关系。因此，面对一些利益关系盘根错节、收益和成本难以协调的社会问题，基层自治有其发挥作用的前提条件，否则就很容易陷入依靠自治而又难以通过自治解决的尴尬境地。

第五，基层社会矛盾纠纷解决调处化解机制建设相对滞后，"乡贤"调解模式发挥了极为重要的作用。尽管近年来各级人民政府强化了基层社会矛盾纠纷解决调处化解机制建设，如江苏省司法厅开展"非诉讼纠纷解决综合平台"建设工作，常州市司法局建立非诉讼纠纷化解综合体系，为基层矛盾纠纷提供了人民调解、行政调解、律师调解、行政裁决等多种手段，但是这些矛盾纠纷解决调处化解机制对于解决农村土地确权纠纷、住宅小区电动自行车上楼等棘手问题效果十分有限，反而是原生产小队（村民小组）队长、乡镇企业家、党政部门原负责人等"乡贤"式人物在调处化解居民（村民）矛盾过程中发挥了积极的作用。然而，应当注意到，随着基础教育入学与户籍的挂钩，以及城乡教育资源分配不均衡的现象并未得到实质性的改变，乡村的优秀学子很难在当地获得优质的教育资源，而必须迁移到城市社区通过购买商品房等形式获得均衡的教育资源供给，由此导致的必然结果是精英的流失。[①] 乡村精英的流失会产生两个方面的负面影响：一是乡贤式的调解模式很难得到长久维持，因为乡贤产生的渠道被收窄；二是导致乡村的空心化和老龄化，这些老年村民不仅自治意愿较低，甚至可能对基层社会治理的自治化和法治化存在抗拒心理。例如，乡村地区群租房现象泛滥的重要原因就是青年一代向城市迁移导致农村房产的空置率高；对于基层政府的群租房监管政策，这些农村房产的所有人往往以"老年人无力打理""本地人"为借口，来抗拒执行群租房整改措施，更遑论通过村规民约等形式来达成自治规范。

（二）自治与法治矛盾呈现的特点及其影响

第一，基层社会矛盾纠纷呈高发态势，农村和社区的矛盾纠纷迥然不

---

① 肖唐镖：《近 70 年来乡村治理体制与政策实践的反思》，《治理研究》2020 年第 5 期。

同。目前，城市街道和社区面临的矛盾纠纷主要有三类：一是物业和业主的矛盾，主要表现为物业服务质量差，难以满足业主要求，业主拒绝缴纳物业费比例高；业主委员会或者物业管理委员会被物业收买（如府琛花园事件）；物业擅自提高物业管理费收取标准、小区漏水和维修基金使用难等纠纷；二是居民之间的矛盾，如群租房扰民、电动自行车上楼安全隐患、高空抛物和坠物、宠物粪便和噪音等纠纷；三是街道或者社区与居民之间的矛盾，如业主拒绝对群租房进行整改、公共车位停车收费、电动自行车停车难和充电桩配比率低等。相应的，镇人民政府和村庄需解决的矛盾纠纷主要有两类：一类是与居民自治权限有关的矛盾，这些矛盾主要围绕农村股份制改革、土地确权、土地流转、集体收益分配等事项，其中以外嫁女问题尤为突出，矛盾点表现为是否允许外嫁女户口回迁、外嫁女是否享有集体收益分配、外嫁女是否享受拆迁补偿权益等；二是与居民权益有关的其他矛盾，涉及宅基地、子女赡养、美丽乡村建设等事项。

第二，安置小区和老旧小区的矛盾纠纷具有特殊性，很难通过自治途径解决。在管理模式上，安置小区均并未按照《物业管理条例》的相关规定建立居民自治组织业主委员会或者物业管理委员会，而是仍然按照生产小队（村民小组）、村两级结构进行管理，针对由此导致的矛盾纠纷，如是否允许停车收费、群租房监管、乱停车、乱丢垃圾等问题，很难在村级层面形成有效的自治决定。为了解决安置小区管理难的问题，目前该区主要采用以下管理模式：由街道或者社区按照统一的招投标流程，聘请专业物业公司进行管理，并根据物业公司管理的绩效优胜劣汰。该模式的优势在于充分发挥市场机制的作用，使街道或者社区从繁重的物业服务管理工作中脱离出来，进而能够提供更为优质的社区服务，但是该模式的劣势在于专业物业公司的费用需要由政府买单，因而增加了政府负担。安置小区往往会通过停车位收费、出售广告位等方式增加小区营收，来缓解政府的财政压力，但是根据《民法典》第282条的规定，小区共有部分所产生的收益归全体业主所有，用这些共有部分收益缓解财政压力的做法存在一定的法律风险。而对于老旧商品房小区来说，尽管可能建立了业主自治组织，但是受制于老旧小区物业收费低、停车位配建率低等客观因素，对于老旧小区加装电梯、小区停车占用消防通道和破坏绿化设施等问题，同样陷入难以通过居民自治途径解决的困境。

二　基层社会治理中自治与法治矛盾发生的制度原因分析

第一，居（村）民委员会的功能定位与职责赋予日益多元，群众性自治组织本身承载的自治功能被弱化，反而是条线业务工作和政府及其职能部门下沉的管理性或者任务性工作日益占据主导。按照《村民委员会组织法》《城市居民委员会组织法》的规定，居（村）民委员会主要承担两项任务。一是本身作为自治组织，组织实施居（村）民会议或者居（村）民代表会议做出的涉及村民或者居民利益的自治决定，或者在组织法赋予的权限范围内做出相应的自治决定，如村集体经济所得收益或者住宅小区共有部分所产生的收益的使用与分配，社区集体资产的借贷、租赁或者处分等。二是协助人民政府或者其派出机关做好与居（村）民利益相关的计划生育、爱卫运动、殡葬改革、综合治理、下岗失业人员再就业等条线业务工作。然而在基层社会治理实践中，在这些自治功能和条线业务工作之外，居（村）民委员会作为党和政府联系人民群众的桥梁和纽带，近年来法律法规规定的或者政府及其职能部门下沉的管理性或者任务性工作日益繁重。比如，《常州市献血管理办法》第 14 条就鼓励居（村）民委员会组建献血志愿服务组织。

在简政放权的背景下，居（村）民委员会角色定位多元化所蕴含的价值冲突愈加明显。简政放权是中国政府深入推进行政体制改革的一项自我革命，其核心是取消和下放行政审批事项，提高资源配置效率和公平性，大幅降低制度性交易成本。但是为了避免取消和下放行政审批权限而可能引发的社会治理的失序，政府及其职能部门趋向于将这些行政审批权限事项转化为基层社会治理的管理性或者任务性工作，由街道（镇人民政府）、居（村）民委员会加以贯彻落实。调研发现，居（村）民委员会需要协助市、辖市（区）政府及其相关职能部门做好相应的社会管理工作，比如安全生产监管、食品安全卫生监管、群租房安全监管、环境污染、特殊群体滋事等。然而，由于居（村）民委员会并未被法律法规赋予监管处置这些事项的权力，同时又不具备相关的专业知识，因而在执行落实这些监管要求时，生产企业、群租房产权人等常不配合进行检查，甚至漠视或者拒绝执行居（村）民委员会提出的改进建议。

自治功能和条线业务工作尽管分属不同的治理领域，但是由于两者兼以维护居（村）民利益和服务居（村）民为己任，因而可以相辅相成、和谐共存。但是在下沉的管理性或者任务性工作层层加码的背景下，居（村）民委员会的自治功能与条线业务工作之间的平衡状态被打破，管理性或者任务性工作所负载的管理本位的价值取向逐渐占据或者侵蚀以居（村）民利益为本位的自治功能，使得居（村）民委员会日常管理工作陷入进退维谷的尴尬境地。以调处居（村）民纠纷为例，站在群众性自治组织的立场，居（村）民委员会应在不违背法律法规强制性规定的前提下，以维护居（村）民利益最大化为最终归宿；但是站在管理性或者任务性工作立场，基于维护社会稳定的需求，则需要按照"枫桥经验"矛盾不上交、就地解决的要求来处断纠纷。一旦纠纷难以实现就地解决，就会对社区的整体考核和社区工作者的个人考核产生不良影响，进而极有可能促使城乡社区采用极端方式化解纠纷。

第二，城乡社区治理量化考核制度在督促社区工作者落实条线业务工作职责的同时，客观上导致居（村）民委员会的管理性角色被强化。城乡社区治理量化考核是推进基层社会治理精细化的必然要求，也是目标管理责任制在基层社区治理中的贯彻落实。经过多年探索，城乡社区治理量化考核体系渐趋完善，但就考核体系的科学性和合理性而言仍有改进之空间：在考核形式上，镇人民政府（街道）对城乡社区的考核主要采取两种形式，分别是针对社区党委和居（村）民委员会的整体考核、针对社区工作者的个人考核；在考核内容上，涵盖党建工作、廉政建设、群众接待和信访工作、安全生产工作、社会治安综合治理、城市管理、社区建设等条线工作，即主要考核城乡社区服务职能和日常管理职能的落实情况，而大体上未将自治功能的实现情况纳入考核体系；在考核时效上，不仅有年度考核、月度和日常考核，还有专项考核，专项考核主要指向政府及其职能部门下沉的管理性或者任务性工作；在考核指标设计上，主要采用定性指标与政府职能部门考核结果量化转移相结合的方式，而后者无疑会进一步强化政府职能部门对整体考核和个人考核的话语权。因此，现阶段城乡社区治理量化考核制度尽管有督促社区落实治理责任之效果，但是由于在考核内容、时效和指标设计上赋予管理性和任务性工作以更大的权重，因而反向激励居（村）民委员会将条线业务工作和政府及其职能部门下沉的管理性或者任务性工作置于更为重要的地位，进而间接导致其自治功能在社区各项工作中的差别化对待。

第三，居（村）民委员会主任、副主任和委员与网格员身份的重叠，导致社区工作者在不同角色间难以做到游刃有余。网格化综合管理是提升基层社会治理水平和能力的重要途径，网格化监督发现的实效、指挥协调实效（案件处置实效）、实效综合监督等专项指标成为城乡社区治理量化考核的重要内容。按照"全域覆盖、无缝衔接，规模适度、边界清晰，因地制宜、便于服务，统一编码、动态调整"的总体要求，该区科学划分网格 1134 个，其中基础网格 950 个，专属网格 184 个；同时按照"一格一员"要求，建立了以（总）网格长、专职网格员、兼职网格员、网格志愿者等为主体的网格服务管理队伍，其中由居（村）民委员会主任担任网格长，副主任、委员和其他社区工作者担任专职网格员。这样重叠化的人员配备在落实"一员多用"理念的同时，也存在角色冲突的隐患：社区工作者不仅要协助政府及其职能部门做好条线业务工作，以及下沉的管理性和任务性工作，而且还要负责全要素网格工作任务。网格员双重的身份带来多重的任务，但是多重的任务并没有配套以双重的激励，反而可能需要承担双重的责任。尽管该区制定出台了《网格化社会治理奖惩激励办法》，明确了每个基础网格每月 1000 元的奖惩激励经费基数，但是与网格员所要承担的"一日一巡"、"发现、上报、研判、处置、审核"、网格化平台数据更新等网格化综合管理工作相比，较难实现权利义务完全对等，甚至会进一步强化居（村）民委员会的管理职责，使得自治角色和管理角色之间的冲突会被进一步放大。

第四，大学生村官在推动基层干部队伍建设的同时，在户籍身份、社会经验等方面隐藏着自治和法治冲突的可能性。从 1995 年江苏省实施"雏鹰工程"开始，到 2004 年 10 个省份启动选派大学生到村任职工作，再到 2008 年中组部等部委联合下发《关于选聘高校毕业生到村任职工作的意见（试行）》，大学生村官作为党和国家实施的一项重大战略决策，在优化和提升基层干部队伍结构和整体素质、推动城乡人才的逆流动的同时，近年来也出现了大学生村官集体辞职的不平衡发展状态。导致大学生村官辞职潮出现的原因可能是多方面的，其实最为基本的原因有两个。一是大学生村官任职资格可能存在违法困境。《城市居民委员会组织法》《村民委员会组织法》规定的居（村）民委员会的任职基本条件为"本居住地区居民""户籍在本村"，但是在各个省市公布的大学生村官选聘简章中未有户籍身份上的限制。户籍身份上的无限制可能旨在选聘最为优秀的大学生村官，但是埋下了居（村）民自治和大学生村官条线管理职责发生冲突的隐患。二是大学生村官在社会资源、纠纷调处能力等核心业务素质方面的缺乏，使得大学生村官难以在城乡社区站稳脚跟，在城乡社区的自治和日常管理工作等事项的处理上难以拥有话语权，继而进一步削弱大学生村官的归属性和认同感。

三　基层社会治理中化解自治与法治矛盾的基本原则

党的十九大报告提出，"打造共建共治共享的社会治理格局"。打造共建共治共享的治理格局，关键是完善党委领导、政府负责、社会协同、公众参与、法治保障的社会治理体系，提高基层社会治理的社会化、法治化、智能化和专业化水平。该原则为基层社会治理中自治与法治矛盾的化解指明了方向，具体可以细化为三个基本原则。①

第一，社会自治优位原则。所谓社会自治优位原则，就是把社会自治作为基层社会治理的前置端口和第一道防线，最大限度地发挥社会自治合意性、低成本的优势；仅在社会自治机制失灵或者失效时，基层政府才承担起纠错或者弥补的责任。与其他社会治理机制相比，社会自治的优势在于降低政府治理的成本，缓解政法机关综治维稳的压力，提高社会治理措施的凝聚力和执行力。在化解自治与法治矛盾过程中，社会自治优位原则提供的策略指引主要有三个维度。其一，剥离机制，即将一些更适合由市场运营的日常管理性工作从居（村）民委员会的条线工作中剥离出来。例如，对于养老抚恤、青少年教育、社区矫正等居（村）民委员会并不擅长的条线工作，可以通过政府购买社会服务的方式转由社会组织来实施。其二，扶持机制，即既要按照法律法规的要求有序推进业主大会、业主委员会、物业管理委员会等自治组织建设，也要扶持与基层社会治理需要相契合的公益性、互助性社会组织，充分发挥这些组织在维护公共利益、参与社区管理、化解矛盾纠纷等方面的积极作用。其三，引导和警示机制，即通过定期培训等多种途径引导自治组织增强自治能力，及时对基层事务自治中可能存在的风险进行警示，在议事规则、管理规约、居民公约等管理制度方面进行积极的引导，促使这些自治组织建立健全内部治理结构。②

第二，基层治理优位原则。基层治理优位原则是指在政府纵向的管理体系中，将基层治理和社区治理作为政府治理的基本落脚点，在保障居

① 黄文艺：《中国政法体制的规范性原理》，《法学研究》2020 年第 4 期。

② 陈一新：《新时代市域社会治理理念体系能力现代化》，《社会治理》2018 年第 8 期。

（村）民权益的基础上最大限度地将社会矛盾解决在基层，实现社会矛盾的源头治理和多元共治，大幅度地减少应急性、"灭火式"的纠纷治理。基层治理优位原则得以实现的前提条件，是优化、提高城乡社区基层社会治理的体系和能力。优化、提高基层社会治理的体系和能力，关键是在基层社会治理格局中科学调配治理资源，在资源整合、数据共享的基础上实现多元共治，而网格化治理和"三官一律进网格"就是优化配置治理资源的范例。网格化通过运用"人力＋科技"的方式，对网格内的所有部件、事件进行全要素和无缝隙管理，及时发现和处理问题隐患；对于无法自行处置的问题隐患则通过网格化平台上报，交由相关职能部门进行处置，进而打破了条线业务工作和政府职能部门监管之间的壁垒，有效划清了政府及其职能部门和居（村）民委员会各自的权限范围。"三官一律进网格"则是将政法力量布局到最基层的社会治理单元，构建"一村一警官""一村一检察官""一村一法官""一村一法律顾问"的资源配置格局，增强基层社会专业化的治理力量，由此居（村）民委员会可将更多的治理资源和治理机会投入其他自治事项和条线业务工作之中。

第三，预防治理优位原则。预防治理优位原则立足于风险社会理论、前馈控制理论、新公共管理理论、新公共服务理论和预防行政理论，要求在政府横向的管理体系中，运用"整体性治理"和"跨界治理"，在社会风险管控和矛盾纠纷化解领域建构全方位、无缝隙的预防管理和预防服务体系，克服传统治理模式碎片化和分割式的弊端。[1] 与预防治理相对的是"事后治理"和"分割式治理"，前者是在征地拆迁、环境保护等影响社会稳定的风险发生后再进行后端处理，存在容易引发群体性纠纷、过度消耗社会资源等隐患；而后者属于"头痛医头，脚痛医脚"，难以从偶发的社会矛盾纠纷中汲取普适性的治理经验，从根源上优化政府和基层社会的治理架构。对于基层社会治理范式的转变，预防治理优位原则提供的对策指引有：其一，针对居（村）民会议、居（村）民委员会等群众自治组织制定的自治章程、村规民约和其他决定，参考2019年国务院颁布实施的《重大行政决策程序暂行条例》，从公众参与、专家论证、风险评估、合法性评估等角度建立风险评估程序，从而最大限度避免决策决定不当可能引发的社会稳定风险；其二，针对群租房监管、电动自行车安全监管等困扰基层社会治理的风险，建立政府及其职能部门、居（村）民委员会、

---

① 侯书和：《"预防性政府"解析》，《社会科学战线》2013年第4期。

居（村）民代表、相关专家等共同组成的跨部门、跨领域合作治理机制。这不仅整合了各种社会资源，而且还能有效规避城乡社区在处置这些问题时可能引发的自治和法治冲突。

四　基层社会治理中自治与法治矛盾的化解途径

从对基层社会治理中自治与法治矛盾的表现形式和特点，以及矛盾产生的制度原因的分析中不难归纳出，导致自下而上的自治和自上而下的法治发生冲突的根源不仅仅在于国家权力的扩张压缩了居（村）民自治的空间和范围，[①] 更在于自治和法治作为两种不同的社会治理范式存在竞争关系，即何种治理方式能够在维护居（村）民合法权益的基础上，有效化解层出不穷的基层社会治理难题，进而维护基层社会稳定和谐。因此，化解基层社会治理中自治与法治矛盾的关键，是将自治和法治作为相互竞争的社会治理模式，从基层社会治理的目标出发构建和推进具体的化解途径。

第一，强化党组织在基层社会治理中的领导地位和核心作用，打造充满活力、和谐有序的善治城乡社区，形成共建共治共享的基层治理格局。严格按照《中国共产党农村基层组织工作条例》等规定，党组织领导和推进居（村）民民主选举、民主决策、民主管理和民主监督，明确党组织、自治组织、居（村）民、社工等组织和人员的职能定位和相互关系，将党支部建设与网络化管理有效衔接起来，引导和组织居（村）民议事会、红白理事会等自治性组织，形成以党员和骨干牵头、制度先行、人人参与的基层社会治理新格局。例如，三井街道、春江街道等城乡社区在构建面向居民或者村民的纠纷解决机制时，均将社区民警、党员、人大代表、政协委员、"老娘舅"调解员等力量纳入多元共治体系，组建了"19：00 议事厅""居民议事中心""国宾议事园""维度空间""党群议事平台"等具有代表性的居民或者村民自治组织。

共建共治共享的基层治理格局不仅要求强化基层党组织的领导地位和核心作用，而且要求在尊重法治和自治基本规律的前提下，逐步推进基层社会治理的智能化和专业化，因为有序推进基层社会治理的智能化和专业化，不仅可以实现分类施治和精准治理，而且可以对自治和法治发生矛盾的可能性进行引流。具体而言，基层社会治理的智能化是将人工智能、大

---

① 李秋高：《论法治与村民自治之冲突与调适》，《学术界》2007 年第 4 期。

数据、云计算等新兴技术运用到社会治理之中,对传统依靠人力的治理措施进行颠覆式的改造。例如,面对电动车上楼充电问题,该区少数商品房小区就在电梯里安装了电动自行车禁入电梯管控设备。基层社会专业化则是对社会自治优位原则中剥离机制的贯彻落实,鼓励和支持社会组织作为政府、居(村)民委员会和居(村)民之间的缓冲地带,在"放管服"改革中替代政府提供相关公共产品和服务。

第二,严格落实社区工作事项准入制度,在治理范围内建立自治和法治事项清单,积极推进基层社会治理地方标准规范建设。在自治和法治此消彼长的关系中,明确自治和法治各自的边界,建立"由自治解决的事项清单"和"由法治解决的事项清单",有助于降低基层治理中自治和法治矛盾发生的概率。2017年中共中央和国务院联合印发的《关于加强和完善城乡社区治理的意见》明确提出建立社区工作事项准入制度,即将基层社会治理中的各项事务区分为三种类型,分别是"由基层政府履行的法定职责"、"依法需要基层群众性自治组织协调的工作事项"和"基层群众性自治组织依法履行职责事项"。该意见要求"由基层政府履行的法定职责"不能转嫁给居(村)民委员会,因而自然不属于自治和法治的事项范围。"依法需要基层群众性自治组织协调的工作事项"属于政府职能部门和基层政府在履行职责过程中需要居(村)民委员会予以协助的事项,如宣传部门和文明办依法要求居(村)民委员会协助开展文明城市建设。由于这些事项在本质属性上属于政府治理的范畴,因而同样属于法治的领域。"基层群众性自治组织依法履行职责事项"则以居(村)民自治的事项为主体,以法治解决事项为补充。

地方实践为社区工作事项准入制度的具体落实提供了生动的诠释。从2013年起就在推行自治、法治、德治"三治合一"建设实践的浙江桐乡市,就按照"费随事转、权随责走"原则,梳理出基层自治组织"需依法履行的36项事项"和"需政府协助工作的40项事项",进而明确划分了居(村)民自治组织和街道(镇人民政府)、政府职能部门之间的治理权限,厘定"自治权利"和"行政权力"的边界。在此基础上,以浙江省安吉县《乡村治理工作规范》《美丽乡村建设指南》国家标准为模板,在生态环境、公共服务、基层组织、长效管理等领域,积极推行基层社会治理地方标准规范建设。

第三,完善社会矛盾纠纷多元预防调处化解综合机制,发挥法治在市域社会治理现代化过程中的基础保障作用。学习借鉴浙江省安吉县采取的群众矛盾一站式接受、一揽子调处、全链式解决模式，不断创新矛盾纠纷化解工作机制和方式手段，积极探索新型调解组织形式，推广"律师＋调解""调解＋公证"等组团式化解模式，充分发挥矛盾纠纷调处服务中心一线指挥部、协调部、督导部、战斗部的实战功能。健全"一村（社区）一法律顾问"制度，有效整合律师、党员、政法干警、"乡贤"等资源，形成惠及全民的基本公共法律服务体系。进一步推动全民学法守法活动，以创建"民主法治示范村（社区）"为契机，增强民众在法治框架下自我管理、自我教育的能力，形成依法决策、依法自治、全民守法的良好法治环境。

传承与变异：德－法视阈下的"新时期伦理命案"探析

何　剑*

摘　要：作为社会普遍关注的热点刑事案件，于欢案和张扣扣案呈现出相同的面向，即司法者着力调和现行法律与传统人伦道德之间的紧张对峙。然而，通过对两案中诉讼过程、法律文书和社会民意的考察，不难发现：尽管不乏论证策略、学理推导、文辞表达等方面的精心设计，但法律与道德的深层次抵牾并未得到真正有效的化解。这一局面的形成，与道德观念和法律精神在传统与现代、"民间"与"社会"、"公"与"私"的场域置换和价值嬗变息息相关。当德法共治、继往开来成为一种政治自觉，在"统合"思维的引领下，要圆满处理"新时期伦理命案"，司法不能不面对较之既往历史阶段更加复杂的难题。立法的局限和制约、社会共同体的缺弱、对传统道德的体认之分歧，都注定了"让人民群众在每一个司法案件中感受到公平正义"仍然任重道远。

关键词：孝；复仇；引礼入法；统合

一　"以古为鉴"：经验抑或缺陷

在业已过去的 2017 年、2018 年，中国接续发生了两起具有社会轰动效应的刑事案件，这便是于欢案（其由媒体使用而广为人知的另一称谓为"辱母案"）及张扣扣案。两起案件的相似之处是显见的，即：一方面，犯罪酿成了惨重的伤亡后果；另一方面，犯罪人也获得了社会舆论的莫大同情。而之所以如此，又在很大程度上因为两案均触及了对于中国人而言极其重要的一种伦理价值——孝。

在围绕于欢案和张扣扣案而掀起的铺天盖地的评论热潮中，笔者注意

---

* 何剑，陕西省汉中市人民检察院法律政策研究室副主任。

到一个耐人寻味的现象，那便是评论者们不约而同表现出"法律史情结"。在对当事人的声援方面，在对司法机关判断的质疑、敌视方面，"以史为鉴"似乎成为许多人共同的思维进路。偏巧中国古代孝子为亲复仇后获减免处罚甚至受到褒奖的案例又举不胜举，因此，援引这些案例似乎成为支持被告人最有效的论辩策略。然而，这种"以古为鉴"又往往只是停留在某些事相的简单类比上，对"前人经验"的局限性和今人因应之道的可能进路都缺少周严的考虑。

其实，只要我们深入孝亲刑案的内里，就不难发现，古人处理这些案件并不完善。诚然，中国古代子女为父母复仇杀人的案例很多，这些案例都经过了司法程序，产生了最终的处理结果。然而，这些案件适用法律的过程其实往往非常纠结，且最终的裁决也大多属于"法外施仁"，而非严丝合缝的法律推演之产物。究其原因，中国古代的法律实践始终无法对基于亲情孝道而复仇伤人的行为作出明确定性，进行一种稳定而统一、堪为后世表率的调整。成文的法律不是没有，其实际效用却颇为有限。如东汉章帝年间，有人因为侮辱别人的父亲，被对方的儿子杀掉。汉章帝免除了这个儿子的死刑。此后成为判例，称《轻侮法》。该法令在东汉和帝时因大臣张敏两次上疏而被废止。《轻侮法》的具体内容今天已无从知晓，但是从张敏的上疏可知，援用该法需要兼顾大量的判例成案，非常不方便，何况这也给不法官吏徇私舞弊造成了可乘之机。故此，该法颁行后，一时间复仇风气大盛，社会秩序受到严重损害，不得已被废止。北宋的《宋刑统》规定，"如有复祖父母、父母仇者，请令今后具察，奏请敕裁"。① 可见，这只是设置了司法上的"特别程序"，并未从实体规范上对复仇行为作出认定。明清之际，成文法的规定趋于明确。如《大明律》规定，"若祖父母、父母为人所杀，而子孙擅杀行凶人者，杖六十。其即时杀死者，勿论"②。然而，复仇情事各异，因缘曲折，或杀或辱，远非法条区区数语可得囊括。因此，"同出于倡导孝义的价值观念，量刑上竟也有杀有生，

---

① 参见《宋刑统·斗讼律》之"父母祖父母为人殴击却殴击"条。这种"议事以制"的建言，其实可以追溯到唐代。据《旧唐书·刑法志》记载，唐宪宗元和六年九月，民人梁悦为父复仇杀人并自首。案件上奏后，帝感其"视死如归"，"志在徇节"，敕令减死从流。韩愈时任职方员外郎，遂献议"凡有复父仇者，事发，具其事由，下尚书省集议奏闻"（参见《旧唐书·刑法志》）。

② 《大明律集解附例》卷二十《斗殴》之"父祖被殴"条。

生者有减死从流，有无罪开释"①。所以，在中国几千年的古代社会中，对于孝子为亲复仇的行为，朝廷始终没有形成一套稳定、明确、具有普遍约束力的法律方案。换言之，古代方案并不圆满。这就不能不令人生疑：中国古代的法律既被称为"伦理法""情理法"，"礼法结合"既被视为中华法系之标志性特征，何以偏偏这复仇之"礼"与"法"的结合就如此困难？

事实上，为亲人复仇虽然是"礼"，却更似"礼"中异数。为什么这么说呢？因为中国古代的礼，绝大多数都是正面的、预防性的、建设性的行为规范；与之相对，法律则以刑法为重，代表消极的、事后的、惩罚性的规则。举例来说，按照儒家孝亲之礼，父母在世时，子女要听说顺教、和颜悦色，要尽心尽力赡养父母使之丰衣足食；父母去世后，子女要为之守丧，在丧期要收敛自己的言行。因此，如果父母在世时不听从管教，恶语顶撞父母，有赡养能力而使父母受冻挨饿，父母去世后没有哀容，在丧期出仕为官、寻欢作乐，就构成了刑法上"不孝"罪的打击对象。对于礼和刑这一相反相成、分工配合的关系模式，古人自己就有不少精当的概括，如"礼之所去，刑之所取""出礼则入刑"等。而复仇的出现，无疑打破了礼和法这一和谐共处局面。孝子杀人，虽然有礼制的支持，却属于消极的、事后的、惩罚性的举动，究其本质，是"代行"了国家追究和惩罚犯罪的职权，已经侵入"法"的领地。②

为亲复仇固然特殊，却与那些积极正面、平和温驯的礼则一样，贯穿孝的精神，自始即获儒家经典的明确支持，两者相反相成地建构了"孝"的行为准则。因此，西汉以降，一面是"以孝治天下"的信受奉行，一面是"治道运行，诸产得宜，皆有法式"的承接遵循，如何处理"为亲复

---

① 参见张田田《清代法制中的"事出有因"》，《人民法院报》2019 年 1 月 18 日。另外，古代律典中有"登时杀死者，勿论"的条文。如《唐律疏议》之"夜无故入人家"条规定，"凡夜无故入人家内者，笞四十。主家登时杀死者，勿论"；《大清律例·刑律·人命》规定，"凡妻妾与人奸通，而本夫于奸所亲获奸夫、奸妇，登时杀死者，勿论"。这里，前后两处"登时杀死者，勿论"可以各析取出不同的意思：前者近乎现代刑法中的"正当防卫"制度，后者毋宁说是赋予了亲属自行惩罚干犯人伦者的有限权利。前者侧重法理，后者凸显伦理。以此为参照，对上文援引的《大明律》中"即时杀死者，勿论"之规定，完全从"正当防卫"的角度把握，至少也是片面的。在笔者看来，《大明律》中要求的"即时"，不等同于现行刑法要求的防卫行为之适时性。推原其立法本意，准许子孙"即时"杀死"杀父母、祖父母者"，更多是基于伦理层面的考虑。

② 当然，严格来讲，"亲亲相隐"于国家秩序维护同样有害。不过，亲属间包庇罪行虽妨碍国家查处犯罪，害处尚属间接和有限。相比之下，暴力复仇对社会安定之破坏则是直接的，破坏力亦远在前者之上。

仇"，遂成为历代无法破解的难题。既要申明国法权威，避免广开杀路，又要崇孝义之善，恤爱亲之情，如何平衡兼顾，求取中道，着实犯难。今天法史学界一致认为，"引礼入法"完成于唐代，以《唐律疏议》之问世为标志。然而，围绕"为亲复仇"展开的争议却持续不断，甚至于到了民国，在轰动一时的"施剑翘案"中，仍有浓墨重彩的呈现。再后来，西学的引入，瓦解了儒家代表的中国传统价值体系和规范设计，政治运动迭起的年代，国家强权和意识形态的笼罩，更使"大义灭亲"一度以征服者的姿态胜出。然而，从理论、制度层面抹去礼的印记是容易的，要从人们的精神世界和生活惯习中彻底铲除传统的影响却是困难的。非但如此，与传统的"切割"在政治上的可行性与正当性，也伴随着形势的变化和执政者治国经验的成熟而变得甚为可疑。于是乎，我们看到，于欢案、张扣扣案所引发的舆论热潮在相当程度上"复活"了困扰中国古人千年之久的难题，并被时代新意赋予了更加复杂艰深的内涵。置身古今互见、中西交融场域中的官方，在面对新时期的伦理命案时，貌似拥有更加多重选择之同时，也不能不面临更大的困境，陷入一种捉襟见肘、顾此失彼的尴尬境地。尽管这一切也许未必能从表象上轻易捕捉。

二 于欢案
——"防卫"与"复仇"之离合

2016 年 4 月的一天，因为借钱做生意欠下高利贷未还，山东聊城一对母子被数名上门催债者堵在室里，遭受各种威逼、挑衅和侮辱。当儿子的在反抗、回击过程中，造成催债团伙一死三伤的惨重后果。这就是引发社会舆论强烈关注的于欢案。

但于欢案又人称"辱母案"，且就社会关注的焦点问题而论，后一称谓似乎更加击中要害。以"辱母"二字浓缩全案案情，始于国内一份知名报纸的报道①。"辱母"固然是真实的情节，但这样的表达又似乎并非单纯的写实，而有许多的言外之意。正如梁治平先生所言，"在这只有两个字构成的动宾结构里，'母'是被动的、柔弱的、无助的甚至无语的受害者，但这种无助却指向另一个主体，一个与'母'血肉相连的主体：

---

① 2017 年 3 月 23 日，《南方周末报》以《刺死辱母者》一文报道于欢案，旋即在社会上引发舆情。

'子'。甚至，'辱母'二字首先是对'子'而发，并因此具有完整的意义"。① 由此很容易联想到的，是一句人们熟知的话：士可杀不可辱。此言流通于民间，但是源出于儒家经典。② 这里的"士"，寄托了儒家对于完善人格的设定。这句话的意思是说，对"士"而言，人格上的践踏远较生命的侵夺更为恶劣。需要指出的是，在这句话的语境中，对"士"之"辱"是单向度的，并未特别地关涉亲属人伦。这也意味着，当儿子在场时，"辱母"于道德评价上之"恶"更在"辱士"之上。然而，在于欢案的一审诉讼中，一切似乎倒过来了。"辱母"成了一个相对并不十分严重的加害行为，其与发生在一般人与人之间的侮辱行为也似乎没有值得区分的差别，与针对那对母子而发动的限制人身自由、言语动作挑衅等行为亦无本质不同，以致在法律定性上，不妨用"被害人过错"一言以蔽之。尤为关键的是，作为"被害人过错"之一，"辱母"与别的"被害人过错"行为（当然，这些"被害人过错"行为已经构成违法）一道，排除了适用正当防卫制度，理由是"于欢和其母亲的生命健康权利被侵犯的现实危险性较小，不存在防卫的紧迫性"。③ 这直接导致了对于欢量刑趋重的后果——尽管那已经是考虑了"被害人过错"因素后从轻处罚之量刑。而公众被"辱母"报道所激惹起来的道德情感，也因为遭遇司法裁判的巨大落差而化为一种对法律正义深深的失望。

妥善回应舆情的重任由此落在了二审司法机关的肩上。尽管运用的是法律推理的方法，但毋宁说二审中的司法者面对和处理的是一个道德问题。因为，对法律的援用和推演更多是为了架通与道德的桥梁，使后者得到更加正式和严肃的对待。司法者从正当防卫相关的规范构成中择取了"防卫过当"。后者虽然在严格意义上不同于正当防卫，但在对于行为人的行为评价上，都肯定"防卫"之成立，并由此而赋予行为本身以相当程度的正当性（尽管，对于防卫过当而言，该正当性不是完全的）。但是，要证立刑法意义上的"防卫"，司法者需要摆脱案情方面的两重困扰：其一，除"辱母"之外的一系列侵害，其性质尚属于民事的和行政治安管理的范畴，分别来看，还不能说已经对于欢和他母亲的人身权益造成了进攻性、

---

① 梁治平：《"辱母"难题：中国社会转型时期的情–法关系》，《中国法律评论》2017 年第 4 期。

② 通常认为，其出自《礼记·儒行》："儒有可亲而不可劫也，可近而不可迫也，可杀而不可辱也。"

③ 参见《于欢案一审判决书（全文转载）》，https://wenku.baidu.com/view/d2843cfd9a89680203d8ce2f0066f5335a816766.html，最后访问时间：2020 年 9 月 12 日。

破坏性足够严重的伤害；其二，于欢之反击之时距"辱母"发生已过去15分钟左右，如何证成"防卫"所要求的"不法侵害"之紧迫性？为摆脱困境，二审检方取"长线"视角，对"不法侵害"做了一种"由点及面"且呈现"坡度"的形塑。出庭检察官指出，"本案存在持续性、复合性、严重性的现实不法侵害"，"多种不法侵害行为，具有持续性且不断升级"。① 在这里，检方显然深受某刑法专家关于正当防卫的学术观点影响。② 如此一来，一方面，经累积、叠加、递进"计算"的"不法侵害"，可以被认为在于欢下手伤人时已达到"燃点"；另一方面，也是更重要的一点，是将"辱母"顺利纳入"正在发生的不法侵害"之中。但是，这样的处理也产生了一个问题，那就是本质上削弱了"辱母"在整出"防卫事件"中的原因力。因为，既然"不法侵害"是持续存在且不断升级的，那么，距离"防卫"行为愈远、愈早的"不法侵害"对于防卫行为的发生，势必作用也就越弱、越间接。这也正是二审法院裁判文书在说明于欢的捅刺行为时，会把该行为解释成是为了"离开接待室""摆脱围堵"的原因所在了。当然，于欢的捅刺行为距离作为整体不法侵害中相对处于"上游""远端"的辱母行为，已过去15分钟，这似乎也为司法者将其从整体中拿出，作独立评价提供了某种便利条件。所以我们看到，在二审判决书的后面一部分，在论证量刑问题时，司法者对"辱母"又从"严重的被害人过错"角度予以专门阐发。只是，这就更加暴露了逻辑上的矛盾。判决书的读者们将不能不产生这样的困惑：于欢捅刺杜志浩等人的行为，到底是为了避免遭受更严重的不法侵害，还是为了对已经实施终了的"辱母"行为进行报复？从时间上看，前者是"将来"指向的，后者则是"过去"指向的。这二者可否"并存"？如何"并存"？二审法官希望借"被害人过错"将"亵渎人伦"直接纳入量刑考量，将道德评价更直接、更完整也更"本色"地导入法律适用。这是可以理解的。毕竟，"不法侵害"意义上的辱母，只能被认定为"侵犯公民人格尊严的行为"，在"法言法语"的转化中流失了人伦道德的特殊意蕴。而"被害人过错"的外延却要宽泛得多，不必囿于"侵害法益"、违反成文法等界定。只是，被害人过错的引入，实是为报复伤人的正当化铺路的，却也造成了"报复"和"防卫"在意义指涉上的"混沌"。何况，包括"辱母"在内的不

---

① 《"于欢案"山东检方出庭意见书》，搜狐网，https://www.sohu.com/a/144446914_164794，最后访问时间：2020年9月12日。
② 参见周光权《论持续侵害与正当防卫的关系》，《法学》2017年第4期。

法侵害既然已经在"防卫过当"的证立中发挥了减免罪责和刑罚的作用，何以仍要作为"刑罚裁量上对于欢有利的情节"予以重点考虑？这当中，难道不牵涉重复评价的问题吗？①

三　张扣扣案
——"怨念"溯源之相反言说

去于欢案事发约 1 年零 10 个月，2018 年农历年除夕之日，陕西汉中南郑县王坪乡发生一起惨案，一个叫张扣扣的村民将同村一户王姓人家父子三人杀害。事后查知，被杀的王家两个儿子，其中一人于 22 年前在与张家的邻里纠纷中将张母伤害致死。这就是震惊一时、舆论反响经久不息的张扣扣杀人案。

案情方面，张扣扣案与于欢案存在某些不应忽略的差异。在于欢案中，防卫过当的司法适用固然不乏"创设"色彩，却并非毫无事实基础。这也可以解释，为什么在"辱母"情节未经舆论发酵的一审诉讼中，辩护人即主张防卫过当。也正是"防卫过当"之定性，起到大幅减免罪责与刑罚之功效，使得于欢的量刑从无期徒刑"断崖式"降至 5 年有期徒刑。相比之下，在张扣扣案中，却缺少这样的足以产生相当法律效果的事实情节。虽然辩护人申请对张扣扣做精神病鉴定，但这注定是一种勉为其难、希望渺茫的尝试。除却检方当庭列举的各项理由，深层次的窒碍还在于，把精神疾患和"孝义"归之于同一人，这在事理上很难令人信服。直白地说，民众对张扣扣其人的关切，乃是出于对"孝子"之同情，而非对一个有"童年阴影"的精神病患者之怜悯。

但是，舆情的关注究竟是一浪高过一浪。如何在依法司法的同时，实现法律效果与政治效果、社会效果的统一？在春节阖家团圆之际连害三命，事实清楚、证据确凿、后果极其严重。这意味着，在法律评价上，张扣扣不但罪责难逃，甚至于判处死刑亦近乎板上钉钉之事。法律上已无多少通融回旋的余地。在此情势下，司法者做了一个看似出人意料，且难度极大，但其实也别无选择的选择：从道德上"证伪"，否定张扣扣的行为是"为母报仇"，以确保道德与法律评价的一致立场。

---

① 根据我国现行刑法第 20 条第 2 款规定，防卫过当的，应当负刑事责任，但是应当减轻或免除处罚。这表示，只要行为构成防卫过当，即应当至少减轻处罚。

那么，以上策略要如何具体地实现呢？检方首先以"原判不公"为靶子，驳斥了该说法。这是有必要的。因为案发后，张扣扣及其亲属曾有过关于 22 年前旧案处理涉嫌徇私舞弊的说辞，且在一定程度上影响到公众的推断。单为阐明本案事实原委起见，张母遇害案的处理情况亦是不容回避的关键要素。检方的结论是，"原判不公"不成立。应该说，立足于事实和证据的条分缕析，及案发后各级司法机关的审慎态度，检方这一结论是令人信服的。问题是，原案法律处置的公正性，很难说已被张扣扣本人（甚至也包括相当一部分公众）发自内心地认同，即使后者不得不承认"徇私舞弊"并不存在。当然，我们可以说这种心态是张扣扣性格偏执、法律意识淡薄的表现，但是，张扣扣对法律公正的缺失感是否正确是一回事，这种缺失感是否客观真实存在，则是另一回事。正是这种正义的缺失感，足以将 22 年前的杀母案与 22 年后的凶杀案在主观动机上关联起来，成为道德评判的一个重要方面。

当然，本案可以引发的较直接的讨论也许是：对于经国家公权力合法处理过的"仇事"，亲人报复还有无正当性？有法律史学者指出，即使在中国古代，对政府已经处罚过的对象也不得复仇。[①] 但是，我们这里所说的正当性，是道德层面上的，故国法及官方的立场并不足以作为完全的凭准。其实，在中国古代王朝史上，律法对于为亲复仇之限制可谓一以贯之。尽管许多时候，至少以今人的眼光打量，所谓的限制与容许往往互为表里。如《周礼·秋官司寇》中有"凡报仇雠者，书于士，杀之无罪"的记载。这实际上是通过一个简单的程序转化，使私力复仇具有了国家授权的合法性。后世封建律法虽未一般性地许可为亲复仇，但对人身伤害行为基于对象、场合、事由上的差别性对待，又体现出对"为亲复仇"多有宽宥之意。但是，无论是哪种方式和程度上的限制，都未能真正消解法律与道德紧张对立的局面。完全不兼顾礼义，径行以国法严惩为亲复仇行为的古代个案并非没有。如唐玄宗时，民人张瑝、张琇兄弟杀死渎职官员杨汪，虽系为其父枉死洗刷冤屈，却仍然被唐玄宗依照律法处以极刑。[②] 但是，该案办得并不算成功，因为从头至尾，朝野都很有同情之声。毋宁说，极刑判决更多体现的是玄宗本人意志及裴耀卿、李林甫等少数臣僚的意见，而远非普遍共识。该案虽系秉公处断，法律效果固无可疑，然政治

---

① 周永坤：《复仇的法理问题研究——以中华法系为对象》，《甘肃政法学院学报》2020 年第 4 期。

② 参见《旧唐书·孝友传》。

效果、社会效果实在难以令人称道。① 是以，唐玄宗之后各朝代在处理孝义复仇的案件时，大多没有简单步其后尘，反而是倾向于在立法中禁止性规范较为明确的情形下，仍然于司法裁量中网开一面，做出相对宽缓的处理。之所以如此，深层次的原因在于"君子原心"，在于"志善而违于法者免"②。春秋决狱的极盛虽在西汉中期至东汉期间，但于思维方式和价值取向方面，其深远影响却几乎"穿透"整个封建后世，不只在法理学且在伦理学上，都意义非同寻常。③ 主观动机的考察只是刑法学犯罪构成理论中一个虽然重要但不具支配性的因素，它却在相当程度上构成道德评价的要义所在。张扣扣案中，行为人的怨念有相当部分源于22年前旧案之"轻判"。而"轻判"之所以"轻"，又与张母在邻里纠纷中的自身过错有重要联系。甚至有学者提出，在张母率先"挑事"的情形下，王正军的回击之举不乏"防卫过当"的讨论空间。④ 而张扣扣显然意在回避这个对法律定性有重要影响的事实情节。但是，我们也要看到，所谓"父为子隐，子为父隐，直在其中"⑤。"为尊者讳"正是传统的儒家孝道所认可的一种做法。把张扣扣其人"英雄化""理想化"的做法当然是不可取的。其捏造事实、罔顾法律而散布所谓"原判不公"之举动亦不无博取大众同情之企图，但大众关心的重点毕竟不在于此，而在于孝心的有无，在于母子情分，在于被各种私欲杂念裹挟起来的经由血缘连起的真"心"。

在驳斥"原判不公"的同时，检方反守为攻，控诉行为人"滥杀无

---

① 鉴于本案中来自朝野普遍而强烈的同情反应，玄宗在敕令中进行了颇为详尽的"释法说理"，还特意交代"不能加以刑戮，肆诸市朝，宜付河南府告示决杀"。但是，"释法说理"和"低调行刑"似乎效果有限。据史书记载，"瑝、琇既死，士庶咸伤愍之，为作哀诔，榜于衢路。市人敛钱，于死所造义井，并葬瑝、琇于北邙。又恐万顷家人发之，并作疑冢数所。其为时人所伤如此"。参见《旧唐书·孝友传》。

② 《盐铁论·刑德》。

③ "原心（情）"在古代"为亲复仇"案件中的判断功能尤为要紧。史籍中不乏个案可引以为证。如《魏书·列女传》记载：北魏显祖时，有民女孙男玉，其夫被害。孙氏追击仇人并擒杀之。有司处死刑。显祖特诏赦免，曰："男玉重节轻身，以义犯法，缘情定罪，理在可原，其特赦之。"又据《新唐书·孝友传》载，唐穆宗时，京师地区有一十四岁少年康买得，其父康宪与一个叫张莅的人有债务纠纷。张莅乘醉侵犯康宪，乃至有性命之忧。买得顾虑张莅彪悍，救父恐不易解脱，遂用铁锹击莅头部。张莅受伤三日后毙命。时任刑部侍郎的孙革建言：康买得救父难以不用暴力，是恐不足解救才击打对方，"先王制刑，必先父子之亲。《春秋》原心定罪，《周书》诸罚有权。买得孝性天至，宜赐矜宥"。帝下诏，遂得减死。

④ 此说出自苏力教授。参见活字文化《北大教授苏力评张扣扣案律师辩护词：法律辩护应基于案情和事实》，搜狐网，https://www.sohu.com/a/327978421_268920，最后访问时间：2020年7月5日。

⑤ 《论语·子路》。

辜"，斥责该行径是"卑劣"的，是"人性泯灭"的体现。与驳斥"原判不公"一样，对"滥杀无辜"的控诉同样建立在对关于定罪量刑的事实认定基础上。与张扣扣自己宣称的"王家父子四人对其母的死亡和案件处理不公都负有责任"相反，检方通过证据列举及分析指出，"导致张母死亡的直接责任人只是王正军一人"，而王氏父子其余三人"与张母死亡结果的发生并无因果关系"。但是张扣扣，不但残杀无辜之人，又于事后编造被害人的虚假"罪状"，"企图嫁祸于人，于情不合、于理不通、于法不容"①。

不能不说，在司法者"道德证伪"的进路下，对于"滥杀无辜"的控诉是整个论证中不容忽视的重要一环。如果说否定"原判不公"所呈现的主要是刑法知识不无枯燥的宣讲，则对"滥杀无辜"之控诉可谓依托于事、辨析于理、抒发于义。而"义"，恰恰构成复仇的伦理正当性前提，因为，"只有'不义'的杀害，才是复仇的正当理由"②。不过，张扣扣声称的王自新、王校军、王富军三人在其母身亡事件中的"罪状"，或出于认识错误，或出于有意构陷，诚然与事实不符，此三人与张母之死在刑法上的因果关系也确乎足以排除，但是，对整出事件的观察和判断仍然容有不同的视角。即：张母之死虽源于事发当日的邻里纠纷，直接归因于彼时尚为未成年人的王正军之致命一击，但两家结怨是先已存在。张母对"王家人"的仇视显而易见。③ 这样看起来，张扣扣的"滥杀"行为似尚未脱离"为母报仇"的主题。尽管这一行事十分残酷，但是，基于儒家的孝道伦理，"于情不合、于理不通"的断言恐怕亦难形成充分的感召力。从网络舆情回应看，"滥杀无辜"的控诉至少是未如官方所期待的那样，获得普通民众普遍而由衷的认同。在一些网民看来，张扣扣未杀害"王家人"之外的人，适足证明其并未"滥杀无辜"。更有甚者，还别有用意地提醒——张扣扣也没有杀害王家的"妇孺"，这似乎更是预留了比附古代侠

---

① 参见张扣扣案二审中陕西省人民检察院出庭检察员意见书，搜狐网，http://www.sohu.com/a/328714001_120207624，最后访问时间：2020 年 7 月 8 日。本部分关于张扣扣案中检方意见的援引，除特别注明之外，均出自该份意见书。

② 周永坤：《复仇的法理问题研究——以中华法系为对象》，《甘肃政法学院学报》2020 年第 4 期。

③ 据本案中幸免于难的王家二子王富军事后接受记者采访中所称，其母与张母有纠纷。事发当日，其在现场与张母亦有过轻微口角和肢体冲突。参见《张扣扣被执行死刑 王家二儿子：这是两家的悲剧》，新浪网，https://news.sina.com.cn/s/2019 - 07 - 18/doc-ihytcitm2754454.shtml.，最后访问时间：2020 年 10 月 13 日。

义之士的想象空间。若说"存在的就是合理的",则对这一现象只停留于批判,那是远远不够的。回到古代,在儒家的伦理主张中,固然不乏反对复仇对象扩大化的表达。如《春秋公羊传》中有"复仇不除害"一语。何休注:"取仇身而已,不得兼仇子,复将恐害己而杀之。"① 但这是反对出于一己利害考虑而将复仇对象扩至仇人的后世子孙,与张扣扣案中的情境完全不同。毕竟要看到,儒家式的复仇观,同整个儒家伦理思想学说一样,是"家族本位"而非"个人本位"的。归属于孝道主题的"复仇"关涉的从来不是两个自然人之间的道义准则,而是联系着一家一姓。这必然与刑法中的罪责自负原则无法轻易沟通。其实,对张扣扣杀人对象的特定性、有选择性,检方也给予了间接承认②,但仍然认为,"这样卑劣的行径,已经不仅仅是简单的报仇,而是超出了普通大众情感承受力的'灭门'"。在这里,"报仇"和"灭门"似乎是相互对立、排斥的关系。不过,缺乏节制的复仇在史籍中亦有记载。如《后汉书》中阳球复母仇一事:"郡吏有辱其母者,球结少年数十人,杀吏,灭其家,由是知名。初举孝廉,补尚书侍郎。"③ 该起"辱母案"就既是报仇,又是灭门,更简洁地说,是以灭门的方式报仇。

正所谓"百善孝为先,论心不论迹",孝的有无、多寡,乃以被评价者之内心状态为要,虽说要探明其心,通常仍需要闻其言、观其行。检方对"原判不公"的驳论和"滥杀无辜"的立论,充分显示了对事实和证据的倚重。这既是司法的本分,也体现其优长,但从道德的思维出发,却也未尝不是缺弱,因为它会留给人重"外在"而轻"内在"的印象,以致在"证伪"道德方面难以对受众的"内心确信"产生实质影响。或许正是意识到这一点,检方的论证并未止步于此,而是从犯罪事实本身说开去,通过梳理张扣扣的人生轨迹,"寻访"其心路历程,由此得出结论:"张扣扣在工作、生活长期不如意的巨大压力下心理逐渐失衡,才是其产生杀人动机的根本原因。"这一判断可谓颠覆了公众对张案的基本看法。对此,检方又是如何具体论证的呢?

---

① 何休:《春秋公羊传解诂·定公四年》。
② 如二审出庭意见书中写道:本案张扣扣因其母被伤害致死,确实给其幼小的心理蒙上了阴影,这也是22年后其选择王家人而不是其他人作为宣泄对象的"导火索",在对其量刑时可以按照酌定从轻情节予以对待。
③ 参见《后汉书·酷吏列传》。

如前所述，张扣扣母亲被伤害致死案当初就有了司法机关公正的裁判，之后张王两家再无其他矛盾和纠纷，两家也都进入到了各自正常的生活。如今，张扣扣及其家人却将本案的发生完全归咎于96年案件，显然不符合情理，也不符合事物发展的规律。

如本文前已指出的，张母遇害的旧案于实在法层面并无不公，但对张扣扣而言，对此不能感同身受。这就决定了它难以在客观上发挥终结仇恨的作用，故而表面的"相安无事"也可以是假象。在中国古代史籍中，长期隐忍而后复仇之事并不鲜见。① 是以，"不符合情理"恐怕未必"显然"。至于"事物发展的规律"，如此抽象之说，究竟具体所指为何呢？以下是说理的进一步展开——

　　检察员认为，不可否认，童年丧母的确会给张扣扣心理造成不小的影响，但这种影响随着时间的推移，已不足以成为导致其22年后杀人动机产生的主要原因。人格的形成，心态的变化绝非一朝一夕，张扣扣主观世界是随着其二十多年的个人生活、经历而逐步发展变化的。

在这里，检方似乎想凸显"时间"因素。不过，民间素有"君子报仇，十年不晚"的说法。时间本身，或长或短，于人事方面恐怕都不足为据。接下去，检察官历数张扣扣生活经历中遭遇的挫折，描画其心理状态，并选择性节录了张的供述，以证明其杀人并非出于为母报仇，而是境遇受挫、触景生情、借机宣泄的结果。② 其实，对照辩方律师的发言，我们会看到：关于张扣扣生活遭遇和心理变化的真实性，控辩双方并无分歧。甚至于，对这种消极心理与杀人犯罪的关联性，辩方律

---

① 如《新唐书·孝友传》所载王君操为父复仇之事。君操幼年丧父，经乱世颠沛、朝代更替，历时二十年，终得寻机手刃杀父仇人。再如为《宋史》所载，并在张案一审中得到邓学平律师在其辩护词中援引的"甄婆儿复仇案"，亦是幼时结仇，成年后复仇。近代著名的施剑翘复仇案中，孙传芳遇刺之时距施父遇害亦已十年之久。

② 出庭意见书这一部分的叙述显示了不凡的文字驾驭功力。检察官用简练的文字条理清晰地勾勒出一幅失败的人生图景，并点明这里罗列的事实来自"张扣扣本人的供述和亲戚、朋友、战友、工友、同学等多人的证言"，还截取了张本人可能对公诉意见有支持效果的部分言辞置于段末，以加强论证（即"正如张扣扣供述的'看不到王正军我也不会想过去的事''我要是娶妻生子了，也不会干这事儿'"）。

师亦不否认。① 分歧端在于如何认定"杀母之仇"与生活受挫、心理失衡的关系，以及如何看待此二者在"起因"中所占的权重。较之一审中"其杀人动机的产生并非是由96年案件引起……96年案件只不过是张扣扣杀人的借口而已"这样绝对的断言，二审出庭意见书中的表达语气已然趋于和缓，措辞也更谨慎——

> 由此可见，96年案件对本案的发生来讲，只是一个"导火索"，96年案件确与本案有一定关联，但绝非是张扣扣杀人动机产生的主要和唯一原因，更不能成为滥杀无辜的理由，长期以来工作、生活的巨大压力造成其心理失衡才是根本原因。王家人只是其冲破法律和道德约束而肆意宣泄不满情绪的发泄对象，所谓"为母报仇"也只不过是其掩饰承受不住生活压力而走向极端的一个借口。

虽然承认"有一定关联"，却认定其只是"导火索"，而只接纳工作生活压力下的心理失衡为主要和根本原因。这里的说服力同样欠佳。首先因为，所谓轻重主次，已非单纯的事实呈现，而进入价值判断领域，"见仁见智"无可避免。还因为，这样的论述不无刻意割裂"杀母之仇"与生活受挫及心理失衡之间内在关联之嫌疑。所以，在辩方律师那里，基于相同的事实前提，我们看到的却是另外一套逻辑建构：复仇是内因，是主线，是人格不健全、心理不正常、人生不顺利的源头；社会融入的不畅是外因，是雪上加霜，是铤而走险的催化剂。应该说，一个经历了童年创伤，长期背负深重仇恨的人，恐怕是很难拥有积极阳光的心理和一帆风顺的人生的。从这一点上说，辩方的见解并非没有说服力。

其实，在是否"为母报仇"这个问题上，对比法检两家在文书表达中的异同，我们会发现一些更加微妙的意思。诚如我们看到且法院宣判词宣

---

① 在刑事诉讼活动中，控辩双方围绕案情所展开的一切事理分析，归根到底，都要落脚于犯罪与刑罚的评价上。于是乎，我们看到，与检方相反，张扣扣案的辩护律师似乎走向了另一个极端，陷入自相矛盾的困境，表现在：辩方试图以"被害人过错"为出发点，着力凸显张扣扣因为母亲被杀而遭受的心理重创，甚至提出了司法精神病鉴定的主张。这虽然是直奔"刑事责任能力"而去的。但是，且不说这一主张在法律评价上是否理由充分，单从道德视角看，问题也是显而易见的。正如欢案中"防卫"与"复仇"无法圆融，"亲情孝道"与"精神不正常"似乎也很难富有说服力地统一于当事人张扣扣的主观世界。在刑法评价上，"君子报仇十年不晚"呈现的恰恰可能是"犯意坚决"。所以，检方的反驳也就势所必然：一个蓄意杀人，为此精心设计和布置方案的人，断不会是精神不正常，遑论可予减轻刑责。

称的那样，在对张扣扣行为性质的认定上，法检两院并无分歧（即"对陕西省人民检察院意见予以采纳"）。但是，我们也注意到，在二审法院宣判词（以及最高法的死刑复核裁定书）中，有几处都明文使用了"报复"一词，如"……遂产生报复杀人之念""上诉人张扣扣蓄意报复""选择在除夕之夜报复杀人"等。问题在于：既然检方否认杀人系"为母报仇"，既然法检两院并无意见分歧，那么这里的"报复"当作何理解？"报复"的对象是谁？顺着检方出庭意见书中的思路，大抵应作"报复社会"之类推测，这样的解读亦符合"报复"一词的贬义。① 然而，社会乃一抽象体，对它的报复总须有具体的承担者。若张扣扣所杀者确与22年前其母遇害一事无任何瓜葛，"报复社会"即可成立。但是，张扣扣杀害的是包括22年前直接导致其母死亡的王正军在内的"王家人"，而且是"王家的男人"，甚至于还是经过拣择的王家的男人。这就很难用"报复社会"概而括之、大而化之了。另外，宣判词关于杀人起因的表述也让人"别有一番滋味在心头"。如两个"加之"：②

> 此后，两家未发生新的冲突，但张扣扣对其母亲被伤害致死心怀怨恨，加之工作、生活长期不如意，心理逐渐失衡。
>
> 张扣扣因对1996年其母被本案被害人之一王正军伤害致死，而长期心怀怨恨，加之长期工作、生活不如意，继而迁怒于王正军及其家人，选择在除夕之日报复杀人……

---

① 于欢案和张扣扣案中，"报复"这个语词呈现两种截然相反的感情色彩。诚如梁治平先生质疑的那样，于欢"报复杜志浩辱母的情绪"被法官视为在刑罚裁量上应当重点考虑的对于欢有利的情节。但是，"对于一般汉语读者来说，这种说法听上去具有某种反讽效果。因为通常用法中，汉语'报复'一词多少带有负面含义，同诸如'（正当）防卫'这样的概念并列时尤其如此"（引文出处同前注梁文）。在张扣扣案的二审宣判词中，"报复"一词显然在贬义上使用。但是，"为母报仇"语境下的"报复"，在传统道德视野中，又具有褒义——这也是检方极力否认张扣扣杀人系"为母报仇"的原因所在。可以说，报复一词的褒义与贬义"合体"之现象，正是中国特定地域、文化背景下道德与法律深刻抵牾的一种映射。

② 《张扣扣故意杀人案二审判决：维持死刑（附检察意见书 VS 宣判词）》，搜狐网，https://www.sohu.com/a/307373814_120065301，最后访问时间：2020年10月27日。另外，最高法的死刑复核裁定书沿用了这种"加之"式的表达，但是以"蓄意报复"替代了"迁怒"一词。参见《张扣扣案死刑复核裁定全文公布》，新浪网，http://news.sina.com.cn/c/nd/2019-07-23/doc-ihytcerm5594762.shtml，最后访问时间：2020年10月27日。

以上两处引文大致是要支持检方观点的，然而读起来却有些"异样"。这很大程度上是"加之"一词带来的。从语法、语义和语感上说，"加之"不只有"并列"之意，还兼有轻重主次的提示。具体说，便是"加之"前面系主要的、重点的内容，"加之"后面则是附随的、补充的说明。这样一来，文句的表意就与检方出庭意见书中的观点暗相抵触了。至于"迁怒"一词，用于针对王自新、王校军、王富军尚可，用于针对王正军本人恐未必恰当。这些也许只是措辞上的小问题，但却足以让受众对司法者的某些评判产生怀疑。

在完成了就事论事的逐层分析后，检方出庭意见书的最后一部分尚有一番从个例到普遍、从具体到概括的议论生发。四个文段皆以"崇尚法治"引领主题，工整中见气势，且文辞极具理性色彩，给人印象颇深。在"崇尚法治"这一统一主题下，涉及对"社会秩序"（先后提及 3 次）、事实和证据、法律、司法（判决）的言说。这些说理的正确性当然都无可置疑。但是，不妨留意的一点是，就在这个颇具总结、引申、升华性质的部分，关乎道德/德治的讨论俨然是被忽略或者说回避了。当然，对一份具有法律文书性质的文本来说，大概理应如此。不过，联系到该份出庭意见书极力证伪"为母报仇"之策略，这种道德"留白"仍然值得玩味。若是联系到更宏观的时政背景，联系到执政高层在其重要施政文本中论及法治时对道德/德治的着力强调，这里的"留白"就更耐人寻味了。在说到要维护司法权威时，出庭意见书中这样写道："尊重法院的判决是每一个公民应尽的责任和义务，也是法律信仰的基础，……"这里提到了"法律信仰"这样一个近年来颇受追捧的重要概念，但其被表达的方式令人感到有点意外。这句话应如何理解呢？可以讲得通的解释大概是：尊重司法判决是"有"法律信仰的基本体现。换言之，法律信仰应该是尊重法院判决的基础。因为，有法律信仰者，势必会尊重司法判决；若无法律信仰，必不会真正尊重司法判决，而只能是"口服心不服"。所以，最重要的问题，与其说是说服民众尊重司法判决，不如说是引导民众形成法律信仰。后者具足，前者自不待言；后者悬空，前者只能停留于政令与规劝。那么，何以成就法律信仰呢？甚至于，何谓法律信仰？正是在"崇尚法治"这个部分，我们看到：证据、法律受到推崇，与"极端自私的'个人正义观'"相对立。至于每个人"自己内心的公正"，则不足为凭，甚至是有害的，因为以其作为行动指引的话，"法律将形同虚设，司法将毫无意义，社会秩序也将无法保障"。在这里，法律（治）呈现为一套客观、外化的标准，与每个人主观、内在的情感和价值认同相分、相离。问题是，法律（治）若只是客观外在的事物，它将如何成为一种信仰？我们很难想象，一种无法"个人化""内化"的事物可以转化为真实的信仰。当出庭意见书对所谓"血亲复仇""同态复仇""以牙还牙""以暴制暴"大加鞭挞，斥之为"民间陋习""陈旧陋习"时，其显然无视或者说拒绝讨论所批判的客体在中国古代传统中的特殊意蕴，对"为亲复仇"经由儒家阐扬而释放出的强大而经久不息的道德感召力避而不谈。但恐怕正是后者，使"张扣扣们"敢于以身试法，使大量民众对杀戮报以同情。若不能正视这种力量，所谓"法律信仰"，怕只能长久停留于宣教的层面。

正因为在看似透辟的论证中隐含了诸多内在理路的抵牾，很难说司法者"证伪"道德之目标已经实现，以致无论在学界还是一般民众中，即使案件诉讼已经尘埃落定，"为母报仇"仍然很大程度上成为关于本案不容置疑的共识。从网上民众反应来看，绝不能说已经达到了"赏誉同轨，非诛俱行"[1] 的理想效果。许多人能够接受对张扣扣最终的死刑处决，但常见的理由却是"法不容情"。这是对同一事物从法律和道德的不同维度形成的互不重合的评价。可以说，正义，在此发出了两种不同的声音。比之司法者法律（治）立场的专业论证，一些民众更多地从伦理道德的角度进行了几乎令人触目惊心的发挥。[2] 后者的看法固然偏颇，但作为一种不容抹杀的社会现象，仍然启人深思。

四　"公－私"之辨：法律背后的道德理路

依刑法理论中对犯罪的分类，故意伤害、故意杀人皆属自然犯。所谓自然犯，乃法定犯之对应物，"是指在侵害或者威胁法益的同时明显违反伦理道德的传统型犯罪"[3]。也就是说，刑事立法中的自然犯之罪已经蕴

---

[1]　《韩非子·八经》。

[2]　如网上有人用了这样工整的句式概括张扣扣行为的性质：参军报国，这是忠；不忘母仇，这是孝；面对王家妇孺，张某并未滥杀，只杀弑母的三个仇人，不动无辜者丝毫，这是仁；手刃三仇人之后，先到母亲坟前拜祭告慰，这是礼；杀人后并未潜逃，而是吃上一碗最爱的家乡小吃后从容自首，这是信；不婚不子，不拖累别人，这是义；隐忍二十二年，择机而动，这是智。还有人这样评论张案的意义：最后判张死没有任何的社会警示作用，因为中国传统告诉世人杀父（母）之仇不共戴天，这不是现在或时代可以改变的。法律上是输了，但赢在了道德上。还有人更简洁地说：你没错，但你有罪。

[3]　张明楷：《刑法学》（第四版），法律出版社，2011，第95页。

含了特定的道德评价。司法实践中，通过对罪责大小、刑罚轻重的具体权衡，更可以显示这种道德评价所发生的量上的增减。因此，探寻法律背后的道德，对于准确厘定个案诉讼中的"德－法"关系，将是不可或缺的重要一环。

于欢案中的核心法律问题是刑法中的正当防卫制度。对此，我国现行刑法第20条规定：

> 为了使国家、公共利益、本人或者他人的人身、财产和其他权利免受正在进行的不法侵害，而采取的制止不法侵害的行为，对不法侵害人造成损害的，属于正当防卫，不负刑事责任。

本条前半部分是关于"正当"性的性质和范围界定，其中的一个关键词是"权利"。司法实践中，绝大多数的正当防卫都展开于维护个人权利的情境中。于欢案也不例外。而"权利"的概念，本身即涉及"正当"意味之道德判断。[①] 享有权利的主体为人，立法中分解为本人及他人，通常（如于欢案）也可概称为公民。无论如何称谓，这种权利是均等的、普遍的，不主张内外有别，不强调"爱有等差"。由是，如果要用一个词语概括正当防卫法律对行为人道德品质的要求，或许"节制"是合适的答案。节制，意味着行为人不应当对不够紧迫的、破坏力不大的侵犯之举实施超前的、比例失当的抗击。节制，意味着即使在自己最重要的亲人遭受侵害时，也不能肆意剥夺对方作为"人"的基本权利。于欢的行为，既因为对抗"不节制"侵害而具有正当性，又由于对抗方式和程度的"不节制"而失却一定的正当性。

如果说，部分地因为于欢行为在道德评价上的"二重性"，于欢案法律文书中的道德评价尚且含蓄的话，在张扣扣案中，"法律背后的道德"则有了更加直抒胸臆的抒发。对"滥杀无辜"要不遗余力地声讨，是因为其极大地漠视并践踏了他人一项至高的权利——生命权。与此同时，对"公共利益"的侵害成为控诉行为人"不道德"的重要着力点。如一审中检方公诉意见书开篇即着意渲染本案发生的时间、场合及影响对象——

---

① 梁治平：《寻求自然秩序中的和谐——中国传统法律文化研究》，上海人民出版社，1991，第204页。

正值农历年三十，人们都处在欢度春节的喜庆、祥和气氛中……在光天化日之中、在众目睽睽之下、在老弱妇孺之前，刻意伪装、公然行凶连杀三人，其恐怖的行为造成周围群众惊愕、恐惧和逃散。①

在认定被告人"无任何悔罪表现"时，更是连连用了"六个应当"，批判其罪行对于被害人亲属、群众/父老乡亲、社会之"不义"：

应当认识到任何人都无权非法剥夺他人生命，应当认识到其行为会造成被害人家属的极度痛苦，应当认识到其行为造成了群众的恐慌不安，破坏了安定祥和的节日氛围；应当认识到其行为严重破坏了社会秩序和社会和谐；对此，被告人张扣扣应当对被害人亲属表示忏悔，应当对父老乡亲表示忏悔。

在二审检方的出庭意见书中，检察员承认张母被害致死"确实给其幼小的心理蒙上了阴影"，"张扣扣幼年丧母的境况我们不难想象，曾是被害者家属的张扣扣，曾被他人犯罪行为所伤害的张扣扣，值得同情"。但随后笔锋一转，指出行为人对"他人"（家庭）之亲情伦理的伤害：

然而，当悲情的张扣扣亲手为自己戴上杀戮的面具使三个家庭支离破碎，无辜的孩子永失父爱，他们的伤痛需要更多的关爱和同情。

以上引述文字，无疑富有浓厚的道德意蕴，从中不难体会到司法者引导民众道德自觉的苦衷。不过，这里字里行间所传递出来的道德意识，又迥然不同于舆论聚焦的道德主题——孝。换言之，司法者和一般民众的道德视角其实有明显差异。可以看到，司法者所抱持的道德观，展开于社会公共空间，着眼于互无亲属关系的不特定个体。其内在精神，固然不离"利他""爱人"，但这里的"他人"与"家人"地位平等，这里的"利""爱"可能存类型之分，却不要求高下、强弱之别。这种道德，我们不妨

---

① 《死刑！张扣扣案一审宣判！检察机关公诉意见书全文公布》，正义网，http://news.jcrb.com/jxsw/201901/t20190108_1950944.html，最后访问时间：2020年10月27日。

称之为"公德"。①

"公德"一词，虽已现身于古籍，但其通于"功德"，非今人指涉的概念。② 伦理学界一般认为，学术上，公德、私德之分，始于梁启超。梁氏主张，"人人独善其身者谓之私德，人人相善其群者谓之公德"③。此论固然简洁，意义却也含糊。因为，在传统儒学的语境中，独善其身与"兼济天下"并非对立，二者一统于"修治齐平"的理想格局。个人，为群体中之个人；群体，为个人集合之群体。那么，"公"与"私"的界限究竟在哪里呢？

"公德"的概念，固然晚出于近代，不过，若将其一拆为二，则"公"也好，"德"也罢，在先秦儒法两家笔下都不乏其论。只是一旦合二为一，则又成一全然陌生之话题。法家固然严于公私之分，并力主立公去私，但法家之"公"，是与法合体的。法家论"德"，是作为"法"的对立面，是为儒家之德，是"私"的化身。是以，法家主张法（治）德（治）不两立，本质上即为公私不两立。儒家则不以法家看法为然。所谓"其为人也孝弟，而好犯上者鲜矣"，"老吾老，以及人之老；幼吾幼，以及人之幼"④，儒家之德虽始于修身，重在孝亲，却与政治安定、社会和谐息息相关，敢称不"公"？其实，统观儒法两家学说，不难发现，无论其立场、观点如何针锋相对，其立论的场域总不离家和国。毋宁说，儒法两家的"公－私"论说，总是在"家－国"两端腾挪跳转。今人不假思索随口道来的"社会"一语，在古人的思维世界中可谓付之阙如。如梁治平先生所考，从词源上看，中国古代有"社"有"会"，却没有合二为一的"社会"。对于黎民百姓生活其中、维系而成的那一广袤空间，"民间"或是更恰切的称谓。"民间"具有浓厚的"家国同构"色彩。一方面，

---

① 在围绕于欢案和张扣扣案展开的评论中，对"情－理－法"关系的阐发是具有代表性的一种角度，甚至见诸法律文书（参见张扣扣案一审、二审公诉出庭意见书）。情、理、法三足鼎立，恰也是中国古人法律观和刑案分析的一般性思维格局。古今法律文化的传承接续，似于此可见一斑。不过，若说"法"即指当下有效的实在法，则"情"和"理"的确切内涵及其"前在"立场，则相对模糊。应该说，在中国古代，"情"偏重"亲情"，"理"侧重"伦理"，二者皆有明显的道德色彩。今天，对于于欢案、张扣扣案这样关涉传统道德伦常的刑案，一些学者（尤其是法史学者）、自媒体评论者和普通民众仍然倾向于在传统的意义上援用情、理。但是，不可否认的是，情、理、法的互动仍然存在另一种向度，即从亲缘关系转向公共领域的现代价值。

② 如"百度百科"引《隶释·汉中常侍樊安碑》："以公德加位特进。"

③ 梁启超：《饮冰室文集》卷十二，转引自崔大华《儒学的一种缺弱：私德与公德》，《文史哲》2006 年第 1 期。

④ 《孟子·梁惠王章句上》。

"民间"与官方相对，遵循礼教民俗，于"乡土自治"语境中不乏"私"的属性；另一方面，乡里、宗族等组织又不乏"代理"国家管理职能、"代言"国家意识形态的准官方属性，可谓国家直接管理之延伸，且"民间"之"民"又关乎执政正当性之"民本"思想。因此，所谓的"乡土自治"，并不隐含任何二元对立的意味。"民间"概念这种二重性特点，于很大程度上塑造了中国后来法律和道德的关系特质。①

252

　　清末以降，国门被打开。中国在政治、经济、文化各个领域发生前所未有之巨变。与此相应，"乡土中国"呈现下的"民间"也渐生变局。一个跳脱于家庭伦理桎梏，内涵日新的社会公共空间开始出现。新式社会组织涌现，并不再满足于作为官方的附庸。当然，这一变化并不是直线升降的。相反，在"社会"发育的低谷期，国家公权力进驻一切公共领域，甚至于肆意"接管"私人空间。但那是非常时期，是探索前行中的误区。从时世更替的长线视角看，"现代"社会的破茧而出、体量日增是个基本趋势。尤其是从20世纪80年代起，伴随改革开放和市场经济的深化，"社会"的活力日益释放，似乎迎来了自身发展的春天。中共十九大以后，国家/社会治理在官方的施政规划中地位日隆。② 但是，这一切又并不意味着传统的社会结构和价值观念已然退出了现实舞台，从某些方面看，其功能发挥和角色扮演其实有被特别强调甚至不断凸显的趋向。在这个双向的过程中，法律自身的某些变化，恰好为我们洞悉其间复杂的逻辑关系提供了具体的切入点。

---

①　本段中关于社会、民间等概念"公－私"视角下的辨析，参考和吸收了梁治平先生关于这个问题的深刻阐述（参见梁治平《"民间"、"民间社会"和 Civil Society——Civil Society 概念再检讨》，收入《法律何为——梁治平自选集》，广西师范大学出版社，2013）。

②　中共十八大报告中有"加强和创新社会管理"之论述。十九大报告中一变而为"加强和创新社会治理"。从"管"到"治"的一字之别，传递出的是执政理念上微妙而重要的变化。诸如"打造共建共治共享的社会治理格局""提高社会治理社会化"等新提法，都体现了执政者"社会"意识的明晰化和强化。但是，需要提醒的是，官方文本中的"社会"，虽然大体上是在与"国家"概念不相重合的意义上被呈现的，但这丝毫不意味着与西方"civil society"概念下"国家－社会"二元对立理路的趋同化。恰恰相反，国家和社会仍然是"你中有我，我中有你"的相互参与、相互作用关系。在中共十九届四中全会通过的《中共中央关于坚持和完善中国特色社会主义制度 推进国家治理体系和治理能力现代化若干重大问题的决定》中，"健全充满活力的基层群众自治制度"是"发展社会主义民主政治"的一个子目，但是"坚持和完善共建共治共享的社会治理制度"也是与"发展社会主义民主政治"并列的一个部分。在专题论述"社会治理制度"的这一部分，更是开宗明义，提出"社会治理是国家治理的重要方面"。从这里，似乎不难体会到中国传统观念的某种延续。

"社会"的崛起鲜明地重塑了法律的面貌。与传统"伦理法"大相径庭，应运而生的新式法律中，调整家内关系的内容大幅缩减，在刑事法领域尤其如此。较调整范围之变化更重要的是调整标准的更张。公民取代亲属成为担当主角的"法律上的人"，平等、自由取代"爱有等差""亲亲""尊尊"而成为法律关系的精神实质。在正当防卫的法条表述中，公共利益与国家利益、公民权利并列，清楚呈现了"公"的"社会"面向。在更其宏大抽象的"法治"话语中，"法治社会"被着意与法治国家、法治政府并列，更是凸显了为政者"社会"意识的明确化。但是，从现实出发，对"社会"的重视又不能不对"民间"有所照应。在一些刑事政策性司法文件、司法解释甚至于正式法律中，"民间纠纷"特指群众在婚姻、家庭、邻里交往中引发的纠纷，被认为应当"从宽处罚"①，尤其是故意杀人犯罪，"适用死刑一定要十分慎重，应当与发生在社会上的严重危害社会治安的其他故意杀人犯罪案件有所区别"②。单划出"民间"领域来重点落实刑法的谦抑性，这也许是官方有意吸纳"乡土自治"的传统经验，亦合乎"刑罚世轻世重"的古训。不过，传统的治理经验乃是基于"乡土中国"整体上的高度同质化，而"社会"的介入已然打破这一点。对于法律语境中的"民间"，论者多以"熟人关系"界定其本质。对"民间"罪案的从宽处罚，固然可被解读为包容、宽和、开明，却也未尝不会被看作是忽略、冷淡、轻视。比照"爱有等差"的儒家观念和"服制定罪"的古代法制，这后一方面的看法并非毫无理据，且无法被轻易说服。事实上，具有某种反讽效果的是，在一些"民间"之"民"那里，"分类施策"之"开明"确乎并不被"领情"，反而被视为

① 如最高法《关于贯彻宽严相济刑事政策的若干意见》（法发〔2010〕9号）第22条："对于因恋爱、婚姻、家庭、邻里纠纷等民间矛盾激化引发的犯罪，……应酌情从宽处罚。"2012年刑诉法修正，增加"特别程序"编共四章。其中第二章为"当事人和解的公诉案件诉讼程序"。该章第277条第1款第（一）项规定，"因民间纠纷引起，涉嫌刑法分则第四章、第五章规定的犯罪案件，可能判处三年有期徒刑以下刑罚的"公诉案件，可以适用当事人和解的特别程序（亦即一般所称的"刑事和解"）。根据权威解释，"'因民间纠纷引起'是指犯罪的起因是公民之间因财产、人身等问题引发的纠纷，既包括因婚姻家庭、邻里纠纷等民间矛盾激化引发的案件，也包括因口角、泄愤等偶发性矛盾引发的案件"（全国人大常委会法制工作委员会刑法室编《〈关于修改中华人民共和国刑事诉讼法的决定〉条文说明、立法理由及相关规定》，北京大学出版社，2012，第339页）。

② 最高人民法院：《全国法院维护农村稳定刑事审判工作座谈会纪要》（法〔1999〕217号）。

传承与变异：德—法视阈下的『新时期伦理命案』探析

253

一种对情理的背离。① 这反映了"传统"与"现代"在接合、承转中的复杂景象。其间的抽象意涵，是由一个个具体的、鲜活的"人"来承载的。这些人，既生活在当下，也深受过往束缚；既置身于现行国家法律治下，又深受历史文化熏陶；既是社会公众，是国民，也是家人、亲人；既主张私益，又未尝不表达"人民群众"诉求。于是乎，在"民间"与"社会"之间，似乎既存在若干无形的壁垒，又浑然一体，了无边界。

以上种种宏观论说，在于欢案和张扣扣案中皆不乏具象且微妙的呈现。从案情看，两案中都存在一定的"民间"因素。于欢案起因于民间借贷纠纷，涉"辱母"之恨；张扣扣案与22年前的一桩乡邻纠纷有关，涉"杀母"之仇。"民间"的关注和反响更是贯穿于官方司法活动始末。从追诉过程看，于欢案中，"母子人伦"在一审和二审中的处遇可谓大相径庭，反映了"公－私"内涵的移转和消长。张扣扣案中，"民间私斗"之"私"是官方所着意放大和批判的。尽管二审检方的出庭意见书中承认行为人童年丧母，遭受了心理创伤，有"在对其量刑时可以按照酌定从轻情节予以对待"之语，但是，极刑判决究竟无法体现"从轻"。据此可能产生的印象是：不同于于欢案，在张扣扣案中，孝道伦理是被官方的法律评判所弃之不用的。有学者甚至对本案中"民意"未被司法考量所重视而感到"反常"。② 但这样的看法其实很大程度上是一种误会。在张扣扣案中，并不是孝道伦理被弃之不用了。恰恰相反，官方用心良苦地力避与正统的孝道观念发生正面冲突，为此而采取的策略便是坚决否认张扣扣的行为系"为母报仇"（尽管如前文分析的那样，该策略之运用难说是成功的）。在张案中，官方的姿态与其说是对"民意"的违逆，不如说是对民意的引领和主导——这一点，正符合传统"民间"的内在逻辑，因为，所谓"乡土自治"，并不隐含任何西方式的"国家－社会"二元对立前提。当然，这种引领和主导，由于注入了新的价值内容，自然无法期待如古代那样奏

---

① 如"杀害亲属恋人'罪轻一等'"的现象受到质疑。论者提出，"每个人的生命价值是一样的，也需要得到平等保护"，"'杀害熟人危害性较小'，是一个无法论证的伪命题"（麦子：《"大义灭亲"错了吗？》，《检察日报》2014年9月17日，第5版）。还有论者对刑事和解适用条款中"民间纠纷"基于"熟人关系"的解读提出质疑，认为"现代法律并不是在熟人关系中发展起来的，是反对熟人关系的"，"法律规定应该尽力避免维护熟人关系，如果这种维护对其他人产生了不平等的话"［李贵扬：《论刑事和解权》，《河南师范大学学报》（哲学社会科学版）2015年第2期］。

② 如有学者提出这样的疑问："时下中国司法界占主导地位的思潮是倡导民意司法，但是在张案上怎么一反常态，无视'民意'了呢？"（周永坤：《复仇的法理问题研究——以中华法系为对象》，《甘肃政法学院学报》2020年第4期。）

效。总的来看，司法者对涉案当事人（乃至表达意见的社会一般民众）的评价是以"公民"为基本标准的。不过，被司法者如此要求的当事人和社群，却并没有被"唤醒"这样的自觉意识。社会本位下的"公德"意识，并未在社会层面真正深入人心，成为可以与传统"私德"相抗衡的力量。

五 "统合"之道与司法难题

《唐律疏议·名例律》中有一句提纲挈领的话：德礼为政教之本，刑罚为政教之用。可谓一语道明了道德、法律与政事的关系。道德、法律统一并行于国家的施政教民，且有主次之别。"德主刑辅"是对此富有概括性的另一说法。这是中国古人的经验和智慧，但又不止于此。因为，近年来，在执政高层发布的最重要施政文本中，在党和国家最高领导人的讲话中，千年传承并沉淀下来的古老思想似乎再度焕发光彩。作为十年浩劫后反思和吸取教训的重要落脚点，法治被寄予厚望。而依法治国和以德治国相结合的主张随后跟进，成为官方政论话语中的关键内容。① 从官方决策下的法治进程看，道德与法律的关系，已非德治、法治并驾齐驱之平行结构可以准确涵括。毋宁说，道德/德治已在相当程度上深入法律/法治的内里，构筑起后者深层次的精神价值。如，"法律是成文的道德，道德是内心的法律"②，"以道德滋养法治精神、强化道德对法治文化的支撑作用"③，"法律的权威源自人民的内心拥护和真诚信仰"④。而在对道德的倡导中，中华传统美德/中华优秀传统文化又是浓墨重彩的重要一笔。事实上，人们不难从官方高层领导人论政"金句"中感受到向传统"致敬"的浓厚色彩。反复言说的"家国情怀"，不断推高的"家风建设"，似乎无不在着意承袭先贤"家国同构"的久远致思方式。当然，就为政之道而言，"追古"尚需"思今"。只要略加注意就会发现，近年来，执政者政治话语中"统合"的特征颇为突出。如：论法治，要"法治国家、法治

255

---

① 1997 年，中共十五大报告首次提出"依法治国，建设社会主义法治国家"。2002 年，中共十六大报告中有"依法治国和以德治国相辅相成"的表述。其后，在中共十八届四中全会决定、十九大报告、十九届四中全会决定中，均明确提到了依法治国和以德治国相结合。该主张也经常出现在党和国家最高领导人的系列讲话中。

② 语出习近平在首都各界纪念现行宪法公布实施 30 周年大会上的讲话。

③ 中共十八届四中全会《中共中央关于全面推进依法治国若干重大问题的决定》。

④ 中共十八届四中全会《中共中央关于全面推进依法治国若干重大问题的决定》。

政府、法治社会一体建设"①，要"法治和德治两手抓"；论道德，要"弘扬中华传统美德，培育社会公德、职业道德、家庭美德、个人品德"②；论文化，既要"推动中华优秀传统文化创造性转化、创新性发展"，又要"继承革命文化，发展社会主义先进文化"，要"不忘本来、吸收外来、面向未来"③。家的、国的、社会的，传统的、现代的，本土的、异域的，诸种复杂元素悉数收纳，成广纳博取、兼容并蓄，蔚为大观之局面。

对于上述局面和景象，从官方的视角出发，似乎都无妨纳入"新时代中国特色社会主义"的范畴。所谓"新"，当然是言之有据的。尤其，对于经历了 1949 年新政权建立后历次政治风波的人们来说，现下主政者对于传统道德/文化这样的"瞻礼"确是前所未有的。以如此包容的胸怀欲将古今中外各种文明成果熔于一炉，这种魄力也可以说是前所未有的。不过，这样的"新"既不意味着与"旧"的完全切割，也不表明已然"成就"，臻于完备。一叶知秋，透过于欢案和张扣扣案，有必要省思的，是"新"所关联的困境与难题。

关于中国历史的沿革轨迹，梁治平先生提出了一个"文明三波"的看法。他认为，中国文明发展迄今经历了三个大的阶段。第一波文明经历夏商周三代，至春秋战国而告崩坏，是为"礼乐文明"。第二波文明从秦汉至于明清，在清末走向瓦解，着眼于其间最具代表性王朝，可称之为"汉唐文明"。第三波文明自清末帝制覆亡始，结点则待定。至于我们今天，就"处于这个新文明第二个一百年的开始"④。

把我们今天这个时期划入早从清末就已开启的文明阶段，这样的视角，与官方"新时代"之宣示似乎颇有不同，但却自有其特定的问题意识。清末修律中，围绕《大清新刑律》的制定，在守旧和开明的朝臣之间发生了"礼法之争"。虽然，历史的脚步不会因意见相争而陷入停顿，现实的取舍定夺自有分晓，但问题并未得到真正的解决。无论是人的实践还是历史的检验，都不是一步到位的。透过于欢案、张扣扣案这样的"新时期伦理命案"⑤，"礼法之争"的久远气息自可依稀触及。依今天主流的看

---

① 中共十九大报告《决胜全面建成小康社会 夺取新时代中国特色社会主义伟大胜利》。
② 中共十八届四中全会《中共中央关于全面推进依法治国若干重大问题的决定》。
③ 同前注，见中共十九大报告。
④ 梁治平：《论法治与德治——对中国当代法治的一个内在观察》，《中国文化》第四十一期。
⑤ 除了于欢案、张扣扣案，近年来颇受关注的此类案件还有"河北涞源'辱妻杀人案'""浙江温州'丈夫砍杀奸妻者'案"等。民众对这些案件的关注和争议均以伦理问题为焦点。因此，"新时期伦理命案"呈现的是"群像"，而非"孤案"。

法，对传统道德/文化的弘扬是应予肯定的，也是执政经验更加成熟的体现。但是，一方面，不可否认，对传统的基本肯定，注定了"复仇"主题下礼法困境的延续。体现先秦法家精神的古代律法，固然不能和我们今天的法律相提并论，但仍然具备了"一个最低限度的法治概念"①。在技术层面，当然要看到：中国古代实行绝对法定刑制度，这就从立法上限制了法官通过行使自由裁量权来调和法律与伦理道德的紧张对峙——而这种局限性，恰恰对应着我们今天法律制度的优势。但是，古代可以"法外施仁"，今天如果这样做，却等于突破了法治的底线。是以，就解决"为亲复仇"这一千年难题而言，今天未见得拥有更多优势。另一方面，较之前两波文明，第三波文明最显著的差异就是异域文明因素的介入，这使得问题的解决在客观上增加了难度。从秦汉至明清，两千多年未解的复仇难题，就思想特质而论，皆可归于儒法之争。而儒法两家的思想，无论如何分歧对立，皆致力于君主集权统治下的秩序安定，究竟同为中国本土政治、经济、文化之产物，可以向上古三代甚至更久远时期溯源。② 近代以来，西方的介入，带来的是新的社会结构、思维方式和价值取向。"社会"维度的凸显、道德重心的转移，都在原有的基础上，增加了问题情境的复杂性。过往已经回不去，异域经验亦无法照搬。统合之道，宏观理论或许条达，具体践行却殊为不易，难求圆满。

在官方的政论话语中，"统合"其实关涉两层意涵。一方面，它是目标，是蓝图，作为对一种理想状态的构想，不难让人联想到中国古人向往之"大同"。另一方面，它又绝非康有为的《大同书》可比，因为它不是圣贤之作，不是空想，甚至于也非泛泛的政治宣言，而是国策，是引领一切行动（包括司法）的指针。不过，有必要进一步思量的，是在"统合"之道的"下达"中，司法可以选择的行为方式及其局限性。如前所述，在于欢案和张扣扣案中，司法者力证法律与道德之统合，政治效果、法律效果、社会效果之统合，为此付出的真切努力，在法律文书中可谓"力透纸

---

① 王人博在将先秦法家主张与现代法治理论作比较后认为，前者与后者关于"法治"概念的一些基本看法是契合的。参见王人博《一个最低限度的法治概念——对中国法家思想的现代阐释》，《法的中国性》，广西师范大学出版社，2014，第92～127页。

② 梁治平先生认为，中西方早期国家形成的途径存在明显差异。不同于古希腊、罗马，中国夏商周时期，"国家的产生远不是以氏族组织的瓦解为代价的，相反，它保留了原有的血缘关系……它划分居民的标准是氏族而非地域"（参见梁治平《"法"辨》，《法辨——中国法的过去、现在与未来》，贵州人民出版社，1992，第64～77页）。也就是说，中国古代法的某些特性，与中国早期国家起源的特殊性是对应的。

背"。然而，仔细推敲下来，逻辑上却并非无懈可击。与其把这归咎于司法者专业水准的不尽如人意，不如从更宏观的视角出发审视以下几个方面。

首先，在实行成文法制度的背景下，我国当前立法尤其是刑事法律中，对传统人伦道德的容纳还是很有限的。至少是从于欢案中，我们发现，要从刑法第 20 条的正当防卫规定中逻辑严密地推导出其对人伦道德的关照甚至是重点呵护是困难的。当然，该案后来得以成为最高法发布的"指导案例"，并在其后连同其他正当防卫案例一起，催生出了具有一定概括性和普遍适用效力的规范性司法文件，俨然具有了非正式法源的地位。① 但是，其"产出"过程，仍然体现了成文立法对司法强有力的制约。和 2012 年修正后刑诉法中对被告人被强制到庭作证义务的豁免条款之增设相似，正当防卫法律适用规范的延展再次说明了，现行立法也并非绝不可以对传统的人伦道德有所眷顾。这或许可以成为下一步法律改良的着力点。

其次，公力救济、社会保障体系的不健全，削弱了"社会"作为一个"共同体"的凝聚力、感召力，影响到"公民"意识的觉醒和成长，这对于民众"公德"意识和法律信仰之养成殊为不利。在于欢案和张扣扣案中，司法者皆表达了对于"理性"的呼唤。这当然是对的。不过，同时也要看到，支配人们行为的，毕竟不只有理性；任何信仰，也不会只是理性的产物。② 在先秦儒家那里，对孝亲价值至上性的证成，就并不单纯依托于理性。儒家认为，孝道植根于人的天性，是人之所以为人的固有属性。③ 换言之，对孝的推崇，是建立在人所共有的感性生命体验基础上的。这一观点未必绝对科学，却不无启发意义。其所传递的，是"道德"重视人的主体能动性之要义。从客观上看，传统国家的公共管理职能比较薄弱，人们不能不依赖于血缘、地缘纽带的维系保障功能。同理，在现代社会的场域中，"公德"及"法律信仰"不只意味着理性和责任，也有赖于"公共

---

① 2020 年 8 月 28 日，"两高一部"印发《关于依法适用正当防卫制度的指导意见》。该意见第 14 条规定，"对于因侵害人实施严重贬损他人人格尊严、严重违反伦理道德的不法侵害，……在量刑时应当充分考虑，以确保案件处理既经得起法律检验，又符合社会公平正义观念"。本条表述同于欢案的渊源大概不言而喻。

② 正如美国学者伯尔曼在《法律与宗教》中表达的那样：法律、道德这些事物都必须一如宗教那样满足人们在情感上的一种需要。唯有如此，人们才会笃信并勇于为之献身。

③ 如："人之所不学而能者，其良能也；所不虑而知者，其良知也。孩提之童，无不知爱其亲者；及其长也，无不知敬其兄也。"（《孟子·尽心上》）

归属感"的凝聚。一个感受不到社会共同体关爱，缺乏归属感的人，是难于被期待由衷认同并自觉恪守对集体承担的道义的。在家庭和社会之间，他（她）的心量也就很难突破前者给予的温情或压力，依"公民"而非"亲人"角色行事。在于欢案和张扣扣案中，国家和社会在公民权益保障方面的职能发挥，给人的总体印象是比较单薄，不尽如人意的。如，于欢案中，无论对相关警员的履职行为做何种事后定性，但其履行工作职责不到位，对公民的权利救济不够有效，以致未能阻断不法侵害的发生和于欢后续的过激行为，是不争的事实。在张扣扣案中，就 22 年前的张母遇害案件而言，固然不存在刑事成文法意义上的"判决不公"，却仍然不无简单处理之嫌。对这样一起邻里纠纷引发的命案，公权力机关未对被害人一方开展充分有效的释法说理，虽然对当年的未成年犯罪人严格落实了"应当从轻或者减轻处罚"的刑法规定，但对身为被害人至亲的，同系未成年人的张扣扣，关爱特别是心理疏导却没有同步跟进。这些无疑削弱了行为人对社会的责任感，也使司法者呼吁的"理性"无法被践行。

再次，对传统的认同，在官方和民间还存在明显抵牾。近年来，弘扬传统已成为官方执政理念中一个重要的风向标。同时，在民间"传统文化热"也悄然成风，且在"新时期伦理命案"中成为影响民意的重要因素。乍看起来，前者似是后者的动因，后者是为对前者的响应，其实二者的立场、态度不尽相同。在注重从传统经验中汲取养分，以筑牢执政之基的同时，在官方的视界中，是接纳还是拒斥，仍然具体地取决于实现政治目标的需要。是以，"一边倒"非为上策，"拣择"才是一以贯之的原则。因此，官方对待传统的确切立场，是既要"不忘本来"，又要"吸收外来、面向未来"，是"取其精华，弃其糟粕"，是"创造性转化""创新性发展"。在于欢案和张扣扣案的司法处理中，我们多少能够感受到这种"拣择"。不同的是，民间对待传统的态度，却体现出了更多保守的一面，甚至不乏"复古"倾向。① 要调和两端是困难的，因为无法形成充分的说服力。前者体现了理性，但是，所谓的创造和创新、转化和发展，究竟在何种程度上是可能的，又将如何形成普遍而深切的共识？毕竟，在许多人的一般观念中，传统是历经千年传承已然定格的事物，改变即意味着背离。但后者对传统奉行"原教旨主义"立场，力求"纯正"，亦终不免与现实

---

① 除了在评论于欢案、张扣扣案中的"引经据典"，还可以看到这方面更多的社会现象，如"读经班""女德班"等事物的出现。

脱节，走向泥古不化的歧途。司法固然是说理的艺术，但是，"法者，盖绳墨之断例，非穷理尽性之书也"①，要消解人们在价值认同上的分歧，终究不是区区几件法律文书可以奏效的。

司法"统合"的可能性和有效性，都要置于以上背景中进行考量。作为当前司法工作的指针，近年一个较新的说法是：让人民群众在每一个司法案件中感受到公平正义（这也成为张扣扣案二审中检方出庭意见书的结束语）。这句话的文面意思简洁明了，其内部的深层次结构和复杂意涵，通过前文的层层推展，已不难领略和体会。符合句中语境的"公平正义"，在完整的意义上，毋宁说既是客观的又是主观的，既是法律的又是道德的，既是国家的又是社会的，既是传统的又是现代的。被如此解析的它，听上去仿佛一种遥远的理想，却更是一切现实行动应当遵循的基本方略。不能不说，这是一个艰巨的使命，甚至是一次永远在路上的征程。当然，在这场气象万千、前所未有的第三波文明的整合重塑中，没有任何事物能够成为置身事外的绝对价值中立者。司法也不例外。正如我们在前面的案例分析中看到的那样，它既在还原、在释明、在推理，也在参与、在重塑、在规训。

---

① 《晋书》卷三十四·列传第四。

法律论文写作专题

一份本科毕业论文的指导意见

潘同龙[*]

编者按：潘同龙教授是南开大学法学系首任系主任，被指导的学生是南开大学法学系1991级学生蒋宏建（现为天津君利律师事务所主任）。蒋宏建律师曾表示，潘教授的这份论文指导意见，对他触动很大，并对他后来走向社会参加工作和继续学习都产生了极为深远的影响。这份论文指导意见长达十页之多，对于论文提出了详尽专业的修改意见。字里行间透出潘教授严谨的治学精神以及对学生平等相待、关怀备至的风范，堪称教师学习的典范！

这份意见，我写到下半夜。但一想，实在提得太晚了，仅供你以后写文章时参考吧。不按这里的意见改，也可以，没关系。缘麻烦事，谦甚！

宏建同志：

近日较忙，延宕至今，谦甚！今天抓紧看了一遍你的论文，顺手作了几处文字修改，另有一些想法，提出聊供参酌。

一、论文应有个人见解，否则就不是"论文"，或对某种理论提出新的见地，或对某种现象作出新的评论，或对某个问题提出新的解决办法，若非如此，则可能成为对材料进行系统整理的读书笔记或对现实状况进行客观描述的记叙文，而非论述文，亦即论文。

二、论文最好能贴近现实，利用现实资料，解决现实问题，法律论文尤应如此（法律史学的论文等自然可以例外，但也应"以论带史"，言之有物）。

如从上述两个观点看，你的论文似稍有不足。第一，通篇没有个人观点，大都是对资料的整理和引用，而用来说明和解决什么问题，读后却不甚了了。第二，目前我国的国际投资争端问题，并不十分突出，其解决亦非当务之急（也许这是一种错误看法，姑妄言之），因而论文对现实的针

* 潘同龙，南开大学法学院教授。

对性不强。

恕我直言，出语不逊。但我决无意于全盘否定。论文文字通顺，条理清楚，思路明晰，言之有据，都应予以充分肯定。而且时间紧迫，无暇增删，可抄清送上，但以后执笔属义，似应引以为戒。非有所感，有所思，有所得，决不下笔！

三、论文分三部分，结构是可以的。第一部分"国际投资争端"，篇幅较短，亦较弱，仅介绍两种分类方法，便戛然而止，令人有言犹未尽之感，此其一。引用"跨国公司中心"的报告，指出争端有合同纠纷、技术纠纷、政策纠纷之分，而下文则再未涉及此种分类，前后无呼应，形同蛇足，此其二。文中提及"按照我国外资保护的实践"，此类纠纷的内容包括国有化的补偿问题等，其实我国并无此种"实践"，至少近年无此问题，故予删除。无"的"放矢，"放"之何益？此其三。

愚意以为，处理"第一部分"的方案有二。

一是加强这一部分，充实材料，增大篇幅，可论及国际投资争端的国际国内现状，以表明解决此类争端的重要性、必要性和紧迫性。但现实材料，一时难以搜集，是一难题。

二是干脆开门见山（第一部分标题改为"国际投资争端及其解决方式"，将"第二部分"中的政治解决、司法解决、仲裁解决三者抽出，纳入第一部分）。如此方可保持全文三个部分的篇幅匀称、分量平衡，以免有"头轻脚重"或"形同枣核"（中间大，两头小）之嫌。

四、论文第二部分为全文主干，可仍保留以国家间争端、国家与他国国民间争端、不同国籍合营者间争端为纲的行文结构，然后逐一阐述这三种争端为何运用上述解决方式的国际国内现状，也可间以个人对运用三种解决方式去解决三种争端的利弊得失的评论，杂议杂叙，既有客观事实，又有个人之见，始终保持层次分明，有条不紊。议完一事，方议下一事。未悉此议可行否？请酌。但在行文中宜注意一点，即：应突出仲裁解决的优越处，以便与全论文的大标题《国际投资争端的解决与国际仲裁》遥相呼应。全文重点毕竟是仲裁解决，而非司法解决。"司法解决"所占篇幅过多，势必冲淡主题。切忌下笔万言，离题千里。

关于第二部分，还有几个具体问题。

1. 国家间投资争端问题。尽管国际投资规模与日俱增，投资形式日趋复杂，发展中国家对外来投资的需求急剧增长，但国家与他国国民间的投资纠纷转化和上升为国家间投资争端的事例并不多见。现在已不是20

世纪 50 年代苏伊士运河纠纷之类的争端层出不穷的时代，当时正值"二战"后的各国国有化高潮期，极易引起国家间争端。因此，尽管已有近百个国家加入了《关于解决各国和其它国家国民之间投资争端的公约》，我国也已于 1993 年 1 月 7 日递交加入这一公约的批准书，该公约已于 1993 年 2 月 6 日对我国生效，但"解决投资争端国际中心"（ICSID）受理的案件一直寥寥无几。原因就在于国有化引起的投资争端已属罕见。我国在批准加入该公约时已经申明，"据公约 25 条第 4 款，中国政府仅将因征收和国有化而引起的赔偿争端提交 ICSID 管辖"，而我国"合资法"与"外资法"均明文规定，在一般情况下，不实行征收和国有化。可见，我国近期不可能将任何投资争端交由该"中心"解决，因为这类争端几乎不可能发生。至于你在论文中所说政治解决方式中的行使外交保护权问题，目前几乎也不可能发生。正如你在论文第 5 页（倒数第 5 行）所说，这种解决争端的手段已经过时。既然过时，又何必多议？更何况"世界贸易组织"（WTO）的争端解决机制已经建立，与贸易有关的投资纠纷，自有办法迎刃而解，何至于惊动各国政府出面和介入？

至于你在第 5 页所说的"在双边投资条约中一般都规定了国家间投资争端的解决方式"，其中倒大有文章可做。这里除涉及主权豁免问题外，还有不少问题有待研究。比如，国家与他国国民之间的投资争端，如果一国与他国国民之间订有合同，合同中含有仲裁条款，亦即仲裁协议，则该仲裁协议的效力如何，即值得商榷。如果一国不履行仲裁协议，不履行将争端交付仲裁的合同义务，试问是构成对国际法上的义务的违反，还是构成对国内法的义务的违反？这个合同是受国际法的约束还是国内法的约束？

尽管上述公约第 25 条规定，"当事人一经同意将争议交付仲裁，任何一方均不能片面撤回其同意"，亦即合同中的仲裁协议不容撤回或违反，但如果一国认为争端本身并非由于国有化，因而不属于"中心"的管辖范围（如我国即可提出这种意见），则"中心"亦无可奈何。更何况"公约"第 25 条明文规定，把"中心"的管辖范围仅限于投资所直接产生的法律争议。至于与法律上的权利义务关系毫无关系的单纯利益的纠纷，则根本排除在公约适用的范围之外。可见争端的可仲裁性就是一大问题。

2. 卡尔沃主义问题。你在第 8 页论述国内司法解决方式时提到卡尔沃主义，并在第 10 页讲到并不主张发展中国家都采用这一主义。其实，卡尔沃主义和卡尔沃条款的核心是主张国内法优先和反对外交干预。愚意以为，这些主张也已过时。交付仲裁就已经使争端排除在国内法院管辖之外，国内救济手段用尽原则已不适用，而外交干预在当前也已无现实意义。即使是在宪法中都纳入了卡尔沃主义的拉美国家，过去曾认为上述"公约"主张国际仲裁有违卡尔沃主义，而不愿加入该公约的，现在也已纷纷加入。因此，在论文中似无必要论及卡尔沃主义。当前各国在投资争端解决方面，可能更重视乌拉圭回合一揽子协议中的《与贸易有关的投资措施协议》（TRIMs），而不是卡尔沃主义。

266

3. 国际法院救济问题。你在第 11 页提及国际私人投资争端的国际法院救济问题。这个问题也无现实意义。试问，国际法院一年才能受理几个案件？十个八个而已。私人投资争议是排不上议程的，更何况如你所说，国际法院往往不予受理。既然如此，谈它何用？姚梅镇的那本书上的材料和论点都比较旧了。

4. 不同国籍合营者之间的投资争端问题。见论文第 13 页。你提到这类争端的解决有内部解决、仲裁和司法解决三种方式。当然，除此之外，还有调解。不过，你提及这三种解决方式是想说明什么问题呢？是要说明现实情况，还是要对三者进行比较，从而指出其中之一的优越性？如果是要说明现实情况，那么这种情况是不言而喻的，根本无须说明。谁不知道中外合营双方一旦出现争议，不是商量解决，就是提交仲裁和去法院投诉？此其一。另外，你在第 13 页中间一段写道："不同国籍合营者间投资争端，是指在国籍合营企业中，合营者间由于合营企业合同的解释和履行所产生的争端。"可见这种争端仅限于直接投资争端，而且必须是有关投资合同的争端。从理论上看，划出的争端的范围不大；从实践上看，至少从我国涉外投资机构受理的案件情况来看，这种争议也不多。我国涉外仲裁机构受理最多的是贸易纠纷案件。直接投资的合同争端应当谈，但间接投资的非合同争端，由于是一种新事物（至少在我国是如此）是不是也应当涉及呢？为什么只讲"不同国籍的合营者"呢？比如，1993 年 6 月，我国与香港达成协议，允许外国人在香港证券交易所购买中国股份有限公司在香港上市的一定数量的股份，即所谓的 H 股。协议包含了一个仲裁条款，规定如果出现争议，应提交中国或香港的仲裁机构仲裁。1993 年 7 月 20 日，香港证券交易所、香港股票及期货委员会、中国证券管理委员会和深圳及上海的证券交易所，联合签订了一份合作备忘录（Memorandum of Regulatory Cooperation），该备忘录规定，在香港证券交易所上市 H 股的中国公司，必须在其公司的章程中写进一个固定标准的强制性的仲裁条款。所有股东、发行人或者是董事、监事或发行人员之间产生的争议，都按这一条款，或提交中国国际经济贸易仲裁委员会（CIETAC）依据其仲裁规则仲裁，或提交香港国际仲裁中心（HKIAC）依据其证券仲裁规则仲裁。你可能知道，青岛啤酒公司等中国公司已在香港上市 H 股。还有，外国间接投资者，除了可以在香港购买中国上市公司的 H 股外，还可以在深圳和上海的证券交易所购买专为外国投资者所设的 B 股。深圳和上海这两家股票交易所的规则中也都包含有仲裁条款。例如，"上海证券交易所规则"规定，由 B 股交易产生的争议必须提交仲裁并依据中华人民共和国的法律解决。该"规则"虽然没有明确规定如何确定仲裁机构，但实际上 B 股仲裁大都由 CIETAC 管辖。据悉，我国很可能成立一个专门的仲裁机构来解决这类争议，其仲裁规则和程序很可能类似 CIETAC，但其仲裁员名册中将包括股票专家和外籍专家。这些因国际间接投资而产生的争端的解决，已提上我国解决国际投资争端的日程。尽管在我国境内上市的我国公司、企业的 B 股的前景不甚乐观，但毕竟是国际投资中出现的、值得研究的新事物，其争端的解决也应属于"国际投资争端"的范围。此其二。

五、关于论文的"第三部分"，也有几个问题。

1. "国际仲裁"问题。什么是国际仲裁？《联合国国际商事仲裁示范法》在起草过程中，代表不同法系的国家的代表对"国际"二字的含义展开了争论，争论长达五年之久。最后，该示范法对"国际仲裁"下了个定义。定义除采用了主体、客体和法律关系都必须具有的国际因素（即我们所说的"涉外因素"）以外（这三者都是客观标准），还加上两个主观标准，即商事仲裁：凡当事人通过仲裁协议确定的仲裁地应位于双方当事人营业地所在国以外的；凡是双方当事人明确同意，仲裁协议的标的与一个以上的国家有关的，都属于国际仲裁的范围之内。"国际仲裁"在我国称为"涉外仲裁"。无论"国际"还是"涉外"，都是相对于"国内"而言的。私法意义上的"国际仲裁"和"涉外仲裁"应当说是同一个概念。你在第 16 页所说的"国际仲裁"恐怕还是以国籍为准，即当事人双方必须具有不同国籍，属于传统理解，也是我国的理解（港、澳、台除外）。这一点也无所谓，每人有各自的观点，不必求同。但你在第 16 页（倒数第 5 行）提到"国际投资争端也以国家与他国民间的投资争端为主"，就不尽然了。事实是国家很少介入与他国国民的投资纠纷。国际投资争端更多的是发生在平等主体之间，除非出现了国有化、征收等重大事件。

2. WTO 的争端解决机制问题。你在第 25 页讲道"其司法裁决体制是当今最先进、最完善的制度"。姑且不论这种体制是否最为先进和完善，值得注意的是，这种机制具有十分明显的司法性质，新"谅解"第25条虽然规定了争端解决的仲裁方式，也要求当事人应尽量就仲裁程序等事项达成一致，但它强调的不是仲裁，而是用法律方法解决争端。这和你的论文的总标题《……与国际仲裁》以及第三部分的标题"国际仲裁"，似乎有些挂不上钩。

你可能已经了解到，《关于解决争端规则与程序的谅解》（以下简称"谅解"）是1994年4月在马拉喀什签订的《建立世界贸易组织的协议》的附件2，该备忘录规定成立一个解决争端的机构，叫"Dispute Settlement Body，即DSB"，并且规定各缔约方按《关税与贸易总协定》（GATT）第22条有关协商的规定进行协商后仍无法解决争端时，可以向DSB提出申请，成立专家组，由专家组写出裁决报告，提交DSB会议上通过。若不服，可以上诉。新"谅解"第17条规定："DSB有权设立一个由七个成员组成的常设上诉机构，负责复核专家组裁决报告中的法律问题以及专家组作出的法律解释。"这个机构有权维持、修正或推翻专家组的裁决和结论。上诉机构的复核结论是终审的，争议各方必须无条件接受。"关贸总协定"的实践中，争端的解决要依《关税与贸易总协定》（GATT）第22条先进行磋商，但WTO的新"谅解"的全部27个条文中只有两个条文和一个脚注规定了磋商、斡旋、调解和调停，而且对磋商、斡旋的每一步骤都规定了时限，以防止当事双方拖延采用法律方法的时间。这意味着，限时磋商未果，一方即可要求成立专家组审理纠纷案。对专家组的初审结论不服的，可上诉到七人组成的上诉机构。这是一个权威性的终审机构，有权对争端中的法律问题作出最后裁决，这等于实行"二审终审制"。败诉方还必须接受DSB的监督，在每次审议其执行情况的DSB召开会议的前十天，败诉方必须提交一份它执行最终裁决的书面报告。不执行是不行的，接受裁决是无条件的。这种机制纠正了GATT解决争端的软弱无力的缺点，因而被一些西方人士评为"当前最先进、最完善的争端解决制度"。你看，这种办法像"仲裁"吗？我看不像。这种机制也不是准司法性质，几乎就是司法性质。尽管争端解决机构称为"Body"，上诉机构也叫"Body"，不叫"Court"或"Tribunal"，审案的人叫专家组（Panel），不叫法官（Judge），上诉机构的七个人叫成员（Member），不叫大法官，但这不会影响其整个机制所具有的司法性质。这是我的看法。因此，你把新"谅解"写在"国际仲裁"这一部分中，就要考虑一下如何解释了。说它是"国际仲裁"的新发展吗？好像不太像！是对"国际仲裁"方式的一种补充吗？也许还能说得过去。你再考虑吧。

好，先写到这里。我们事先没有商量出一个论文大纲，这是我的过错。先定大纲和论点，再补充一些新的材料和论据，论文就会带有强烈的思辨色彩和鲜明的时代气息。遗憾的是，你的论文恰恰缺乏这些，好像完成于20世纪70年代、80年代。

上述意见不一定正确，一己之见而已，都是"马后炮"，再说也无用了。你就稍加修改，赶快抄清（按系里规定的形式）报到系里，不然，时间来不及了。在论文的评审表上，我不会写出不太好的评语，尽可放心。祝你顺利，成功！

人物访谈

情理精神与传统法重生

——霍存福教授访谈

霍存福　夏纪森*

霍存福教授简介

霍存福，男，1958 年生于河北省康保县。法学博士，沈阳师范大学特聘教授，博士生导师，教育部"跨世纪优秀人才培养计划"第三批人选、辽宁省第七批优秀专家、沈阳市第六届优秀专家、辽宁省第二届"杰出中青年法学（法律）专家"。曾任吉林大学法学院院长，现任沈阳师范大学法律文化研究中心主任，法学一级学科带头人，《法律文化论丛》主编，中国法律史学会常务理事，国家社会科学基金学科评审组专家，辽宁省法学会学术委员会主任，省法治文化研究会会长。

1977 年考入吉林大学法律系，1981 年 12 月毕业，获法学学士学位；1984 年毕业于同系法律思想史专业，获硕士学位；1985 年留校任教，1999 年获法学博士学位。1996 年晋升教授，1999 年任博士生导师，2008年被聘为吉林大学二级教授。

主持国家社科基金重点项目 2 项，国家社科基金一般项目 2 项，参与国家社科基金重大攻关项目 2 项（子课题负责人）；主持教育部项目 4 项。出版《权力场》等专著 4 部、译著 1 部。获教育部"第四届中国高校人文社会科学研究优秀成果"三等奖，获吉林省政府社会科学优秀成果一等奖。在《法学研究》等国内权威期刊上发表论文 100 余篇，多篇文章被《新华文摘》《高等学校文科学术文摘》《人大复印报刊资料》摘要或转载。

被采访者：霍存福（以下简称"霍"）

采访者：夏纪森（以下简称"夏"）

---

* 夏纪森，法学博士，常州大学史良法学院教授。

夏：霍老师好！非常感谢您能接受我的采访。多年以来，您一直致力于传统法文化精神的研究。研究中国传统法文化精神，对于弘扬民族优秀法律文化传统、重构21世纪的中华民族法律文化，对于立足民族根基而吸收、借鉴西方先进法律文化，从而建立全新的法律文化体系，具有重要的理论意义和实践意义。能否请您谈谈，传统法文化精神研究在当下具有的意义？

霍：法律文化精神虽属基础性研究，但在研究传统时，应当关注"老问题"的新意，寓新对策于"老问题"之中。因为我们在建设中国特色社会主义法治体系过程中，许多问题的出现，都要求我们提起"传统"并借鉴传统。比如，重新提出"情理法"问题，在理论和实践上都是必要的。南京"彭宇案"曾经轰动全国。南京青年彭宇，好心帮助一位被撞倒的老太太，将她送往医院，反而被告上法庭。该案的法官说："从常理分析，他与老太太相撞的可能性比较大。""如果不是彭宇撞的老太太，他完全不用送她去医院，而可以自行离去。""如果不是他撞的，应该不会垫钱。"这里的问题出在哪里？是"法"出现了问题？不是，而是"情理"出现了问题。法官的那个"常理"，是我们所熟悉的，也是陌生的。在雷锋时代，它是正常的，也是高尚的；但在今天，就变得不正常了。在许多人的眼里，也无所谓高尚不高尚了。这样的变化，还不能用世风日下、互助精神缺位去解释，也不能用维权意识之类的法律意识增强来作答。它实际上关联着一个中国法哲学的问题："情、理、法"。"情理"不只是个道德风尚问题，还是个法律逻辑问题。

因此，传统的"情理法"，所解决的并不只是这样局部的个案问题，它实际上是一个中国法哲学问题，是个法律逻辑问题，更主要的是思维方式和行为方式问题，是整个文化的问题。按照谢觉哉的意见，"合情合理，即是好法"，我们过去曾经将"法"与"情理"合在一起来理解、解释，后来我们就只讲"法"而不讲"情理"了。然而，在当今的中国，"情理法"问题还常被合并提起，它也应该常被提起。否则，问题无解，事情也无解。

夏：霍老师，对于传统法文化精神的研究思路，您侧重中观层面的概括和提炼，并认为选择中观层面进行"精神"提炼，对认识中国传统法文化的内容、实质、特征、发展水平等方面，也具有方法论意义。能否请您谈谈，中观层面研究的方法论意义？

霍：从中观层面对中国传统法文化精神进行概括和提炼，不至于沉入细碎问题中，也不至于迷失于宏大的立论上，提高研究内容的可把握性和研究方法的可操作性，既容易切入，又容易走出。较之微观的、个别的研究，具有指导意义；较之宏观的、统体的研究，又具有具体性和可把握性。过去的中国法制史、中国法律思想史研究，分别叙列制度、思想，这种个别研究，微观性强、个别性强，但是掩蔽了背后的价值和精神的揭示与展示。法文化精神的提炼，应当融制度与思想（观念）为一炉，注重总括性、通贯性和解释力，而又不至于大而无当、空洞无物。

在具体研究方式上，应当综合运用法学、历史学、文化学、社会学等研究方法，并使用微观方法、个案方法、归纳方法（有时用统计方法），展现每一种精神的产生、发展、传承等的基本走向和具体细节，力图深入、系统，线索清晰，论述集中。总之，中观层面的研究，可以是这种研究的基本方法特征。这种研究的独特视角，有利于研究的深入。

夏：除了在研究内容上强调中观层面的概括和提炼之外，您还提倡用中西比较的方式来推进中国传统法文化精神的研究，能否请您结合您已有的研究成果具体谈一下？

霍：好的。我认为，中国传统法文化精神研究应有相应的比较研究，这是使问题深入的有效途径。比如"契约精神"方面，就应使用古罗马的契约制度、观念这个参照系，与中国作相应的对比研究。将这两个在时代上略近的国家作较细的比较。"契约精神"问题，表面上看，似乎与中国"传统"无关，是纯粹的舶来品。但细究中国契约史，则不能不说：中国存在契约制度，存在相应的契约意识和契约观念，有特定的契约文化。更重要的是，中国古代也是一个契约社会，有契约精神。对契约的敬畏、尊重和信守，强调"两共和同"的自由和"两共对面平章"的平等，是中国古代契约生活实际奉行的契约精神，而中国的契约精神，既是法律精神，也是一种文化精神。它完全可以与西方法律精神相衔接，成为构建新型法治的"中国元素"。

再比如，宽宏精神可以与西方舶来的刑法谦抑相联结；自新精神、策略精神可以用来完善我们的犯罪自首、立功等制度，甚至大赦、特赦制度也可依照这些精神建立和完善。还有，特有的司法精神，并不妨碍司法现代化。中国司法所崇尚的价值——"哀敬折狱"之司法态度，"惟良折狱"之司法操守，"听讼明""持法平"之司法标准，构成了中国的传统司法精神，毕竟临狱哀敬、听明断平也是符合司法的本质要求甚至顺应司法的发展方向的。

夏：对于中国传统法文化精神，学界形成了不同的概括。您认为，中国传统法文化精神具体体现在哪些方面呢？

霍：从价值层面、精神层面看，中国传统法文化精神，在对法律的总体风格、面貌、灵魂的理解上，在立法、司法、执法等环节，在刑事法、行政法、民事法等对应于现代法律部门等领域，都有所反映和体现，形成了特征明显的法律文化精神。因此，中国传统法文化精神应该在比较宽广的视阈下进行理解和说明。传统法文化精神，可以从六方面进行概括，分别是（一）宽恕戒残、悲悯仁恤的宽宏精神。主要就中国法律初起时的宽宏精神及其在后世的表现进行梳理。宽宏表现为法律风格、风貌的宽宏博大，也表现为仁恤政策等。（二）本乎人情、据于事理的情理精神。就中国人创造的"情理法"范畴，及其法律思维上的"情理法"思维进行概括。中国人"情、理、法"并重，一方面表现为不单独地谈论法律，而是将法律纳入人情、事理中进行说明和解释，不单纯就法论法；另一方面不单独地倚重法律，重视"情理"对法律的"过滤"和检验。这构成了中国人理解、解释法律问题时的情理精神。（三）关注反省、释赦并举的自新精神。自新体现人本主义思想，是对人的自省能力的肯定；自新思想支撑了中国的自首制度和大赦制度；自新精神是中国人宽宏精神的一个支脉。（四）个别对待、分化瓦解的策略精神。"歼厥渠魁，胁从罔治"和"将功折罪"，是中国人对待犯罪的两个策略。前者是对待共犯或集团犯罪的策略，后者以对待单个犯罪居多。策略出于事功考虑，反映中国人对于犯罪予以个别对待、分化瓦解方面的灵活性和原则性相结合的变通精神。（五）和同公信、约定同法的契约精神。民事交往中对契约的敬畏、尊重和信守，以及"两共和同"强调的自由和"两共对面平章"强调的平等，是中国古代契约生活实际奉行的规则。中国的契约精神是在古代环境下自然生长起来的，它可以成为建设新型法治的"中国元素"。（六）哀敬惟良、听明断平的司法精神。司法上的"哀敬折狱"强调司法态度，"惟良折狱"强调司法操守，"听讼明""持法平"强调司法标准，它们都属于中国司法所崇尚的价值和理念，是中国司法精神的重要组成部分。

传统法文化精神的这六个方面，属于中国法律史的固有范畴或习用语汇。对其进行这样的梳理和概括，能够使"传统"得到整体上的显示或展示。当然，这六个方面的概括是否恰当，我觉得还有进一步研究的必要，我也一直在琢磨。

夏：中国传统法文化精神，即传统法文化方面的民族精神。这些精神，是中国人的创造，是对世界法律文明的贡献。那么，如何理解中国传统法文化精神的特质呢？

霍：中国人的法文化精神，是在中国国情下建立的，具有浓重的中国特色。如宽宏精神强调有利于当事人的法律措置，其所本是"仁恤"，而并非西方的个人权利。因此，宽宏又是与悯恤小民的悲悯情怀相联系的。情理精神追求法律、司法的"合情合理"，避免了单纯法条主义倾向，避免法律变为"异物"，与中国人追寻"法律本原"或"原本"的法哲学思考相关。因此，推原"人情"、讲究"情理"，是法律的总体特征，又是司法的圭臬。自新精神强调自我反省、自力改造，与中国文化对人的主体性的肯认相连；惩办和宽大并行，则与"化疑梗为欣合"、化消极为积极的事功考虑相关。契约精神反映中国式的契约态度和信义理念，在等级社会的结构内，民间甚至国家法律却并不缺乏反映契约本性之平等、自由因素与尊重、敬畏契约的态度和理念，是环境重压下的坚持。司法精神主谨敬、主仁恕，讲究"听明""断平"，反映重民命、惜民生的司法态度与操行等，在中国司法史上也是浓墨重彩的一笔。

这些法文化精神，互相之间是存在有机联系的。比如，政治法律总体设置上的宽宏、宽容精神，主要表现为立法，但它同时是司法"仁恕"之来由，也是刑事法方面之期待犯罪人自我反省、自力改造的自新思想的来由，刑事、行政法上有利于当事人的"罚弗及嗣，赏延于世""罪疑从轻，赏疑从重"之所从出，在本质上与悲悯情怀相联系；对法律作情理化、情理性的理解，不仅是对整个法律本质、状貌的认识，而且影响了立法、司法，是立法情理化、司法讲究情理的源头。

法文化精神应是文化中居于主流的东西，因而是指正面的文化精神。因为文化是复杂的，总有相反或矛盾的东西共存于一个系统或体系中。法文化精神的提炼，从民族精神角度看，属于正面、基本面、光辉面；我们文化中那些属于负面、阴暗面的东西，则不应划入这一范畴。同时，某些极端的认识倾向，在提炼文化精神时也应注意。比如，过于重视主观恶性或动机，如果一味肯定，就可能走入偏颇。因此，将中国传统法律文化精神定位为法律文化方面的民族精神。应当就其价值层面、精神层面的反映文化内核的法律传统，给予多方面的反映和展现。

法律文化精神，与其他层面的文化精神相表里。如契约精神与中国人伦理生活"重然诺"的信义相连，自新精神与中国人道德修养的自新主义文化态度相关，情理精神又与中国人日常生活经验逻辑相契合，等等。

夏：法文化精神既然是属于价值层面、精神层面的东西，中国传统法文化精神作为优良传统，在现代的中国肯定有着明显的传承关系。能否请您谈一谈这种内在的传承？

霍：这种传承关系是非常明显的。比如，我党在革命时期曾提出了"首恶者必办，胁从者不问，立功者受奖"的刑事政策，曾对分化蒋介石集团起过很大作用。但常人似乎没注意，它实际是古代传统，是古代的"奸厥渠魁，胁从罔治"的刑事政策；考其始初，它不过是军事、司法联合行动的原则或政策，是毛泽东将其直接移用到现代中国的司法。我党一贯强调犯罪人的"悔过自新""予以自新之路"，强调对其改造，并且自信我们能够改造世界。而常人没注意到，实际上它也建立在"传统"之上。中国古代的"自新"，可以称之为一种"主义"，是一种文化态度。它实际地、长期地支撑着法律上的自首制度、大赦制度，又实际地影响着监狱管理制度。

"文革"之后，我们常提"以事实为依据，以法律为准绳"。这是当时法律恢复、法制重建时期的口号，因为"文革"时期司法的依据和标准都成了大问题。但常人似乎没注意，实际上它不过是个"传统"问题——来源于古代"听讼惟明，持法惟平"或"推鞫得情，处断平允"的司法精神。"听讼惟明，持法惟平"或"推鞫得情，处断平允"，一个属于"听"，一个属于"断"。"听讼"属于事实判定问题，"断狱"属于法律适用问题。"听讼不审"不可，"断狱不公"也不可。只不过古代的这一提法，承载着当时特定的价值，但"听""断"的原理是共同的。

我党过去讲"合情合理，即是好法"，这实际上也来源于古代的"情理法"思维，等等。因此，在动态方面，注重传统法文化精神的发展线索的贯穿，古今一体贯穿考察，注重历史发展的关联性和连续性，指出传统法文化精神与现代社会的契合点及对现实生活的影响，揭示产生于古代的法文化精神在现当代法律文化中作为"传统"的活的传承，对理解中国特色社会主义法治形成和发展的历程、方向，意义重大。

夏：霍老师，我知道您曾经对"人情""本分"对举的这个组合做过精彩的分析，可否请您谈一谈这个组合所蕴含的深意？

霍：我的家乡张家口康保县，大人甚至小孩常说一句话："A（行为）是人情，－A（不行为）是本分。"比如，借东西时，会说"借你是人情，不借是本分"；在需要搭把手的时候，会说"帮你是人情，不帮是本分"，如此等等，在一切需要帮忙的场合，都会用得着。当然，说这话的时候，大多是已经出借了或者已帮忙了，不过是一种强调，或者是在旁者的评论，以确定行为的性质或方向。一旦当事者真的不借或不帮，是不说这样的话的。因为那会更伤感情。

年轻时没想过其中的意义。现在看来，其中竟也意味深长。

由"人情""本分"对举的这个组合，"人情"指的是人们交往过程中的情感累积及由此而来的扶助倾向，动机当然包含着对日后的礼尚往来的回报期待；"本分"在这里，当然不是指本本分分、老老实实地做事与做人，即"守规矩"或"守规矩（的人）"，而是含有"应得应分"的意义。

"本分"无疑是权利。可借、可不借，可帮、可不帮，视行为者的能力、意愿、心情而定。"人情"作为这一权利的对极，不是当然的义务，却有着关切（漠视）、愿意交往（不愿交往）、施恩（不施恩）等复杂的情感、意愿、行为倾向在内。前者体现着"人情味"、"有人情"或"人情厚"的意味，后者反映着"没人情"或"人情薄"的味道。权利捆绑着的是"人情"，而不是与义务对极，这就是中国式"权利"一词的语境。

夏： 通过您刚才的分析，我发现"人情""本分"这样一种对举实在太有意思了。这种对举是何时出现的呢？有没有这方面的故事或案例？

霍： "人情""本分"的这样一种对举，在明朝就已经有了。而语境恰恰就是民间借贷的"借"与"不借"。明西周生撰《醒世姻缘传》第八十回"童寄姐报冤前世，小珍珠偿命今生"载：一个泼皮刘振白，借富户邻居狄希陈家死了丫鬟出殡的当口，欲讹诈其钱。表面上说是借十两银子，要管家狄周向主人通说。遭到拒绝后，当众拦下棺材，声言主人家打死了丫鬟，要经尸亲父母出面验明，免得将来连累他这邻居。管家只好妥协：

> 狄周把刘振白拉到没人的所在，和他说道："远亲不如近邻，你倒凡百事肯遮庇，倒出头的说话？刚才借银，实是没有，不是不借你。如今转向别人借十两银子给你，仗赖你把这件事完全出去。后来他娘老子有甚话说，也还要仗赖你哩。"刘振白道："我不是为不借银子。借与我是情，不借与我是本分，要为这个，就成了嫌疑，通是个小人，还算得是君子么？狗也不是人养的了！亏了你也没借给我。谁知十两不勾，还得二十两哩。我还有个小德行，这二十两银子也还有

人借给，不劳狄大爷费心。"狄周道："二十两也是小事，都在我。你只玉成了俺的事，银子不打紧，我就合主人家说去。"刘振白道："你早肯替我说说好来，只迟了点子。"

经过一再勒索的曲折，泼皮最后得到的是四十两银子。

就我们强调的"借与我是情，不借与我是本分"的关键句而言，是通过"借者"的口吻说出来的。在泼皮的观念里，"不借"是钱主的权利，但他以为对方有把柄在自己手里，不担心对方不买账；而"借"是人情，他也不是正当的使用，他才不积累什么人情呢。作为泼皮的惯行，他不屑于与周围人进行正常的礼尚往来，往往是能讹就讹，能诈就诈，唯利是图。

到清朝，"人情""本分"的对举仍然在使用，语境仍然是民间借贷的"借"与"不借"。

清佚名撰《济公全传》（一说郭小亭撰），其第十六回、第十九回中，秦丞相均讲了"借是人情，不借是本分"。

第十六回"济公庙内卖狗肉，万善同归修碑楼"载：

（秦相府四位管家来到灵隐寺），这几位管家无事不来。只因秦相府的花园，有五五二十五间阁天楼，前次被火烧了，打算要重修此楼，叫管家到大木厂购买大木料。十几家木厂子都说："东家把木料施舍在灵隐寺，修盖大碑楼。"管家一回秦相，秦丞相说："灵隐寺一座大碑楼，能使多少大木？派秦安、秦顺、秦志、秦明四个人去到灵隐寺，就提我暂借些大木修楼，转年等皇木来了，我必如数奉还。"四个人答应，转身刚要走。秦丞相说："回来。你等到灵隐寺去，和尚借是人情，不借是本分，赶紧回来，千万不可倚着人情势利，欺压和尚。"

四位管家本想借此捞一大笔外快：逼寺庙拆碑楼而索贿，再借大木料，回府声称是买的，两头拿钱。没承想，济公和尚除了不让拆碑楼，还与这几个管家打了起来。事情闹到丞相府。《济公全传》第十九回"秦相梦中见鬼神，济公夜来施佛法"载：

话说济公来至相府，有听差人等往里回话，秦相吩咐："把疯僧带进来。"左右一声答应。……济公到来，立而不跪。秦丞相在里面往外一看，原来是一穷僧。上面一拍桌案说："好大胆的疯僧！我派我家人到庙来借大木，借是人情，不借是本分，胆敢施展妖术邪法，打了我的管家。从实说来！"

秦丞相也是从"借者"身份说这话的。他担心下人狐假虎威，所以事前告诫。后来觉得吃了亏，重复他先前的话，以示他的大度。他有"皇木"的进项，想必一开始是真借。其间故事，不必细说。

我不知道这样的古话，是如何传到我乡间的。也许是因这两部小说作为文学的一种，它们无所不在，无孔不入，有着最广泛、最深入人心的传播可能。又或者，这样的古话，本来就是口耳相传，有着另外一套非书面传播的渠道和方式，不待小说来传送。

夏：刚才听您的论述，"人情""本分"对举的这个组合，其语境是民间借贷的"借"与"不借"，在其他语境中也有适用吗？此外，这样的古语，除了在您的家乡流传，其他地方是否也有发现呢？

霍：这个组合在当今的传播流布情况，我也期望有解。继续搜索的结果，发现这样的古语流传，并非偏在一隅的我的家乡所独有，在河南郑州，这个"A（行为）是人情，－A（不行为）是本分"的句套子，就有人使用；且不是用在借贷领域，而是使用在公交车让座问题上；使用者，是一位80多岁的老者。

《大河报》（洛阳）2014年9月15日A2版，载谢松波《老人呼吁给年轻人让座》一文，云：

> 9月11日，河南省郑州市建设路与桐柏路公交站台上，3名八十多岁的老人手持标牌呼吁："老年人要给年轻人让座"。在街头呼吁活动中的81岁老人梁永祥老人称，年轻人让座是人情，不让座是本分，老年人应当站在长辈的角度，更多地理解现今的压力过重、上班忙碌的年轻人。让座首先是谦让，绝不是索取。

事情的起因是，9月9日郑州919路公交车上，一老人与一年轻人因让座发生言语争执和肢体冲突，导致该老人心脏病突发猝死事件，这引起众多市民和网友的争论。因而有了老人自发走上街头呼吁给年轻人让座这一举动。

该文作者评论道："（老人们的呼吁行为），这种责任与体谅意识利于代际之间矛盾的回暖。"并认为"让座风波"不断上演，"一些老人误将让座当成义务，与我们一贯实施的道德绑架式的宣传不无关系。老人的街头呼吁让人反思，我们是否该合理宣传让座理念。老人呼吁给年轻人让座体现他们的理解与关怀，但体恤弱者彰显的是个人德行，所以在公交车上遇到需要照顾的老人，年轻人让座仍应义不容辞"。

文章作者注目于让座行为的该当性上，从道德角度得出"年轻人让座仍应（是）义不容辞"的义务，这不能说错。但与"一些老人误将让座当成（年轻人的）义务"，距离其实不远了。"义不容辞"之"义"，说明这就是一项道德义务。尽管他一再强调，街头呼吁老人的"责任与体谅意识"及他们"呼吁给年轻人让座"所体现出的是他们对年轻人的"理解与关怀"。

我觉得，我们应当注意街头呼吁老人的那句"准格言"——"年轻人让座是人情，不让座是本分"。这句话的重要，在于它讲出了"本分"之作为法律权利的存在，及其正当性，它所存在的价值、地位，等等。我宁愿更多地关注作为法律权利的"本分"的一面，而不愿再强调其作为道德义务的"人情"的一面。街头呼吁的老人们从这里出发，讲年轻人让座，本来有新意在；如果我们像文章作者那样，仍回到道德层面，不越出道德范畴，局限于你谦我让的道德义务弘扬，无助于解决问题，无助于拓展思路，无助于创新规范——无论是道德规范还是法律规范。我倒宁愿老人们固守"不让座是本分"这一理念，它好处多多。也许从此诞生新的道德权利和法律权利，也未可知呢！

退一步讲，即使从道德的角度看，有利于他人是道德的，但其反面——不利于他人，二者之间，似乎还存在一个不损害他人的问题。比如，有利于他人固然作为道德行为，而不损害他人之作为道德行为，可以与有利于他人相伴而行。具体到让座问题上，不让座之不损害他人，与让座之有利于他人，可以并存；不能将不让座等同于"有利于"的反面，即"不利于"，是不道德的，那样太过极端。不应让"不损害"他人的行为受到谴责。只要座位不是从老人妇孺手里抢来的，就应如此。

这样，我们可以将事情仍落在它应该的位置——让法律仍旧归法律，道德仍旧归道德。就如人们所认为的那样："给老弱病残孕让座，是中华民族的传统美德，但这并不是法定义务"，人情归人情，本分归本分，这样更好。

夏：霍老师，"情理"能不能作为中国法律的一个"精神"，是不是要把中国法与西方法的差别说清楚，就非它莫属呢？

霍："情理"能不能作为中国法律的一个"精神"，可以讨论。至少目前我总觉得这样理解更好一些。真正的能够把中国法与西方法的差别说得清楚的，可能就非它莫属了。这类问题，过去我是想绕过一个争论，比如黄宗智和滋贺秀三的讨论。但是，现在看了一些材料，我发觉还是绕不开，还得回到原点，还得梳理黄宗智和滋贺秀三师徒争论的要节，以便使问题深入下去。我特地注意了一下黄宗智关于"情理法"也即"天理、人情、国法"的阐释，好像有点单薄。他一开始说表达和实践不一致，这个肯定不会一致，因为表达是高层精英的表达，到了实践、到了老百姓那里肯定是有落差的。但是他把这个"天理"讲得太高，说"天理"就是表达非常宏观的东西，一到实践层面就不是了。"人情"，说本来是儒家所表达的与"仁义礼智信"的"仁"相对应的"同情心"。这样的话，"天理"和"人情"的概念，在使用上就太局限。太局限的表现，一是太高，二是太窄。"天理"高得摸不着，"人情"窄得脱离了当时人的理解。这样的局限，可能会使其后的分析成问题，得出的结论可能就有偏差。滋贺秀三是以实证的方式来做研究的，所以他的意见，我大部分也认同。但他最后下的定义认为："情理"是"一种公平正义感觉"，是"非实定的"。这样一来又有问题。"非实定"的话，怎么去理解？当时那些人又是怎么把握的？在读书过程当中，感觉到的问题比较多。

后来，我看了沈家本的《历代刑法考》，其中"妇女离异律例偶笺"那部分，我是集中看了。看了以后，我感觉到，可能我们所理解的"情理法"，我过去理解的"情理法"，都只是一个方面。在沈家本眼里，还有另外一种理解。那么，这种理解的源头在什么地方？最后翻了一些书，包括沈之奇的《大清律辑注》，发现，原来清代律学还有这样一种理解。大体上，我们现在注意到的"情理法"，如果从"情·法"的关系来看，那个"情"是什么？就是案情。案情要和适当的法律惩治、适当的法律处罚一致，这个在西方也是一样，这个颠覆不了。这样一个"情·法"关系，到任何时候都得讲。为什么要讲？说明我是一个合情的法律，这是一层。"情"就是情节，这个情节的范围是非常大的，包含的成分也是非常多的，在古代故意、过失都在里边。第二个"情"，应该和"理"相对。那么这个"情"是什么？情感、感情。情感、感情，和理智、理性这些东西是相对应的。那么第三个"情"，还得去法律规定里面找。即法律规定的前一部分，被叫作"法"；而后一部分规定，被叫作"情"。法律规定被分解为两部分，分别称作"法"与"情"，这是我读沈家本、沈之奇的著作读到的，我过去从来没有这样理解过。因为我们原来理解的"法"，只要法条有规定那就是"法"，"天理、人情、国法"或者说把前面的字去掉，简称"情理法"，那个"法"，是指只要法律有规定就是"法"。但是沈家本说"不是"，法律规定的前一方面是"法"，法律规定的后一方面是"情"。我当时一看，十分惊讶，说："还有这个事情！"最后，我认为还得仔细剖解一下，把他们说的"情·法"区分的情况提出来，看有没有规律性。一归纳，发现他们所说的"法"是原则性，所说的"情"是灵活性。从法律规定的层面看，原则性规定都是"法"，而"但书"之类的规定则是"情"。这样，"情"的第三个含义，就是指灵活性。如果把"情"分成这样三个部分来理解和把握，对"情理法"的研究就具有细分或者说定位的这种味道，而且也符合过去国人理解的实际，符合实际状况。或许"情理法"研究的突破点，就在这里。

夏：**的确如您所说，如果一看滋贺秀三，就跟着说"情理是一种公平正义感觉""是非实定的"，再看黄宗智，又跟着说"表达与实践有距离"这样的话，可能就遮蔽了本来应该有的东西。看来我们应该特别留意，古代人究竟在什么意义上来使用"情理法"。**

霍：现在我们能够感觉到的，就是从来没有一个统一的"情理法"概念。每个人使用的情境都不一样，每个人都是根据自己的理解去使用。之所以如此，可能就是因为"情理法"本身就是一个包容非常宽、使用场合非常多、具体含义很不同的东西。这就需要我们这些法律史学者，从纯粹实证的角度把所有情况罗列进去，再综合起来，看看是不是国人之前所说的"情理法"。

既然"情"可以这样定义，那么"理"该如何去看待？比如说"天理"。一讲"天理"，大家都会觉得，在这个层面谈问题，肯定比较高远、高深，概括层次也肯定高。传统社会的"天理"，大概无外乎那么几项，"天、地、君、亲、师"。说他们是"天理"，是因为这些东西涉及社会基本构成、基本运作的那个方式和规范，所以这些可以叫"天理"。但是其他一些东西，大概就不能叫"天理"，比如说，具体事物的那个道理，与这个社会的基本构成、基本运作规则相比低那么一个档次到两个档次的那个东西，你说它不是"理"，不对，但说它是"天理"也不对。古代人，无论是法官、学者，也在这个意义上使用。所以这样的话，"天理"和

"理"可以是一回事，也可以是两回事。可以是两回事，就是说各有各的含义，各有各的包容。这个情况下，我们是不是也应该来从这个角度去理解？而"法"就是我刚才提到的，按照沈家本和沈之奇的意见，法律规定的前一部分或原则性规定是"法"，后边的规定或灵活性规定就理解为"情"。那么，满足了前一个规定，那是原则性，说原则性该满足。但是我看后边有特别情况、特别情节，我要满足后者，满足灵活性，那就属于"情"。"情法两尽""情法两平"都是在这个意义上说的，也就是在原则性和灵活性之间找一个稳妥的办法。我们过去研究"情理法"，以为只要把"情理"搞清楚了就可以了，"法"只要看法律规定就行了。实际上，"法"的情况也比较复杂，尤其是"情·法"关系、"情·理"关系甚至"法·理"关系，都要逐个研究。这样的话，我们可以把"情理法"都砍成块，我们先把它分解了，然后综合一下，最后下的定义，我们可以对照滋贺秀三、黄宗智的说法，看是不是"公平正义感觉"。可能是，也可能不是；可能我们的结论是"实定的"，或者也可能是"非实定的"，分析以后再说，可能更准确。这是一个问题，就是说中国法律的民族精神或者说法律文化的这种精神究竟有多少，各是什么。这个是将来我们法律史学者应该去研究的。

夏：**霍老师，在推进法治中国建设的当下，我们应该怎么把这些传统的民族精神和当今的法律制度或法律理念相结合呢？**

霍：这个问题可能相对更大一些，相对更实一些。其实《刑法修正案（八）》在征求意见的时候，我就看了，当时就很惊讶。你看老年人犯罪那块，收监不收监，是重处还是轻处。我一看这不回归到《唐律》吗？这方面可能范忠信教授做得更早，他的著作《中西法律的暗合与差异》，已经是把西方的制度与古代中国的传统逐一比较，他提到西方法律里头现在有的东西，为什么当代中国就不能有？这个问题，对于过去有过而今天仍存在的，我们应该旗帜鲜明地声称我们是在延续传统。我记得当年张光博老师在参加刑法讨论的时候，回来说了一句话，他说，本来"诬告反坐"非常简洁，写进法律中不就行了吗？但是大家非要弄出一大段来表述。绕来绕去，说的还是一个"诬告反坐"的意思。为什么这么做？因为我们要和封建主义划清界限，不能直接使用"诬告反坐"这个字眼。近来的立法、司法信息，我们法律史学者应该多留意，应该多去归纳、总结。比如对于偶犯、初犯、过失犯、老年犯、女性犯、犯罪情节轻微的，可以不收监，予以监外执行，这些不就是中国传统吗？其实所谓优待措施，偶犯、初犯大概从《尚书》那个时候就开始了，是不是？有时候跟大家说起来，我说："你看这个东西，古代就有了。"他们就说你是在把古代历史现代化。我们应该采取一个什么立场把它们对接上？包括"情理法"这个东西，如果不大讲特讲的话，我们单靠从西方引进来的正义、平等、自由这些概念，还有其他下位概念，能不能够把这个问题说清楚，我觉得是一个问题。中国人使用"情理"，"情理"已经变成了一种分析方法了，它不光是一个概念问题，还变成了分析方法。这种分析方法当然本身是一种思维方式，加上行为方式，两个方式在一起，不就是"文化"的定义吗？而"文化"是可抛弃的吗？大概中国人做"情理分析"的时候是比较多的，使用这种概念的频率也非常高。我曾经有一个想法，让现在的年轻人做一个统计，就从政府公文报告、政府发言人发言或者各部门领导那个讲话当中，你看他"情理"使用的频率有多高。我们做一个统计，做一个分析，回过头再看，说这个传统"情理"在中国人脑子里有多重要。

书
评

理论实践全域立体　监察法治任重道远

——《国家监察学原理》读后

颜九红[*]

近来，有关监察学和监察法学的著作多如牛毛。姜明安著《监察工作理论与实务》（中国法制出版社 2018 年 8 月版），在《监察法》公布实施后即行推出，瞄准实务难点展开法律知识阐释与监察实务指导；江国华著《中国监察法学》（中国政法大学出版社 2018 年 11 月版），根据《监察法》及相关法律规定，结合已有的监察案例，就当前国家监察体制的内容、具体实施办法及存在问题展开论述；谢尚果、申君贵主编《监察法教程》（法律出版社 2019 年 1 月版），按照《监察法》立法体例展开章节，将理论研究和实务经验相结合；秦前红主编《监察法学教程》（法律出版社 2019 年 5 月版），系统阐述《监察法》的基本理论、规范体系和实践问题。马怀德主编《监察法学》（人民出版社 2019 年 11 月版），作为监察法学教材，为加快构建中国特色监察理论体系、培养监察法治人才提供参考；另外，张晋藩著《中国古代监察法制史（修订版）》（江苏人民出版社 2017 年 7 月版）、《中国近代监察制度与法制研究》（中国法制出版社 2017 年 12 月版），对中国监察法史料进行系统梳理。齐文远著《中国监察文化史》（中国法制出版社 2019 年 9 月版），通过故事展示中国监察文化，反思史训，为监察体制改革进一步开展提供参考；等等[①]。以上这研究对于理解和把握监察体制改革、《监察法》、我

---

[*]　颜九红，北京政法职业学院教授。

[①]　相关著作还有：秦前红、叶海波等著《国家监察制度改革研究》（法律出版社，2018），以问题为导向对当时即将铺开的国家监察制度如何进行宪法设计等宏观问题进行理论反思和制度建构；马怀德主编《中华人民共和国监察法理解与适用》（中国法制出版社，2018），对《监察法》条文逐条进行理论释义；郭华著《监察制度改革与监察调查权的界限》（经济科学出版社，2019），通过对内地监察调查权与香港廉政公署调查权之比较研究，对防止监察权力滥用的程序控制问题进行了探索；刘飞著《纪检监察实务问答》（中国法制出版社，2019），聚焦基层纪检监察机关工作热点难点，结合相关规定逐一进行解答；韩玉胜、王达主编《监察机关职务犯罪调查法律实务》（中国法制出版社，2019），细致梳理监察机关管辖的 88 种职务犯罪，有助于监察机关工作人员从管辖、（转下页注）

国古代和近代监察制度和监察文化，对于监察实务部门依法开展监察工作，意义彰显，引起理论界和实务界高度重视。但是，对于国家监察基本原理的全面性、系统性、立体性探究，确是"凤毛麟角、少之又少"。①

李晓明、芮国强主编的《国家监察学原理》一书以总计近700页的皇皇巨制，以六编共33章的宏大架构，从古代到当下、从理论到实务、从域内到域外、从实体到程序、从国内法到联合国公约，乃至从实然到应然，将我国国家监察基本理论体系全域、立体、全方位地构建起来，其涉及的学科范围之广前所未有，囊括政治学、法学、社会学、心理学、历史学、信息技术等等；其中，法学辐射范围最广，内容涉及法理学、宪法学、刑法学、刑事诉讼法学、刑事政策学、犯罪学、侦查学、刑事执行法学、行政法学乃至比较法学、国际刑法学等等；不仅法学理论涵摄领域全面，而且兼具操作性和实务性的特色，对于实务部门监察权实际运作和《监察法》的具体施行具有不可或缺的参考意义；对于尚处于起步阶段的我国国家监察理论体系的丰富发展和早日成熟，作用斐然，可谓国家监察学领域的扛鼎之作。甚为可喜的是，这本著作不仅是监察理论和实务的集中展示，还具有相当强的可读性。如此厚重的一本大书，读起来毫无艰深之感，甚至令人感到津津有味，不知不觉读到尾页还意犹未尽。可谓：理论翔实不晦涩，实务明晰可操作，历史鉴戒脉络清，国际合作建议精，堪称深度了解反腐败理论和文化、监察工作体制和机制之必备书目。

一 监察改革历史契机，不忘初心使命在肩

2018年注定是国家监察制度史上最不平凡的一年。是年3月11日，全国人民代表大会通过的《中华人民共和国宪法修正案》赋予中华人民共和

（接上页注①）证据、程序等方面开展职务犯罪调查工作；姚文胜著《国家监察体制改革研究》（中国社会科学出版社，2019）主要论述国家监察体制改革历程和内容；《监察与司法有效衔接工作指引》（中国方正出版社，2019），在总结监察机关办理职务犯罪案件时与检察、审判、公安、司法行政等机关衔接经验基础上，详细解读监察与司法有效衔接相关法规制度和工作方法；魏昌东、钱小平主编《职务违纪、违法、犯罪办案一本通》（法律出版社，2019），涵盖职务违纪、违法、犯罪多层面的党内规范、国家立法、司法解释和典型判解，方便监察机关查询规范要素、助力准确适用；江国华《中国监察法学》（中国政法大学出版社，2018），根据《监察法》及相关法律规定，结合已有的监察案例，就当前国家监察体制的各项内容、必要性、具体实施办法及存在的问题展开论述，

① 李兰英：《国家监察基础理论的一部力作——评〈国家监察学原理〉一书》，《现代法治研究》2019年第3期，第138页。

国国家监察委员会和地方各级监察委员会以监察权，明晰界定了国家监察的宪法地位，将行使国家监察职能的专责机关即监察委员会纳入国家机构体系，成为国家宪法中的一件大事。2018年3月20日，全国人民代表大会通过《中华人民共和国监察法》，规定国家监察委员会和地方各级监察委员会依法对所有行使公权力的公职人员进行监察，调查职务违法和职务犯罪，履行监督、调查、处置职责，开展廉政建设和反腐败工作，维护宪法和法律的尊严，[①] 这对于实现国家监察全面覆盖、推进国家治理体系和治理能力现代化，将监察制度导入法治轨道，其非凡意义毋庸置疑。

国家监察体制经过重大改革实行纪检监察一体化，革除痼疾，解决以往监察范围过窄、反腐力量分散、纪法衔接不顺等问题，建立集中统一、权威高效的反腐败体制，对公权力的监督予以全覆盖，既有利于整合反腐败资源力量，标本兼治、综合治理，有效制约、监督权力，又有利于加强法治教育，弘扬中华优秀传统文化，从而构建不敢腐、不能腐、不想腐的长效机制。值此全新监察制度全方位运行的重要历史契机，《国家监察学原理》一书作者深谙国家监察理论研究之薄弱、国家监察实践需求之迫切，以高度的社会责任感和历史使命感，在反腐败研究长期积累[②]基础之

291

---

① 《中华人民共和国监察法》（2018年3月20日通过，自2018年3月20日起施行）第3条。

② 李晓明教授曾承担2006年度司法部"国家法治与法学理论研究"重点研究项目，其领衔撰写的《控制腐败法律机制研究》（法律出版社，2010）一书，审视腐败根源、解读腐败机理、阐释控制腐败对策，提出"腐败三动力"论，即"本能乃腐败的原动力；冲突乃腐败的内动力；机会乃腐败的外动力"，提出腐败成因与人之本能相关原理，从侧面印证了英国历史学家阿克顿勋爵的名言"权力导致腐败，绝对权力导致绝对腐败"（〔英〕阿克顿《自由与权力》，译林出版社，2010，第342页），也诠释了孟德斯鸠的断言"一切有权力的人都容易滥用权力"，"有权力的人们使用权力一直到遇有界限的地方才休止"〔〔法〕孟德斯鸠：《论法的精神》（上册），商务印书馆，1961，第154页〕。李晓明著《控制腐败法律机制研究》（第二版）（法律出版社，2017）被中纪委网站推荐为"全党必读书目"之一。公开发表的反腐论文有：《预防职务犯罪工作机制研究》（《中国刑事法杂志》2003年第1期）、《腐败心理形成及其动态轨迹分析》（《国家检察官学院学报》2007年第4期）、《论腐败犯罪的人事制度防控机制》（《黑龙江政法管理干部学院学报》2008年第1期）、《成本收益理论：腐败与反腐败的机理》（《广西政法管理干部学院学报》2008年第2期）、《腐败概念的泛化与界定》（《当代法学》2008年第3期）、《博弈论与贿赂犯罪新思考》（《检察研究》2010年第3期）、《腐败根源深层次因素的寻找——重在从人的本能视角观之》〔《苏州大学学报》（哲学社会科学版）2009年第6期〕；《从国际引渡制谈我国反腐败机制的新发展》（《社会科学家》2010年第4期）、《从美国CCI案谈我国反腐败的法律机制》（《经济刑法》2010年第8期）、《浅谈欧美国家的反腐败策略》（《中国纪检监察报》2011年2月11日）、《论反腐败的制度建设》〔《苏州大学学报》（哲学社会科学版）2011年第6期〕、《控制腐败的域外借鉴》（《青少年犯罪问题》2012年第1期）、《反腐败合力的形成：资源整合与优势互补——兼论纪检监察部门与检察机关在反腐败中的关系》（《学习论坛》2012年第3期）、（转下页注）

上，集合优秀专业教师、监察专家、业务骨干、检察官和律师组成攻关团队，不畏艰苦，勠力以求，朝乾夕惕，焚膏继晷，终于付梓，实属不易，诚如主编李晓明教授所言，"构建中国特色社会主义的'国家监察'理论是一项艰苦的研究与实践探索过程，也是一项宏大的政治与社会系统包括法治的系统工程"①，殊非一般理论研究所可比拟。日前，书稿已由法律出版社公开出版发行。《国家监察学原理》一书堪称国家监察基础理论和实务操作领域的一部鸿篇巨制，也是国家监察理论研究领域的一次盛事。

二　监察古制激浊扬清，域外撷英西为中用

监察制度既"非现代社会的新奇物"，"亦非舶来品"，监察古制和域外监察，提供了丰富而源源不断的正反两方面的经验，时时处处可资鉴照。尤其是中国古代的监察制度，植根于中华民族的文化沃壤，在两千多年的历史发展中源远流长，"一直没有中断"；位卑权重、彰善瘅恶、弘扬正气的监察御史的故事，千古传颂。《国家监察学原理》一书本着实事求是的精神，对中国古代、近代监察史以及域外尤其是现代法治国家的监察制度的观察，立场客观中正。

中国古代有发达的监察制度和丰富的监察文化。从春秋战国时期的萌芽、秦朝的雏形，到汉朝的开创、隋唐的成熟，再到宋元的变革、明清的深化，我国监察古制体系完备、规范细密严谨、内容博大精深，其系统性、完整性和传承性为世界法律制度史所罕见。②中国监察古制有二，一是谏官言谏，二是御史纠弹。③在为政以德、德主刑辅的儒家思想指导之下，谏官言谏监察制度鼓励拼死力谏，御史纠弹监察制度以重刑进行威

（接上页注②）《性贿赂腐败行为犯罪化研究》（全国刑法学术年会论文，载《法治中国与刑法发展》，中国人民公安大学出版社，2015）、《法治反腐：反腐败机构的整合与重构》（《法治研究》2016年第6期）等等。在反腐法律机制的反思和完善方面有长期的思考和研究，确富学术积淀。

① 李晓明：《后记》，李晓明、芮国强主编《国家监察学原理》，法律出版社，2019，第687页。

② 乾隆年间制订的《钦定台规》为集大成者，由八个部分组成，第一部分训典即总则，以下分六科、五层等，为分则。中国从汉朝的《六条问事》到唐代的《监察六法》到元代的《监察法》再到《钦定台规》，监察法律制度从简单到复杂，从单行法规到法典化的过程，反映了中华法系达到的法律文明高度。参见张晋藩《中国古代监察制度及借鉴意义》，《经济导刊》2018年第10期，第93页。

③ 李晓明、芮国强主编《国家监察学原理》，法律出版社，2019，第87页。

吓，这些举措对于整饬吏治，肃贪平冤①，维持国家纲纪，保证国家机器正常运转，甚至缔造政治开明、吏治澄清的盛世，发挥积极作用。甚至在1906年的晚清所进行的颠覆性官制改革中，其他封建官制基本都改掉了，但督察院虽做调整却保留下来，并受到孙中山的重视，孙中三的三民主义之民权思想之核就是五权宪法，其中监察权独立，便是继承中国古代监察权独立思想和吸收欧美议会监察权制衡思想而成。②

如果说带有很强的国情特色的我国监察古制应全盘抛弃，则完全错误。沿袭中国监察古制的现代法治国家和地区，腐败大多在可控范围之内。迄至今日，不仅我国台湾地区的监察制度，沿袭中国监察古制特色，专设监察机构负责对行政机关进行自上而下的全面监督。同处东亚儒家文化圈的现代法治国家韩国亦承此制。韩国历史上沿袭了中国古代的监察御史制度，而且这一制度经多次完善一直延续至今，监察院独立于政府和国会，直接隶属于总统，负责对权力机构进行审计监督、侦查腐败行为、预防腐败现象。完善的监察制度，使得韩国成功解决困扰其发展的腐败难题，"经过半个多世纪腐败与反腐败的较量、博弈，现在韩国也逐渐将腐败遏制在可控的范围内"③。可以说，中国监察古制迄今仍然有着生生不息的强大力量。尤其因其具有雄厚的儒家文化基础，故而在儒家文化国家圈仍历历可考。但如果说我国监察古制应当全面发扬也有不确之处。监察古制尽管发达，却是"封建社会中央集权政治的产物"④，以维护皇权至上的中央集权为目的，只唯"国之大体"，"凡事无巨细，皆断于皇帝"⑤。历史的经验证明，极权主义之下的监察古制，无法实现权力的有效制约。正如张晋藩先生所言，"遇有明君，这个监察制度就能发挥它的作用，监察官也能够展其所长。遇有昏君，监察官不仅不能发挥他的作用，而且他的官位、甚至他的性命都有可能不保"⑥。尽管监察古制在王朝之初或者中兴之时确是澄清吏治、国家清明之重器，但很多时候即使祭起重刑主义的法器，仍然无法遏制腐败，以致监察失效、朝纲尽失，乃至起义蜂起，

---

① 例如清代在北京右安门专设一个接待站，接待上告人员。清朝有刑事案件可逐级上告，一直到京控，接受京控案件的一个御史专门在右安门设点接受京控案件的状子。张晋藩：《中国古代监察制度及借鉴意义》，《经济导刊》2018年第10期，第93页。

② 李晓明、芮国强主编《国家监察学原理》，法律出版社，2019，第147页。

③ 李晓明、芮国强主编《国家监察学原理》，法律出版社，2019，第195页。

④ 李晓明、芮国强主编《国家监察学原理》，法律出版社，2019，第87页。

⑤ 李晓明、芮国强主编《国家监察学原理》，法律出版社，2019，第143页。

⑥ 张晋藩：《中国古代监察制度及借鉴意义》，《经济导刊》2018年第10期，第94页。

王朝没落衰亡。从笔者的角度看来，如果《国家监察学原理》一书在撰述之中，于铺陈中国监察古制历史资料之外，就中国监察古制何时有效何时失灵，以及背后的深刻原因，再深挖一挖，总结归纳出原理和原则，会更具学术价值。因为"历史的联系是不可能割断的，人们总是在继承前人的基础上向前发展的"。历史是"前人各种知识、经验和智慧的总汇"，是"一个民族、一个国家形成、发展及其盛衰兴亡的真实记录"，历史是"百科全书"。① 中国监察古制这本百科全书，可资深入研读探究之处，实在太多太多，不可浅尝辄止。

贪污腐败的实质是权力滥用，古今中外皆然。域外监察制度为控制权力、预防和惩处职务犯罪，提供了丰富的制度样本，这在《国家监察学原理》一书中有翔实的述评。美国构建的是财产申报、财政审计、道德约束、绩效评估等多管齐下、相互补充、法网严密的监察制度。欧盟创设的是超国家的欧盟监察专员制度，欧盟监察专员通过广泛的调查权帮助欧盟各机构修复弊政，改善管理，虽然其处理不当行政行为的意见和建议无强制约束力，属于"软法"，但欧盟各机构因顾惜其政治形象仍积极配合落实。瑞典是现代监察专员制度的起源地，由议会设专职监察专员监督行政机关和司法机关，赋予其受理控诉权、调查权、巡视权、公开监察事项权、建议和起诉权，以便监督拥有公共权力的组织和个人是否遵守法律、法规以及各个方面履行义务的情况，处理民众的申诉。瑞典的议会监察专员制度对于监察行政行为、维护和保障公民合法权益，成效卓著。芬兰、丹麦、挪威等国也仿效瑞典，建立议会监察专员制度。新西兰为保障公民权益不受不当行政行为的侵害，设立行政监察专员，直接对总理负责，独立于政府和议会，接受公众对政府及其公务人员不当行为、不良行为的投诉，通过行使调查权监督政府依法行政，改善政府管理，维护社会公正。新加坡被誉为"亚洲最廉洁的国家"，其反腐倡廉的经验一是有敢于较真的贪污调查局，二是有法网严密、法度严厉的法律，与我国香港地区、我国澳门地区的廉政公署异曲同工。

现代法治国家的监察机关通过权力与权力的分立、制衡，赋予监察权法律上的独立性和权威性，广泛的调查权以及审计权、建议权和处分权，构筑立体全方位的公权力监督机制，致力于提高行政管理效率、保护公共

---

① 习近平：《领导干部要读点历史——在中央党校 2011 年秋季学期开学典礼上的讲话》，《党建研究》2011 年第 10 期，第 4 页。

利益，防止权力滥用，并通过保障公民人权，实现廉洁政府。《国家监察学原理》对域外经验的总结言简意赅："健全财产申报制度、受礼限制与禁止制度、职务回避制度等，督促公职人员廉洁从政；公开绩效考评体系，提高公职人员工作效率，防止怠政懒政，培养公职人员优秀组织运作能力；加强公职人员的道德约束，实现公职人员道德法制化，全面约束公职人员职业道德。"即以多层次的监督机制在公职人员与腐败温床之间筑起防火墙，以严密的监督机制使其不敢腐，以完善的制度体系使其不能腐，以有力的道德约束使其不想腐。① 当然，就监察机制而言，这些总结非常到位，但是任何制度和机制都是附着于整个社会制度之上的，如果没有权力对权力的有效制约、宪法审查机制、正当程序保障、新闻自由②等等，要真正做到阳光政府、廉洁政府还是有难度的。当然，持续不懈的法治努力，也使我们对此拭目以待。

三 权力监督时代创新，规制监察任重道远

《国家监察学原理》一书努力践行习近平总书记在哲学社会科学工作座谈会上提出的要求即"要按照立足中国、借鉴国外，挖掘历史、把握当代，关怀人类、面向未来的思路，着力构建中国特色哲学社会科学"③，立足国家监察学这一"主要以政治学、侦查学、法学为基础并运用多种学科调查和揭露腐败违法犯罪的交叉科学"④所凸显的独特性，从国家监察学的基本原理、国家监察制度的渊源与发展、国家监察机关及其人员、国家监察职责及其监察权限、国家监察程序及其对监察权的监督以及监察业务中反腐败的国际合作共六个象限，构建起具有中国特色的社会主义国家监察学原理。

新中国成立之初，我国创立的是国家行政监察制度，它历经初建、恢复与发展三个阶段；1993 年纪检和行政监察合署运作；2018 年国家监察委员会和地方各级监察委员会成立，成为行使国家监察职能的专责机关。当下"集中统一、权威高效"的监察体制的建立，既是对中国监察古制的扬弃和传承，也是对域外有益经验的借鉴和参照，它立足中国国情，努力

① 李晓明、芮国强主编《国家监察学原理》，法律出版社，2019，第 201 页。
② 谢佑平、江涌：《论权力及其制约》，《东方法学》2010 年第 2 期，第 63~65 页。
③ 习近平：《在哲学社会科学工作座谈会上的讲话》（2016 年 5 月 17 日）。
④ 李晓明、芮国强主编《国家监察学原理》，法律出版社，2019，第 35 页。

遵循法治。在惩治腐败与保障人权相平衡方面，在《监察法》与《刑法》、《刑事诉讼法》等"法法衔接"方面，在监察权与司法权配合和制约方面，在监察权的实际运作以及国际合作方面，既成效显著又存在问题，对此《国家监察学原理》一书着墨尤多，足以掩卷深思。书中指出，当下国家监察体制作为"中国特色社会主义权力监督制度的时代创新，打破了过去人们对监督与被监督关系习以为常的认识和运行格局"，实现了从以往"惯性监察"到当今"规制监察"的可喜转变，① 其进步意义自然非凡。《国家监察学原理》一书使用通俗易懂的语词将监察工作的效能和信誉之取得所依赖的路径，概括得精辟透彻。例如，监察效能和监察信誉取决于由谁监督和对谁监督的关系，取决于"用啥监督"和"按啥监督"的关系。② 通过简练的概括，将我国由监察主体、监察对象、监察措施和监察程序等主要要素组成的监察模式，囊括无余。而"监察主体定位准确、监察对象囊括周延、监察工作关系顺畅"，正是"拥有高位势能、宽域作为、全边效应"③ 的监察工作模式，力改监察碎片状、屏障状④的外延疏漏之重要保证。由此，在一府一委两院的宪法权力四元结构之中，建立监察权责清单，正是实现规制监察的前提。贯彻宪法关于"监察委员会依照法律规定独立行使监察权，不受行政机关、社会团体和个人的干涉。监察机关办理职务违法和职务犯罪案件，应当与审判机关、检察机关、执法部门互相配合，互相制约"⑤ 的规定，国家和各级监察委员会必须在"现行法律框架内行使权力，自觉接受司法机关、执法部门的监督制约"。现行法律框架肯定包括《刑法》和《刑事诉讼法》。但是，"鉴于纪检监察机关规格、配置都高于公安机关"⑥，当纪检监察机关向公安机关提出采取技术侦查、限制出境等措施的请求以后，公安机关审批的严格尺度，检察机关做出是否批准逮捕、退回补充侦查、不起诉决定，审判机关做出有罪或者无罪的裁判活动，是否能够与其他案件一样，严格遵循"中华人民共和国公民在法律面前一律平等。国家尊重和保障人权"⑦ 的宪法规定，值得在国家监察学理论领域进一步研究探讨。

---

① 李晓明、芮国强主编《国家监察学原理》，法律出版社，2019，第 223 页。
② 李晓明、芮国强主编《国家监察学原理》，法律出版社，2019，第 221 页。
③ 李晓明、芮国强主编《国家监察学原理》，法律出版社，2019，第 221 页。
④ 李晓明、芮国强主编《国家监察学原理》，法律出版社，2019，第 219 页。
⑤ 《中华人民共和国宪法》第 127 条。
⑥ 李晓明、芮国强主编《国家监察学原理》，法律出版社，2019，第 228 页。
⑦ 《中华人民共和国宪法》第 33 条。

改革开放以后，我国《刑法》和《刑事诉讼法》在保障人权方面的改革发展和巨大进步，使世界刮目相看；如今，监察权的运行如何在保障人权方面取得进步、顺应法治大势，其发展任重道远，其未来令人拭目以待。

四 境外追逃有的放矢，国际合作成果初现

腐败犯罪日益呈现跨国性趋势，如要彻查腐败案件、惩处腐败分子，就必须加强与其他国家、地区的国际合作，做好做强境外追逃工作。《中华人民共和国监察法》专门规定了反腐败国际合作，由国家监察委员会统筹与其他国家、地区、国际组织开展反腐败国际交流、合作，组织反腐败国际条约实施工作。《国家监察学原理》一书也用较大篇幅，对我国反腐败国际合作机制、组织协调、工作内容等专编介评，一方面，对我国反腐败国际合作已经取得的卓著成果，编述历历，信实可循，例如，我国在2005年批准加入《联合国反腐败公约》，履行《联合国反腐败公约》规定的国际义务，以更加积极开放的姿态融入世界潮流之中。又如，截至2017年12月31日，已与法国、意大利等50余国签署了引渡条约；与美国、加拿大、澳大利亚、新加坡等60余国签订刑事司法协助类条约；共从90多个国家和地区追回外逃人员3866人，追赃96.18亿元人民币。[1] 另一方面，也不回避反腐败国际合作以及刑事司法协助方面存在的问题，例如法律壁垒、法治形象壁垒、人权保障壁垒、信息互享壁垒、程序保障壁垒[2]等等，并提出富有针对性的完善意见和精当的建议。

值得注意的是，已经建立现代法律制度的各国，人权保障是刑事诉讼制度的中心理念，而不断强化犯罪人的抗辩能力则是人权保障这一中心理念的实践核心。从我国腐败犯罪人外逃的流向看，他们多逃向欧洲各国、美国、加拿大、澳大利亚等法治发达国家，这些国家大多十分注重侦查行为的合法性，非常注重程序价值，特别重视人权保障，强化犯罪人的抗辩能力。跨国反腐防腐的法治经验和教训，为我们提供了异常丰富的批判、借鉴和参考样本，促使我们反观我国监察制度之林林总总。我国监察制度需进一步完善之处，还在于应不断将监察权纳入更有效的制约之下，面对

---

① 李晓明、芮国强主编《国家监察学原理》，法律出版社，2019，第671页。
② 李晓明、芮国强主编《国家监察学原理》，法律出版社，2019，第628页及以下。

监察权力之大、覆盖之广，在"强大的权力、优越的地位、强力的监察"之前尤应深怀如履薄冰、如临深渊的虔敬之心，不断重视程序正义，更加重视在人权保障和监察法治上取得进步，唯有如此，才能对外树立法治信度，打破国际合作壁垒，也才能对内将法治反腐真正做到位。

五　余论

《国家监察学原理》一书编撰团队在《中华人民共和国监察法》颁行之后，能以惊人的毅力和精力迅速搭建起国家监察学本体理论体系，努力去科学界定国家监察学的研究对象，试图完整建立国家监察学研究方法群，并在明晰国家监察学与相邻学科关系的过程之中标定国家监察学的学科体系，[①] 以至于树立起国家监察学作为独立学科的理论雏形，如果编撰团队不是秉持一种对国家监察学的极高的学术热忱、极具前瞻性的研究旨趣、极深远的学术期冀，这样一本沉甸甸的国家监察学研究成果的推出，实在是厥难克当的。更可喜的是，《国家监察学原理》一书在古今中外监察学术领域纵横捭阖、酣畅淋漓拓展研究宽度之际，勉力深掘研究深度，通过唯物辩证法的科学视角结合贪欲理论，入木三分地指出"腐败问题的根源是人性的贪欲在不正当渠道上的宣泄"[②]，因而监察的反腐机能必然具有政治学的研究意义。以犯罪心理学的"破窗理论"支撑起腐败防控的基础理论，即增大腐败成本和权力阳光运行的防治理论、严密惩处法网和及时打击理论等，[③] 逻辑性强、让人信服。结合国家立法和监察实践，提出"国家监察三大基本原理"，[④] 对于深入探究国家监察理论、加强国家监察学科建设，将反腐防腐纳入制度化、法治化的现代文明轨道，意义非凡。

但必须提及的是，刑事诉讼法理论界对于《监察法》与《刑事诉讼法》之"法法衔接"问题论战正酣、成果丰硕，迅速成为法律学术界新的研究热点。但是刑法理论界对于《监察法》与《刑法》之"法法衔接"

---

① 李晓明、芮国强主编《国家监察学原理》，法律出版社，2019，第24页及以下。

② 李晓明、芮国强主编《国家监察学原理》，法律出版社，2019，第67页。

③ 李晓明、芮国强主编《国家监察学原理》，法律出版社，2019，第72页。

④ 这就是："监督原理——权利与腐败的关系及其制约，调查原理——物质和信息的不灭定律及其搜集，处置原理——报应与预防的博弈及其规制"。参见李兰英《国家监察基础理论的一部力作——评〈国家监察学原理〉一书》，《现代法治研究》2019年第3期，第138页。

问题，稍有论及、成果寥寥。① 有鉴于此，对于《监察法》与《刑法》"法法衔接"之重要问题的深入研究，确关乎刑事法治和监察法治在我国的进步和发展，诚期冀于有着强大刑法学研究基础的李晓明学术研究团队以及法曹同人，共襄盛举，法治天下。

---

① 关于《监察法》与《刑法》之"法法衔接"问题的学术期刊论文较少，主要有：石经海《〈监察法〉与〈刑法〉衔接实施的基点、问题与路径》，《现代法学》2020 年第 1 期，第 143 页及以下；李阳阳《〈刑法〉与〈监察法〉在职务犯罪从宽规定上的衔接——以职务犯罪特别从宽规定的刑事立法完善为视角》，《重庆理工大学学报》（社会科学）2019 年第 12 期，第 125 页及以下；张天虹、张帆《〈监察法〉〈刑法〉衔接视域下监察对象的界定》，《中共山西省委党校学报》2019 年第 5 期，第 80 页及以下；陈伟《监察法与刑法的衔接协调与规范运行》，《中外法学》2019 年第 2 期，第 334 页及以下；梁知博《职务犯罪主体视阈下"监察对象"界定的缺陷与完善——基于〈监察法〉与〈刑法〉衔接的视角》，《理论导刊》2019 年第 3 期，第 103 页及以下。

稿　约

　　《法律与伦理》是由常州大学史良法学院创办、社会科学文献出版社出版的集刊。每年出版两期（1 月和 7 月）。现面向海内外专家、学者真诚约稿。

一　刊物栏目设置

　　本刊主要栏目有：
　　（1）自然法专题；
　　（2）法律与环境伦理专题；
　　（3）法律、科技与伦理研究专题；
　　（4）法律与人性关系研究专题；
　　（5）法政治学研究专题；
　　（6）法律职业道德研究专题；
　　（7）部门法学研究专题；
　　（8）书评；
　　（9）人物访谈；
　　（10）学术通信。

二　注释体例

　　（一）本集刊提倡引用正式出版物，根据被引资料性质，在作者姓名后加"主编""编译""编著""编选"等字样。
　　（二）文中注释一律采用脚注，每页单独注码，注码样式为：①②③等。
　　（三）非直接引用原文时，注释前加"参见"；非引用原始资料时，应注明"转引自"。
　　（四）数个注释引自同一资料时，体例与第一个注释相同。
　　（五）引用自己的作品时，请直接标明作者姓名，不要使用"拙文"等自谦辞。

（六）具体注释举例：

1. 著作类

①王泽鉴：《民法总则》，北京大学出版社，2009，第80页。

2. 论文类

①朱庆育：《法律行为概念疏证》，《中外法学》2008年第3期。

3. 文集类

①〔美〕杰里米·沃尔德伦：《立法者的意图和无意图的立法》，〔美〕安德雷·马默主编《法律与解释：法哲学论文集》，张卓明等译，法律出版社，2006，第115页。

4. 译作类

①〔德〕维尔纳·弗卢梅：《法律行为论》，迟颖译，法律出版社，2013，第155页。

5. 报纸类

①刘树德：《增强裁判说理的当下意义》，载《人民法院报》2013年12月27日第5版。

6. 古籍类

①《汉书·刑法志》。

7. 辞书类

①《元照英美法词典》，法律出版社，2003，第124页。

8. 外文注释基本格式为：

author, *book name*, edn., trans., place：press name, year, pages.

author, "article name", *journal name*, vol. (no.), year, pages.

三　审稿期限

集刊实行审稿制，审稿期限为两个月。谢绝一稿多投。

四　投稿邮箱

投稿邮箱：lawethics@ sina. com。

《法律与伦理》编辑部

图书在版编目（CIP）数据

法律与伦理. 第七辑／侯欣一主编. -- 北京：社
会科学文献出版社，2021.3
ISBN 978 - 7 - 5201 - 8209 - 6

Ⅰ.①法… Ⅱ.①侯… Ⅲ.①法律 - 伦理学 - 研究
Ⅳ.①D90 - 053

中国版本图书馆 CIP 数据核字（2021）第 063737 号

法律与伦理　第七辑

主　　编／侯欣一
执行主编／夏纪森

出 版 人／王利民
组稿编辑／刘骁军
责任编辑／易　卉
文稿编辑／侯婧怡

出　　版／社会科学文献出版社·集刊分社（010）59367161
　　　　　　地址：北京市北三环中路甲29号院华龙大厦　邮编：100029
　　　　　　网址：www.ssap.com.cn
发　　行／市场营销中心（010）59367081　59367083
印　　装／三河市龙林印务有限公司

规　　格／开　本：787mm×1092mm　1/16
　　　　　　印　张：19　字　数：323千字
版　　次／2021年3月第1版　2021年3月第1次印刷
书　　号／ISBN 978 - 7 - 5201 - 8209 - 6
定　　价／98.00元